《西方古典学研究》编辑委员会

主　编：黄　洋（复旦大学）
　　　　高峰枫（北京大学）

编　委：陈　恒（上海师范大学）
　　　　李　猛（北京大学）
　　　　刘津瑜（美国德堡大学）
　　　　刘　玮（中国人民大学）
　　　　穆启乐（Fritz-Heiner Mutschler，德国德累斯顿大学）
　　　　彭小瑜（北京大学）
　　　　吴　飞（北京大学）
　　　　吴天岳（北京大学）
　　　　徐向东（浙江大学）
　　　　薛　军（北京大学）
　　　　晏绍祥（首都师范大学）
　　　　岳秀坤（首都师范大学）
　　　　张　强（东北师范大学）
　　　　张　巍（复旦大学）

西方古典学研究

Studies
in
Historiography

历史学研究

Arnaldo Momigliano

[意] 阿纳尔多·莫米利亚诺 著

王晨 译

著作权合同登记号 图字：01-2013-1528

图书在版编目（CIP）数据

历史学研究 /（意）阿纳尔多·莫米利亚诺著；王晨译. —北京：北京大学出版社，2020.2

（西方古典学研究）

ISBN 978-7-301-31348-0

Ⅰ.①历… Ⅱ.①阿…②王… Ⅲ.①史学–研究 Ⅳ.①K0

中国版本图书馆 CIP 数据核字（2020）第 104449 号

Studies in Historiography by Arnaldo Momigliano
First published in 1996 by Weidenfeld & Nicolson Ltd, London
© 1996 by Arnaldo Momigliano
This edition arranged with THE ORION PUBLISHING GROUP through Big Apple Agency, Inc., Labuan, Malaysia.
Simplified Chinese edition © 2020 PEKING UNIVERSITY PRESS
All rights reserved.

书　　名	历史学研究 LISHIXUE YANJIU
著作责任者	[意]阿纳尔多·莫米利亚诺（Arnaldo Momigliano）著　王　晨译
责任编辑	王晨玉　刘书广
标准书号	ISBN 978-7-301-31348-0
出版发行	北京大学出版社
地　　址	北京市海淀区成府路 205 号　100871
网　　址	http://www.pup.cn　新浪微博：@北京大学出版社
电子信箱	pkuwsz@126.com
电　　话	邮购部 010-62752015　发行部 010-62750672　编辑部 010-62752025
印刷者	北京中科印刷有限公司
经销者	新华书店
	730 毫米 × 1020 毫米　16 开本　22 印张　300 千字 2020 年 2 月第 1 版　2023 年 7 月第 2 次印刷
定　　价	65.00 元

未经许可，不得以任何方式复制或抄袭本书之部分或全部内容。
版权所有，侵权必究
举报电话：010-62752024　电子信箱：fd@pup.pku.edu.cn
图书如有印装质量问题，请与出版部联系，电话：010-62756370

"西方古典学研究"总序

古典学是西方一门具有悠久传统的学问，初时是以学习和通晓古希腊文和拉丁文为基础，研读和整理古代希腊拉丁文献，阐发其大意。18世纪中后期以来，古典教育成为西方人文教育的核心，古典学逐渐发展成为以多学科的视野和方法全面而深入研究希腊罗马文明的一个现代学科，也是西方知识体系中必不可少的基础人文学科。

在我国，明末即有士人与来华传教士陆续译介希腊拉丁文献，传播西方古典知识。进入20世纪，梁启超、周作人等不遗余力地介绍希腊文明，希冀以希腊之精神改造我们的国民性。鲁迅亦曾撰《斯巴达之魂》，以此呼唤中国的武士精神。20世纪40年代，陈康开创了我国的希腊哲学研究，发出欲使欧美学者以不通汉语为憾的豪言壮语。晚年周作人专事希腊文学译介，罗念生一生献身希腊文学翻译。更晚近，张竹明和王焕生亦致力于希腊和拉丁文学译介。就国内学科分化来看，古典知识基本被分割在文学、历史、哲学这些传统学科之中。20世纪80年代初，我国世界古代史学科的开创者日知（林志纯）先生始倡建立古典学学科。时至今日，古典学作为一门学问已渐为学界所识，其在西学和人文研究中的地位日益凸显。在此背景之下，我们编辑出版这套"西方古典学研究"丛书，希冀它成为古典学学习者和研究者的一个知识与精神的园地。"古典学"一词在西文中固无歧义，但在中文中可包含多重意思。丛书取"西方古典学"之名，是为避免中文语境中的歧义。

收入本丛书的著述大体包括以下几类：一是我国学者的研究成果。近年来国内开始出现一批严肃的西方古典学研究者，尤其是立志于从事西方古典学研究的青年学子。他们具有国际学术视野，其研究往往大胆而独具见解，代表了我国西方古典学研究的前沿水平和发展方向。二是国外学者的研究论著。我们选择翻译出版在一些重要领域或是重要问题上反映国外最新研究取向的论著，希望为国内研究者和学习者提供一定的指引。三是西方古典学研习者亟需的书籍，包括一些工具书和部分不常见的英译西方古典文献汇编。对这类书，我们采取影印原著的方式予以出版。四是关系到西方古典学学科基础建设的著述，尤其是西方古典文献的汉文译注。收入这类的著述要求直接从古希腊文和拉丁文原文译出，且译者要有研究基础，在翻译的同时做研究性评注。这是一项长远的事业，非经几代人的努力不能见成效，但又是亟需的学术积累。我们希望能从细小处着手，为这一项事业添砖加瓦。无论哪一类著述，我们在收入时都将以学术品质为要，倡导严谨、踏实、审慎的学风。

我们希望，这套丛书能够引领读者走进古希腊罗马文明的世界，也盼望西方古典学研习者共同关心、浇灌这片精神的园地，使之呈现常绿的景色。

"西方古典学研究"编委会

2013 年 7 月

目 录

序 言   I

第 1 章　古代史与古物学家   1
第 2 章　吉本对历史方法的贡献   58
第 3 章　乔治·格罗特与希腊史研究   78
第 4 章　弗里德里希·克罗伊策与希腊史学   102
第 5 章　M. I. 罗斯托夫采夫   122
第 6 章　兰克之后百年   139
第 7 章　关于古代史学中的战争原因的一些思考   146
第 8 章　希罗多德在史学史中的地位   164
第 9 章　一个关于历史造伪的未决问题:《罗马皇帝传》   183
第 10 章　卡西奥多鲁斯及其时代的意大利文化   238
第 11 章　书面传统和口头传统基础上的史学   276
第 12 章　当代思想中的历史主义   287
第 13 章　古代法律史中的新趋势的影响   308

I. 主题索引   330
II. 专名索引   332

序 言

本书中所收录的文章选自《古典学研究史论文集》（*Contributo alla storia degli studi classici*, Roma, Edizioni di Storia e Letteratura, 1955）、《论文二集》（ib., 1960）和《论文三集》（即将出版①）。最后三篇文章原本用意大利语写成，由朱迪特·沃德曼夫人（Mrs. Judith Wardman）译成英语，她还编制了本书的索引。②

我是古代世界的研究者，我的首要目标是理解和评价希腊和罗马的历史学家，以及研究古代世界的现代历史学家。尝试和本能都无法取代对过去的历史学家的批判性认识。由于材料的稀少，解读古代语言的困难，以及我们与所谓的"古典世界"的特殊关系，古代史具有自身的方法问题。因此，我试图对犹太人、希腊人和罗马人的历史做出较为专业的解读。不过，我希望人文主义和历史学的普通研究者也能对我的研究感兴趣。

关于对历史思想中某些潮流更系统的阐述，我推荐我在1962年以"现代史学的古典基础"为题的萨瑟古典学讲座，我正在准备将其出版。

阿纳尔多·莫米利亚诺
1965年于伦敦大学学院

---

① 此书出版日期为1966年，在序言的写作时间之后。——译者注
② 这些论文无删节：只有关于卡西奥多鲁斯的那篇文章（《论文二集》，第219—229页）的书目未被重刊。

第 1 章　古代史与古物学家 [①]

祝贺我的老师盖塔诺·德桑蒂斯八十大寿

导　言

18世纪时，一种新的人文主义与传统人文主义展开竞争。前者在博学者团体内发起，而非以大学为中心，由绅士而非老师推动。这些人更喜欢旅行，而非校勘文本，完全将书面文本置于钱币、雕像、陶瓶和碑铭之后。艾迪生（Addison）讨论了钱币与文学研究的关系，[②] 而告别牛津后的吉本花 20 英镑购买了 20 卷的碑铭学会备忘录，以此重新开始自己的教育。意大利仍然是吸引博学者和好奇者的中心。但那是一个更加复杂的意大利，埃特鲁里亚古物的重要性几乎不逊罗马的废墟，赫库兰尼姆和庞贝也分别于 1736 年和 1748 年开始宣布有了不寻常的发现。此外，希腊古物的重要性也与日俱增，不仅是对于能够造访它们的少数幸运儿（主要是英国人和法国人），也对于买得起描绘它们的精美画册的人（数量更多，但仍然有限），特别是斯图尔特（Stuart）和雷维特（Revett）的《雅典古物》（*Antiquities of Athens*，1762 年）。

[①] *Journal of the Warburg and Courtauld Institutes*, 13 (1950), 285-315. 这是为一个需要大量详细探索的领域绘制的非常粗疏的地图。

[②] J. Addison, "Dialogues upon the usefulness of Ancient Medals", *Miscellaneous Works*, III (1830) pp. 59-199.

更重要的是，人们慢慢意识到，只要看看自己的教区教堂或邻近的城堡，他们就可能发现一种新的美和情感——就像如果他们听听某个农民的歌曲和故事，就可能发现诗歌。希腊、凯尔特和哥特文化的复兴从英格兰扩散到欧洲，确保了一个有闲阶级的胜利，他们对宗教争论漠不关心，对语法细节不感兴趣，而是渴望艺术中的强烈情感，以此平衡自身生活的平静和安稳。①

如果我所言不谬，这就是古物时代的普遍观点：尽管并不全面，但我觉得没有理由质疑。不过，古物时代不仅意味着品位的革命，还意味着历史方法的革命。历史学的研究者在这点上可能有发言权。古物时代为历史方法设立了标准，对其提出了问题，今天我们仍然很难说这些是过时的。

历史研究的全部近代方法建立在对原始和衍生权威的区分之上。我们所说的原始权威指见证者的陈述，或者与所证明的事件同时代的文献和其他物质遗存。我们所说的衍生权威指的是这样的历史学家或编年史家，他们讲述和讨论的事件并非亲自见证，而是直接或间接地从原始权威那里听说或推断而得。我们称赞原始权威或

---

① 例如见 C. Justi, *Winckelmann und seine Zeitgenossen* (3rd ed. 1923, 1st ed. 1866); Louis Hautecoeur, *Rome et la Renaissance de l'Antiquité à la fin du XVIII siècle*, 1912 (Bibl. Écoles Athènes et Rome, 105); Lionel Cust and Sidney Colvin, *History of the Society of Dilettanti*, second issue 1914 (1898), pp. i-xli; Edward Douglas Snyder, *The Celtic Revival in English Literature* (Cambridge, Mass. 1923); Paul Yvon, *La Gothique et la Renaissance Gothique en Angleterre* (Caen 1931); Kenneth Clark, *The Gothic Revival, An Essay in the History of Taste* (2nd ed. London 1950); Harrison Ross Steeves, *Learned Societes and English Scholarship* (New York 1913)。

关键文献：Comte de Caylus, *Recueil d'Antiquités*, 1782-1767; Giovanni Battista Piranesi, *Antichità romane,* 1756; Robert Wood, *Ruins of Palmyra,* 1753; Isti, *Ruins of Baalbec,* 1757; Richard Chandler, *Marmora Oxoniensia,* 1763; Antonio Francesco Gori, *Symbolae litterariae,* Florence and Rome, 1748-1751. Baudelot de Dairval, *De l'utilité des voyages et de l'avantage que la recherche des antiquitez procure aux sçavans,* I (1686) pp. 1-70 是关于古物学家"伦理"的宝贵文献。

材料的可靠，但也会称赞非同时代的历史学家或衍生权威在解读和评价原始材料时展现出的明智判断。直到 17 世纪后期，区分原始权威和非同时代历史学家才成为历史研究的普遍圭臬。当然，这种区分在此之前就有了，但并未得到准确的阐述，也不被广泛视作历史研究的必要前提。在这种新的历史方法的形成过程中——因而也在关于古代世界的近代历史写作的创造过程中——所谓的古物学家扮演了突出的角色，提出了关键的问题。他们显示了如何利用非文本证据，还让人们反思了收集事实与解读事实的差别。本文旨在首先说明古物研究的起源，然后解释为何古物学家在 18 世纪历史方法的变革中扮演了这样的角色，最后是为何在 19 世纪，人们越来越清楚地看到，不再有任何理由区分古物研究和历史研究。

古物研究的起源

首先，我们必须自问，谁是古物学家？我希望只需参考一部"古物研究史"即可，但并不存在这样的书。① 我在这里所能做的只是罗列几个基本事实。

我觉得，对我们中的许多人来说，"古物学家"一词指某个往昔的研究者，但还称不上历史学家，因为：（1）历史学家按照年

---

① 最好的著作是 C. B. Stark, *Systematik und Geschichte der Archdologie der Kunst,* Leipzig, 1880。J. W. Thompson and B. J. Holm, A History of Historical Writing, II (1942) 也提供了许多信息，当然还有 J. Sandys, *A History of Classical Scholarship* (Cambridge, I-III, 1906-08); Ch.-V. Langlois, *Manuel de Bibliographie Historique* (Paris, 1900)。

关于英国，参见 H. B. Walters, *The English Antiquaries of the Sixteenth, Seventeenth, and Eighteenth Centuries* (London, 1934)。关于法国，见 S. Reinach, "Esquisse d'une histoire de l'archeologie gauloise," *Revue Celtique,* XIX (1898), pp. 101-17, 292-307（另见下文第 33 页，注释 20 [中译本第 14 页注释①]）。

代顺序写作,而古物学家按照系统顺序写作;(2)历史学家给出的事实有助于阐明或解释某种状况,而古物学家收集所有与某个主题相联系的物品,无论它们是否有助于解决某个问题。对于历史学家和古物学家的区别而言,主题内容的影响仅限于某些传统上被认为更适合系统性描绘,而非按照年代叙述的主题(诸如政治制度、宗教和私人生活)。当有人按照年代顺序写作,却不解释事实时,我们称之为编年史家;而当有人收集自己可以找到的全部事实,却不对其做系统性整理时,我们斥之为笨蛋。

如果这正确表达了对古物学家的普遍感受,那么无疑可以不无理由地认为,在公元前 5 世纪下半叶的希腊能够找到近代古物学家的先驱。

我们从柏拉图《大希庇阿篇》(*Hippias maior*,285d)中一个著名段落中看到,英雄和人的谱系、城邦奠基的传统、城邦执政官名单是一门名为"考古"(archaeology)的科学的组成部分。说这话的人是智术师希庇阿,我们知道此人编集过一份奥林匹克运动会获胜者的名单。就像诺登(Norden)很早就注意到的,智术师可以很容易地发明"考古"这样的字眼。① 几乎可以肯定,柏拉图向我们传达了一个公元前 5 世纪下半叶的智术师真正熟悉的观点:名为"考古"的科学研究的是我们今天所谓的古物兴趣。但在某些情况中,研究方式可能按照年代顺序,而不是系统手册式的。我们不能说,希庇阿和他的同行们编撰的"考古"书籍全都

---

① E. Norden, *Agnostos Theos*, 1913, pp. 367. 另参见 Themist. 26, 316 [H. Kesters, *Antisthène de la dialectique* (Louvain 1935), pp. 164]。A. Körte, Die Entstehung der Olympionikenliste, *Hermes*, XXXIX (1904), pp. 221.

是我们的《古物学教科书》(*Lehrbücher der Altertümer*)的直接先驱。不过，鉴于他们的部分研究采用系统性论著的形式，他们必然与近代古物研究有所联系。

赫拉尼科斯（Hellanicus）的《论民族》(*περὶ ἐθνῶν*)、《民族的名字》(*ἐθνῶν ὀνομασίαι*)、《民族和城邦的奠基》(*κτίσεις ἐθνῶν καὶ πόλεων*)和《蛮族制度》(*νόμιμα βαρβαρικά*)，希庇阿的《民族的名字》(*ἐθνῶν ὀνομασίαι*)，以及被归于达玛斯忒斯（Damastes）或波洛斯（Polus）的《论特洛伊战争参与者的父辈和祖辈》(*περὶ γονέων καὶ προγόνων τῶν εἰς Ἴλιον στρατευσαμένον*)等作品很可能就属于此类。

我更加看重的事实是，公元5世纪末，政治史和对过去的学术研究已经趋向于分成两类。① 修昔底德写的那种历史更关心不久之前发生的事件，而非遥远过去或遥远民族的传统，他更感兴趣的是特定情况下的个体或集体行为，而非宗教或政治制度，他的作品更加面向政治家而非学者。希庇阿斯、赫拉尼科斯、达玛斯忒斯和喀戎（Charon）则收集过去的传统，以博学本身为乐。无论多么不完全，这是一种一直持续到19世纪的区别的开始，至今仍未完全消失。历史主要是政治史。政治史之外是学术好奇心的领地——古物学家可以轻松地占领那里，展开系统的探索。这种

---

① Felix Jacoby, Charon von Lampsakos, *Studi italiani di filologia classica*, XV, 1938, pp. 218 在这点上不可或缺。希庇阿斯的"考古学"和修昔底德的历史概念的区别显而易见。不那么明显的则是希庇阿斯的"考古学"与希罗多德"历史"(ἱστορία)的区别，尽管我觉得仍然很容易分辨。希庇阿斯收集和公布的信息（1）不容易获得，（2）常常来自遥远的过去，（3）采用谱录的形式。希罗多德的历史由唯一的主情节构成，主要关注不远的过去，（至少在原则上）提供了更可信的传统，但也不会删除不那么可信的 (Jacoby, Pauly-Wissowa, *Real-Encyclopädie*, Suppl. II, s. v. Herodotus, col. 467ff)。对比哈利卡纳苏斯的狄俄尼修斯在 *De Thucyd.* 5 的表述。

古物研究在亚历山大之后获得了动力。

在希腊化时期的希腊语中,"考古"一词没有保留在柏拉图作品中的宽泛含义。① 它仅仅表示自始以来的历史或者上古历史。弗拉维乌斯·约瑟夫斯(Flavius Josephus)的《犹太古史》(Ἰουδαϊκὴ Ἀρχαιολογία)是一部从开端到约瑟夫斯时代的犹太史;哈利卡纳苏斯的狄俄尼修斯(Dionysius of Halicarnassus)的《罗马古事记》(Ῥωμαϊκὴ Ἀρχαιολογία)是罗马的上古史。没有哪个集合名词可以涵盖关于过去的全部系统性论著。但这些论著无疑大量出现,特别是作为地方史的副产品。它们的标题会提及作为研究对象的地点或制度:《阿尔戈利斯记》(Ἀργολικά)、《论拉刻代蒙人的献祭》(περὶ τῶν ἐν Λακεδαίμονι θυσιῶν)和《论不誉之名》(περὶ ἀδόξων ὀνομάτων)等等。宗教习俗和政治制度是最常见的研究对象:语文学、地理学和年代学都被用于其中。在逍遥派中,哲学和关于过去的系统知识联起手来。②

罗马人如法炮制。罗马已经出现了一批对意大利城市的起

---

① 参见 Dionys. *Hal.* I, 4, 1; Strabon, XI, 14, 12, p.530; Diod. Sic. ii, 46, 6; Flavius Josephus, *Ant. Iud.* I, 1, 5; I, 3, 94 (on Hieronymus Aegyptius *cf.* Jacoby, P. W. VIII, col 1560)。

我们不知道哲学家克里安提斯(Cleanthes)的作品中提到的考古学指的是什么。"考古学"这个名字被回溯性地用来称呼萨摩斯的西蒙尼德斯(Semonides on Samos,公元前 7 世纪)的一部作品;见 Suidas, s. v. Σιμμίας 和 P. Maas, P. W. IIIa, 185。它还被用来称呼法诺德摩斯(Phanodemos)的《雅典志》(*Attis*,公元前 4 世纪)。另参见 Philostr. *Vita Apoll. Tyan.* ii, 9 和 Proclus, *Comm. ad Timaeum*, p. 31 C-E(I, str. 101-102, Diehl)。尤巴国王(King Juba)的 Ῥωμαϊκὴ ἱστορία (Steph. Byz. s. v. Ἀβοριγῖνες) 和 Ῥωμαϊκὴ ἀρχαιολογία (Steph. Byz. sv. Νουμαντία) 无疑是同一部作品 (F. Jacoby, P. W., IX, col. 2392)。

② Felix Jacoby, *Klio*, IX (1909), p. 121; cf. *Atthis* (1949), p. 117 (关于作为历史学家的菲洛克洛斯 [Philochoros] 将历史学同古物学分开)。另参见 Alois Tresp, *Die Fragmente der griechischen Kultschriftsteller* (1914), (*Religionsg. Versuche und Vorarbeiten* XV, I) 和他在 P. W. Suppl. IV, col. 1119 的文章。

源或罗马制度的独特之处感兴趣的学者，还有的殊途同归，热衷于解读古老的文本：瓦罗试图系统性地盘点以罗马奠基时的视角看待的罗马生活。似乎没有哪位希腊化时期的学者像瓦罗那么系统地描绘过一个民族生活的方方面面。同时代的西塞罗①将《神圣和世俗古物学》(Antiquitates divinae et humanae)视作启示。它们设立了新的标准，可能还给予了这门科学新的名字："古物学"(Antiquitates)。在瓦罗身上，这门渊博学问的系统性特征臻于完善。虽然我们无法确定他是否第一个引入了"古物学"之名，但称其为近代古物研究之父不无历史依据。他所谓的古物学指根据语言、文学和习俗提供的证据对罗马生活进行的系统性考察。他在《世俗古物学卷》(rerum humanarum libri)中自问道："谁（人）在做，在哪里做，何时做，为何做？"(qui [homines] agant, ubi agant, quando agant, quid agant)；就像圣奥古斯丁所正确指出的，②他所说的"人"(homines)指罗马人。③当然，相比关于希腊城邦古物的任何希腊化时期的论著，他的研究更加与政治生活直接相关。阿特伊乌斯·卡皮托（Ateius Capito）关于他的古物学家同行和对手安提斯提乌斯·拉贝奥（Antistius Labeo）的一封信让我们可以一窥这种研究对于奥古斯都时代人们的政治影

---

① *Ac. Post.*, I, 8.

② *De civ. dei*, VI, 4.

③ 瓦罗在古物学研究史上的地位需要研究。见 H. Dahlmanna, P. W. Suppl. VI, s. v. Terentius Varro 中的书目和 F. Della Corte, *Enciclopedisti latini* (Genova, Di Stefano, 1946), pp. 33-42（以及 *La filologia latina dalle origini a Varrone*, Turin 1937, p. 149）。《古物学》的残篇见 R. Merkel 编，Ovid 的 *Fasti* (1841), CVI, 以 及 Paulus Mirsch, *De M. Terenti Varronis Antiquitatum Rerum Humanarum libris XXV*, in Leipziger Studien, V (1885), p.1.

关于罗马和希腊古物学家的不同，见 F. Jacoby, *Die Fragmente der griechischen Historiker*, IIIa, Kommentar zu 273, p 248ff 的深刻评述。

响:"但某种过度而疯狂的自由驱使着此人,以至于当神圣的奥古斯都身为元首和掌管着国家时,他仍然不认为有什么是有效力和有分量的,除非他读到在古时罗马的制度中命令和允许这样做"(*Sed agitabat hominem libertas quaedam nimia atque vecors usque eo, ut divo Augusto iam principe et rempublicam obtinente, ratum tamen pensumque nihil haberet, nisi quod iussum sanctumque esse in Romanis antiquitatibus legisset*)。① 不过,尽管有瓦罗和他的追随者们,"古物学"从未成为政治史。②

中世纪没有失去古典时代对碑铭和考古遗迹的兴趣。碑铭不时被收集。纪念碑仍有人注意。失去的是瓦罗的"古物"思想——尽管圣奥古斯丁的《上帝之城》中提到这点——通过系统地收集过去的所有遗物来恢复某个文明的想法。③ 对于从彼得拉克到比翁多(Biondo)的对瓦罗思想重新发现的各个阶段,我们不加赘述。比翁多的《凯旋的罗马》(*Roma Triumphans*)已经提出了被许多后来的手册所沿用的四个分类,称为公共的(*publicae*)、私人的

---

① Aul. Gell., XIII, 12, 2.

② 参见 Plinius N. H., Praef. 24; Tac. *Dial.* 37 提到的古物学家的情况。从费内斯特拉(Fenestella)到吕底亚人约翰(Johannes Lydus),整部罗马古物学研究的历史还有待书写。关于普鲁塔克,见 Ziegler, in Pauly-Wissowa, s. v. Plutarchos, col. 222,单行本。

③ 关于中世纪古物学研究的新信息,见 Jean Adhémar, *Influences antiques dans l'art du Moyen Age Français* (London, The Warburg Institute), 1939, pp. 43-131; Francis Peabody Magoun, "The Rome of two Northern Pilgrims", *Harvard Theological Review* XXXIII (1940), pp. 267-290; Roberto Valentini i Giuseppe Zucchetti, *Codice topografico della città di Roma,* III (1946) (*Fonti Storia d'Italia*) 和 Attilio Degrassi 的重要书评, *Epigraphica*, VIII, 1946, pp. 91-93; 以及 A. Silvagni 关于中世纪碑铭收藏的众多研究 (*Dissertazione della Pontificia accademia romana di archeologia* XV, 1921, p.151; *Rivista di archeologia cristiana*, XV, 1938, p. 107 和 249; ibid., XX, 1943, p. 49; *Scritti in onore di Bartolomeo Nogara*, 1937, p 445 etc.)。另参见 Berthold Lasch, *Das Erwachen und die Entwicklung der historischen Kritik im Mittelalter* (Breslau 1887) 和 Marie Schulz, *Die Lehre von der historischen Methode bei den Geschichtschreibern des Mittelalters* (Berlin 1909)。

（*privatae*）、神圣的（*sacrae*）和军事的（*militares*）古物。① 诚然，"古物"一词在15世纪的书名中仅仅表示历史（梅鲁拉[G. Merula]的《维斯康蒂家族史》[*Antiquitates Vicecomitum*]，1486年）或表示古迹的废墟（庞波尼奥·勒托[Pomponio Leto]的《罗马古迹》[*Antiquitates urbis*]）：第一个重新引入探究某个国家的全部生活这一最初的瓦罗式含义的可能是罗斯菲尔德（J. Rossfield，称为Rosinus）的《最完备的罗马古物集》（*Antiquitatum Romanarum Corpus Absolutissimum*，1583年）一书。但"古物学家"作为古代传统和遗存的收集者和研究者的意思——虽然不是作为历史学家——是15世纪和16世纪人文主义最典型的概念之一。曼泰尼亚（Mantegna）的朋友菲利切·菲利奇亚诺（Felice Feliciano）的《欢庆》（*Iubilatio*）记录了比翁多时代的古物学家们的早期探索引发的兴奋。② 6世纪的伟大古物学

---

① 关于比翁多的方法与古代古物研究的关系尚没有研究。关于对波焦的新记述，参见 C. S. Gutkind, *Deutsche Vierteljahrsschrift für Literaturwissenschaft*, X (1932), P.548。另参见 Paul Joachimsen, *Geschichtsauffassung und Geschichtsschreibung in Deutschland unter dem Einfluss des Humanismus* (1910), I, pp. 15ff。

非常重要的一点是语文学和古物学研究的关系，至少是从波利齐亚诺（Poliziano）的 *Liber Miscellaneorum*（Gino Funaioli 正确地评价了其重要性，见 Lineamenti di una storia della filologia attraverso i secoli, *Stdui di letteratura latina*, I, 1946, p. 284）以及 Coelius Rhodiginus (Ludovico Ricchieri), *Antiquae Lectiones* (1516) 开始。这同样需要详细研究。关于埃及学的起源，见 K. Giehlowa 的经典作品，Die Hieroglyphenkunde des Humanismus, *Jahrbuch der Kunsthistorischen Sammlungen des allerhöchsten Kaiserhauses*, XXXII (1915), pp. 1-222。另参见 Ernst Hans Gombrich, Icones simbolicae, *Journal Warburg Institute*, XI (1948), pp. 163-192。

② 还没有人收集 antiquarius, antiquario, antiquary 等字眼在欧洲文学中的例证。*Vocabolario della Crusca* 给出的例子有 A. Cara, *Lettere familiari* (Milano 1807), III, p. 190, "从你写的东西来看，我觉得你在这点上更多是历史学家，而非古物学家"（e poichè io mi avveggo al vostro scrivere che siete in ciò piuttosto istorico che antiquario）和 S. Speroni, *Dialogo della Istoria* in *Opere* (Venice 1740), II, p. 300, "古物学家……是古代事物的爱好者和仰慕者"（Antiquari..., cioè amatori ed ammiratori di cose antiche）。请注意 1487 年 S. degli Arienti, *Le Porretane*, Novela III 所写的："维罗纳的菲利奇亚诺被称为古物学家，因为他几乎整年都在罗马、拉文纳和整个意大利寻找丰富的古物"（[Feliciano da Verona] cognominato Antiquario per aver lui quasi ［转下页］

家们（西格尼奥 [Sigonio]、弗尔维奥·奥尔西尼 [Fulvio Orsini]、奥古斯提努斯 [Augustinus] 和尤斯图斯·李普希乌斯 [Justus Lipsius]）严肃而严谨的学术研究在他们的通信中得到了反应。这些人比瓦

[接上页] consumato gli anni soi in cercare le generose antiquità de Roma, de Ravena et de tutta l'Italia）。另参见安东尼奥·莱昂纳迪（Antonio Leonardi）写给菲利切·菲利齐亚诺（Felice Feliciano），关于安科纳的奇利亚科（Ciriaco d'Ancona）的信，见 Giuseppe Colucci, Antichità Picene, XV (1792), p. cliv. 关于《牛津英语词典》Antiquary 词条下对 Leland 从亨利八世那里获得古物学家头衔的描述，见附录，p.27-28。卡姆登自称"古物学家"（antiquarius）：见 Epistula Britannia (1586)。关于"古物学"在罗西努斯之前的意义，亦见 A. Fulvio, Antiquitates urbis Romae (1527), Pirro Ligorio, Antichità di Roma (1553); O. Panvinio, Antiquitates Veronenses (1648) (postumno)。G. Bologni (1454-1517) 的一部显然被称为 Antiquarium 的作品被部分发表在 Supplemento II al Giornale dei Letterati d'Italia (Venice 1722), p. 115。关于这一点，见 G. Mazzucchelli, Gli scrittori d'Italia, II, 3, p. 1490。A. Fulvio 的一首诗题为 Antiquaria urbis (Rome 1513)。众所周知，Annius of Viterbo, Commentaria super opera diversorum auctorum de antiquitatibus loquentium, 1498 是一部托伪的古代历史学家作品集：参见 O. A. Danielsson, Annius von Viterbo über die Gründungsgeschichte Roms, Corolla Archaeologica Principi Gustavo Adolpho dedicata, 1932, p. 1。

关于 17 世纪，亦参见 Filippo Baldinucci, Notizie de'Professori del Disegno (opera postuma, Florence 1728), VI, p. 76: "[科西莫三世大公] 任命他主管这些 [博学而可敬的古人的遗存]，就像今天所说的古物学家" ([Il Granduca Cosimo III] lo costituì sopraintendente di esse [avanzi della dotta e venerabile antichità] e come oggi si dice suo antiquario)。Bastiano Bilivert 提到了这点。《欢庆》的文本见 P. Kristellera, Mantegna, 1902, p. 523-524。关于 15 世纪末古物学家的一段重要文本见 B. Rucellai, De urbe Roma 的导言，收录于 Rerum Italicarum Scriptores ab anno aerae christ. millesimo ad millesimum sexcentesimum, II (Florence 1770), pp. 783-784，相关介绍见 Felix Gilbert, Journal Warburg and Courtauld Institute, XII (1949), p. 122。"古物学家雅各波"（Iacopo Antiquari）这个名字（见 G. B. Vermiglioli, Memorie di Iacopo Antiquarj, Perugia 1813）制造了各种给人启发的双关语。马尔西利奥·斐奇诺（Marsilio Ficino）在写给他的一封信中 (Epistolae, Venice 1495, CXXXIX) 表示："雅各波，其他人只称你为古物学家；学者们称你既是古代的崇拜者，又是现代的创新者。我觉得除了回顾萨尔图努斯曾经统治的那个幸福的黄金时代，复兴古代还能是什么呢？" (Ceteri te Iacobe tantum congnominant antiquarium; academia vero et antiquarium pariter et novarium tamquam innovatorem atque cultorem. Quid autem esse aliud opinamur renovare antiqua quam aurea illa saecula revocare regnante quondam Saturno felicia.) 另参见 Ioh. Baptista Mantuanus, Opera (Antwerp 1576), III, pp. 316-317: "人世的行为发生了如此的改变 / 我仿佛生活在另一个世界 / 但因为我们的古物学家保留了时间的 / 绝大部分，昔日的世界得以留存 / 最好的部分，事物和它们的名字得到保存 / 喜悦吧，昔日的世界得以留存。" (Tanta humanarum facta est mutatio rerum / Ut videar mundo vivere nunc alio. / At quoniam noster manet Antiquarius aevi / Maxima pars, mundus qui fuit ante manet. / Optima pars et res et rerum nomina servat. / Este alacres, mundus qui fuit ante manet.)

罗更进一步，因为他们将文本、考古和碑铭证据结合起来，更看重文本和碑铭的内容。他们慢慢地把罗马的编年、地形、法律和宗教拼在一起，发现了"地下的罗马"（*Roma sotterranea*）。通过将研究扩大到希腊，扩大到法国、德国和英国当地的古物，扩大到东方王国，他们一步步占据了新的领地。他们对历史学家进行评点，为其做了补充，但通常并不自诩为历史学家。他们以比翁多的《凯旋的罗马》为模板，这并非史书，而是系统性的调查。李维、塔西佗、弗洛鲁斯、苏维托尼乌斯和"皇史六家"都写过罗马史。没有理由不能再写一部罗马史，因为大体而言，罗马史只能像李维、塔西佗、弗洛鲁斯和苏维托尼乌斯写的那样。古代史仍被作为普世史（universal history）的一部分而写（新教大学特别重视这一传统），但普世史的希腊和罗马部分几乎相当于用正确的编年顺序对古代文献所做的摘要——很难算得上严肃的"古物"研究者的工作。①

---

① 16 世纪到 17 世纪古物学家的主要作品收录在 J. G. Graevius, (Roman antiquities, 1694-1699) 和 J. Gronovius (Greek antiquities, 1697-1702) 的 *Thesauri*，由 J. Polenus 增补 (Venice 1737)。S. Pitiscus, *Lexicon Antiquitatum Romanarum (Sacrae et Profanae, Publicae et Privatae, Civiles et Militares)*, (Venice 1719) 总结了他们的成果。J. A. Fabricius 的 *The Bibliotheca Antiquaria*, 1713 (3rd ed. 1760) 仍然是对此类著作无比宝贵的指南，另参见 D. G. Morhofius, *Polyhistor* (Lübeck 1708), Lib. V, cap. ii, "De scriptoribus antiquariis." Ducange 的两部 *Glossarii* (1678, 1688) 在某种程度上可以被算作古物学研究的成果。关于 17 世纪初对古物学研究的定义，参见，Gabriel Naudé, *De Studio liberali*，收录于 *Variorum Auctorum Consilia et Studiorum Methodi*, Thomas Crenius (Rotterdam 1692), pp. 602-603。对基督教罗马的研究历史见 G. B. De Rossi, *La Roma Sotterranea Cristiana*, I (1864), pp. 1-82。这方面的主要著作，Antonia Bosia 的 *Roma sotterranea*，发表于 1632 年。对 17 世纪古物学研究的调查应该包括检查陈列室的目录。关于 17 世纪的古物学研究的分类，见 M. Schmeizel, *Versuch zu einer Historie der Gelehrheit* (Jena 1728), p.758。请注意 J. A. Fabricius 的定义（前揭书，p. 228）："人们所做的一切，所奉行的一切仪式和习俗，无论是公开进行，还是私下在家里。"（quicquid enim agunt homines, quoscumque ritus et mores observant, vel publice susceptos obeunt, vel privatim et domi. ）关于从纯粹的钱币学发展为历史研究,（转下页）

当古代史本身成为研究对象，独立于古物研究和普世史时，它既不意味着为道德和政治反思提供材料，也不表示帮助理解主要出于风格原因而被阅读的文本。传统记述的真实性和完整性很少被质疑。据我所知，可以写一部取代李维和塔西佗的罗马史的想法在 17 世纪初尚未诞生。牛津最早的卡姆登历史讲师（Camden Praelector of history）有对弗洛鲁斯和其他古代历史学家进行评论的法定职责（1622 年）。卡姆登解释说，老师"应该阅读公民史，点评其中对较年轻的大学生可能最有用处和益处的东西，指点和教导他们关于历史、古物和过去时代的知识和用途"①。首任剑桥历史学教授遭到解雇，因为他对塔西佗的评论被认为在政治上是危险的（1627 年）。②在牛津和剑桥，古代史的教学都以对古代历史学家进行评论为形式。今人写的是"古物学"，而非罗马（或希腊）史。

另一方面，16 世纪和 17 世纪的大部分题为"历史之艺"（Artes Historicae）的著作并不把古物学家的成果当成历史作品。将他们

（接上页）见 J. Tristan, *Commentaires historiques contenans l'histoire generale des Empereurs, imperatrices, Caesars et tyrans de l'empire romain illustrée, enrichie et augmentée par les inscriptions et enigmes de treize à quatorze cens Medailles* (Paris 1635)。这显然是走向罗马帝国史的一步。

① 见 H. Stuart Jones, *Oxoniensia*, VIII-IX, (1943-), p.175。部分证据已经刊发在 W. H. Allison, *American Historical Review* XXVII (1922), p. 733。首任卡姆登讲师 D. Whear 在其 *Relectiones Hyemales, De Ratione et Methodo legendi utrasque Historias civile set ecclesiasticas* (Oxford 1637) 中清楚地阐述了自己的方法。从引论部分很容易看到他的教学目的，1685 年的英译本中写道："历史是记录和解释特定的事件，目标是让对它们的记忆可以被保存，因此普世史可以得到更明显的肯定，它能教会我们如何安康幸福地生活。"当然，Whear 指出他受到了西塞罗的启发。英译第二版（1694 年）还出于同样的想法收录了 Dodwell 的 *Invitation to Gentelmen to acquaint themselves with Ancient History*，试图（并不很成功）打败在为古代史进行功利主义辩护时会遭到的经典反驳："为什么我们的现代史不足以培养绅士，要知道它通常是用绅士更容易看懂的语言写的？"（VIII）D. Whear 的演说中还提供了关于牛津教学活动的无比宝贵的证据，被保存在博德利图书馆的手稿中（Auct. F. 5. 10-11）。我希望能选择一部分发表。

② J. B. Mullinger, *The University of Cambridge* (1911), III, pp. 87-89.

纳入考虑的作者们强调，古物学家是不完全的历史学家，他们帮助打捞了过去的遗物，因为过于支离破碎，无法成为真正史学的主题。培根在《学问的进步》(Advancement of Learning, 1605年)中区分了古物学、备忘录和完全的史学，将古物学定义为"被损毁的历史，或某些偶然没有在时间的沉船中被吞没的历史残余"(II, 2, 1)。约翰·格哈德·沃西乌斯（Johann Gerhard Vossius）在《哲学之书》(De Philologia Liber, 1650年)中重复了他的说法："公民史包括古物学、备忘录和真正的历史。古物学是古代的遗存，是在沉船中没有被吞没的某块小木板。"(Historia civilis comprehendit antiquitates, memorias et historiam iustam. Antiquitates sunt reliquiae antiqui temporis, tabellis alicuius naufragii non absimiles.) 值得注意的是，沃西乌斯在《历史之艺》(Ars Historica) 中没有考虑古物学：他在书中只关心真正的历史。如果用于古典世界，"真正的历史"或完全的历史似乎主要指古人所写的史书。古代历史学家未涉及的部分可以由现代古物学家来抢救。①

尽管可能看似清晰，但这种区分只适用于古典希腊和罗马的历史。古代历史学家如此权威，尚没有人认真地考虑过取代他们。在其他欧洲民族史和地方史的研究中，情况并不一样，除了开始部分，这些历史都与中世纪研究重合。还没有出现哪种对中世纪的崇拜可以比得上对古代的理想化。也没有哪部中世纪的编年史能自诩拥有如此权威，可以阻止重写中世纪史。虽然希腊和

---

① 比如，P. Beni, *De Historia* (Venice 1622) I, p. 26-27 认可了钱币和碑铭等作为历史材料的价值，但"货真价实之历史的荣耀必须留给文本的备忘录和叙事"(verae et germanae historiae laus litterarum monumentis ac narrationi sit reservand)。

罗马有正史，但英国、法国、德国或西班牙都没有。甚至意大利的整部历史的地位也不同于古典罗马的历史。事实上，特别是在宗教改革之后，政治和宗教原因推动了大幅重写希腊和罗马之外（通常也更晚）的形形色色的民族史和地方史，图书馆和档案馆的调查为这方面的研究提供了各种帮助。西格尼奥在古典罗马和希腊史方面只进行古物研究，但在他的《西部帝国史二十卷》(*Occidentali Imperio Libri XX*, 1577年) 和《意大利王国史二十卷》(*Historiarum de Regno Italiae Libri XX*, 1580年) 中写了普通的中世纪史。在大多数例子中，那些研究英国、法国和其他地方的过去，自称为古物学家的人所指的究竟是不是在原始证据的基础上写作普通的历史，这一点存在疑问。勒兰德（Leland）喜欢自称"古物学家"（antiquarius），甚至据说他被国王正式任命为古物学家，不过这一点似乎没有证据。但他表示，他想用自己收集的材料来写一部题为《不列颠古物学》(*De Antiquitate Britanniae*) 或《公民史》(*Historia civilis*) 的作品。虽然拉丁和希腊古物的研究者觉得没有资格自认为历史学家，但英国、法国和其他地方的古物研究者只是在形式上区别于那些国家的历史研究者——因此常常会忘记这种区别。在16世纪和17世纪初，对于非古典和后古典世界既有古物学家又有历史学家（两者常常无法区分），但对于古典世界只有古物学家。①

---

① 比如，参见 R. Flower, "Laurence Nowell and the discovery of England in Tudor times," *Proceed. Brit. Acad.*, XXI (1935), pp. 47-73; D. Douglas, *English Scholars* (London 1939); M. McKisack, "Samuel Daniel as Historian," *Review of English Studies*, XXIII (1947), pp. 226-243。另见 E. N. Adams, *Old English Scholarship in England from 1556 to 1800*, (Yale 1917)。

情况在 17 世纪下半叶有了变化。① 古典世界的研究者和非古典世界的研究者之间的区别常常会消失。关于罗马和希腊历史的书籍开始以不服从于普世史体系的方式被写作。它们的目的是描述那些证据主要来自钱币、碑铭和考古遗迹的事件，或者是选出和整理古代文本证据中最可靠的东西，或者是从某个道德和政治视角重新解读古代的证据。事实上，可以说总体而言，17 世纪末和 18 世纪初的每部历史作品都是主要为了满足上述三个目的中的某一项。维扬（Vaillant）在钱币的帮助下写了托勒密王朝和塞琉古王朝的历史（1701 年，1681 年）；蒂列蒙（Tillemont）写作罗马帝国史是为了指出古代文本文献中哪些最可靠（1639—1707 年）；埃查德（Echard）和维尔托（Vertot）将历史是革命造就的流行观点引入了罗马史。历史悠久的论述方式被认为不再适合第三种目的。甚至那个时代的不知名作者也看到了新问世的希腊和罗马史著作中固有的新颖性。L. 埃查德在他的《从建城到奥古斯都定鼎帝国的罗马史》（*Roman History from the Building of the City to the Perfect Settlement of the Empire by Augustus*，第三版，1697 年）序言中写道：

> 我们的语言中从未有过这样的东西，也没有任何与罗马

---

① 一般性介绍参见 E. C. Scherer, *Geschichte und Kirchengeschichte an den deutschen Universitäten* (Freiburg i. Br. 1927); M. Scheele, *Wissen und Glaube in der Geschichtswissenschaft. Studien zum historischen Pyrrhonismus in Frankreich und Deutschland* (Heidelberg 1930); G. Gentile, "Contributo alla storia del metodo storico", *Studi sul Rinascimento* (2nd ed. 1936), pp. 272-302; H. Müller, *J. M. Chladenius, 1710-1759. Ein Beitrag zur Geschichte der Geisteswissenschaften, besonders der historischen Methodik* (Berlin 1917); R.Unger, *Zur Entwicklung des Problems der historischen Objektivität, Aufsätze zur Prinzipienlehre der Literaturgeschichte*, I (1929), p. 87。

事务相关的，而是要么与其他许多历史混在一起，要么只包含这个部分中的区区几年。这些作品中，我觉得值得一提的只有雷利（Raleigh）、罗斯（Ross）、《前后三巨头史》（*History of the Two Triumvirates*）的作者豪威尔（Howel）、《帝国史》（*Imperial History*）的作者佩德罗·梅西亚（Pedro Mexia），后两者是译本。

耶稣会教士卡特鲁（Catrou）和鲁耶（Rouillé）在他们的《罗马史》（*Histoire Romaine*）序言中写下了下列甚至更加发人深省的话：

> 直到我们的时代，文学共和国都缺少一种如此必要，可人们却一直拒斥的帮助。诚然，专业的智者们殚精竭虑地研究罗马人的制度、道德、军队、政制、法律和服饰……提图斯·李维、哈利卡纳苏斯的狄俄尼修斯、波吕比乌斯、普鲁塔克和其他许多人的名字让他们肃然起敬，以至于完全不敢加入他们的行列。
>
> *Jusqu'à nos tems, la Republique des Lettres se trouvoit destituée d'un secours si nécessaire qu'on s'obstinoit pourtant a lui refuser. A la verité les sçavants de professions s'étoient épuisés en recherches sur les Coûtumes, sur les Moeurs, sur la Milice, sur le genre de Gouvernement, sur les Loix, et sur l'habillement des Romains...Les noms de Tite-Live, de Denis d'Halicarnasse, de Polybe, de Plutarque, et de tant d'autres, les avoient fait respecter, jusqu'à n'oser les incorporer ensemble.*

就像那两位耶稣会教士所解释的，古物学家先于历史学家，因为在很长时间里，没有人敢取代李维和他的同行。

通过收集很多来自文本文献之外的证据，古物学家帮助揭示了对新的历史作品的需要。但希腊和罗马新史学的兴起早晚都会提出这样的问题，即对古代世界的静态描写是否有权与历史阐述并肩存在。这两点都值得细致的分析。想要理解非文本证据被新赋予的重要性，必须将其放在17世纪下半叶发生的史学方法的巨大变革的背景下。另一方面，研究希腊和罗马的古物学方法在18和19世纪都遭到了质疑，但分别出于不同的原因。

17世纪和18世纪对历史证据之价值的争议

争议的内容

17世纪时，宗教和政治争论已经蔓延到史学，败坏了历史学家的名誉。随处都很容易感受到偏见，自然而然地导致对全体历史学家的不信任。与此同时，有人试图将历史知识放到更安全的基础上，彻底地分析文献，如果可能的话，还要援引来自过去的历史学家之外的证据。虽然怀疑的态度盛行，但这种怀疑并不总是暗示对有可能存在可靠的历史知识彻底感到悲观。①

有批判意识的人强调所知的东西多么少。拉莫特·勒·瓦耶（La Mothe Le Vayer）在他1668年的论文《论史学中寥寥无几的确

---

① 除了 P. Hazard 和 B. Willey 著名的作品 *The Seventeenth Century Background* (1934)，另参见如 R. Pintard, *Le libertinage érudit dans la première moitié du XVII Siècle* (1943), I, p. 45; M. Rossi, *Alle fonti del deismo e del materialismo moderno* (Florence 1942); J. V. Rice, *Gabriel Naudé 1600-1653* (Johns Hopkins Studies in Romance Literatures, XXXV) (1939); F. L. Wickelgren, *La Mothe Le Vayer, thèse* (Paris 1934); Howard Robinson, *Bayle the Sceptic* (New York 1931)。

定之处》(*Du peu de certitude qu'il y a dans l'histoire*)中提出了后来所谓的历史皮浪主义(historical Pyrhonism)。西蒙(R. Simon)和班特利(Bentley)展现了在多大程度上可以对神圣和世俗历史进行彻底的批判。1682年,贝尔(Bayle)在其《对加尔文宗历史的一般性批判》(*Critique générale de l'histoire du calvinisme*)中开始表明立场,宣称"最终能找到证据很不容易"(*il est bien mal aisé de parvenir jusqu'à l'évidence*),"简而言之,没有什么欺诈行为更甚于那些能被用在历史遗迹上的"(*en un mot, il n'y a point de Filouterie plus grande que celle qui se peut exercer sur les monumens historiques*)。在随后的几十年里,欧洲思想界为《历史和批判词典》(*Dictionnaire historique et critique*)的博学和犀利的批判所折服,尽管这部作品规模宏大,却成了畅销书。恩斯特·卡西尔(Ernst Cassirer)曾把贝尔称作现代"博学家"(érudit)的典范,他们关心的只是增进知识。① 对同时代的人来说,他是怀疑者贝尔,就像奥尔巴赫男爵同情地指出的:"著名的贝尔如此善于怀疑。"(*l'ilustre Bayle qui apprend si bien à douter*)② 他的历史皮浪主义最明显地与他对教条和虔诚信仰的不信任联系在一起。在另一位皮浪主义者达尼埃尔·于埃(Daniel Huet)那里——此人是主教和法国王太子的老师,1723年,他的关于人类理解之弱点的论文在其死后引发了风波——绝对的怀疑主义无疑要优先于对历史文献主题的怀疑主义。两种状况与此相关。首先,于埃因其漫

---

① *Die Philosophie der Aufklärung* (1932), p. 269.

② Baron de Holbach, *Système de la Nature,* II, ch. 12 (ed. 1821, p.354, n.1),已被 P. Hazarda, *La pensée européene au XVIIIe siècle*, III, p.33 所引用。

长的生涯中在比较宗教研究方面所做的开拓工作而陷入了怀疑主义，其中最重要的成果是 1672 年的《福音书论证》（*Demostratio evangelica*）。①第二，对他的皮浪主义的一种反驳——在重要性上仅次于德·克鲁萨（J. P. de Crousaz）的经典反驳（1733 年）——来自古物学家，也就是穆拉托里（L. A. Muratori）的《论人的理解力量，即反驳皮浪主义》（*Delle forze dell'intendimento umano ossia il pirronismo confutato*）。穆拉托里意识到——他碰巧愿意相信于埃死后发表的作品是拉莫特·勒·瓦耶和贝尔的危险学派的某个信徒所伪造的——如果不承认存在"拥有和能够拥有清晰无疑的概念的理智之物"（*cose sensibili delle quali si ha e può avere una chiara e indubitata idea*），那么历史知识将不再可靠。

历史皮浪主义对传统的历史教学和传统的宗教信仰都造成了冲击。②宗教团体（博朗会 [Bollandists] 和莫尔会 [Maurists]）的成员对区分史学中理性和非理性的怀疑做了某些最重要的贡献，这完全顺理成章。但对可靠历史准则的求索并不限于他们。关于皮浪主义的讨论在德意志的新教大学中盛行时，这些大学当时刚开始对历史方法做出显著的贡献。争论从历史学家和哲学家手中转到了律师手中，后者在传统上关心证人的可靠，可以将大量经验带给这个主题。所有这些人都试图确定他们所谓的可靠证据的

---

① A. Dupront, *P. D. Huet et l'exégèse comparatiste au XVII Siècle* (Paris1930). 我无法对历史真实与宗教信仰之间的关心进行更多的神学讨论，但关于历史方法，至少可以参考 Jean Le Clerc, *La verité de la religion chrétienne*, 收录于 *De l'incredulité* (Amsterdam 1696), p. 327。

② L. Traube, *Vorlesungen und Abhandlungen* (1909), I, p.13ff 仍然是基本书目。L. Wachler, *Geschichte der historischen Wissenschaften,* II (Göttingen 1820) 和 S. von Dunin Borkowski, *Spinoza*, III (1936), pp. 136-308, 529-550 提供了非常宝贵的信息。另参见 N. Edelman, *Attitudes of Seventeenth-Century France toward the Middle Ages* (New York 1946)。

特征。有关历史书写技艺的修辞规则的书籍当然仍在问世。耶稣会写了几部这种类型的经典之作（拉潘 [P.Rapin] 和勒莫安 [P. Le Moyne]）。但一种关于历史写作的新论著已经发展起来，它冲破了文艺复兴时期的修辞式"历史之艺"，基本上仅限于阐释和批评文献的方法。一些教材主要关注文本批评（文本的真实性和对其的校勘）：勒克莱尔（J. Le Clerc）的《批评之艺》（*Ars Critica*，1697年）是其中最重要的。另一些作品主要关注原始权威的历史价值，比如格里非（H. Griffet）的《论帮助确立历史真实性的各种证据》（*Traité des différentes sortes de preuves qui servent à établir la vérité de l'histoire*，1769年）。

回答该问题的方法之一是区分文本证据和诸如特许状、碑铭、钱币和雕像等的其他证据。特许状和别的公共声明、钱币、碑铭和雕像被认为是比文本文献更好的证据。就像一位对此感兴趣的律师所说的：

> 上述事实首先包含在纪念碑上和皇家档案中无比小心地保存的公共文件里是确有根据和理由的……因为当公共文件不向所有人开放，或者因为时间而灭失，就有必要寻找别的关于功业的证据来替代它们。诸如古人在这里和那里树立的公共纪念碑、记功柱和雕像。
>
> *Sunt vero fundamenta et causae quibus dicta veritas innuitur praecipue monumenta et documenta publica quae in archivis imperantium singulari cura adservantur…Enim vero, cum non omnibus archiva publica pateant, aut temporum iniuria sint*

*deperdita , alia eorum loco testimonia rei gestae quaerere opus est. Qualia sunt publica monumenta, columnae et statuae apud veteres hinc et inde erectae.*①

因此，历史的价值在很大程度上取决于历史学家考察的公共文件、碑铭和钱币的数量。在《皇家碑铭学院资料备忘录》(*Mémoires de Littérature de l'académie Royale des Inscriptions*, 1729 年）第 6 卷中，四位作者（安瑟尔姆 [Anselme]、德普伊 [De Pouilly]、萨利耶 [Sallier] 和弗雷莱 [Fréret]）讨论了有关罗马起源的传统，他们的讨论方式暗示了对历史批判诸原则的普遍考察。安瑟尔姆神父如此描绘了讨论的主题：

因此，我认为古物学并不那么空洞，我们可以将其作为对史学的必要帮助，在其中所保存的记忆之外，难解和模糊的地方得到了真正纪念碑的补充，使其变得可信……

J'ay donc avancé que l'antiquité n'est pas esté si dépourvûë qu'on l'a voulu dire des secours necessaires à l'histoire, et qu'outre

---

① C. O. Rechenberg, *De autoritate* (sic) *historiae in probandis quaestionibus iuris et facti* (Leipzig 1709), p. 8. 比如参见 Martinus Schmeizelius, *Praecognita historiae ecclesiasticae* (Jena 1721), p. 85: "用原始材料的历史学家要优于不用的，前者根据档案、文件和公共记录写作，后者的材料来自普通人的卷册"(Historici authentici praeferendi sunt non authenticis: illi sunt qui ex Archivis, Actis et instrumentis publicis scripserunt, isti qui ex libris vulgaribus sua hauserunt); Io. Iac. Griesbachius, *Dissertatio de fide historica ex ipsa rerum quae narrantur natura iudicanda* (1768) in *Opuscula Academica*, ed. Io. Ph. Gabler (Jena 1824), I, p. 206: "因为无论以什么借口，能够说什么……来反对得到公共文件的权威肯定的真理呢？"(Quid cnim contra genuina documenta publica auctoritate firmata... ulla cum specie dici potest?) 另见 J. F. Eisenhart, *De auctoritate et usu inscriptionum in iure* (Helmstedt 1750); Christian August Crusius, *Weg zur Gewissheit und Zuverlässigkeit der menschlichen Erkenntnis* (Leipzig 1747), pp. 1041ff., Von der historischen Wahrscheinlichkeit.

> *les Memoires qui en ont esté conservez, ce qu'il y a d'obscur et de confus a esté suppléé par des monuments authentiques, qui en ont fait foy...*①

这些博学学者的观点后来被博弗尔（L. De Beaufort）在《论罗马史前五个世纪的不确定》（*Sur l'incertitude des cinq premiers siècles de l'histoire romaine*，1738年）中加以发展。

另一方面，历史学家可以依靠纯粹的传统，即归根到底依靠据称或自诩为见证者的叙述。因此，必须确定能够表明传统是可靠的标准，即便得不到钱币、碑铭或特许状等独立证据的支持。当然，选择可靠的传统意味着对证人的诚信及其评估方法，对证据的解读，对解读证据可能导致的有意或无意的误读提出一系列的问题。克里斯蒂安·托马西乌斯（Christian Thomasius）的学派专门讨论历史可信性（*fides historica*）的概念。卢平（M. Lupin）如此定义了这一概念（《论司法可信性》[*De fide iuridica*]）：

> 历史可信性是假设人类据说所遭遇或所做的事为真，它源于对通常不会造成误导的状况的推测，不受任何人类所发明和制定的规则束缚，而是留待任何不带偏见的自由思考。
>
> *Fides historica est praesumtio veritatis de eo quod*

---

① M. De Pouilly, *Nouveaux essais de critique sur la fidelité de l'histoire*, pp. 71-114 和同一本书中 Sallier 的回应（pp. 115-146）特别值得注意。另一篇关于从未被正确分析的历史方法的论述见 Acta Sanctorum 的序言和序章（1643ff., 特别是 1675ff.）。另参见 R. P. Honoré de Sainte-Marie, *Réflexions sur les règles et sur l'usage de la critique* (1713-1720), 我读过它的拉丁语译本 *Animadversiones in regulas et usum critices* (Venice1751)。

*hominibus accidisse vel ab iis gestum esse dicitur, orta ex coniecturis circumstantiarum quae non saepe fallere solent, nullis tamen ab hominibus inventis aut praescriptis regulis adstricta, sed liberae cuiusvis ratiocinationi, a praeiudiciis tamen vacuae, relicta.*①

《圣经》研究只是对一个几乎没有独立证据支持的传统进行分析的极端例子。在没有独立的文献材料或任何可观的碑铭和考古材料时，建立足以确定材料可靠性的内在标准只是回应怀疑者的方式之一。② 从查尔斯·布朗特（Charles Blount，1680 年）到查尔斯·莱斯利（Charles Leslie，1698 年），从伍尔斯通（Th. Woolston，1727 年）到夏洛克主教（Bishop Sherlock，1729 年），关于耶稣神迹的全部讨论都针对福音书作者作为证人的可靠性。

---

① C. A. Hübener, *Historicus Falso Suspectus*, diss. (Halle 1706) 表达了同样的观点。可以说在德国引发了全部讨论的论文是 J. Eisenhart, *De fide historica commentarius, accessit Oratio de coniungendis iurisprudentiae et historiarum studiis* (Helmstedt 1679)。Eisenhart 讨论了 fides, auctoritas, notorium facti 和 notorium iuris 的含义，并给出了确定证据可靠性的准则。他的影响在 F. W. Bierlingius 的 *De iudicio historico* (1703) 和 *De pyrrhonismo historico* (1707) 这两篇论文中尤为明显。它们经过修改，被重新刊印于同一位作者的 *Commentatio de pyrrhonismo historico* (Leipzig 1726)，见 225 页起：De fide monumentorum ex quibus historia depromitur。他在第 96 页说的话可以被视作这种新的批评态度的典型观点："历史类型的作品变得害怕引用，以至于读者有权要求这样做。在阅读史书时首先想到的问题是：作者从哪里得到这个？他究竟有没有可信地使用合适和恰当的证据？"（Historicum genus scripturae tantum abest ut a citationibus abhorreat, ut potius lector suo quodam iure illas postulare queat. Prima statim quaestio, quae historias legenti in mentem venit, haec est: unde auctor haec sua desumsit? Num testibus usus est idoneis atque fide dignis? ）

② J. D. Michaelis, *Compendium antiquitatum Hebraeorum* (1753); *Mosaisches Recht* (1770) 是希伯来古物学的开创性作品。需要指出的是，蒙佛孔不愿意收集希伯来考古学证据。关于米凯利斯的前辈们，见 S. von Dunin Borkowski, *Spinoza*, III, pp. 149-152。

布朗特暗示，关于耶稣的神迹，并没有比关于提亚纳的阿波罗尼乌斯（Apollonius of Tyana）的神迹更好的证据。对此，莱斯用他所谓的选择好证人的"简便易行的方法"做了回应。这种方法是否像莱斯利认为的那样简便易行是另一回事。即便当在米凯利斯（J. D. Michaelis）的影响下，希伯来古物学得到了更多的关注时，讨论材料的可靠性仍然是评估《圣经》真实性的主要方法。

在罗马史中，佩里佐尼乌斯（Perizonius）的《历史研究》(*Animadversiones Historicae*，1865年）是一次在不太求助于文献证据的情况下进行有条理分析的合理尝试。当历史皮浪主义的势头正在危险地上升时，他在《关于反对历史皮浪主义的历史可信性的演说》(*Oratio de fide historiarum contra Pyrrhonismum Historicum*，1702年）中捍卫了自己的立场。他的主要观点是，在某些情况下可以信赖历史学家，因为他们所说的话不利于他们为之辩护的主张的利益。

像佩里佐尼乌斯所尝试的那种复杂的文本批评直到19世纪初才受到重视，当时出现了更加巧妙的技巧，让学者可以发现文本材料的文本材料来源（如果有的话）。在18世纪，还没有人对狄奥多罗斯或塔西佗的作品来源有任何准确的概念。除了少数例外，也没有谁对历史学家本人的特质表现出明显的兴趣。传统作为大众信仰的表达方式有资格受到尊重这一观念也没有得到广泛的关注。只要这些方面还没有被仔细地考虑，官方文件、碑铭和钱币就不可避免地显得比仅仅建立在传统之上的文本证据更加可靠。这首先是一个数量问题。常识让我们无法相信这样的想法，即数以千计的文件、钱币和碑铭可以像零星的文本那样被伪造。

强调非文本证据

1671年，现代钱币学的创始人埃泽基尔·施庞海姆（Ezechiel Spanheim）提醒读者注意昆体良的附带之言："一些历史学家不认同另一些"（*Alii ab aliis historicis dissentiunt*，II, 4, 19）。他的补救措施是：

> 对我们来说，没有什么帮助比来自古代钱币或大理石的更可靠了。它们完全没有理由和可能让我们受骗。其他帮助无疑会因为转录抄本而让可信性存疑，只有它们能够展现原作者最初的手笔。

> *Non aliunde nobis certius quam in nummis aut marmoribus antiquis praesidium occurrit. Nec certe ratio hic aut eventus fallit. Subsidia quippe reliqua, dubiam semper transcriptorum exemplarium fidem, haec autem sola primigeniam Autographorum dignitatem prae se ferunt.*

另一段话中更清楚地指涉了同时代人对历史学家的不信任：

> 许多东西被错误地交给了同一批历史或编年史作家，无论是出于爱或恨，或者是疏忽，除非通过某些公开通告，今天无法对它们加以改正或重写。

> *Multa iisdem Historiarum aut Annalium conditoribus, vel odio*

vel amore, vel incuria sunt perperam tradita, quae emendari hoc tempore aut revinci, nisi publicis quibusdam tabulis, non possunt.

1679年，雅克·斯彭（Jacques Spon）在他的《答基耶先生发表的批评》（*Réponse à la critique publiée par M. Guillet*）中怀着新方法使徒的热情宣扬考古学证据的优越性。他向自己的对手发出了挑战：

在其最初的论述中，他将让我们看到，由于某种匪夷所思的神迹，古代作家们如何不如后来的大理石像和铜像有激情，尽管他们都是人，而相反，那时的铜像和大理石像又是如何比本世纪的人更容易产生激情。

Il nous fera voir dans ses premières dissertations comment par un miracle inoui les Auteurs anciens, tout hommes qu'ils estoient, avoient moins de passion que le marbre et que le bronze d'apresent, et comment au contraire le bronze et le marbre d'alors estoient plus susceptibles de passion que les hommes de ce siècle.

1679年，弗朗切斯科·比安奇尼（Francesco Bianchini）出版了《被带有古人印记的纪念碑和雕像证实的普世史》（*La Istoria Universale provata con monumenti e figurata con simboli degli antichi*）。此书十分不同寻常之处在于它隐含了这样的信念，即对历史来说，考古证据（或者用比安奇尼的话说是"印记的历史"[storia per simboli]）是比文本证据更可靠的基础。比安奇尼认为，普通的时间记录者没有意识到他们只引用文本证据是错误的。考古证据同时是"所发生之事的印记和证据"（我觉得，从保存至今的古代纪念碑中获得的事实形象同时是历史的印记和证据 [le figure dei fatti, ricavate da monumenti d'antichità oggidì conservate, mi sono sembrate simboli insieme e pruove dell'istoria]）。比安奇尼知道，他的同时代人普遍承认考古证据的优越性。研究古代纪念碑"符合我们时代的天才"（accommodato al genio della età nostra）。另一些人出于同样的想法把17世纪称作"钱币学的世纪"。后来，弗朗切斯科·比安奇尼把他的方法用于公元最初几个世纪的教会史中。他没有完成自己的作品就去世了。1752年，他的侄子朱塞佩·比安奇尼将其完成并出版，即《教会史描绘四部，得到纪念碑的佐证，忠于时间和事件》（Demonstratio Historiae Ecclesiasticae quadripartitae comprobatae monumentis pertinentibus ad fidem temporum et gestorum）。因此，当艾迪生指出"引用一面像章比引用一位作者要安全得多，因为这样的话你不是在求助于苏维托尼乌斯或兰普里迪乌斯，而是求助于皇帝本人或整个罗马元老院"时，他重复了一种普遍的观点。

比安奇尼是个天文学家。雅克·斯彭是个医生。他的朋友夏尔·帕丹（Charles Patin）、夏尔·维扬，以及其他钱币学家和古物学家同样如此。作为其中的一位，麦波米乌斯（H. Meibomius）在1684年表示："我不知道我们医生是否因为某种特别的命运而被和对古钱币的热情绑在一起。"（Et nescio quidem an peculiari aliquo fato Medici nos veteris nummariae rei studio teneamur.）他们把类似直接观察的科学方法引入了历史研究。①

皮浪主义者没有忘记指出，甚至特许状、碑铭、钱币和纪念碑也会遭到疑问或怀疑。它们可能是伪造的，可以有不同的

---

① H. Meibomius, *Nummorum Veterum in illustranda imperatorum romanorum historia Usus* (Helmstedt 1684); 参见 Christophorus Arnoldus 的 *Epistola de rei medicae simul ac nummariae scriptoribus praecipuis*，收录于 Prosperus Parisius, *Rariora Magnae Graeciae Numismata*, altera editione renovata accurante Joh. Georgio Volckamero, Med. D. (1683)。Chr. Arnoldus 提到了 W. Lazius, F. Licetus, A. Occo, C. Patin, L. Savotius（写了 *Discours sur les medailles antiques*, Paris 1627）, J. Spon, J. Vaillant 等医生。

关于钱币学家在 17 世纪末的名声，参见 Ph. J. Reichartus, *De Re Monetali Veterum Romanorum* (Altdorf 1691)，书中（pp. 84-89）有一首对钱币学家的赞歌，写道"对自由的人来说，没有什么比正确地了解那个征服大地的民族的事更值得，更快乐和更有用了"云云（nullum libero homine dignius, nullum iucundius, nullum ad res victoris terrarum orbis populi probe cognoscendas est utilius）; G. Cuperus, *Utilitas quam ex numismatis principes capere possunt in Apotheosis vel consecratio Homeri sive Lapis Antiquissimus* (Amsterdam 1683); I. M. Suaresius, *De numismatis et nummis antiquis* (Rome 1688)。最好的书目见 A. Bandurija, *Bibliotheca Numismatica in Numismata Imperatorum Romanorum a Traiano Decio*, I (1718)。M. P. Tilger 的 *Dissertatio historico-politica de nummis* (Ulm 1710), pp. 40-45 罗列了一批钱币学著作；在第 41 页，Tilger 称 17 世纪是"钱币学的"。另参见 B. G. Struvius, *Bibliotheca Numismatum antiquiorum* (Jena 1693)。

首先，比较 Ch. Patin 在 *Introduction à la conoissance des médailles* (Padua, 3rd ed. 1691), p.8 的话："我们甚至可以说，如果没有了像章，那么失去证据的历史将被许多人当成历史学家热情的结果，他们会写自己时代发生的一切，或者当成对记忆的描绘，可能是错误或狂热的。"（Et mesme l'on peut dire que sans les Medailles l'Histoire dénuée de preuves passeroit dans beaucoup d'esprits, ou pour l'effet de la passion des Historiens, qui auroyent escrit ce qui seroit arrivé de leur temps, ou pour une pure description de memoires, qui pouvoyent estre ou faux ou passionez.）关于对这种热情的有趣回应，见 Abbé Geinoza, Observations sur les médailles antiques, *Histoire de l'Accademie Royale des Inscriptions* (1740), XII, p. 263ff.; 作者在 280 页表示："如果有书而没有像章，我们可以知道又多又好，但如果有像章而没有书，我们将知道得又少又糟。"（avec les livres sans les médailles on peut sçavoir beaucoup et sçavoir bien, et avec les médailles sans les livres on sçaura peu et l'on sçaura mal.）但另一方面，见 H. E. Froelich, *Utilitas rei numariae veteris* (Vienna 1733)，以及 P. M. Paciaudi 的"致阿尔萨斯的贝尔阁下"（a Sua Eccellenza il Sig. Bali d'Alsazia d'Hennin）的一封信，收录于 F. A. Zaccaria, *Istituzione antiquarionumismatica* (Venice 1793) pp. 354-364。他在信中抨击了贝尔顺口说的一句关于钱币的话（"现代人毫无顾忌地用这些遗物来满足他们没有事实基础的奇思异想"[monumens que les modernes emploient impunément pour satisfaire leurs caprices sans se fonder sur un fait réel]，出自 *Diction.*, ed. 1730, IV, p. 584, s.v. Sur les libelles diffamatoires.） J. Spon 为 *Recherche des antiquités et curiosités de la Ville de Lyon* (1673)（转下页）

解读。比尔林基乌斯（F. W. Bierlingius）是《论历史判断》（*De iudicio historico*，1703 年）和《论历史皮浪主义》（*De pyrrhonismo historico*，1707 年）两部出色论著的作者，他写道：

> 解读碑铭的技艺是如此充满谬误，如此不可靠……钱币学也面临着同样的疑问……因此，无论最终得到多少历史材料和古代纪念碑，你似乎总是在不确定中工作。
>
> *Ars incriptiones interpretandi adeo fallax est, adeo incerta... Numismata iisdem dubiis obnoxia sunt...Vides ergo, quicumque demum proferantur historiarum fontes, et antiquitatis monumenta, omnia laborare sua incertitudine.*①

另一位温和的怀疑论者吉尔贝·夏尔·勒让德尔（Gilbert

（接上页）所写的序言中也包含了对于方法的巨大重要性的声明（该书中恰好还附有"欧洲主要的古物学家和收藏家" [des principaux antiquaires et curieux de l'Europe] 的名单）。斯彭尚未得到充分的研究；参见 A. Mollière, *Une famille médicale Lyonnaise au XVIIe siècle — Charles et Jacob Spon* (Lyon 1905)（非常简略）。关于作为历史学家的比安奇尼，见 B. Croce, *Conversazioni critiche* (1924), II, pp. 101-109. 更多书目见 F. Nicolini 在 *Enciclopedia Italian* 中的文章。关于比安奇尼和蒙佛孔，见 E. De Broglie, *Bernard de Montfaucon* (Paris 1891), I, p.336。

关于比安奇尼的方法，请比较他在 *Demonstratio*, p.xiv 说的话："因此，存在某些围墙和藩篱，或者说真实历史的遗迹、石头、银盘、牌铭，乃至全部标有文字的物品，或者刻有符号，或者装饰有与年代印记、名字、仪式和习俗相关的图形和形象，它们属于那些被历史分派了这些东西的时代……因为每个人都无法对自己的文字拥有如此的自信或者说傲慢，可以拒绝根据古代的大理石和标记而被修改。"（Sunt igitur claustra quaedam et sepimenta, imo et vestigia veritatis historicae, saxa, laminae, tabellae, corpora denique omnia signata literis, aut insculpta symbolis, sive etiam ornata figuris et imaginibus pertinentibus ad notas chronologicas, nomina, ritus, consuetudines illorum temporum, quibus ab Historia assignantur... Neque enim Scriptorum suorum tanta cuique fiducia seu potius arrogantia insedit ut auctoritate antiquorum marmorum et signorum emendari detrectet.）

① *De pyrrhonismo historico*, p.50.

Charles Le Gendre）在他的《观念论，或人类精神史备忘录》(*Traité de l'opinion ou Mémoires pour servir à l'histoire de l'esprit humain*）中——1735年到1758年间刊印了四版——坚持认为考古证据的价值存疑："大理石和青铜有时也撒谎"（*le marbre et l'airain mentent quelquefois*）。值得注意的是，他在第一版后扩充了关于误导人的纪念碑的部分。显然，这点变得越来越重要。①

不过，从同时代的证据来看，皮浪主义者没能打动大部分学者。众多旨在确立碑铭在法学中的价值的论述中的某一篇赞美了雅克·斯彭等古物学家：

> 我们祈祷，祝福格鲁特（Gruter）、莱内西乌斯（Reinesius）、斯彭和法布雷提乌斯（Fabrettius）等人的虔诚灵魂，他们令人称道地将自己的热情投向抄录界碑、岩石和大理石上的古代铭文，特别是罗马的。因为如果每块纪念碑被正确地编排，那么他们不仅通过出色的整理为古代史、神话中的许多篇章和各类古物带来了更高的可信度，而且还……
>
> *Bene sit, praecamur, piis manibus Gruteri, Reinesii, Sponi, Fabretti, ceterorumque qui ad describendas e lapidibus,*

---

① 在温和的怀疑者中，可以比较 Jo. Burchardusa Menckeniusa, *Quod iustum est circa testimonia historicorum* (Halle 1701); 以及该作者的 *De Historicorum in rebus narrandis inter se dissidiis horumque causis, in Dissertationes literariae* (Leipzig 1734); F. Gladov 和 G. Fürbringer, *De erroribus historicorum vulgaribus* (Halle 1714); A. H. Lackmannus, *De testimoniis historicorum non probantibus* (Hamburg 1735). *Additamentum ad Observationum Selectarum Halensium ad rem litterariam spectantium*, pp. 148ff. 收录了一篇匿名论文 *De incertitudine historica*，无年代（可能是1705年）。这方面的最佳论著可能是 P. F. Arpea, *Pyrrho, sive de dubia et incerta historiae et historicorum veterum fide argumentum* (Kiel 1716)（法国国家图书馆可找到）：书中的12章系统地收集了偏离事实的所有可能材料。

*saxis, marmoribusque inscriptiones antiquas, romanas imprimis, studium suum laudabiliter contulerunt. Neque enim, si recte componantur singula illa monumenta, ad veteris solum Historiae corroborandam fidem et ad pleraque capita mythologiae et omnis generis antiquitatum explicanda egregie conducunt sed etc...*①

1746年，在约翰·奥古斯特·埃尔内斯蒂（Joh. Aug. Ernesti）的《论正确评价历史可信性》（*De fide historica recte aestimanda*）中，系统性地比较文本和非文本证据被认可为反对历史皮浪主义的正统标准。② 同样的观点在克里斯蒂安·克鲁西乌斯（Chr. A. Crusius）1747年的《通往人类知识的确定性和可靠性之路》（*Weg zur Gewissheit und Zuverlässigkeit der menschlichen Erkenntnis*）中也得到了表达，并被编入了那个世纪关于历史方法的最著名论著之一，即克拉德尼乌斯（J. M. Chladenius）的《普通历史科学》（*Allgemeine Geschichtswissenschaft*，1752年）。在哥廷根，随着1766年历史研究所的成立，历史学家们接管对非文本证据研究的意愿得到了正式认可。研究所由加特勒（Gatterer）创办，主要致力于那些辅助学科（古文献学和钱币学等）——就像克里斯

---

① I. Wunderlich, *De usu inscriptionum romanarum veterum maxime sepulchralium in iure* (Quedlinburg 1750); 参见 M. Arnold Greve, περὶ ἅπαξ εἰρημένων *sive de auctoritate unius testis* (Wittenberg 1722).

② Jo. Aug. Ernesti, *Opuscula Philologica*, 2nd ed. (Leyden 1776) p.68. 另参见 Priestley, *Lectures on History and General Policy* (1788), 以及 Nicolas Fréret, *Observations générales sur l'histoire ancienne*, in *Œuvres complètes*, I (1796), pp. 55-156.

蒂安·海纳（Chr. G. Heyne）在成立演说上所解释的，它"用历史证据让人信服"（*historicis argumentis fidem faciunt*）。① 在之前的几个世纪里，不乏偏爱非文本而不是文本证据的个人。安科纳的齐里亚科（Ciriaco d'Ancona）经常被认为有这种偏好。②16 世纪末，安东尼奥·阿格斯蒂诺（Antonio Agostino，即奥古斯提努斯 [Augustinus]）用一句附带的话表达了同样的信念："我更相信像章、牌铭和石头，而不是作者们所写的一切。"（*Yo mas fe doi a las medallas y tablas y piedras, que a todo lo que escriven los escritores.*）③ 他同时代的克劳德·希弗莱（Claude Chifflet）则表示："对古钱币的知识平息了关于历史的古老争论。"（*Veteres historiae*

---

① Chr. G. Heyne, *Opuscula academica* (1785), I, p. 280. B. Hederich, *Anleitung zu den führenden historischen Wissenschaften* 3rd ed. (Wittenberg 1717) 被认为是关于这些历史辅助学科的第一本手册。由于它在德国之外似乎鲜有流传（我只在法国国家图书馆见过），也许可以提醒读者，这是一部普世史、罗马古物学、神话学、地理学、年代学和地质学等的基本概要。

② "它们似乎能比书籍本身提供多得多的可信度和知识"（Maiorem longe quam ipsi libri fidem et notitiam praebere videbantur）——Franciscus Scalamontius, *Vita Kyriaci Anconitani*, in Giuseppe Colucci, *Delle antichità Picene* (1792), XV, p. lxxii. 见 E. Ziebarth, *Neue Jahrbücher für das klassische Altertum, Geschichte und deutsche Literatur*, IX (1902), p. 214; XI (1903), p. 480; 另见 G. Voigt, *Die Wiederbelebung das class. Alterthums* (1880), 2nd ed. I, pp. 271ff。

③ *Dialogos de medallas, inscriciones y otras antiguedades* (Tarragona 1587), p. 377. 参见意大利语译本 *Dialoghi di Don Antonio Agostini tradotti in italiano* (Rome 1592), p. 261："我更加相信像章、牌铭和其他石头，而不是作者们所说的一切。"（io dò più fede alle medaglie, alle tavole e alle pietre che a tutto quello che dicono gli scrittori.）关于这位对 17 世纪末的古物学产生了深刻影响的伟大学者（施庞海姆是最好的例子），还没有一部专著。我所知的最新研究是 P. S. Leicht, Rapporti dell'umanista e giurista Antonio Agostino con l'Italia, *Rendiconti della R. Accademia d'Italia*, VII, 2 (1941), p. 375; J. Toldrá Rodón, El gran renacentista español D. A. A., *Boletín Arqueológico*, XLV (1945), p. 3; C. M. del Rivero, D. A. A. principe de los numismaticos españoles, *Archivo Español de Arqueología*, XVIII (1945), p. 97; F. de Zulueta, D. A. A., *Boletín Arqueológico*, XLVI (1946), p. 47（对作为 1939 年格拉斯哥大卫·穆雷 [David Murray] 讲座内容的一篇英语论文的翻译）。本文中关于阿格斯蒂诺的段落要感谢瓦尔堡学会的 C. Mitchell。在同样的意义上，更温和的观点见 S. Erizzo, *Discorso sopra le medaglie antiche* (Venice 1559), p. 2。

controversias nummorum antiquorum cognitio componit.)① 这类引文很可能还可以找到很多。它们没有改变非文本证据在 17 世纪末和 18 世纪初变得特别权威的事实。

阿尔杜安神父（Père Hardouin）的不寻常故事只能放在上述背景下理解。他是一个特别有代表性的例子。这个人最初研究钱币学，发现钱币和文本间存在矛盾，慢慢地认定所有的古代文本（除了西塞罗、维吉尔的《农事诗》、贺拉斯的《讽刺诗》和《书信集》以及阿尔杜安神父钟爱的老普林尼）都是 14 世纪末一伙意大利人伪造的。他甚至确认了这伙人的头领：塞维鲁斯·阿尔孔提乌斯（Severus Archontius），此人心不在焉地在《罗马皇帝传》（菲尔慕斯·萨图尔尼努斯传，2.1）的一个段落中留下了其身为钱币学家的痕迹。阿尔杜安将同时代人对非文本证据的偏爱和对文本证据的怀疑带到了远远超出疯狂边界的程度。但他的同时代人并未发笑。他们做了详尽的回应。拉克罗兹（La Croze）写了一整卷书来驳斥阿尔杜安（1708 年）。为了证明自己的巨著《古文献学新论》（*Nouveau Traité de Diplomatique*）的价值，塔森修士（Dom Tassin）和图斯坦修士（Dom Toustain）表示它会让新阿尔杜安无法卷土重来。众所周知，奥古斯丁的全部作品和《神曲》系伪造是阿尔杜安发现的内容之一。②

---

① *De numismate antiquo liber posthumus* (Louvain 1628), p. 12（关于作者，见 J. Ruysschaert, *Juste Lipse et les Annales de Tacite*, Louvain 1949）, p. 48。

② 伪作说最早见 *Chronologiae ex nummis antiquis restitutae prolusio de nummis Herodiadum* (Paris 1693), p. 60。关于阿尔杜安的典型表述，见 *Ad Censuram scriptorum veterum prolegomena* (London, 1766), p. 15: "1690 年 8 月，我们在奥古斯丁和其他人的作品中嗅到了伪作的气息，11 月时我们对全部作品都产生了怀疑，1692 年 5 月，我们揭开了一切。"（Nos mense Augusto anni 1690 coepimus in Augustino et aequalibus fraudem subodorari, in omnibus mense Novembri suspicati sumus: totam detexuimus mense maio anni 1692）关于他的方法，见 p. 172: "古钱币上没有任何在这些历史作品中读到的东西，正是这点显示了矛盾：还能有什么更好的迹象表明（转下页）

考察古物学家在制定正确解读非文本证据的规则方面所取得的成就时，我们必须做出鲜明的区分。在利用特许状、碑铭和钱币来进行确证和解读方面，可靠规则的确立获得了完全的成功。马比永的《论古文献学》（*De Re Diplomatica*，1681 年）受到的抵制不过是一部公认的论战作品可以想见的遭遇。此类攻击——诸如耶稣会教士热尔蒙（P. Germon）的《论法兰西王国的古文献学和甄别真假古文献的方法，致马比永神父》（*De veteribus regum francorum diplomatibus et arte secernendi antiqua diplomata vera a falsis Ad R. P. Mabillonum disceptatio*）——主要反映了宗教派系之间的冲突。很快，马比永的工作被普遍认可为权威的。他的古文书研究被蒙佛孔（Montfaucon）扩展到希腊语作品，后者在《希腊古文书学》（*Palaeographia graeca*，1708 年）中给这门新学科取了

（接上页）这是伪史呢？这些历史作品中几乎没有描绘过钱币上所刻的内容，这不是其系伪作的另一个理由吗？那些败坏或玷污了圣物的人在世俗史里说谎有什么奇怪的呢？"（De his quae leguntur in historia scripta nihil omnino nummi veteres habent; sed prorsus contrarium exhibent: et quod maius esse in historiis fabulositatis indicium potest? Nihil fere eorum quae sunt in nummis sculpta historia scripta repraesentat; et non est istud alterum certum νοθείας argumentum? Et quid mirum mentitos esse in historia profana qui sacram perverterunt aut adulterarunt?）另见他的 *Observationes in Aeneidem in Opera Varia* (Amsterdam 1723), pp. 280ff.。文章的开头写道："维吉尔从未想过写《埃涅阿斯纪》。"（Vergilio numquam venit in mentem Aeneidem scribere）作为他的批评的一个例子，见他对《埃涅阿斯纪》VIII, 505 的评论："奥古斯都的时代没有花冠。在 12 世纪前，我在古钱币上没见过有人变老。"（Corona non fuit aevo Augusti. In nummis antiquis non vidi ante saeculum XII iam senescens.）关于但丁的论文于 1847 年在巴黎重刊，题为 *Doutes proposés sur l'age de Dante par P. H. J.*（刊于 *Journal de Trévoux*, 1727）。

关于阿尔杜安的最佳论文是 G. Martini, Le stravaganze critiche di padre J. Hardouin, *Scritti di paleografia e diplomatica in onore di V. Federici* (Florence 1944), pp. 351-364。参见 M. Veyssière de la Croze, *Vindiciae veterum scriptorum contra J. Harduinum* (1708)。关于塞维鲁斯·阿尔孔提乌斯，另见 *De J. Harduini... Prolegomenis...epistola quam... scripserat Caesar Missiacus,* vulgo C. de-Missy (London 1766), p. 15。

它现在的名字。① 另一方面，斯基皮奥内·马菲（Scipione Maffei）完善了对西方字体的分类，在《古文献史》（*Istoria Diplomatica*，1727 年）和死后出版的《石刻批评之艺》（*Ars critica lapidaria*）中确立了铭文批评的规则。在钱币方面，从施庞海姆到埃克尔（Eckhel，1792 年）的一系列伟大学者让处理它们的正确方法不再存疑。

陶瓶、雕像、浮雕和宝石是一种难懂得多的语言。从阿尔齐亚托（Alciato）以来积累的可观的铭图学（Emblemata）著作不太可能让这种语言变得更加清晰。面对一块带有图案的纪念碑，我们如何能理解艺术家的意图？如何能区分纯粹装饰的和旨在表达宗教或哲学信仰的？从雅克·斯彭的《古代知识杂集》（*Miscellanea eruditae antiquitatis*，1679 年）到蒙佛孔的《古物释读》（*L'Antiquité expliquée*，1718 年），再到斯彭斯（J. Spence）的《波吕墨提斯》（*Polymetis*，1747 年），尚未有人写过一部创造科学图像学的尝试的历史。温克尔曼毕生对图像学的关心需要在这一背景下理解，这种关心最终催生了《寓意的尝试，特别针对艺术》（*Versuch einer Allegorie besonders für die Kunst*，1766 年）。无论温克尔曼和他的前辈们所取得的成果重要性如何，相比钱币学、碑铭学和古文献学，古物学家们在该领域达成的共识要少得多。② 读过弗朗

---

① 参见匿名论文（也许作者是 P. Jacques-Philippe Lallemant?），*Histoire des contestations sur la Diplomatique* (Paris 1708); Vincent Thuillier, *Histoire de la contestation sur les études monastiques in Ouvrages posthumes de Jean Mabillon et D. Thierri Ruinart* (1724), I, p. 365. 参见 E. Martène, *Histoire de la congrégation de Saint-Maur*, 特别是卷 IVff (1930ff); P. Gall Heer, *Johannes Mabillon und die Schweizer Benediktiner* (St. Gallen 1938). *Correspondence inédite de Mabillon et de Montfaucon avec l'Italie* (1846) 无比宝贵。

② 关于温克尔曼，迄今最好的研究是 C. Antoni, *La lotta contro la ragione* (1942), p. 37。

茨·居蒙（Franz Cumont）1942 年出版的《罗马人墓葬的象征手法》（*Le symbolisme funéraire des Romains*）和诺克（A. D. Nock）教授 1946 年在《美国考古学杂志》（*American Journal of Archaeology*）上对该书的批评的读者都可能会觉得，两个世纪后，我们仍然远远无法对某些类型的图像做出被普遍接受的解读。

18　　即便我们真的仍受 18 世纪的古物学家没能编撰出一部令人信服的图像艺术词典之苦，但眼前的发展并未受到影响。凭借着其或多或少拥有永恒价值的钱币学、古文献学、碑铭学和图像学的论文，18 世纪的古物学家可以怀着他的前辈们所缺乏的信心进入新旧领域探险。他可以把自己变成历史学家，或者帮助历史学家写作一种新的历史。只需回想一下对前罗马时代意大利的发现就足够了，这可能是 18 世纪的非文本证据考察对历史知识的最大贡献。

广泛使用非文本证据的一个例子

爱争吵的巨人托马斯·邓普斯特（Thomas Dempster）是 17 世纪初移民意大利的苏格兰天主教徒中一个有意识的人物。1625 年去世时，他已经是博洛尼亚的人文学教授，留下了知识渊博但缺乏判断的名声，这对他生前出版的主要作品，新版的罗西努斯《古物学》来说并不完全公平。我还无法弄清他的《埃特鲁里亚王国》（*De Etruria regali*）的手稿为何一直未能出版，直到大约一个世纪后落到后来的莱斯特伯爵托马斯·科克（Thomas Coke）手中。科克在序言中不无道理地表示："这看上去真是神奇，安排命运找到一个英国人来写埃特鲁里亚的古事，而且这部书落到了他英国同胞的手里。"（*Hoc quidem mirum videri potest ita disposuisse*

Fortunam ut de rebus Etruscorum antiquis scribere et Britanno homini contingeret unice, et quod idem liber in Britanni pariter hominis manus incideret）邓普斯特只收集了关于埃特鲁里亚的文本证据和一些碑铭证据。值得注意的是，由于18世纪更加强调考古证据，编辑觉得不可能按照原样出版手稿：他请一位有着著名姓氏的古物学家菲利波·博纳罗蒂（Filippo Buonarroti）增加了纪念碑证据。该书奇特地融合了两个世纪的古物学知识，于1723年在佛罗伦萨问世，取得了不同寻常的轰动。17世纪时，在因吉拉米（Inghirami）和莱内西乌斯（1637年）之后，很少有关于埃特鲁里亚的作品出版。现在则出现了大批书籍和论文。贡献了埃特鲁里亚领军学者①和重要论文的科尔托纳学院（Accademia di Cortona）是奥诺弗里奥·巴尔德利（Onofrio Baldelli）在1726年创立的；佛罗伦萨鸽笼学会（Società Colombaria）创始于1735年。所有人都明白，邓普斯特激发了对埃特鲁里亚新的兴趣。但这种兴趣首先不是关于文本的。瓜尔纳齐（Guarnacci）在沃尔特拉（Volterra），巴尔德利在科尔托纳，以及布切里（P. Bucelli）在蒙特普尔齐亚诺（Montepulciano）建立的埃特鲁里亚博物馆都诞生于那些年。到了1744年，所谓的埃特鲁里亚陶瓶已经有资格在梵蒂冈拥有自己的陈列室。考古学的复兴还从托斯卡诺扩展到意大利的其他地方：罗马的世俗古物学院（Accademia di antichità Profane）成立于1740年；赫库兰尼姆学院（Accademia degli Ercolanesi）成立于1755年。赫库兰尼姆和庞贝的发现是最显著的成果。托马斯·邓普斯特取

---

① 原文作 Lucumoni，本意是埃特鲁里亚酋长。——译者注

得了轰动，因为意大利学者正为他们的爱国情感和文化兴趣寻找新的焦点。这些人深深植根于自己的宗教传统中，出于各种原因对罗马心存怀疑。他们在埃特鲁里亚人、佩拉斯吉人（Pelasgians）和其他前罗马部落中找到了自己想要的。上古的前罗马时代文明满足了当地的爱国主义。对非文本证据感兴趣的新潮流暗示了探索的可能，并为其提供了技术。古物学的方法加上爱国主义的复兴造就了一批百多年来意大利最出色的学者。①

除了标题，青年维科在1710年发表的论文《论意大利最古老的智慧》（*De antiquissima Italorum sapientia*）关注形而上学，与古代关系不大。关于维科，有一点值得注意。他非常熟稔那个时代的语言学、神学和法学知识，却几乎没有接触过施庞海姆、马比永和蒙佛孔的方法。他赞美过马比永，至少一次提到蒙佛孔，但并未吸收他们的真正学术。他在自己的时代受到孤立，部分原因在于他是个更伟大的思想家，但也有部分原因在于他是个不如同

---

① E. Fiesel, *Etruskisch* in *Geschichte der indo-germanischen Sprachwissenschaft* (Berlin 1931); G. Gasperoni, Primato, onore e amore d'Italia negli storici ed eruditi del Settecento, *Convivium*, XI (1939), 264; F. Mascioli, Anti-Roman and Pro-Italic Feeling in Italian Historiography, *Romanic Review*, XXXIII (1942), pp. 366-384. 不过，匿名作品 Storia degli studi sulle origini italiche, *Rivista Europea*, I (1846), pp 721-742; II (1847), pp. 102-138 仍然无比宝贵。关于 N. Fréret, 见 M. Renard, *Latomus*, III (1939), pp. 84-94; 关于赫库兰尼姆，参见 M. Ruggiero, *Storia degli scavi di Ercolano* (Naples 1885); G. Castellano, Mons. Ottavio Antonio Bayardi e l'illustrazione delle antichità d'Ercolano, *Samnium*, XVI-XVIII (1943-1945), pp. 65-86, 184-194。关于 M. Guarnacci, 见 L. Gasperetti, Le origini italiche di Mario Guarnacci e l'utopia della Sapientia Antiquissima, *La Rassegna*, XXXIV (1926), pp. 81-91。对当时的古物学研究的一次有趣的考察见 A. F. Gori, in *Admiranda antiquitatum herculanensium descripta et illustrata*, Symbolae litterariae (Florence 1748), I, pp. 31-38。G. Gasperoni 的几部作品（相关介绍见 C. Calcaterra, *Giornale storico della letteratura italiana*, CXXVI, 1949, p.383）研究了18世纪的意大利学问。如 *La Storia e le lettere nella seconda metà del secolo XVIII* (Jesi 1904); *La Scuola storico-critica nel secolo XVIII* (Jesi, 1907)。

Michele Maylender, *Storia delle Accademie d'Italia* (Bologna 1926) 提供了关于各学院的信息。

时代人的学者。他错过了18世纪的古物学运动。①

当时出现了许多匪夷所思的理论，比如瓜尔纳齐的《意大利的起源》(Origini italiche)，他把埃特鲁里亚人与撒玛利亚人描绘得过于相似。就连敏锐和具有国际意识的德尼纳（Denina）也沉湎于将罗马统治之前的意大利描绘得如同田园世界，拥有一个由小城市和城邦组成的和睦社会。事实上，甚至提拉波斯基（Tiraboschi）的《意大利文学史》(Storia della letteratura italiana)也是从埃特鲁里亚人写起的。对前罗马时代的意大利的赞美在复兴运动（Risorgimento）早期司空见惯，② 在18世纪的意大利历史学家那里也同样常见。吉奥贝蒂（Gioberti）的《首屈一指》(Primato)中的许多想法源出于此。不过，与严肃研究相伴的是神话思想。每当有所谓的埃特鲁里亚陶瓶被发现就怀疑是埃特鲁里亚人的意味着将问题放在考古学基础上，这并不寻常。南意大利的发现很快迫使人们承认，许多此类陶瓶是纯粹的希腊工艺——温克尔曼已经有了这种观点。伊库维姆牌铭（Tabulae Eugubinae）是埃特鲁里亚人所刻的想法被彻底否定。③ 高里（Gori）收藏的纪念碑被证明具有永恒的重要性，而在那个世纪末，兰齐（Lanzi）的《埃特鲁里亚语评论》(Saggio di lingua etrusca)提供了有条理的研究的出色样本。

---

① Giambattista Vico, La scienza nuova seconda, ed. F. Nicolini (1942), I, p. 206; II, p. 225。B. Croce 和 F. Nicolini (Naples 1947) 的近作 Bibliografia Vichiana 是18世纪语文学研究信息的无价宝藏。另参见 Fausto Nicolini, Commento storico alla Seconda Scienza Nuova (Rome 1949)。

② Benedetto Croce, Storia della storiografia italiana nel secolo decimonono, 3rd ed. (1947) I. p.52.

③ G. Devoto 在其编辑的 Tabulae Iguvinae, 2nd ed. (1940) 的导言中提到了这个问题的历史。

当维拉莫维茨在 1925 年来到意大利时，他在佛罗伦萨所做的一场演说中向未来的意大利学者推荐了前罗马时代意大利的历史，认为那是个好课题。克罗齐很容易指出，这种想法在意大利至少已经存在了一个世纪。他本可以说那已经存在了两个世纪。①

18 世纪时，意大利人通过埃特鲁里亚和大希腊回到了希腊。托雷穆扎亲王（Prince Torremuzza）收藏和歌德前往观赏的西西里钱币、赫库兰尼姆的纸草和最后被认定是希腊的陶瓶，这些都说希腊语。一边是像帕瑟里（Passeri）这样承认希腊人优先性的学者，一边是像瓜尔纳齐这样支持埃特鲁里亚人的学者，两者的讨论让人们意识到，埃特鲁里亚和希腊的联系曾经多么紧密。经历了反宗教改革的长期中断后，在 18 世纪的意大利可以注意到与希腊世界新的亲密感。科尔西尼（O. Corsini）的《阿提卡年表》（*Fasti Attici*，1744 年）和帕奇奥迪（P. M. Paciaudi）的《伯罗奔尼撒纪念碑》（*Monumenta Peloponnesia*，1761 年）将兴趣从大希腊扩大到希腊本土。让福斯科洛（Foscolo）得以成为意大利人和让莱奥帕尔蒂得以创作他的诗歌的情结中的几个元素可以追溯到博物馆、墓地和学术社团。②

---

① Croce, *Conversazioni critiche*, IV (1932), pp. 150-152.

② C. Sigonio 是文艺复兴时期研究希腊主题的最后一位伟大的意大利古物学家。下一部重要作品也许是 F. E. Noris, *Annus et epochae Syromacedonum in vetustis urbium Syriae nummis* (Florence 1691)。17 世纪希腊古物学研究的其他所有的重要作品都不是意大利的，见 J. Selden, *Marmora Arundeliana* (1628); F. Rous, *Archaeologia Attica* (1637); E. Feith, *Antiquitates Homericae* (1677); J. Spon, *Miscellanea eruditae antiquitatis* (1679); J. Potter, *Archaeologia Graeca* (1702)；特别是 G. Lami 编集的 J. Meursius 的各篇专著 (Florence 1741-1763)。

见 A. Curione, *Sullo studio del greco in Italia nei secoli XVII-XVIII* (Rome, Tosi, 1941)。必须重新考察意大利希腊研究的整个问题。

18世纪和19世纪时古物学家与历史学家的冲突

18世纪的冲突

17世纪末和18世纪初,历史写作的特色是大批主要致力于通过最好的研究方法来确定每一事件的真实性的历史学家。他们与同时代的古物学家都关心这点,事实上,他们经常遵循后者的方法。因此,虽然历史著作和古物著作的区别在形式上仍然分明,但历史学家的目标经常与古物学家相同。两者都着眼于事实真理,而非解读原因或考察结果。用马克·帕蒂森(Mark Pattison)反驳德昆西的话来说,他们的职业并非思考。① 当"哲学"历史学家开始攻击博学时,古物学家和"有学问的"历史学家的威信都受到了影响。在寻找可靠证据的过程中,有学问的历史学家和古物学家容易忘记,历史是对过去的重新解读,从而得出关于现在的结论。哲学历史学家(孟德斯鸠、伏尔泰)会提出关于当下的问题。事实上,他们会对人类的普遍发展提问,这些问题如此宏大,以至于细节的准确性似乎可以很容易显得无关紧要;对于此类问题,相比一批批古物,文本材料恰好似乎可以方便地提供更满意的答案。伏尔泰认同他更博学的同行们对历史传统的许多细节的怀疑,但他并不觉得需要用更可靠的细节来取代它们。他将其放到一边,认为它们无关紧要,而是寻求不同的历史方法。文明的观念成了历史的首要主题,政治史要从属于它。诸如艺术、宗教、制度和贸易等此前一直属于古物学领域的内容成了哲学历史学家的典型主题——但方式与古物学家的截然不同。许多人和

---

① M. Pattison, *I. Casaubon,* 2nd ed., 1892, p. 449 整页都与此相关。参见 B. Croce, *La letteratura italiana del Settecento* (1949), p. 241。

霍拉斯·沃波尔（Horace Walpole）一样不喜欢那些认为古代的一切都值得原样保留的人。《百科全书绪论》(Discours préliminaire de l'Encyclopédie) 说得不能更清楚了：

> 博学和事实的国度取之不尽；这样说是因为我们相信每天都能看到它的内容通过毫不费力的获取而增加。相反，理性和发现的国度则规模足够小，在那里常常不是学习我们所未知的，而只是通过学习忘却我们自以为知道的。
>
> *Le pays de l'érudition et des faits est inépuisable; on croit, pour ainsi dire, voir tous les jours augmenter sa substance par les acquisitions que l'on y fait sans peine. Au contraire le pays de la raison et des découvertes est d'une assez petite étendue et souvent au lieu d'y apprendre ce que l'on ignoroit, on ne parvient à force d'étude qu'à désapprendre ce qu'on croyoit savoir.*

就像吉本所注意到的：

> 在法国……希腊和罗马的知识和语言被哲学的时代所无视。作为这些研究的守护者，金石学院在巴黎的三大皇家学会中忝陪末座："博学者"的称呼被鄙夷地用到李普西乌斯和卡索邦继承者的身上。

在重新解读希腊和罗马的政治史时，维尔托、米德尔顿（Middleton）、弗格森和吉列斯（Gillies）很少关心对材料的讨论。

在古代宗教领域，古物学家和哲学家长久以来的合作受到了的干扰。17世纪时，东方语言和历史对理解基督教的必要性变得日益明显。1617年，约翰·塞尔登出版了划时代的《论叙利亚诸神》（*De Diis Syris*）。1627年，海因修斯（D. Heinsius）在《圣徒亚里斯塔科斯》（*Aristarchus Sacer*）中指出，如果不对东方语言有所了解，甚至无法理解福音书的语言。伊斯兰教变得更加为人所知，后来还吸引了同情。对中世纪犹太哲学的了解以几个世纪前已经采用过的方式提出了关于偶像崇拜起源的问题。约翰·格哈德·沃西乌斯（Johann Gerhard Vossius）的论著《论异教神学和基督教本质，或偶像崇拜的起源和发展》（*De theologia gentili et physiologia christiana sive de origine et progressu idololatriae*，1641年）附上了密什那妥拉（Mishne Torah）的文本和迈蒙尼德斯（Maimonides）的译文。与小亚细亚和亚美尼亚异教徒民族的接触让人们更清楚地看到异教的独有特征。学者们所提的问题包括：（a）多神教如何取代了原始一神教；（b）摩西律法与周边民族的制度有何关系；（c）如果真有的话，在异教徒文本中可以找到对希伯来和基督教真理的何种佐证。回答上述问题的方法通常是将词源学与对教条和仪式的比较结合起来。弗里克索斯（Phrixus）的献祭可以和以撒的相比；萨拉皮斯（Sarapis）和雅各之子约瑟可能是同一个人。伏尔甘努斯（Vulcanus）的名字很容易被和土八该隐（Tubalcain）的等同起来。甚至特洛伊城被毁也被认为是对耶路撒冷被尼布甲尼撒摧毁的预言描绘。埃蒂安纳·基沙尔（Estienne Guichart）和萨穆埃尔·博沙尔（Samuel Bochart）让希伯来和腓尼基语词源变得流行。1700年，托马斯·海德（Thomas Hyde）还带来了波斯语文本——结果并不总是让人高兴。

从欧赫墨罗斯主义到魔鬼的干涉，再到哲学家和教士的诡计，对起源问题的回答形形色色。但人们或多或少普遍认同的是，某些国家——特别是埃及——曾是一种哲学一神教的扩散中心。耶稣会教士基歇尔（A. Kircher）认定，"伊西斯牌铭"（*Mensa Isiaca*）为埃及人相信三位一体提供了证据（1652年）。1683年，维特西乌斯（H. Witsius）完全通过坚称埃及人的一神教信仰源自犹太人来反驳约翰·马沙姆（John Marsham）和约翰·斯彭斯，为犹太一神教的原创性辩护。虽然某些异教徒独立于犹太和基督教启示获得真理的观点并非不寻常或不正统，但现在被允许得到上帝真理的异教徒的数量可能会产生危险的影响。我们可以理解为何从赫伯特（Herbert）到托兰德（Toland）的英国自然神论者如此热切地推动相对信仰，以及为何从卡德沃斯（Cudworth）到瓦尔伯顿（Warburton），他们的对手也在做同样的事。自然神论的争论中使用的武器是由神圣古物学提供的。①

---

① O. Gruppe, *Geschichte der klassischen Mythologie und Religionsgeschichte* (1921), p. 45; L. Capéran, *Le problème du salut des infidèles* (Toulouse 1934), p. 257; M. M. Rossi, *La vita, le opere e i tempi di Edoardo Herbert di Cherbury* (1947), 特别是第 III 卷；Isti, *Alle fonti del deismo e del materialismo moderno* (Florence 1942)。另参见 G. Mensching, *Geschichte der Religionswissenschaft* (Bonn 1948), p. 39。一些有特色的作品包括，A. Kircher, *Oedipus Aegyptiacus* (Rome 1752); E. Dickinson, *Delphi Phoenicizantes* (Oxford 1655); Z. Bogan, *Homerus* Ἑβραίζων (Oxford 1658); J. Hugo, *Vera historia romana* (Rome 1655); S. Bochart, *Geographia Sacra (Phaleg et Chanaan)* (Caen 1646); H. Witsius, *Aegyptiaca et* δεκάφυλον (Amsterdam 1683); J. Spencer, *De legibus Hebraeorum ritualibus* (Cambridge 1685); T. Hyde, *Historia religionum veterum Persarum eorumque Magorum* (Oxford 1700) （蒙佛孔在 *L'Antiquité expliquée*, II, Part 2, p. 395 抨击了他，但没有点出他的名字）。关于在 L. Pignorio 的刊本（Vencie 1605）问世后扮演了如此重要角色的"伊西斯牌铭"的历史，见 E. Scamuzzi, *La Mensa Isiaca del Regio Museo di Antichità di Torino* (Rome 1939)。R. Cudwortha, *The True Intellectual System of the Universe*, in *Works* (Oxford 1829), II, p. 119 有趣地提到了"伊西斯牌铭"。

我认为 M. M. Rossi, *Alle fonti del deismo* 解释了（pp. 26ff）宗教比较研究成了自然神论思想家手中的武器，尽管他们的对头从不否认异教徒可以受到自然启发。

17世纪末，人们同样更清楚地看到，宗教研究越来越需要考虑古物学家所收集的非文本证据。施庞海姆承诺写一部关于宗教的钱币学作品，但始终没有实现，但钱币被普遍认可为宗教观念的重要载体。1700年，德·拉·肖斯（De La Chausse）宣称，宝石是对宗教研究者的另一种恩赐：

> 那么多工匠在如此之小的空间里表达了历史所显示的一切值得关注的东西，甚至更多，有古人的宗教，对他们神明的崇拜……异教徒最隐秘的秘密；在神秘的图像和奇特的形象之下可以发现许多民族的迷信信条。
>
> *Evvi da tanti artefici espresso in picciol spazio tutto ciò e ancor più di quello che l'istoria ci palesa di considerabile, la religione degli antichi, il culto de'lor dei... gli arcani più occulti dei gentili; e sotto misteriose immagini e portentose figure scopresi la superstiziosa dottrina di molte nazioni.*①

当然，收集神明的图像在整个文艺复兴时期都很普遍。16世纪时由杜舒尔（Du Choul）和卡塔里（Cartari）所收集的那些仍在被重印。但现在，图像学被用来为新的宗教比较学服务。广受欢迎的作家巴尼埃（A. Banier）在《用历史解释的神话学和寓言》（*La mythologie et les Fables expliquées par l'Histoire*）中坚称有必要用"像章、碑铭和历史纪念碑"来解释古代宗教。值得注意的是，1724年问世的第一版赫德里希（B. Hederich）《基础神话

---

① Michelange De La Chausse, *Le Gemme antiche figurate* (Rome 1700), Proemio.

学词典》(*Gründliches mythologisches Lexicon*)仅仅使用文本文献，而1770年的第二版中加入了图像学部分。所谓的埃特鲁里亚陶瓶引发了关于宗教内容的讨论。但我们不可避免地感到，越是深入18世纪，这些研究对于宗教研究就变得越不关键。那个时代更具哲学精神的人觉得，不必屈尊收集和解读关于古代宗教的文本和非文本证据。德·布洛斯（De Brosses）议长、杜普伊（Ch. Fr. Dupuis）、布朗热（N. A. Boulanger）、圣-克洛瓦男爵（Baron de Sainte-Croix）和德·维鲁瓦松（J. B. G. de Villoison），甚至极其博学的库尔·德·热伯兰（A. Court de Gébelin）的事实知识都不太广博。他们总是在思考原则问题。他们忙着构想有关宗教起源的通用理论，或者更具体的宗教奥秘，不愿费事去弄清古物学家在做什么。考虑更周到的那些宗教研究者似乎不了解古物学家收集的证据或提出的问题。过去的许多工作都被他们忽视了。另一方面，了解那些证据的人中有太多显然没有意识到他们的学科的困难。古物学家本人忘记了蒙佛孔的《古物释读》给出的智慧的教训，后者否定了对宗教符号如此之多的复杂解读。由于无法思考原则问题，他们只能考虑细节。斯塔克利（Stukeley）将基歇尔关于三位一体的无稽之谈从埃及转移到了巨石阵。当卡尔维勒（D'Hancarville）对陶瓶的误用迷惑了许多比他更好的学者。佩恩·奈特（R. Payne Knight）试图在钱币的指引下"探索政治和寓意寓言的庞大而混乱的世界，尽我们所能地将神学同古人的神话学精准地分开"——他的疯狂被证明不亚于当卡尔维勒。值得注意的是，亚布隆斯基（P. E. Jablonski）这样严肃的工作者在他的《埃及万神殿》(*Pantheon Aegyptiorum*，1750年)尽可能地避免使用非文本证据。①

19 世纪的冲突

直到 17 世纪末，古物学家在两项活动中都没有受到打扰。他们关心的那类证据是普通政治历史学家习惯于忽略的；他们研究的主题——风俗、制度、艺术和宗教——不属于政治历史学家的领域，最好通过非文本证据来考察。18 世纪初，他们失去了对非文本证据的控制。"有学问的"历史学家越是认可古物学家通过非文本证据检验文本证据的方法，后者就越无法主张钱币学、古文献学和碑铭学是他们自己的主题。但他们仍然是四类"古物学"的导师，即公共的、私人的、神圣的和军事的。古物学家的存在权利在 18 世纪没有受到挑战。"哲学"历史学家用不上他们的博学，也不想将其导入新的渠道。在那个世纪行将结束时，问题的面貌发生了改变，对古物学家构成了更明确的威胁，因为可以看到（主要归功于温克尔曼和吉本），博学与哲学并不兼容。哲学历史与古物学研究方法的结合成了 19 世纪许多最优秀的历史学家

---

① 最好的作品目录见 O. Gruppea, *Geschichte der klassischen Mythologie*, pp. 58ff.。近作中请注意 A.W. Evans, *Warburton and the Warburtonians* (Oxford 1932); F. Venturi, *L'Antichità svelata e l'idea del progresso* in N. A. Boulanger, *Bari* (1947); S. Piggott, *W. Stukeley* (Oxford 1950)。文中提到的书籍的名字是：Ch. de Brosses, *Du culte des dieux fétiches* (1760); A. Court de Gébelin, *Monde primitif analysé* (1773ff.); Ch. Fr. Dupuis, *Origine de tous les Cultes* (1794); N. A. Boulanger, *Antiquité dévoilée* (1766); Baron de Sainte-Croix, *Mémoires pour servir à l'histoire de la religion secrete des anciens peuples*, 以及 J-B. d'Ansse de Villoisona 写的附录 (1784)（另参见 1817 年的版本，题为 *Recherches historiques et critiques sur les mystères du paganisme*); P. F. Hugues d'Hancarville（化名 Ancarville）, *Recherches sur l'origine, l'ésprit et le progrès des arts de la Grèce* (London 1785); R. Payne Knight, *The Symbolical Language of Ancient Art and Mythology* (1818) (reprint New York 1876); [T. Blackwell], *Letters concerning mythology* (London 1748); N. S. Bergier, *L'origine des dieux du paganisme* (1767) 和 J. Bryant, *A New System or an Analysis of Ancient Mythology* (1774) 同样典型。对所有此类作品的出色介绍，见匿名的 *Essai sur la religion des anciens grecs* (Geneva 1787), II, pp. 183-223（作者据说为 N. Leclerc de Sept Chênes）。

对自己提出的目标。这仍是我们中的许多人对自己提出的目标。这意味着两个难点：一方面要不断压制哲学历史学家的归纳做法中固有的先验态度，另一方面要避免古物学思维对分类和无关细节的钟爱。古物学家是美食家和爱好者；他的世界是静态的，他的理想是收集。无论是业余爱好者还是教授，他活着都是为了分类。在某些例子中，他从与自己密切相关的学科中获得的方法加强了这种思维习惯。神圣古物学已经接近神学领域；而如果用于罗马，公共古物学与罗马公法很难区分。这两个领域都有系统和教条的教学传统。但现在，历史开始侵入神学和法学。关于人类发展的一种严格而全面的新观点很少给对过去的纯粹描绘留下空间。

对19世纪的古物研究提出的问题并非为何它们遭到质疑，而是为何它们存活了那么久。答案是，古物学思维并非不适合于其主要研究的制度的性质，这一点完全不出意料。描绘法律、宗教、风俗和军事技术要比从成因上解释它们更简单。证据常常具有这样的性质，即为了对某种制度进行描绘，必须把属于不同历史时期的东西组合起来。在历史学家不愿涉足，以免触忤恰当的年代顺序的地方，古物学家却能够欣然进入。分类可以无需考虑年代。

这解释了为何甚至在见多识广的人那里，对于把古物学和史学研究统一起来的可能性仍然长久存疑，而且是热烈讨论的对象。沃尔夫（F. A. Wolf）在他的《古物学描述》（*Darstellung der Altertumswissenschaft*，1807年）中试图区分研究"正形成者"（*Das Werdende*）的历史学和研究"已形成者"（*Das Gewordene*）

的古物学。① 阿斯特（F. Ast）认为，"古物学"不同于古代政治史（1808 年）。② 普拉特纳（E. Platner）区分了描绘"运动中"（*in seiner Bewegung*）的国家的历史学，以及描绘其"完全和静止"（*in seiner Geschlossenheit und Ruhe*）的古物学。③ 在《论语文学的最新发展》（*Ueber die neueste Entwicklung der Philologie*，1833 年）④ 中，里彻尔（F. Ritscl）也许是最早完全否定存在"古物学"（*Altertümer*）这种东西的人之一，还说过其他许多犀利的话。但博克（Boeckh）在《百科全书》（*Enzyklopädie*）中坚持区分政治史和"国家古物学"（*Staatsaltertümer*），认为前者研究事件，后者研究制度，尽管他否定存在一般性的"古物学"。博克显然受到了法学系教条式地教授法律和政治制度的悠久传统的影响。⑤

格维努斯（G. G. Gervinus，1837 年）和德罗伊森（J. G. Droysen，1868 年）在他们的教科书《历史》（*Historik*）中没有提及这个问题，因此可能觉得它过时了。但这不应让我们忽视一个事实，即作为

---

① E. Meyer 仍在重复这种定义，据我所知，他是最后一位认为史学和古物学的区别正当合理的伟大历史学家 · *Zur Theorie und Methodik der Geschichte*, *Kleine Schriften*, 2nd ed. (1924), I, p. 66。

② F. Ast, *Grundriss der Philologie* (Landshut 1808), p. 12.

③ E. Platner, *Ueber wissenschaftliche Begründung und Behandlung der Antiquitäten* (Marburg 1812), p. 14.

④ F. Ritschl, *Opuscola Philologica*, V (1879), p. 1. 里彻尔指出："为何不完全抛弃让人不适的旧习，以所暗示的方式，将所谓的古物学的内容分成自然而然地源于人类思想活动本身的各个部分呢？"（Warum also nicht lieber den unbehaglichen Schlendrian ganz aufgeben und den Stoff der sogenannten Antiquitäten in angedeuteter Weise in natürliche aus den Unterschieden menschlicher Geistesthätigkeit selbst abgezogene Bereiche vertheilen?）显然，德罗伊森的想法来自里彻尔。

⑤ 关于对古物学的另一种定义（和辩护），见 L. von Ulrichs, *Handbuch der klassischen Altertumswissenschaft* (1886), I, p. 22. 对于有关古物学百科全书和方法的全部作品，我不建议详细考察，可以见 A. Bernardini 和 G. Righi, *Il concetto di filologia e di cultura classica nel pensiero moderno* (Bari 1947)。

不同于史学的"古物学"的教学和写作一直延续到了几十年前。在温克尔曼已经发明了艺术史后，海纳又构建了"艺术古物学"（*Kunstaltertürmer*）。"文化古物学"（*Kultaltertürmer*）诞生于穆勒（K. O. Müller）展现了希腊宗教史可以是什么样子之后。在德尔布吕克（H. Delbrück）的《战争艺术史》（*Geschichte der Kriegskunst*，1900年）问世后甚至诞生了"战争古物学"（*Kriegsaltertürmer*），而弗里德兰德（L. Friedländer）没有马上实现将"私人古物学"（*Privataltertürmer*）变成"风俗史"（*Sittengeschicht*）。"国家古物学"则更加顽强，得到了蒙森井然有序的"国家法"（*Staatsrecht*）这个例子的支持：直到20世纪，德国学者才被说服将"国家古物学"变成"法律史"（*Rechtsgeschichte*）或"政制史"（*Verfassungsgeschichte*）。① 古物学方法在史学面前存活下来并非只是德国所特有的，虽然必须承认，在德国以外没有那么多人担忧这个问题。传统上，法国直到不算太多年以前一直是古物学最好的家园。

甚至在未来，偶尔进入古物学思维也必然是可以期待的。但"古物学"的理念现在已死，因为政治史建立在文本证据之上这个对应的理念也死了。历史学家认识到，古物学研究的传统主题可以变成文明史的篇章，并保留全部必要的学问方法。

古物学家将史学从怀疑中救出，尽管他并不写作史学作品。他对原始文件的偏爱，在发现赝品方面的天才，在收集和分类证据方面的技巧，特别是对知识的无限的爱，这些是古物学家对历史学家"伦理"的贡献。我们铭记让·马比永，不仅因为他的《论古文献

---

① 关于对"国家法"和"国家古物学"的讨论，可暂时参见我在 *Journal of Roman Studies*, XXXIX (1949), p. 155 的注释。我希望以后能写一下古物学研究对社会学兴起的影响。

学》，也因为他的《论修道院研究》(Traité des études monastiques)，他在其中建议说："要有一颗远离热情，特别是批评热情的心。"（avoir le cœur dégagé des passions, et sur tout de celle de critiquer）①

附录 1②

约翰·勒兰德，国王的古物学家

在《国家传记词典》中，关于约翰·勒兰德的文章（892 页）写道："1533 年，勒兰德被任命为国王的古物学家，他在这个职务上既无前任也无继任。"

作者没有给出这句话的证据，显然也不易找到。就我能够确定的，勒兰德被任命为国王的古物学家这种说法可以追溯到史密斯（T. Smith，1691 年）的《卡姆登传》(Life of Camden)，我们在书中找到了这段值得注意的话（XXVII 页）：

> 由于（勒兰德）令人称道的勤勉，为表示对他的首肯，亨利八世国王用王室财库拨出的年金资助他，并授予他古物学家的头衔，勒兰德因为这项荣誉而骄傲。可惜的是，这个职位此后就完全废止了：有一两个人（因为几乎没有更多）拥有王室历史学家这个高贵的名字，我不知道是否名副其实。
>
> (Lelandi) industriam perquam laudabilem annua pensione e fisco Regio soluta favore suo fovit Rex Henricus VIII illumque

---

① 本文的初稿于 1949 年 1 月在瓦尔堡学会上宣读过。我要感谢学会成员，感谢 C. Dionistotti 教授、F. Jacoby 博士、N. Rubinstein 博士、M. I. Henderson 夫人、R. Pfeiffer 博士和 B. Smalley 博士，以及布拉森诺斯学院院长 Hugh Last 先生进行了很有帮助的讨论。

② 我要感谢 M. McKisack 小姐与我讨论了这个附录的主题。

Antiquarii quo merito gloriatus est Lelandus titulo insignivit. Munus istud, quod dolendum est, ab isto tempore omnino desiit: licet unus et alter (vix enim plures numerantur) superbum illud Historiographi Regii, nescio an satis pro dignitate, nomen sustinuerint.

史密斯没有援引任何证据，霍尔（A. Hall）在为勒兰德的《英国作家述评》（*Commentarii de scriptoribus britannicis*）第二版（1709年）所做的序言《作者传》（*Vita Auctoris*）里援引史密斯的话来佐证同样的表述：

> 不仅命其掌管他的图书馆，还慷慨地授予其古物学家这个显赫的头衔。在英格兰的学校——那里总是盛产博学者——的佼佼者中，只有一人登上了如此的盛名之巅。
> ——愿他与你同在，在棺中安息

> ut illum non modo bibliothecae suae praefecit, verum etiam magnifico Antiquarii titulo liberalissime donavit. Unus est inter Anglicae scholae Proceres, virorum eruditorum semper feracissimae, qui ad tanti nominis fastigium conscenderit
> —Habeat secum, servetque sepulchro

赫德斯福德（W. Huddesford）的《勒兰德传》（1772年）第9页描绘得甚至更加细致："公元1533年，国王在位的第25年，以盖有国玺的委任书，他被任命为国王的古物学家；是第一个，事实上也是最后一个任此光荣职位的人。"不过，他给出的证据是伍德（Wood）的《牛津雅典人》（*Athenae Oxonienses*）。伍德在卷1，198页（Bliss编辑）的表述有所不同："公元1533年，国王在位的第25年，（勒兰德）从他那里获得了盖有国玺的委任书，他被授权搜寻英格兰的古物，等等。"

在"献给亨利八世国王的新年礼物"，即所谓的《搜寻英格兰古物的艰苦旅行》（*The Laboriouse Journey and Searche for Englandes Antiquitees*，赫德斯福德编，无页码）中，勒兰德表示在"陛下治下盛世"的第35个年头，他获得了"仁慈的委任，浏览和勤劳地搜索您高贵王国里所有的修道院和大学的图书馆"。他在小册子上的落款是"古物学家约翰·勒兰德"（Joannes Leylandus Antiquarius）。这个以最典型的人文主义者风格签下的名字并不一定暗示他被任命为国王的古物学家。问题在于除了这个签名，史密斯是否还有其他证据，我希望从能干的研究者那里获得答案。①

附录 2②

前罗马时代的意大利研究书目选（约1740—1840年）

Amaduzzi, G. C., *Delle origini italiche di Monsig. Mario Guarnacci, Esame critico con una apologetica risposta, etc.* (Venice

---

① E. N. Adams, *Old English Scholarship* (1917), p.17 重复了常见的观点，作者似乎提到了约翰·贝尔为1549年版《艰苦旅行》写的序言。这样做有误导之嫌，因为贝尔只是称勒兰德为"我们英格兰或不列颠民族的一位非常勤勉的古物搜寻者"。我欣喜地注意到，T. D. Kendrick, *British Antiquity* (1950), p. 47 注释1 得出了同样的结论。肯德里克先生没有讨论上面提到的文本。

② 本书目不追求完备。另见 G. F. Gamurrini, *Bibliografia dell'Italia antica*, I (Arezzo 1905)。关于西西里，见 B. Pace, *Arte e civiltà della Sicilia antica* (Rome 1935)。

1773).

Amati, G., *Sui vasi etruschi o italogreci recentemente scoperti* (Rome 1830).

Balbo, C., "Delle origini degli antichi popoli italiani", *Antologia Ital.* (1846), pp. 213-233, 47-262.

Bardetti, S., *De' primi abitatori dell'Italia* (Modena (1769); *Della lingua dei primi abitatori dell'Italia*, opera postuma (Modena 1772).

Bianchi Giovini, A., *Sulle origini italiche di A. Mazzoldi, Osservazioni* (Milan 1841); *Ultime osservazioni sopra le opinioni del Signor A. Mazzoldi intorno alle origine italiche* (Milan 1842).

Bini, G. C., see. Lami, G., *Lettere gualfondiane*.

Bonaparte, L., *Catalogo di scelte Antichita Etrusche trovate negli scavi del Principe di Canino* (Viterbo 1829).

Bourguet, Louis, *Spiegazione di alcuni monumenti degli Antichi Pelasgi trasportati dal Francese con alcune osservazioni sovra i medesimi* (Pesaro 1735).

Campanari, Sec., Dei primi abitatori d'Italia, *Giornale Arcadico*, LXXXIV (1840), pp. 241-272.

Carlo Rubbi, G. R., *Delle antichità italiche* (Milano 1788-1791).

Cattaneo, Carlo, *Notizie naturali e civili su la Lombardia*. Introduzione, I (Milano 1844).

Del Bava, G. M. *Riccobaldi, Dissertazione istorico-etrusca sopra l'origine, l'antico stato, lingua e caratteri della Etrusca nazione* (Florence 1758).

Delfico, M., *Discorso preliminare su le origini italiche*, in *Dell'antica numismatica della città d'Atri nel Piceno* (Teramo 1824).

Denina, C. G. M., *Delle Rivoluzioni d'Italia* (Turin 1769-1770).

Durandi, Jacopo, *Saggio sulla storia degli antichi popoli d'Italia* (Turin 1769); *Dell'antico stato d'Italia. Ragionamento in cui si esamina l'opera del p. S. Bardetti sui primi abitatori d'Italia* (Turin 1772).

Fabroni, G., *Degli antichi abitatori d'Italia* (Florence 1803).

Ferrari, Guido, *Dissertationes pertinentes ad Insubriae antiquitates*, (Milan 1765).

Fourmont, E., *Reflexions sur l'origine, l'histoire et la succession des anciens peuples*, 2nd ed. (Paris 1747).

Fréret, N., *Recherches sur l'origine et l'histoire ancienne des différents peuples de l'Italie, in Histoire de l'Académie des Inscriptions* (1753), XVIII, pp. 72-114.

Gori, A. F., *Museum Etruscum*, Florence, 3 vols (1737-1743); *Difesa dell'Alfabeto degli antichi Toscani pubblicatonel 1737 dall'autore del Museo Etrusco, disapprovato dall'illustrissimo Marchese S. Maffei* (Florence 1742); *Storia Antiquaria Etrusca del principio e de'progressi fatti finora nello studio sopra l'antichità etrusche* (Florence 1749).

Guarnacci, Mario, *Origini italiche o siano memorie istoricoEtrusche sopra l'antichissimo regno d'Italia e sopra i di lei abitatori*, 3 vols. (Lucca 1767-1772). (2nd ed. Rome, 1785-1787).

Inghirami, F., *Monumenti Etruschi o di Etrusco nome disegnati,* 6 vol. (Fiesole 1821-1826); *Lettere d'Etrusca Erudizione* (Fiesole 1828); *Etrusco Museo Chiusino... con aggiunta di alcuni ragionamenti del Prof. D. Valeriani, etc.,* (Florence 1832-1834); *Storia della Toscana,* 16 vol. (Fiesole 1841-1843); *Pitture di Vasi Etruschi,* 2nd ed., 4 vols (Florence 1852-1856).

Lami, G., *Lettere Gualfondiane sopra qualche parte dell'antichità etrusca* (Florence 1744); *Lezioni di antichità toscane* (Florence 1766).

Lanzi, L. A., *Saggio di Lingua Etrusca* (Rome 1789); *De' vasi antichi dipinti volgarmente chiamati etruschi* (Florence 1806).

Maffei, Scipione, *Ragionamento sopra gli Itali primitivi in cui si scuopre l'origine degli Etruschi e dei Latini, in Istoria Diplomatica* (Mantua 1727), pp. 201-260; *Trattato della nazione etrusca e degli Itali primitivi, in Osservazioni Letterarie,* vols. IV-VI (Verona 1739-1740). Cf. also Osservazioni Letterarie, III (1738), pp. 233 (a review of T. Dempster, *De Etruria Regali*).

Mazzocchi, A. S., *Sopra l'origine dei Tirreni, in Saggi di dissertazioni ... lette nella nobile Accademia Etrusca di Cortona,* III, (1741), pp. 1-67.

Mazzoldi, A., *Delle origini italiche e della diffusione dell'incivilmento italiano all'Egitto, alla Fenicia, alla Grecia e a tutte le nazioni asiatiche* (Milan 1840) (2nd ed. Milan 1846); Risposta alle osservazioni di A. Bianchi Giorini (Milan 1842).

Micali, G., *L'Italia avanti il dominio dei Romani,* 4 vol. (Florence

1810) (2nd ed. Florence 1821); *Storia degli antichi popoli italiani* (Florence 1832); *Monumenti inediti a illustrazione della storia degli antichi popoli Italiani* (Florence 1844).

Passeri, G. B., *Lettere roncagliesi* in A. Calogierà, *Raccolta di Opuscoli*, XXII-XXIII (Venice 1740-1742); Dell'Etruria omerica in A. Calogierà, *Nuova Raccolta di Opuscoli*, XVIII (1768); *In Thomae Dempsteri libros de Etruria regali Paralipomena* (Lucca 1767); *Picturae Etruscorum in vasculis*, 3 vols (Rome 1767-1775).

Quadrio, F. S., *Dissertazioni critico-storiche intorno alla Rezia* (Milan 1755).

Romagnosi, D., *Esame della storia degli antichi popoli italiani di G. Micali in relazione ai primordii dell'italico incivilimento*, in *Biblioteca Italiana*, LXIX-LXX (1833).

Rosa, G., *Genti stabilite tra l'Adda e il Mincio prima dell'Impero Romano* (Milano 1844).

Tonso, A., *Dell'origine dei Liguri* (Pavia 1784).

Valeriani, D., see Inghirami, F., *Etrusco Museo Chiusino*.

［补注（1954年）——我手头的重印本显示，第37页注释43所引的匿名文章 *Storia degli Studi sulle Origini italiche* 是 Antonio Casati 所写的。］

第 2 章　吉本对历史方法的贡献[①]

> 古物学家和哲学家很少如此快乐地融合。
>
> ——吉本，第 9 章

我们不会向吉本请教材料批评上的新方法。在《罗马帝国衰亡史》中，我们没有看到对材料的那种新型的耐心分析，就像同时代的德国人刚刚开始发展起来的。1788 年《哥廷根学报》(*Göttinger gelehrter Anzeiger*) 上的那位评论者尽管对吉本推崇备至，但还是马上强调了德国人在材料批评方面更胜一筹。总体来看，吉本始终没有超出对其材料的相对价值的肤浅印象。他甚至不会经常自问，眼前的材料背后藏着什么。他没有稳妥的标准来确定赫罗狄安要比《罗马皇帝传》(*Historia Augusta*) 更可靠，或者狄奥·卡西乌斯或多或少是可靠的，因为此人或他的材料提供者有机会见证他所描述的事件。这并不意味着在一些情况下，吉本无法非常巧妙地描绘某种材料的特点。比如，就像他所说的，他认为《罗马皇帝传》中的《塞维鲁·亚历山大传》是"有关完美君主的纯粹理念，笨拙地模仿了《居鲁士的教育》"。不过，他没有把观察

[①] *Historia* 2, 1954, 450-463.

到的这一点作为所有后来的研究者将要从事的研究的出发点。他似乎从未想过"为什么《塞维鲁·亚历山大传》是颂辞?"这个问题。他也没有尝试弄清这篇传记在组成《罗马皇帝传》的系列传记中的角色。

吉本并非材料研究的先驱,但对材料了如指掌。就像17世纪和18世纪初的伟大博学家们所特有的那样,他仍然非常熟悉古典和拜占庭时代的作家们,对中世纪编年史作家也有了解。他知道对当时所有能找到的材料的最佳评述,还消化了有关重要和次要学术要点的无数论文的成果。著名的二十卷本《金石学院备忘录》以20英镑的代价开启了他的新教育,但这只是开始。他逐渐熟读了大批博学的论文和论著。17世纪和18世纪的伟大学者中很少或没有谁的名字不曾出现在他的笔记中。他浏览了本笃会的四开本和对开本出版物,把可能导致他对它们的作者和编者有失偏颇的宗教偏见放在一边。他还掌握了关于他的历史场景最重要的地理描述。这并非易事,如果我们考虑到他把网撒得那么大,将中国和西班牙都囊括在内。他不懂东方语言,但让人觉得他读过当时找得到的许多东方编年史和诗歌的译本。毋庸赘言,他了解钱币学和碑铭学,既读过教父作品和教会史,也读过普通的政治史。他对罗马史的了解并非泛泛,至少熟读了一些当时被发现的中世纪法律文本。杰弗里·凯恩斯(Geoffrey Keynes)先生提供的他的图书馆目录(只要仍能找到证据)确认了他阅读的广博。1785年1月到1788年6月,在三年半的时间里,他买书花了3000英镑。1788年,他书架上有了6000卷到7000卷书。

然而,我们不能忘记的是,虽然关于吉本博学的事实如此广为人知，但他的思想形成的故事还不够清晰。我们对他思想成熟后请教过的作者的了解要远远超过对帮助他思想形成的作者的了解。1934 年克里斯托弗·道森（Christopher Dawson）先生向英国科学院宣读的关于吉本的出色论文是这方面的开拓性工作。我从这篇论文中受益良多，强烈推荐对它加以研究。不过，我自己的研究路径略有不同。先前对 18 世纪史学史的研究让我相信，为了理解吉本，我们必须从他那个时代古物学家（或博学家）与哲学历史学家的巨大冲突出发。①

吉本是博学研究的伟大传统的继承者，但采用了新的方式。因为首先，他展示学识时是带有勇气和意图的。在这里，我们必须回到吉本自传中的那一页，他遗憾地表示，巴黎的学术气氛对博学家不友好，他心爱的金石学院的地位已经下降到不如其姐妹学院："希腊和罗马的学问和语言被一个哲学时代所忽视。"这让我们意识到，严格说来，吉本与博学家没有直接的传承。相反，两者间存在断层，其代表就是法国百科全书派的思想运动。

贝尔、勒克莱尔和莱布尼茨的博学在他们的背景下并不让人意外。他们天然地属于伟大博学的时代，呼吸着蒙佛孔、马比永和施庞海姆的空气。同样的情况也适用于穆拉托里。但吉本不仅是先前时代的幸存者，也不是一种有点过时的研究传统在外省的代表。他在百科全书派的新巴黎非常自在，与他们有许多共同

---

① 关于 18 世纪的古物学研究，见我的论文 Ancient History and the Antiquarian, *Journ. Warburg and Courtauld Inst.*, 13 (1950), p. 285 [本书前文中有重刊]。关于吉本最好的一般性研究可能是 G. Falco, *La Poleniica sul Medioevo* (Torino 1933), pp. 191-340。很遗憾我没能用上 G. Girarrizzo 的重要著作 *E. Gibbon e la cultura europea del Settecento* (Naploi 1954) 和 P. Fuglum, *E. G. His view of life and conception of history* (Oslo 1953)。

的想法。法语仿佛是他的母语，那是他作家生涯开始时使用的语言。达朗贝尔和伏尔泰之于他并不比贝尔、施庞海姆和穆拉托里更陌生。我们很快将会看到，他的历史体系受到孟德斯鸠和伏尔泰的启发。不过，正是这些人给他如此钟爱的博学泼了冷水，甚至表现出鄙夷。

一边是博学家或古物学家的老式历史方法，一边是哲学历史学家的新颖道路，对两者在18世纪冲突的最佳描绘也许来自意大利人帕齐奥迪今天已经几乎被遗忘的《伯罗奔尼撒纪念碑》一书（1761年问世）。帕齐奥迪解释说，哲学家们觉得博学家们热衷的那些引文完全徒劳无益，特别是或多或少不可避免地与学术相伴的所有那些推测。他和其他古物学家恐惧地看着一伙狂热哲学家轻装简行地入侵了历史的神圣领地。不过，他本人不得不承认，太多古物学家将时间浪费在了漫无目标的推测中。

因此，一边是我们可以称之为博学历史学家的传统学派。他们直到18世纪中叶前都在欧洲占据上风，提供了许多耐心、批判性的洞察和诚实的证据。他们为法国、意大利、德国和英国提供了一批批非常重要的民族历史材料，虽然我们偶尔可能会想起，吉本总是对英国还没有发现她的穆拉托里感到遗憾。这些博学家不仅是纯粹事实的提供者。他们也经常攻击或捍卫政治和宗教制度。他们中的许多人是宗教团体的虔诚成员，另一些是自由思考者。后者中的一位对吉本的影响如此之深，甚至涉及他的风格。吉本从贝尔那里学到了将恶意与博学融为一体。贝尔是怀疑者、浪荡子和游侠，他的情人拥有"博学"这个充满诱惑的名字，吉本的头脑中始终留有他的形象。但吉本从虔诚的冉森派教士蒂列蒙那里学到的也一点不少，此人一丝不苟和不偏不倚地收集证据，将得到确证的事实和个人观点分开。

另一边是新发展起来的哲学历史学派，其特点是对后来被称为文明的东西感兴趣。该学派的历史学家们考察政治制度、宗教、贸易和习俗中所反映的人类的进步。鉴于他们的兴趣，这些人顺理成章地并不致力于确定个别事实的真理性，而是把勾勒人类的发展作为目标。他们的著作更多是论述性质，而不是博学专著。博学家以长注释为荣（不过，书面作品中最长的脚注来自19世纪，《诺森伯兰史》中的一条脚注长达165页），① 哲学历史学家则很少摆出自己的证据，而是追求可读性。根据事先构思的理论，他们选出自己认为最相关的事实。他们更喜欢讨论，而不是叙事。早在1738年，伏尔泰就疾呼道："细节的不幸，这条毒虫害死了伟大的作品。"（*Malheur aux détails, c'est une vermine qui tue les grands ouvrages.*）② 达朗贝尔让吉本恼火的《百科全书绪论》（*Discours préliminaire de l'Encyclopédie*）扩展了这一主题。

当然，哲学历史学家的革命性意义一刻都不能被贬低。他们意识到，事实的堆砌并不能构成历史，而法律、宗教和贸易等文明的组成部分比外交条约或战役更重要。他们最终克服了将历史局限于政治和军事事件的片面看法。从某种意义上说，我们这些现代的历史研究者都是哲学历史学家的弟子。每当研究人口、宗教、教育和商业历史时，我们都在追随孟德斯鸠、伏尔泰、休谟

---

① 我仰仗 F. Haverfield, *The Roman Occupation of Britain* (1924), p.83 的权威。

② *Oeuvres complètes, Correspondance* III, 1880, p. 30 (A M. l'Abbé Dubos).

和孔多塞的脚步。

但如果继续以任性的方式和任意选择的事实书写这种哲学历史的话，就会造成巨大的危险。博学的历史学家为正确使用证据而汇集了一系列规则，并将其系统化。勒克莱尔的《批评之艺》，《圣徒传》所谓的"序章"(*Propylaea*)，再加上马比永的《论古文献学》，它们是对历史方法的此类介绍的最佳例证。所有这类规则对哲学历史学家都没有什么意义，可以想见它们可能已经变得过时。过去三个世纪的历史研究者并没有直接受到这些冲突的影响。哲学历史学家并不反对详细研究近代史，而对晚近时代的研究标准远不如古物学家们所秉持的标准那样严格。然而，对古代史和中世纪来说，多个世纪以来，学术界凭借不同寻常的甄别力积累起来的学问经验有丧失的危险。那些仍然忠于博学的旧神明的人越来越与自己时代的文化生命力分道扬镳，还可能受到哲学家的攻击和嘲讽。成为伏尔泰的靶子可不是笑话。

这时，吉本出现了。他致力于在自己身上将哲学家与古物学家融为一体。他的第一部作品《论文本研究》(*Essai sur l'étude de la littérature*，写于 1759 年，发表于 1761 年) 已经显示他多么认真地思考过方法问题，以及他在成为带有古物学家偏见的哲学历史学家的道路上已经走了多远。他称赞贝勒的词典是"结合了博学与天才的力量和多产的永恒丰碑"(*un monument éternel de la force et de la fécondité de l'érudition combinée avec le génie*)；他讨论了"有用而危险的"(*utile et dangèreux*) 历史皮浪主义；他想要一部"人的哲学史"(*histoire philosophique de l'homme*)，但强烈反对达朗贝尔对博学的鄙视。1759 年，完成《论文本研究》

时，他显然已经确定了他在哪些地方无法认同他的法国老师们。在写作上，他同情古人，反对今人；在哲学上，他认为对古代世界的细致研究将为对人性的了解提供无比宝贵的帮助。虽然现在已经是伏尔泰的仰慕者，但他确信博学有助于正当的研究。事实上，他具体的历史兴趣已经转到他的未来杰作中的方向。他讨论了多神教的起源，在他的《论文本研究》中插入了一段关于罗马和迦太基第一次签订和约的题外话，甚至还对自己提出了有关罗马衰亡原因的问题。在随后的若干年里，他仍然觉得自己可以随意选择"世界的时代和地球的气候"。他在寻找历史研究的主题时四处游荡。他有很大的危险会把自己最好的年华用来写作瑞士自由的历史，尽管材料被他不懂的"一种粗俗的古日耳曼语言严密地封锁在黑暗中"。最终，他对古物和基督教更早和更真挚的兴趣占了上风。①

吉本日记中迄今尚未发表的那些部分提供了关于他的思想形成的其他重要证据。即便头脑中仍有其他写作计划，吉本读的主要还是关于希腊和罗马的书籍。显然，他的全部教育让他更关心罗马的衰亡，而非其他任何非古典主题。1762 年，他指出伏尔泰"不会让发霉的修士式作者来指导自己"。另一方面，他又提到了伊拉斯谟，此人的"学问全都货真价实，建立在对古代作家的精读之上"，其天才"可以看透学校里空洞的微妙之处，复兴批判的法则，雄辩而精妙地处理每个主题，有时会和古人一较高下，经常模仿他们，但从不抄袭他们"。他还批评马布利神父（Abbé de

---

① 《论文本研究》的引文见 1761 年版的 15、49 和 105 页。

Mably)"将更多的后果归因于人的特定性格,结论常常是错的,而不是将其归因于民族普遍的习俗、性格和状况"①。

日记中法国时期的后半部分不久前以《洛桑日记》(*Journal de Lausanne*)为题发表,显示了他在判断上的进一步成熟。1762年,吉本显然仍是大众历史学家维尔托的拥趸,后者专长于任何国家的革命史——罗马、瑞典和葡萄牙。一年后的1763年,他尖刻地表示,维尔托的书是历史小说:"他那些被人当小说读的作品太像小说了。"(*Ses ouvrages qui se font lire comme des romans ne leur ressemblent que trop.*)现在,他非常清楚在发现埃特鲁里亚人墓地和赫库兰尼姆后意大利考古的革命性发展。于是,他计划重新描绘古意大利,但想要"像哲学那样"来写,以便发现地理条件对罗马历史的影响。他因为鲁提里乌斯·纳马提阿努斯(Rutilius Namatianus)对地理的兴趣而开始读此人的作品,这让他重新开始思考罗马衰亡的问题。

1763年12月的日记中关于该主题的部分在重要性上几乎怎么说都不算夸大。鲁提里乌斯的小诗涉及它所诞生的公元5世纪初时罗马生活的几乎所有方面。吉本认为鲁提里乌斯既是罗马衰亡的见证者,又是其受害者。他同情那位异教徒,后者目睹了自己的宗教在旧时代的重压下崩塌,连带造成了帝国的衰亡。②吉本一

---

① D. M. Low, *Gibbon's Journal to January 28th 1763* (London 1929), pp. 104, 129, 147-148, 183. 关于《论文本研究》的写作,参见第 CX 页。

② G. Bonnard, *Le Journal de Gibbon à Lausanne, 17 Août, 1763-19 Avril 1764* (Lausanne 1945), pp. 122, 167, 177. Cf. G. Bonnard, L'importance du deuxième séjour de Gibbon a Lausanne dans la formation de l'Historien, *Mélanges Ch. Gilliard* (Lausanne 1944) 以及 L. S. Sutherland, *Engl. Hist. Rev.* lxi (1946), 408 的深刻评论。H. S. Offler, *E. G. and the making of his Swiss History,* Durham Univ. Journal, xli (1949), 64 是关于吉本思想形成岁月的重要作品。

直没有时间像他计划的那样描绘"文学、文人、学院和戏剧在法国的状况"(*l'état de la littérature en France, les gens de lettre, les Académies et le Théâtre*)。但他关于王室陈列室中的钱币的评价显示了他在巴黎的想法:"我有幸地(或者像您那样遗憾地)目睹了美术从亚历山大和奥古斯都的时代到帝国后期黑暗时代的堕落,前者的一块最小铜币都雕刻精美,而后者的像章上几乎看不到人类形象的痕迹"(*J'eus le plaisir, ou si l'on veut le chagrin, de suivre la décadence des beaux arts depuis le siècle* [sic] *d'Alexandre et d'Auguste où la plus petite monnaye de cuivre est d'une gravure exquise jusquaux tems ténébreux deu bas-empire dont les médailles laissent entrevoir à pein les traces de la figure humaine*)(1763年2月24日)。

仍然尚未发表的意大利之旅的日记(除了几条不重要的注释)在罗马门口停笔;而关于都灵、米兰、热那亚、卢卡、佛罗伦萨和其他北方城市的部分不可避免地充满了见到的东西和遇到的人。

对广泛性话题的反思很少被提及。其中两个值得特别提一下。都灵的埃及古物收藏让他说了这样的话:"不过我得承认,虽然埃及非常有趣,但它过于遥远、难懂和神秘,无法让我太感兴趣"(*J'avoue cependant que l'Égypte toute curieuse qu'elle est, est trop éloignée, trop obscure et trop énigmatique pour m'intéresser beaucoup*)(1764年5月6日)。

在佛罗伦萨,他抽时间读了马莱(P. H. Mallet)的《丹麦史》(*Histoire de Dannemarc*),思考了基督教在日耳曼蛮族中传播的原因和结果。① 罗马的衰亡——基督教的传播：这两个主题慢慢地在吉本的头脑中联系起来。

1769 年，威廉·罗伯森（William Robertson）的《查理五世皇帝统治史》（History of the Reign of the Emperor Charles V）问世。罗伯森只会让吉本更肯定自己的学术倾向。虽然罗伯森接受了伏尔泰关于中世纪的许多观点，但他无法认同后者对传统历史规则满不在乎的不屑。他写道：

> 我一次都没提到伏尔泰先生，他在《普世史论》中回顾了同一个时代，探讨了所有这些主题。这并非因为疏忽了那位了不起的人的作品，他的天才既无所不在又雄心勃勃，尝试了文学创作的几乎所有不同的类别……但由于他很少效仿今人历史学家的例子，引用作为他们信息来源的作者，我无法正当地用他的权威来证实任何存疑或未知的事实。②

显然，罗伯森和吉本一样关心维护历史研究标准的问题。但我怀疑，罗伯森是否能及时对吉本历史方法的形成产生深刻的影

---

① 《巴黎日记》的部分现在已经发表在 G. R. de Beer, G. A. Bonnard, L. Junod, *Miscellanea Gibboniana* (Lausanne 1952), 93-107. 他在马莱的启发下对基督教所做的思考已经被译成英语，刊印于 *Miscellaneous Works,* III, 2ed. (1814), 231-238. 但最具代表性的话被删去了。原文（1764 年 7 月 16 日）最后一段表示："一位新教徒仍然表示，10 世纪的基督教比 5 世纪的更难理解：对于爱理性的人的确如此，但我认为理性在这些改变中扮演的角色很小，当我们相信自己那派的荒谬时，我们会为更多的几件神秘之事而反驳自己吗？"（Un protestant diroit encore que le Christianisme du Xme siècle étoit bien plus difficile à digérer que celui du Vme: il l'est assurément pour un raisonneur, mais je crois que le raisonnement a eu assez peu de part dans ces changéments, et quand on croit déja aux absurdités de sa propre secte, se rebute-t-on pour quelques mystères de plus？）

② *History of the Reign,* etc., 7ed., I (1792), p. 477.

响。当时，吉本已经在不懈地撰写他的《衰亡史》。此外，罗伯森与吉本有一些关键的不同。当然，我只关心《查理五世皇帝统治史》的第一部分，即《对罗马帝国覆亡到16世纪初的欧洲社会发展的观察》（*A View of the Progress of Society in Europe from the Subversion of the Roman Empire to the Beginning of the Sixteenth Century*），有理由可以将其与《衰亡史》的主题和方法相比较。罗伯森的研究主要集中在中世纪的法律和政治制度史，在地租问题上做了开创性的工作。他没有像吉本那样研究基督教和伊斯兰教的兴起、蛮族的入侵、宗教争论等主题。他不想全面描绘事件。《观察》的文字非常简短粗略。他附上的"证据和例释"属于独立小论文的性质，（就像他所说的）"更应该属于律师或古物学家，而非历史学家的世界"。至少在这个部分，罗伯森远远没有做到吉本的史学那样编织紧密的质地。他无法像吉本一样自诩为完美融合了哲学家和古物学家。

真正在历史作品中取得了能与吉本相比的成就的人是温克尔曼，尽管来自一个截然不同的领域。他同样完全理解了研究希腊和罗马的艺术遗存并根据哲学思想解读它们的古物学家的全部作品。他的《古代艺术史》出版于1764年，对吉本在思想形成岁月里的研究不算太晚。虽然吉本对日耳曼语言的追求从未超过购买一本德语词典，但他很快可以读到1766年出版的该书法译本。不过，他对那个像他一样致力于将哲学家与古物学家融为一体的人从未表现出（就我所知）明显的兴趣。温克尔曼从他的研究伊始就几乎没有接触过影响吉本的那些理念。他讨厌法国文化，而是属于柏拉图传统。他不是政治历史学家，一直置身于他的时代主要关心的东西之外，那些也是吉本所关心的。我怀疑吉本是否从他那里学到了很多。

在哲学理念的领域，吉本不能而且无疑不愿主张任何原创性。他对人类理性的信念，他含糊的自然神论，他对迷信、不容忍和残暴的憎恶，这些显然都让人想起伏尔泰。和伏尔泰一样，他也对宪政统治或开明专制哪个才是更好的政治制度举棋不定。

作为英国人，他完全倾向于得到强有力的贵族和有自我意识的平民支持的议会形式。他的侨居国瑞士显然让他更加认可贵族式的自我统治。不过，他的安东尼·庇护、马可·奥勒留和狄奥多里克以 18 世纪的仁慈专制者为模型。

他本人的问题——罗马帝国的衰亡——曾经被孟德斯鸠和伏尔泰讨论过，吉本有关该问题的想法几乎都可以从前者或后者那里找到类似的。孟德斯鸠强调这样的事实，即从罗马共和国转变为君主制最终注定会摧毁罗马。他解释说，共和国的终结意味着引入雇佣军，后者被证明不太能保卫罗马国家。相比孟德斯鸠，吉本可能更加被帝国军团的效率所打动。但他承认，"作为胜利之帅的军团在远方的战争中沾染了异邦人和雇佣军的恶习，他们首先压制了共和国的自由，然后冒犯了紫袍者的威严"。

与此同时，就像伏尔泰所做的，吉本也特别强调基督徒与蛮族携手摧毁了帝国。他有关基督教传播之影响的全部理论都是对伏尔泰在《风俗论》（*Essai sur les moeurs*）中的两章（11 和 12 章）的扩充："基督教打开了天堂，却失去了帝国。"（*Le christianisme ouvrait le ciel, mais il perdait l'empire*）

克里斯托弗·道森无疑正确地注意到，当吉本用"罗马帝国衰亡史"之名来称呼公元200年到君士坦丁堡陷落的那段历史时，他遵循的是可以上溯到15世纪的意大利人文主义学者的历史传统。道森还正确地指出，维尔托是吉本遵循的那种观念的普及者，即历史的改变通过革命而非缓慢的演变。不过，虽然吉本知道那些意大利人文主义学者，比如弗拉维奥·比翁多，也知道维尔托，但他是否直接受他们影响存在疑问。孟德斯鸠把他对罗马的伟大和衰败的思考延伸到了君士坦丁堡的陷落：这对吉本无疑是决定性的。此外，伏尔泰的许多作品中也隐含了是革命而非缓慢的改变造就历史的观点。无论吉本关于过去的看法的最终根源是什么，他都是从自己那个世纪的伟大法国思想家处获得它们的。

那么吉本的创新何在呢？他的创新显然是《罗马帝国衰亡史》。吉本主要的政治、道德和宗教观念都来自伏尔泰。但他意识到历史需要事实。在这点上，收集、删选证据并使其重生的是一个爱憎分明的人，但他也知道如何描绘，如何衡量影响，如何在好的和坏的证据之间划清界限。18世纪的思想界视野极其广大。欧洲对它来说太小了。欧洲之外的民族和宗教获得了好奇和同情，包括伊斯兰教。宗教和法律研究获得了新的意义。用卡尔·贝克尔（Carl Becker）的话来说，哲学家发现了新的天上之城，这让评判教士、僧侣、经院哲学家和封建领主的地上之城有了标准。这种新的历史在吉本之前就潜在地准备就绪了。但只有吉本具备知识和想象力将其组合成型，并赋予其生命。因此，他的《衰亡史》既是从某种视角对中世纪所做的复杂而生动的描绘，又是独特的18世纪思想自画像。

吉本在谈到罗马帝国时并不完全真诚："它的毁灭故事简单而明显；我们不应探寻为何罗马帝国毁灭了，而是应该对它存在了那么久感到惊讶。"吉本知道需要对罗马的衰亡做出一些解释，认为基督教提供了解释的主要元素。但他绝不应为哲学博士候选人的睡美人式梦想负责：在树林里的某处藏着罗马帝国衰亡的真正原因，只是等待他这个幸运的哲学博士候选人来唤醒。对吉本来说，罗马的衰亡暗示了一幅新的社会、法律、制度和迷信的新画面，需要描绘其各个阶段的样子，而非从某些前提中推导出它。即便关于基督教的那存在争议的两章也不完全是为了解释罗马的衰亡。吉本本人直白地谈到过那两章的意图，我们必须认可他的表态是正确而重要的。第 15 章是为了将基督教的传播描绘成自然而然的事件。第 16 章旨在比伏尔泰更全面地表明，相比基督徒对基督徒的破坏，异教徒对基督徒的迫害显得不那么残忍。①

可能显得让人意外的是，凭着从法国百科全书派那里获得的这么多爆炸性材料，吉本很快获得了普遍的权威。对于他有关基督教的章节的许多抨击很少对普通读者产生影响，甚至在产生它们的圈子里也不太被重视。三点观察也许有助于解释这种状况。首先，即使从普通读者中的成功观来看，吉本的博学方法也被证明是有效的。他们看到他提供了自己的证据，任由批评者给他挑毛病。其次，他对文明的未来给出了乐观的答案。虽然他指责基督教摧毁了古代文明，但他也确信现代文明强大到足以抵御蛮族的进攻。他用那句谁读了都不免会嫉妒其作者的简单句子驱散了

---

① 关于对这部分的犀利分析，见 J. B. Black, *The Art of History* (1926), pp. 165-169, and F. Meinecke, *Historismus*, I, p. 252。

所有的恐惧:"欧洲在未来的任何蛮族入侵面前都是安全的;因为在他们征服前,他们必然已经不再野蛮。"最后,尽管有顽皮之名,他的史学在严肃性和得体性上几乎是谨守传统的。受过普鲁塔克的教育,期待看到高贵行为和睿智言辞的人不会失望。尽管在宗教观点上不受传统约束,甚至怀有恶意,但吉本对那种可爱的偏见表达了充分的敬意,即历史如戏,你必须用合适的语言和动作来扮演自己的角色。这足以在我们和吉本之间造成距离。他所有的心理学方法都无视更现代的人类行为研究中的微妙和缺陷。不过,《衰亡史》中现在看来只是旧式风格的魅力却能对18世纪的读者产生直接的吸引力。吉本的思想只能满足启蒙者,但他的表现手法普遍迎合了受过教育的人。①

总之,我认为吉本的创新之处不在于他关于罗马衰亡的想法,而在于将博学的财富用于哲学历史学家的思考。通过这样做,他出乎意料地将两种此前看起来不可避免对立的历史写作方法调和起来。首先,他用说服力强得多的方式描绘了哲学历史学家的理论。其次,他表明博学并不必然意味着缺乏优雅和反思。但最重要的结果可能是,他的组合中产生了某种新东西。哲学历史不再是近似的或任性的,变得服从于历史批判的传统规则。没有人能够通过检查文献引用或指出收集证据的方法中的漏洞来反驳伏尔泰或孔多塞,甚至是孟德斯鸠的《罗马盛衰原因论》,但完全有可能对吉本实施这种控制。事实上,对吉本的注解和修正可能要超过对其他任何近代历史学家。他的史学引起的争议不再是

---

① 关于同时代人的观点,见 J. E. Norton, *A Bibliography of the Works of E. Gibbon* (1940),另见 Sh. T. McCloy, *Gibbon's Antagonism to Christianity* (1933)。

主观印象，而是可以根据文件证据进行讨论。博学家中流行的所有那些批判手法都可以为哲学家所用。一种新的哲学史诞生了。它把某个思想学派的学问与另一派的哲学想象结合起来。事实上，调和的工作意味着我们与博朗会和莫尔会的伟大学者的名字联系起来的批判传统没有被哲学历史的重压所淹没。得益于吉本对哲学家与古物学家的结合，它进入了19世纪的史学方法。

通过将细节从伏尔泰判定它们必将遭遇的不幸中救出，吉本让古典史学史归根到底最可贵的特质得以保留，并使其更加可信：那就是详细叙事的艺术。事实上，吉本的特别之处在于，我们永远无法确定他究竟是为了一个好故事而展示博学，还是把讲一个好故事作为对学问的贡献。得益于他的出色博学和与生俱来的选择生动对象的能力，他远比希罗多德之外的其他任何历史学家更有意思。如果将他的作品与伏尔泰的相比较，我们会发现博学能够给历史书写带来的不同。在伏尔泰使用警句的地方，吉本展现了记录齐全的细节的充实感。人们喜欢他的可靠，但感觉到证据背后存在着生命。称吉本为热衷渲染气氛的19世纪浪漫主义历史学家的先驱有点淘气，尽管他无疑能够感受到回想过去的吸引力，而且自称在最浪漫的情形中构思了自己作品的方案。他是个过度的"理性纵欲者"，无法控制自己的情感，但我们可以看到，沃尔特·司各特（Walter Scott）、夏多布里昂（Chateaubriand）和奥古斯丹·梯叶里（Augustin Thiérry）的时代能够从吉本的非浪漫主义段落中学到——事实上是享受到——某些东西。

我已经强调过这样的事实，吉本的新意在于他调和了两种历史方法，而非对某个历史阶段做了新的解读。不过，我毫不怀疑吉本对伏尔泰关于罗马衰亡原因的论文所提供的支持的重要性。这篇论文不可避免地令我们失望。18世纪的自由思想者的态度让他们很难看清基督教如何影响世界。他们不喜欢基督教并非因为他们喜欢异教，尽管有时候会假装如此。一边是作为他们前辈的少数智者，一边是大多数人的暴力、迷信和愚蠢，他们把历史视作两者的斗争。在他们看来，基督教没有给历史带来任何真正的新东西，从而能解释某些本来注定无法解释的东西。他们不仅没能看到被基督教引入道德生活的新的建设性元素，也没能理解异教徒世界的普通人。他们将异教文化等同于少数启蒙哲学家，不出意料地觉得他们符合自己的口味。然后，他们开始讨厌拜占庭帝国，因为它是神权统治，也讨厌西欧中世纪，因为它的文化被僧侣和教士所主导。

不过，我们要感谢吉本让基督教与欧洲的政治和社会发展之关系的问题留在了欧洲史学史中。吉本追随伏尔泰，大胆地清除了神圣史和世俗史之间的全部障碍。这种做法是新颖的。以吉本研究和推崇的三位历史学家萨尔丕（Sarpi）、蒂列蒙和吉安诺内（Giannone）为例。萨尔丕把他的《特伦特大公会史》（*History of the Council of Trent*）完全写成了政治史，没有详细分析宗教情感及其对世俗事务的影响。蒂列蒙将教会史同罗马皇帝的历史分开。吉安诺内在他所谓的《那不勒斯统治的公民史》（*Civil History of the Reign of Naples*）中没有把基督教作为宗教，而是把它当成与国家对立的组织。吉安诺内生前没有作品出版，直到19世纪才首次刊印的《三重统治》（*Triregno*）显示，他真正最重要的思想构思了宏大得多的哲学史方案，但伏尔泰和吉本都不可能了解到这点。

可以讨论的是，对于欧洲的宗教发展与政治发展之间的关系这个核心问题，19世纪的历史学家是否从伏尔泰和吉本那里学到了他们所能学到的一切。19世纪的史学被在大学生活和工作的德国教授们所主导，在那里，教会史和政治史分别由神学系和哲学系讲授。神圣史和世俗史在19世纪的德国大学中被分开，这一点的巨大影响很难被高估。19世纪的德国历史学家通常在没有深入探究两者联系的情况下研究政治史或教会史。当马克思主义者对这种分离提出反对时，他们做了一件有用的工作。但他们的行动受到他们自己的特有偏见的限制，即宗教只能通过阶级冲突来理解：他们自己无法认清宗教生活的源泉和复杂性。事实上，伏尔泰和吉本在德国之外——或者说在德国式方法盛行的学术圈之外——找到了他们的继承者。他们的问题在法国、意大利和英国自由派历史学家的头脑中结出了果实，诸如贡斯当（Constant）、吉佐（Guizot）、马尔法蒂（B. Malfatti）、莱基（Lecky）、米尔曼（Milman）和阿克顿勋爵（Lord Acton）——阿克顿勋爵极其推崇德国教授，但和他们中的任何人都全然不同。这些自由派历史学家试图撰写同时包括政治和宗教的欧洲文明史。

在这里无法探究为何除了莱基和米尔曼，他们都没能写出想写的书。贡斯当、吉佐、阿克顿勋爵和马尔法蒂留下了草稿或残篇，而不是完整的作品。他们失败的部分原因也许在于他们都为政治责任牺牲了自己的研究：他们首先必须建设那个他们想要描绘的欧洲。

重写吉本的工作留给了20世纪。我们同样很可能觉得，我们必须首先建设一个人性和自由的欧洲，然后才能研究它的过去。同时，一个简单的例子足以说明，现在我们可以用何种方式来重述吉本关于基督教与罗马帝国相互关系的问题。就像我们所知道的，吉本在他最有趣和最淘气的章节之一中写到了僧侣：“作为一切宽宏和理性的情感的源头，思想的自由被轻信和屈从的习惯所毁灭；僧侣沾染了奴隶的恶习，虔诚地顺从教会暴君的信仰和狂热。”这点适用于所有僧侣——无论是埃及的隐修士，还是本笃会。诚然，吉本承认"他们不知疲倦的笔保存了希腊和罗马文学的丰碑，并将其扩散"。但这始终是他尽可能不去强调的一个细节。卡西奥多鲁斯在维瓦里乌姆（Vivarium）的全部工作在第37章的一条注释中被一笔带过。在我们看来，圣本笃和卡西奥多鲁斯显然标志着西部一个新社会的开始：这个新社会诞生于意大利的东哥特国家的废墟中。圣本笃把他的修道院视作经济上独立和宗教上正统的新社会的核心。卡西奥多鲁斯觉得有可能把修道院变成一种新学问的中心，这种学问将根据世俗学术的方法对从《圣经》开始的基督教作品进行校勘和解读。圣本笃和卡西奥多鲁斯在他们的事业中取得了多大的成功仍然有待探讨。但对东哥特统治和随后战争的任何描述都不能忽视圣本笃和卡西奥多鲁斯的创造性努力。当狄奥多里克的王国分崩离析时，他们设想了一个繁忙、有文化和神圣的社会。当东哥特人的大厦崩塌时，这些人试图拯救文明遗存，建立新的精神和经济生活的中心，仰慕狄奥多里克的吉本却几乎没有提到他们。

如果我对吉本的描绘能够止于这里，仅仅把他视作一位历史学家，通过将哲学和博学融为一体，凭借与生俱来并受到古典典范熏陶的艺术品位,他成功地把18世纪的思想成果带进了19世纪,那么我会感到高兴。但吉本身上有种既迷人又误导性的东西,暗示此类表述无法真正彻底地展现其人格的丰富与深度。下面的这番话难道不是他在谈论自己吗:

> 一个理性纵欲者总是怀着敬意遵循天性的温和旨意,通过社会交往、可喜的联系、对品位和想象的柔和增色来提高感官的满足。

虽然有人可能会怀疑,他对人类的命运并不像他想让我们相信地那么自信,但在数据的帮助下,他至少相信他个人的命运是特别幸运的。①

---

① 与 C. Dioniscotti, M. I. Henderson, H. M. Last, J. J. Seznec 和 B. Smalley 的讨论对本文帮助很大。

第3章　乔治·格罗特与希腊史研究①

献给安娜·劳拉（Anna Laura）

大约在45年前，高尔街（Gower Street）的名字第一次在我脑海中留下印象。当时我正在读格罗特夫人为她丈夫所写的传记。你们中可能有人还记得格罗特如何被描绘成"精疲力竭地结束市议会的会议回家，叫了1先令的出租马车从高尔街到海伯里巴恩（Highbury Barn），从那里步行穿过田间小道，回到在天堂广场（Paradise Place）的家"②。

因此，在我被公认很不完整的伦敦神话地图中，乔治·格罗特的高尔街同夏洛克·福尔摩斯的贝克街以及朱塞佩·马志尼位于欧斯顿路（Euston Road）附近的乔治街拥有同等的地位。从神话转向现实总是复杂的。但这一次，现实并不逊色于神话。因为与我见面的第一个大学学院的成员是诺曼·贝恩斯（Norman Baynes），这位伟大的历史学家代表了本学院最优秀的传统。

对我的前辈凯利（Cary）教授和琼斯（Jones）教授来说，在乔治·格罗特和诺曼·贝恩斯的学院教授古代史看上去无疑是重大的责任。对我来说，这项责任甚至更加严肃，因为我的前辈

---

① 1952年2月19日在伦敦大学学院的就职演讲。
② Mrs Grote, *The Personal Life of George Grote* (1873), p.57.

出色地完成了他们的任务，为教学和研究确立了很高的标准。不过，有两点考虑给我带来了鼓励。首先，与信奉斯多葛主义的皇帝一样，我可以感谢神明赐予我好老师，并让我结识了许多好人。其次，1946年，作为特别讲师的我被现任校长博克贝克（Birkbeck）热情地带进了大学学院的生活，我很快爱上了这所诞生在自由中和为自由而生的学院的祥和气氛。学院创办伊始就有了第一位意大利教授安东尼奥·帕尼齐（Antonio Panizzi）这样的榜样，他很好地把对自己的祖国的爱和对危难之时向他提供庇护的国家的爱结合起来。

古代史教授要负责东方、希腊和罗马史是这所学院的传统。这无疑是个明智的要求，即便并不总是符合区区历史学家的凡人本质。今天，对老师和研究者造成最大困难的是希腊史。东方史仍然处于幸福的阶段，几乎令人目眩的新证据让思考只是历史学家额外工作的传统仍然有效。至于罗马史，特奥多尔·蒙森在百年前的工作使其基础稳固，还没有人能颠覆它；仍然可以有把握地认为，不懂罗马法的人也不懂罗马史。但古代史研究者心中都明白，希腊史正在经历危机；为了解释这场危机的性质，现在我请你们和我一起在格罗特的前辈和继任者作品的背景下重新看待他对希腊史研究的贡献。

不知我可否提醒你们，希腊史究竟是在英格兰还是苏格兰被发明的并不确定。两位有资格的主张者是英格兰人威廉·米特福德（William Mitford）和苏格兰的皇家历史学家约翰·吉列斯（John Gillies），前者于1784年出版了他的《希腊史》的第一卷，但直到1810年仍未完成自己的工作，后者于1786年出版了四开的两卷本完整的希腊史，而且早在1778年就发表了一篇"关于从伯罗奔尼撒战争结束到喀罗尼亚战役的希腊人的历史、风俗和性格"的论文。

在两位苏格兰人和英格兰人之间，我当然会保持严格的中立。直到18世纪末和19世纪初，我们欧洲大陆人从没听说过专门的"希腊史"这种东西。当时广为人知的是，希腊史在"偏远岛国"受到的认真对待就像罗马史在欧洲大陆。这是要点所在。18世纪的希腊史指南在欧洲大陆并不常见，一些最流行的书籍事实上是从英语译成法语、德语和意大利语的通俗化作品。1743年，狄德罗将坦普尔·斯坦尼安（Temple Stanyan）的《希腊史》译成了法语，而奥利弗·戈尔德史密斯（Oliver Goldsmith）水平很低的汇编在大陆的流行时间和在英格兰的一样长。① 不过，真正的新颖之处在于希腊史中所包含的政治讨论，就像我们在米特福德和吉列斯的作品中能够读到的。

米特福德和吉列斯的古希腊政治研究的重点似乎非常明确。但还没有人注意到，米特福德和吉列斯本人受到了一场关于公元前4世纪希腊衰落的讨论的启发，这场讨论始于法国，然后在爱尔兰延续，最后才传入英格兰——或苏格兰。在开明专制的时代，马其顿的腓力自然能比德摩斯梯尼唤起更多的同情。腓力是历史学家和哲学家的庇护者，正如18世纪的历史学家和哲学家希望他们的国王所做的。17世纪时第一个将腓力变成研究主题的是

---

① 法语译本，1802年；意大利语译本，佛罗伦萨，1807年；希腊语译本，维也纳，1806年；德语译本，莱比锡，1792年；西班牙语译本，马德里，1822年。其中一些根据缩节本译出。

伟大的国际法学家普芬多夫（Pufendorf），①但第一部完整的辩护性传记是 1736 年由法国富绅克劳德·马蒂厄·奥利维耶（Claude Mathieu Olivier）写的。②1749 年，另一位著名人物马布利神父追随他的脚步，写了皇皇两卷本的《对希腊人的观察》（*Observations sur les Grecs*）。然后，都柏林三一学院的成员托马斯·勒兰德也为该主题写了厚厚的两卷著作。③该书具有奇特诗性的序言清楚地表示，勒兰德在描写马其顿的腓力时想到的是普鲁士的腓特烈。出版的日期意味深长，英格兰和普鲁士在 1758 年签署了条约。

一旦将腓特烈大帝与马其顿的腓力进行比较，就不太可能被忘记，因为这种比较让人信服。两位国王都通过军事能力、思想兴趣和无情狡诈的奇特组合让历史发生了意想不到的转变，很好地扮演了作为正在扩张而更开化的邻邦正在衰弱的国家的领导者角色。约翰·吉列斯在其 1789 年出版的《对腓特烈二世统治的看法，兼那位君主与马其顿的腓力二世的比较》（*View of the reign of Frederick II with a Parallel between that Prince and Philip II of Macedon*）中用很大的篇幅展开了这种比较。需要指出的是，古列斯曾造访普鲁士，与腓特烈见过几面。但他早在 1778 年就写了那篇关于公元前 4 世纪希腊的论文，文中考虑了当代生活中甚至影响更广的问题——不亚于美洲革命的后果。在他的眼中，雅典民

---

① De rebus gestis Philippi Amyntae F., *Dissertationes Academicae Selectiores* (Lund 1675), pp. 109-195：普芬多夫讨论了政治制度问题。

② *Histoire de Philippe* (Paris 1740-1760), I, LI："这是一位能干而幸福的君主的故事，他幸福只是因为他能干。"（C'est l'histoire d'un Prince habile et heureux, qui n'est heureux que parce qu'il est habile）

③ *The History of the Life and Reign of Philip, King of Macedan* (1758)；带有诗意的序言由 Samuel Madden 所写。

主派是美洲反叛者的先驱：

> 如果那种混乱的统治[即共和制]能在新的半球站稳脚跟，如果那里的平民大会和议会被赋予了行使权力的资格，为什么他们不会像过去那样无耻地滥用它？为什么古人的暴行不会重演，人们的行为不会再次沾染上野性的残暴？①

吉列斯担心的那种野性的残暴显然就是德摩斯梯尼的雅典的。不过，吉列斯并非那种一句孤零零的引文就能概括的蠢人。他拥有真正历史学家的想象广度，并第一个认识到吕西阿斯（Lysias）和伊索克拉底（Isorates）可以被用来对雅典史做出贡献。他对早期时代的不加甄别到了按字面接受特洛伊的海伦故事的程度，将新的有趣观点引入了希腊政治史。后来，他在1807年完成了一项尚未得到赞许的壮举。他第一个完整撰写了从亚历山大去世到奥古斯都统治的希腊－马其顿史。② 尽管并不肯定，但在这点上我同样怀疑他受到了同时代事件的启发。他笔下征服希腊城邦的罗马人与拿破仑麾下征服欧洲的法国人不无相似。

无论如何，我陈述的简单事实将迫使我们修改对19世纪史学史发展的看法。人们普遍相信——我自己也这样说过——尼布尔

---

① *The Orations of Lysias and Isocrates translated from the Greek with some account of their lives, and a discourse on the history, manners, and character of the Greeks from the conclusion of the Peloponnesian War to the Battle of Chaeronea* (1778), p. LXIII.

② *The History of the World from the Reign of Alexander to that of Augustiis* (1807), cf also J. Gast, *The History of Greece from the accession of Alexander till its final subjection to the Roman Power* (1782); A Boeckh, *Encyclopädie und Methodologie* (1877) p.346.

是拿破仑战争期间德国关于德摩斯梯尼和腓力的讨论的主要发起者，而德罗伊森发现了马其顿和普鲁士的相似点。德罗伊森还因为他关于亚历山大和奥古斯都之间那段时期的原创历史观念而受到赞誉。① 现在看来，用现代的——甚至是普鲁士的——政治原则来讨论公元前4世纪早在德罗伊森之前近一个世纪就开始了。虽然德罗伊森关于希腊化时代是异教和基督教之间的过渡时代的深刻观点与吉列斯有限的政治兴趣不可同日而语，但不可否认他在这方面无疑也有先驱。

作为反对民主的希腊历史学家，吉列斯很快被米特福德所取代，主要因为后者的《希腊史》在学术细节上更加丰富和可靠。但就像奥古斯特·博克这位好法官所指出的，米特福德比吉列斯拥有更多的信息，政治偏见则更少。在米特福德工作生涯的大部分时间里，摆在他面前的有美洲和法国革命的经历。作为对王权的坚定支持者，他得到了《评论季刊》(*Quarterly Review*)的政界友人的赞美，也遭到拜伦和年轻的麦考雷可敬的憎恶。② 但哲学激进派决定介入古代史研究时，已经推出第4版的米特福德的作品不可避免地成为他们首当其冲的靶子。

我们将哲学激进派同人口和税收问题、个人利益的快乐和痛苦，以及拒绝提到好品位联系起来。但当约翰·亚瑟·罗巴克（John Arthur Roebuck）第一次造访功利主义学会（Utilitarian

---

① Cf. Momigliano, *Filippo il Macedone* (Firenze 1934); Genesi storica e funzione attuale del concetto di Ellenismo, *Giorn. Criti. Filos. Ital.*, xvi (1935) 和文中所引的论文。

② Byron, *Don Juan*, Canto XII, 19 and note; Macaulay, *Miscellaneous Essays, in Works*, vii (1866) ed. Lady Trevelyan, 683-703 (written in 1824).

Society）时，他发现学会成员在"一个低矮、装修简陋、显得凄凉的房间里"讨论"对一位希腊作者某版本作品的评论遭到的批评"①。约翰·斯图尔特·密尔的一句话描绘了功利主义者赋予希腊史的重要性：

> 即便是作为英国历史上的事件，马拉松战役也要比黑斯廷斯战役更重要。如果那天的结局不一样，不列颠人和撒克逊人可能还在森林里游荡。②

1822年左右，格罗特已经确定将把希腊作为他的研究领域。后来，格罗特夫人——她很少低估丈夫，从不低估自己——声称撰写希腊史的想法是1823年秋天在她的启发下产生的。她的说法似乎与年代顺序不符。③ 1823年，她本人写信给沃德·诺曼（G. Warde Norman）：

> 希腊史欣欣向荣，格[罗特]对它比以往更着迷了。他差不多已经完成了对希腊殖民地的叙述。在这部分作品中，他为政治经济和人口原理注入了一些有用的学说。

---

① *Life and Letters* (London and New York 1897) p.27; 后续内容见 G. L. Nesbitt, *Benthamite Reviewing, The First Twelve Years of The Westminster Review* (New York 1934)。

② *Early Grecian History and Legend* reprinted in *Dissertations and Discussions*, II (1859) 283. 密尔早年对罗马和希腊史感兴趣，这一点广为人知：*Autobiography*, ed. H. J. Laski, pp. 10-11。

③ Mrs Grote, *The Personal Life of George Grote*, p.49, 可比较 [Mrs Grote], *The Philosophical Radicals of 1832* (1866), p.65, 特别是 G. Grote, *Posthumous Papers* (1874), p. 26。

在刊印的文本中，希腊的殖民化占据了第二部分的第 22 和 23 章。即便初稿没那么长，显然工作也已经进行了一段时间。

罗马史还没有被分配。沃德·诺曼和约翰·斯图尔特·密尔（当时刚刚 17 岁出头）都有意撰写。密尔一如既往地精确，决定在他年满 20 岁时动笔。两人的计划都流产了。在激进派的启发下诞生的唯一一部关于罗马历史的书《早期罗马历史可信度探究》(Inquiry into the Credibility of the Early Roman History) 问世于 1855 年，作者乔治·康沃尔·刘易斯爵士（Sir George Cornewall Lewis）是格罗特的另一位终生挚友。

1826 年，格罗特觉得有足够的信心向他的前辈米特福德发起猛攻。他的攻击占据了《威斯敏斯特评论》(The Westminster Review) 中的 50 页，表面上是在讨论克林顿的《希腊年表》(Fasti Hellenici)。① 当然，克林顿在第一页后就没了踪影。这篇文章仍是对格罗特思想的最佳介绍。已经可以看到，对小城邦的同情将促使他后来对瑞士的政治展开细致的研究。他赞美了希腊社会为"个人才能的发展提供了无与伦比的激励"，最终把希腊民主解读为一种符合整个社会而非穷人利益的统治形式。

差不多与此同时，不知是巧合还是有意为之，《评论季刊》发文为米特福德辩护，并抨击了"希腊人的法庭"②。激进派在 1827 年的《威斯敏斯特评论》上做了回应，但这次的匿名文章出自查尔斯·奥斯丁（Charles Austin）之手。对米特福德和《评论季刊》

---

① *The Westminster Review*, v (1826), 269-331.

② *The Quarterly Review*, xxxiii (1826), 332-356.

的指责足有 40 页。① 充满干劲的开头之后却是拖延。格罗特的银行业务和他当选议员延缓了工作的进度。从 1831 年到 1841 年间中断了十年。当格罗特重新拾起未完成的作品时，他不得不考虑自己是否能与老同窗康诺普·瑟尔沃尔（Connop Thrilwall）竞争，后者的《希腊史》从 1835 年就开始问世。②

一边是瑟尔沃尔成长为历史学家的剑桥三一学院，一边是格罗特清晨上班前召集朋友们见面的针线街（Threadneedle Street），两者的圈子截然不同。但这两个团体有许多共同点。哈雷尔·弗洛德（Hurrell Froude）形容那些了不起的剑桥老师"知晓一切，考察一切，把一切变成教条"③，这也许能同样方便地适用于格罗特的圈子。两个圈子都讨厌米特福德，都能读德语，都被《评论季刊》攻击。④ 双方都致力于让英国的政治和思想习惯自由化，都希望这些习惯能以坚实的哲学原则为基础。三一学院的"使徒"和针线街激进派之间的这些相似点解释了为何瑟尔沃尔与格罗特的故事拥有如此之多的共同性质，以及为何最终瑟尔沃尔被格罗特所取代。

这不是要否定这两个学派之间的差异的重要性。根据瑟尔沃尔和他的朋友朱利叶斯·查尔斯·海尔（Julius Charles Hare）的说

---

① *The Westminster Review*, v (1827), 227-268.

② 关于对格罗特一番令人印象深刻的褒奖，参见 Thirlwall 的 *Letters to a Friend* (1882), ed A. P. Stanley, p. 323。

③ *Remains of Hurrell Froude* (1838) I , 310, 已被 J. Thirlwall, *John Connop Thirlwall, Historian and Theologian* (1936) p. 62 所引述。

④ J. C. Hare, *A Vindication of Niebuhr's History of Rome from the Charges of the Quarterly Review* (Cambridge 1829). K. Dockhom, *Der deutsche Historismus in England* (Göttingen 1950) 对该时期的英国史学做了有用的描述，我在 *Rivista Storica Italiana*, LXIII (1951) 592 对其做了讨论。现参见 D. Forbes, *The Liberal Anglican Idea of History* (Cambridge 1952)。

法，尼布尔和施莱尔马赫提供的不仅是格罗特所称的德国学问无法估量的帮助；他们还带来了哲学史和神学体系——简而言之，他们带来了信仰。瑟尔沃尔将施莱尔马赫的神学介绍给英国人，而海尔则把英语能够吸收的德国浪漫主义哲学史全部放进了他的《真相蠡测》(*Guesses at Truth*)。伦敦的激进派哲学家们与施莱尔马赫的神学存在分歧，尽管认可他的柏拉图研究，他们对尼布尔的认同也是有限的。这一点在乔治·刘易斯爵士出版了他的《早期罗马历史可信度探究》时变得明显，该书批评尼布尔的历史方法过于主观。格罗特在《爱丁堡评论》上的一篇文章里对他的朋友深表认同，这是他对罗马史研究的唯一贡献。① 后来，他私下写信给朋友，谈到了后者的另一本书："我希望我可以认为它能成功遏制德国人对猜测的纵容。"②

此外，那两个三一学院的成员和他们的副手，包括拉格比学院的阿诺德正在古老大学的围墙里为改革古典学教学的流行方法而斗争。一边是英国学校特有的对古典语言的经验知识，一边是德国大学里对古典文本进行的科学考察，他们想要让前者被后者取代。格罗特对这场改革的兴趣并不那么直接，内心可能并不那么急着实施它。

关于瑟尔沃尔的学术水准没有争议。他学问精通，判断可靠，直接而透彻的风格比格罗特更适合历史写作。但他无法像格罗特一样全身心地投入希腊史。无论是他源自德国的神学还是我们从他的书信中可以看到的温和世俗的智慧都不必然会把他吸引

---

① *Minor Works*, pp. 205-236.
② *Life of G. Grote*, p. 264.

到波斯战争的和雅典市场的场景中。相反，格罗特在古希腊找到了他想要的一切：民主统治的起源，以及自由思想和理性探索的原则。他在希腊思想领域的重要发现——对智术师的重新评价——是他探究希腊民主与思想进步之间关系的结果。瑟尔沃尔真正热爱的是德国，而格罗特热爱雅典。他对雅典的爱不带任何浪漫主义怀旧，把那个城邦视作是为了美好生活而建立的。一边是智术师和苏格拉底提供的教育，一边是现代大学提供的教育，他在两者中看到了相似性。

还有一点。对哲学激进派来说，没有什么比仔细地检验证据更重要了。当他谈起"有关证据充足的法则"时，他的口气变得特别严肃。无论是边沁、两位密尔、乔治·刘易斯爵士和格罗特，还是约翰·奥斯丁这位伟大的司法学教授（他的讲座如此出色，只有约翰·斯图尔特·密尔能听懂），他们都进行过对证据法则的考察。如果对这个群体对于英国史学的贡献展开适当的研究，我们很可能会发现，乔治·刘易斯爵士和他对朋友的影响的重要性尚未得到充分的认识。刘易斯作为一个天才被人铭记，他在生涯的不同阶段以罗曼语言和古天文学的研究者、希腊文本的校勘者、孔德和尼布尔的批评者、博克和卡尔·奥特弗利德·穆勒的翻译者、英国法律和行政制度的调查者、《论观念事务中的权威影响》(*An Essay on the Influence of Authority in Matters of Opinion*)和《论政治中的观察和论证方法》(*A Treatise on the Methods of Observation and Reasoning in Politics*)的作者身份都取得了成功——且不提他担任的公职。真正把他的活动统一起来的——就像沃尔特·白芝浩（Walter Bagehot）差不多看到的——是他对严格检验证据的热情。① 格罗特同样具备这种热情，并用自己在细微工作上的出色能力为其提供了支持。

我经常不确定是否一定要认真看待1833年约翰·斯图尔特·密尔写给卡莱尔的那封关于格罗特的著名书信。给卡莱尔写的信本身就显得尴尬，而约翰·斯图尔特·密尔给卡莱尔写的信最不可能有例外。不过，让我们假设密尔在写信给卡莱尔时是完全真诚的：

> [格罗特]是个拥有优秀，但算不上第一流思想的人，他严格而机械，一点也不敏捷；在敏锐方面不如我见过的任何有能力和学问的人……听我说了关于他的一切后，你会对他能读德语感到吃惊。②

对密尔的回应无疑包含在伽罗德（Garrod）先生对斯卡利杰（Scaliger）和班特利的评论里："学问，完善的学问是比天才稀少得多的东西。"③

对证据法则的尊重让格罗特得出了当时是革命性的结论，即必须把希腊史分成泾渭分明的两个部分：传说中的希腊和历史上

---

① Cf. W. Bagehot, in *Biographical Studies* (1895) ed. R. H. Hutton, pp. 323, 357, L. Stephen, *The English Utilitarians*, III (1900) 334, 以及我的论文 , G. C. Lewis, Niebuhr e la critica delle fonti, *Rivista Storica Italiana* (1952). 另见 Lewis 的 *Letters* (1870), 信中有很多关于他与格罗特友谊的内容。*The Treatise on the Methods of Observation and Reasoning in Politics* 中有一部分题为 *On the Treatment of Political History*, I, 181-323. 刘易斯对格罗特《希腊史》的书评见 *Edinburgh Review*, XCI (1850) 118-152. 参见格罗特夫人的 *Life*, p. 195.

② *The Letters of J. S. Mill*, I (1950) 58.

③ H. W. Garrod, *Scholarship, its Meaning and Value* (Cambridge 1946) p. 10.

的希腊。格罗特从未否认，关于早期希腊的传说可能包含了大量历史。他只是承认自己无法在没有"附加证据和证明可能"的情况下将历史同神话分开。① 于是，他与密尔及其英国推崇者们决裂。因为迈锡尼、克里特、特洛伊和波哥哈兹堡垒（Boghaz-keui）的发现而眼界大开的我们很容易对格罗特的怀疑主义提出反对。但他可以义正辞严地回答说，迈锡尼、克里特、特洛伊和波哥哈兹堡垒提供了他所缺少的附加证据。

让格罗特的《希腊史》拥有了几乎独一无二特色的正是这种热情的道德与政治兴趣、渊博学问和尊重证据的组合。

欧洲本地人在19世纪被开化，几乎每个人都立即看到了格罗特的这些特质。尽管与格罗特存在嫌隙，脾气也不相合，约翰·斯图尔特·密尔还是在《观察家报》(*The Spectator*)和《爱丁堡评论》上对从1846年开始陆续出版的《希腊史》各卷不惜赞美之词。他称它们是对哲学希腊史的第一次尝试。②《两个世界评论》(*Revue des Deux Mondes*)同样对其大加赞赏，普罗斯佩·梅里美（Prosper Mérimée）刊文对前几卷进行了讨论。③ 就连《评论季刊》也为之折服。它忘了抗议对克里翁的平反，对智术师也只是表达了非常温和的保留意见。事实上，它赞美了"对证据法则的严格遵守"以及"整部作品处处洋溢的崇高道德

---

① 参见他的论文 Grecian Legends and Early History (1843), in *Minor Works*, p. 75。

② 1846年4月4日的《观察家报》。密尔对格罗特作品的最重要书评收录于他的 *Dissertation and Discussions*, II (1859) 283-334, 510-554; III (1867) 275-379; IV (1875) 188-230。

③ *Revue des Deux Mondes*, XVIII (1847) 52-69；关于对德国希腊史研究富有教益的描述，见 Kortüm 的书评, *Heidelberger Jahrbücher* (1846) 641-652。

基调"①。唯一值得一提的例外是杰出的剑桥教授理查德·希莱托（Richard Shilleto），此人写了一本题为《修昔底德还是格罗特？》（*Thucydides or Grote?*）的小册子。他直言不讳地表示："我忍不住要说……我很庆幸[格罗特先生]不是我们国家任何一所老大学的成员。"另一位剑桥人（恰好是乔治·格罗特的弟弟）回应了希莱托先生，此后我们再也没有在此事上听说过他。②

虽然不可能，但我很乐意在这里更详细地描绘《希腊史》变得流行和权威的过程。比如，奥古斯特·孔德在一封信中承诺要读这本书，以证实他自己的理论，尽管为了遵循精神健康的需要，他不再读书了。③

就像我已经提到的，在18世纪末之前，欧洲大陆对希腊史研究几乎一无所知。19世纪上半叶，在对细节的研究方面，德国大学的努力扭转了这种情况。有3部到4部划时代的作品问世，诸如密尔关于多里斯人和神话学的著作、博克的《雅典公共经济》和德罗伊森的《希腊化史》。除了德罗伊森，他的重要性直到很久以后才会被认识到，这些作品马上产生了影响。但希腊通史的编

---

① *The Quarterly Review*, LXXVIII (1846) 113-144; LXXXVI (1850) 384-415; LXXXVIII (1850) 41-69; XCIX (1856) 60-105. 最后一篇文章的作者是词典学家 William Smith。就像格罗特夫人所说："当这位历史学家在他不认识的批评者和赞美者中发现了一名来自他钟爱的大学学院的学生时，他会感受到额外的快乐。" *Life*, p. 231.

② J. G[rote], *A few remarks on a pamphlet by Mr Shilleto entitled 'Thucydides or Grote?'* (Cambridge 1851); E. M. Cope 的小册子 *Plato's Theaetetus and Mr Grote's criticism* (Cambridge 1866) 显示了格罗特的名字很快被敬意所包围。

③ "尽管由于大脑的状况，我几乎不再读书了，我要暂缓直接确认我的宏大历史理论让我对这个文明所做的评判是否与您的专业意见足够吻合"（Quoique, par régime cérébral, je ne lise presque rien, il me tarde de m'assurer directement si le jugement que ma grande théorie historique m'a conduit a formuler sur cette civilisation se trouve suffisamment conforme à votre profonde appréciation spéciale）, Grote, *Posthumous Paper*, p. 90.

撰仍然很糟糕（诸如格拉夫 [Graff]、普拉斯 [Plass] 和罗斯 [Roth] 的那些）。只有敦克尔（Duncker）的《古代史》因其对古风时代的清晰描绘和对忒米斯托克勒斯人格的解读而拥有一定的独立价值。该书包括了到公元前 479 年为止的希腊史，后来被译成英语。直到 1851 年前，法国也没有诞生过出色的希腊史。维克多·杜鲁伊（Victor Duruy）当年出版过一本，但在瑟尔沃尔和格罗特的影响下，他在 10 年后不得不重写。①

事实上，格罗特的史书为希腊史的写作树立了新的标准和注入了新的动力。在格罗特的主持下，一个新的时代开始了。无论是以原著抑或法语和德语译本，他的作品四处流传，以其对待传说的方式，对希腊政治生活的重新评价，特别是坚持强调政治和思想史的密切联系打动了每一位古典学的研究者。格罗特利用了德国人的全部学术成果，对它们的价值做了独立评判。他的 12 卷本作品结构清晰，有序的条理使其便于阅读。在英格兰，弗里曼受它启发撰写了《联邦政府史》(*History of Federal Government*)，涵盖了几乎被格罗特忽视的一个方面（部分原因是年代学的）。② 在下一代中，伯里不知疲倦的富饶头脑不断思考着格罗特向他暗示的问题。③ 在法国，格罗特影响了社会和政治制度史方面的一长串研究，特别是关于雅典的。

不过，格罗特引起最大骚动的地方是德语世界。听说他是个

---

① 比较 J. P. Mahaffy 在 V. Duruy (1898) 的英译本导言中的话，另见 W. Vischer, *Ueber die neueren Bearbeitungen der griechischen Geschichte* (1861) in *Kleine Schriften*, I (1878) 511-533。

② 参见弗里曼对格罗特的书评，现刊于 *Historical Essays*, II (1873)。

③ N. H. Baynes 在其对伯里的经典回忆录中（1929 年）也许低估了伯里的《希腊史》的重要性；另参见 Baynes 和 H. M. Last, *Dict. Nat. Biogr.*, suppl. 1922-1930, s.v. J. B. Bury。

银行家时，德国教授们几乎不敢相信自己的耳朵。但他们很认真地应对了他的挑战。19 世纪的最后 50 年里，德国所有关于希腊史的研究都是支持或反对格罗特的。德国学者推出了一系列著名的希腊史作品，作为对格罗特的回应：科尔图姆（Kortüm，1854 年）、库尔提乌斯（Curtius，1857 年）、布索尔特（Busolt，1885 年）、霍尔姆（Holm，1886 年）和贝罗赫（Beloch，1893 年），我们还必须加上迈耶尔（E. Meyer）的《古代史》（History of Antiquity，第 2 卷，1893 年）。对希腊史上的特殊时期的两部最深入的研究作品——谢弗尔（A. Schaefer）对德摩斯梯尼及其时代的研究（1856 年）和贝罗赫的伯里克利之后的雅典政治史（1884 年）——都直接受到瑟尔沃尔和格罗特的启发。1854 年，老学者舍曼（Schömann）认为有必要用一整本书来讨论格罗特对雅典政治制度的看法。① 1873 年，一位生活在伦敦的放肆但博学的德国学者赫尔曼·穆勒－施特鲁宾（Hermann Müller-Strübing）写了一本长达 735 页的"小册子"来反击格罗特在德国的反对者。② 后来，特奥多尔·贡佩茨（Theodor Gomperz）得意地承认，他的《希腊思想家》（Greek Thinkers）如何深受格罗特的影响（两人见过面）。③ 我怀疑贡佩茨事实上是格罗特最杰出的弟子。这位英国历史学家的名头还传到了专家圈子之外。卡尔·勒尔斯（Karl Lehrs）描绘了普鲁士国务大臣海因里希·特奥多尔·冯·舍恩（Heinrich Theodor von

---

① 英译本见 B. Bosanquet (Oxford 1878)。
② Aristophanes und die historische Kritik (Leipzig 1373)。
③ Th. Gomperz, Essays und Erinnerungen (1905), pp. 33, 184-196. 参见他儿子写的传记，H. Gompetz, Th. G., I (Vienna 1936) index s.v. G. Grote。

Schön）如何焦急地等待每卷《希腊史》的问世。① 民主派领袖约翰·雅各比（Johann Jacoby）摘录格罗特的话用于政治宣传。② 1890 年，普尔曼（Pöhlmann）从类似马克思主义的观点出发对希腊民主做了考察，以此来反驳格罗特，他是最早这样做的人之一。③ 1893 年，维拉莫维茨 – 默伦多夫（Wilamowitz-Moellendorff）以格罗特作为他对希腊史研究盘点的结尾；那是非常重要的一页。维拉莫维茨想要用对希腊政制法规的严肃研究来取代格罗特引发的关于克里翁和德摩斯梯尼的令人讨厌的政治讨论。我们很快会看到结果。④

在意大利，格罗特也并非默默无闻。他关于希腊传说的理论在 1847 年的《欧洲评论》(Rivista Europea) 上刊发了仅仅几个月后就被人提及。⑤ 格罗特去世后，已经是著名的萨沃纳罗拉研究者的帕斯夸莱·维拉里（Pasquale Villari）致信密尔，对他的死表示哀悼。⑥ 不过，在 19 世纪的前 70 年里，意大利人似乎过于从字面

---

① K. Lehrs, *Populäre Aufsatze aus dem Altertum*, 2nd ed. (1875), p. 478. See also J. von Döllinger, *Akademische Vortrage*, II (1889) 174-176 (written in 1872).

② J. Jacoby, *Geist der Griechischen Geschichte, Auszug am Grote's Geschichte Griechenlands*, nach dessen Tode hrsg von F. Ruhl (Berlin 1884).

③ 刊于 *Deutsche Zeitschrift für Geschichtswissenschaft*，重刊于 *Aus Altertum und Gegenwart* (München 1895), pp. 315-342。普尔曼对里卡多对于格罗特的影响做了犀利的点评；参见他的演说 *Griechische Geschichte im 19. Jahr. Festrede der Münchener Akademie*，刊于 *Aus Altertum und Gegenwart*, Neue Folge (1911) 277-322。H. von Srbik, *Geist und Geschichte vom deutschen Humanismus bis zur Gegenwart*, II (1951) 忽视了格罗特对德国史学的影响。

④ *Aristotles und Athen*, I (1893) 375-381. 另见 J. G. Droysen, *Briefwechsel*, II 442 (written in 1857)。

⑤ G. Rosa, Dei miti greci e latini, Rivista Europea (1847) p. 432；但 Rosa 称格罗特为"Gregorio"，无疑是通过书评间接知道他的。格罗特的一个意大利语译本从 1855 年开始在那不勒斯问世，但前三卷后就中断了。

⑥ J. S. Mill, *The Letters*, II, 332.

上接受了罗多维科·安东尼奥·穆拉托里的提议，即让他们离开希腊和罗马人，转而投入中世纪史，那是他们当下麻烦的根源。当我想到在那时的意大利，明显与希腊史相关的作品多么少见时，有时我会疑惑自己没有错过一些此类作品是不是因为机缘巧合。无论如何，意大利大学认识到了从德国引进希腊史老师的需要。霍尔默和贝罗赫撰写他们的希腊史时是意大利大学的教授。注入德国学术的结果很快显现，几乎是令人惊叹的。1898年，贝罗赫的弟子盖塔诺·德桑蒂斯在28岁那年写出了一部雅典史，将意大利的研究推向前沿，至今仍未被超越。贝罗赫和德桑蒂斯都是格罗特好学的学生；在他们位于罗马和都灵的学校里，三代学生都讨论过格罗特，现在这些学生自己也成了老师。①

1900年后，希腊史方面的创造性作品的式微开始显现。务实的政治家和道德学家对希腊感兴趣的时代一方面被维拉莫维茨，另一方面被约翰·罗斯金所终结。由于罗斯金关于格罗特的昔日名言不再被人铭记，也许我可以引述一下：

> 格罗特的《希腊史》……在查令十字街到英格兰银行之间，没有哪个商业机构的主管文员写不出比它更好的，如果他有虚荣心把时间浪费在这上面的话。②

---

① 见我对 C. Anton 和 R. Mattioli 的描述，*Cinquant'anni di vita intellettuale italiana. Scritti in onore di B. Croce*, I (1930) 85-106; cf. A. Ferrabino, *La dissoluzione della libertà della Grecia anitca*, 2nd ed. (Padua 1937), p. 44。

② J. Ruskin, *Arrows of the Chace* (1886) in *Works*, ed. Cook and Wedderburn, xxxiv, 586. 在1864年的一封信中，罗斯金表示："关于罗马和希腊仅有的两部有价值的作品分别出自优雅的异教徒吉本和粗俗的物质主义者格罗特之手"，*Works*, XVIII, p. XXXIV。

虽然越来越多的各地新老大学都在教希腊史，但很少有重要的著作出版，无论是关于古风时期还是古典时期的希腊。在德国，迈耶尔一直没能完成他的《古代史》的希腊部分，而维拉莫维茨在其非凡生涯中最缺乏清晰方向的阶段把文学研究作为重点。在意大利，德桑蒂斯多年来主要致力于罗马史研究。整体产量迅速下滑。诚然，希腊化国家的历史吸引了一批最出色的学者——大英帝国的塔恩（Tarn）、德国的维尔肯（Wilcken）、法国的奥洛（Holleaux）、俄国的罗斯托夫采夫（后移居美国）和意大利的卡尔迪纳利（Carldinali）。但暗示对希腊本土的历史已经没什么可研究是幼稚的。事实恰恰相反。历史学家从来没有受到如此之多重大发现的挑战。

随着碑铭和纸草的发现，书面证据在过去的七八十年里的增长是16世纪末以来所不曾有过的。抒情诗的数量几乎翻番，填补了希腊史中最不为人所知的阶段的空白。品达不再孤独，米南德可以亲口发言，雅典政治制度史的研究随着《雅典政治制度》的发现而被改变，而碑铭让研究雅典帝国的历史成为可能。希腊元素出现在犹太人、印度人和阿拉伯人，或许还有赫梯人的材料中。

在提供的帮助和带来的问题方面，考古学也同样慷慨。它将关于希腊历史的证据扩大到约公元前2000年，而此前则被认为始于荷马，从公元前1000年后的某个时候开始；它新增了米诺斯时期和迈锡尼时期这两个新的时间段，让我们可以看到希腊城市和圣所本来的样子。我们很容易忘记，七八十年前，克诺索斯、迈锡尼、德尔斐、奥林匹亚、士麦那、普里埃内和奥林托斯对历史而言并不存在。也没有为给古希腊的历史演化提供直接证据而组建的博物馆。几个月前，我正穿行在叙拉古博物馆的展厅里——这所博物馆是保罗·奥尔西（Paolo Orsi）的天才和耐心的纪念碑。人们很自然会问自己，密尔和格罗特会愿意付出什么来交换如此井井有条的证据收藏，它们显示了西西里的希腊人经历的所有阶段，从与当地人的第一次接触，到不太体面地败亡于拜占庭之手。

最终，考古学与比较语文学的结合永远打破了希腊史的孤立状态。印欧人对希腊的入侵本身曾经是一场奇迹，它成了东地中海大规模连锁事件的一部分。希腊化研究被扩展到印度河，东方化研究则延伸到赫拉克勒斯之柱。我们知道希腊的艺术和宗教在埃特鲁里亚人、凯尔特人和斯基泰人——当然还有罗马人手中变成了什么。

如果证据本身能带来启发，那么还有什么比格罗特和他那代人几乎一无所知的这一切证据更能带给人启发呢？

必须承认，两次世界大战之间，对希腊政治和文化史的兴趣重新升温，在德国和意大利可能比其他地方更加明显。从关于品达的著作到《希腊人的信仰》(*Der Glaube der Hellenen*)，在魏玛共和国的紧张气氛中，维拉莫维茨回归伟大，完成了他晚年不间断的一系列杰作。我们很荣幸地看到有埃伦贝格（V. Ehrenberg）在场，他为修正希腊政治制度史做出了巨大的贡献。在意大利，官方对罗马帝国主义的强调让诚实的人回归希腊史。就像凯利教授对德桑蒂斯的称呼，[①]那位古代史的伟大老人在1939年推出了

[①] *Journ. Hell. Studies*, LIX (1939) 296.

可能是这半个世纪中唯一带着强有力人格印记的希腊史。更晚近些，我们注意到美国出现了对希腊政治制度史的新兴趣，这主要归功于芝加哥的拉尔森（Larsen）教授；而戈姆（Gomme）教授则复兴了这个国家的修昔底德研究。也许我们不应忽略牛津大学希腊语钦定讲座教授的一部作品——《希腊人与非理性》(The Greeks and the Irrational)——它打开了有关古典希腊成就和失败的如此广泛的视野。不过，即便这些发展没有经历我们现在所看到的干扰，它们也只不过代表了在一个坦白说至关重要的局面下情况可能改善的征兆。我认为，这场危机中最重要的方面是以下四点。

第一，我们对社会和经济史越来越感兴趣，但现有的证据尚不足以提供必要的数据，导致真正的希腊社会和经济史无法写成。此外，证据本身几乎总是考古学的，因此只能在经过高度专业化的方法分类后才能使用。技术难题如此之大，结果带来的回报又如此存疑，以至于尚未出现真正严肃的古希腊经济和社会史学家。

第二，主流的历史研究方法——马克思主义、各种心理分析、各种社会学、第一位汤因比的新斯宾格勒主义和第二位汤因比的新奥古斯丁主义——有着所有人都知道或应该知道的优点和缺点。但无论如何，它们都是单边方法，不适合在不加整合和修改的情况下（它们经常如此）应用到显然具有多个方面的希腊史。麻烦的是，不接受单边方法的人常常完全没有方法。

第三，福斯特尔·德·库朗日（Fustel de Coulanges）早在1872年就预言说，历史证据会出于派系目的而被越来越多地歪曲。① 但出乎所有人的意料，证据会没有任何目的地被歪曲，仅仅是因为缺乏常识。近年来，这种情况正以令人警觉的频率发生。我们这代人觉得证据的价值越来越难以评判，这也许并不完全让人意外，但后果就是希腊历史学家不得不一直考虑没有根据和误导性的推测这个因素。关于早期希腊传统的许多新作在特点上是前格罗特式的。

第四，对希腊政治观念的研究被越来越多地与对政治事件的制度的研究分离。没有人在谈到耶格尔（Jaeger）教授的《教化》（*Paideia*）时不会流露出赞美之意——它布局新颖，分析精妙，是我们时代的古典学领域最具影响力的作品之一。然而，必须重申的是，该书的写作对希腊政治和社会史的参考不够。

我希望我在上面几段话中没有过于自以为是。正如贝内代托·克罗齐（Benedetto Croce）曾经表示的，思想缺陷是任何当代人都无法设想能够逃避的集体现象。我们都被卷入了我们时代的残酷迟钝。但在我看来，直到我们回到基本原则前，我们都将无法不觉得尴尬地谈论希腊史。基本原则是由格罗特提出的：希腊史对自由头脑的形成至关重要，但反过来，自由的头脑在检验证据时是宗教式的。格罗特的《希腊史》问世百年后，它的局限和缺陷变得非常明显。我们不必为克里翁而争执。只需指出一点就够了：当格罗特犯下他最著名的错误，即将公元前5世纪的雅典自由等同于绝对的自由时，他忽视了邦雅曼·贡斯当多年前就已经做出的警告，后者在其经典的论文中讨论了古人和今人的自由

---

① De la manière d'écrire l'histone en France et en Allemagne depuis cinquante ans, *Revue des Deux Mondes*, CI (1872) 241-251.

理念的差异。

如果我们和格罗特一样认为,我们的思想遗产中有那么多源自希腊,我们有责任通过对证据的细致分析来评估它,那么我们就能更好地看清希腊史中有什么值得研究。我们想要解释希腊人如何从北方兴起,与公元前第二个千年的大帝国产生接触,他们如何建立了自己的庞大国家,如何在铁器时代开始时的危机中生存下来,荷马和赫西俄德所知的新的文明中心如何发展起来,以及希腊人的头脑如何创造出公元前6世纪和前5世纪新的政治、哲学、艺术和诗歌。我们还想知道,希腊人如何让他们的观念具有了普世的有效性,继而将西方和东方希腊化,这些相遇中发生了什么。雅典无疑一直是希腊史的中心。但在古典希腊的边界之外,我们期待更好地了解南意大利(希腊和罗马文明在那里不可分割)、叙利亚(那里是基督教的诞生地)和埃及(基督教和希腊哲学在那里被融为一体,并发明了修道院制度)。最后,我们必须了解希腊对作为新罗马的君士坦丁堡的创建做了什么贡献,以及她如何在从巴格达到托莱多的穆斯林文明上留下了自己的印记。

如果这就是我们想要了解的希腊史,那么也很容易提及其中我们所知最少的部分。我们没有关于古风时期的爱奥尼亚、雅典帝国、公元前5世纪和前4世纪的大希腊、塞琉古帝国、罗马帝国统治下的亚该亚行省的最新历史著作。对希腊私法的研究令人扼腕地落后,公法研究则仍可以改善。还没有关于希腊农业或钱币历史的作品;有关希腊贸易的书已经过时。最后,还没有人写过关于亚里士多德之后的希腊政治理论和修昔底德之后的希腊史学的历史作品。政治和历史思想的连续性经常被当作前提,但从未有人描绘过。在这些问题上，罗马和希腊历史学家携起手来，拜占庭历史学家是必不可少的合作者。菲利克斯·雅各比（Felix Jacoby）出色地收集了希腊历史学家的残篇，这项语文学领域独一无二的成就让上述工作变得可能，即便没有变得更容易。

在我看来，这些是我们自己和我们的学生能够有效参与的研究领域，如果原子弹允许的话。我相信通过这样做，我们将依照乔治·格罗特的精神行动。他也许会被算作辉格党历史学家，也许不会。这位辉格党历史学家也许会犯下巴特菲尔德（Butterfield）教授如此彻底地归结于他身上的所有过错，也许不会。归根到底，仍然可以说，格罗特具备了自由思想者宽恕一切的美德。他决心理解和尊重证据，无论它们来自何方；他认识到言论自由、宽容和妥协是文明的条件；他尊重情感，但也赞美理性。在一所40多年来为乔治·格罗特提供了那么多喜悦和困苦的学院里，老师或学生可以有理由感到骄傲。①

---

① 感谢 H. M. Last, G. Pugliese Carratelli 和 P. Sraffa 提供信息。

第4章 弗里德里希·克罗伊策与希腊史学①

深切缅怀莱奥内·金兹堡,他于1944年2月5日在罗马狱中去世。(*Alla cara memoria di Leone Ginzburg morto nelle carceri di Roma il 5. II. 1944.*)

海德堡大学的弗里德里希·克罗伊策(Friedrich Creuzer)教授的名字被与浪漫主义时代最具代表性的两段故事联系在一起。他不愿与天才的卡洛琳·冯·贡德罗德(Caroline von Gündcrode)成婚导致了后者的自杀(1806年)——并招致卡洛琳的朋友和庇护人贝蒂娜·布兰塔诺(Bettina Brentano)的指责:"克罗伊策来马尔堡造访萨维尼。他如此让人反感,无法想象他会让一个女人感兴趣。"②他的《古代民族的象征学与神话学》(*Symbolik und Mythologie der alten Völker*,1810-1812年)试图为对希腊神话学的新柏拉图主义解读提供科学基础。③虽然很快被负责的语文学家

---

① *Journal of the Warburg and Courtauld Institutes*, 9 (1946), 152-163.

② *Goethes Briefwechsel mit einem Kinde*, 2nd ed. (1837) I, p.110. 来自写给歌德母亲的一封信, pp. 80-126. 后来,贝蒂娜·布兰塔诺用一整部小说对她的朋友进行了理想化, *Die Günderode* (1840). 另参见她的丈夫 A. von Arnim 的小说 *Isabella* (1812). 我们无需详细了解贝蒂娜的文学创作的具体方法。

③ 作为新柏拉图主义文本的编校者,克罗伊策做了非常宝贵的工作; Proclus and Olympiodorus (Frankfort 1820-1822), Plotinus (Oxford 1835)。

所摒弃，但该书受到了像谢林（Schelling）这样的哲学家的热情欢迎，① 对巴霍芬（Bachofen）的怪异天才产生了持续的影响，② 总而言之在神话学研究的发展中扮演了非常重要的角色。

我们无意对关于这两段故事的讨论做出任何贡献。知道克罗伊策另一个方面的人要少得多，并值得我们关注，那就是他对希腊史学的研究。这属于他人生的早期，在卡洛琳·冯·贡德罗德和《象征学》出现在他的视野中之前。事实上，这属于1800年前后的那些年里，标志着欧洲历史研究一个新时代的开始，至今仍能带来许多启发。当时，古代史中的动态与整个史学直接相关。希腊和罗马史的研究方法依然是示范性的。由此获得的成果会吸引普遍的兴趣。而现在，古代史成了历史的一个局部分支。想要恢复失去的威望，它必须再次证明自己能够带来影响我们整个历史观的成果。方法之一非常简单，那就是重温昔日那些把至关重要的古典主题用来为一般性历史服务的作者。克罗伊策便写出了一本这样的书。在写作《希腊历史之艺》时，他充分意识到是希腊人发明了我们认可的真正史学，想要理解希腊史学，就必须牢牢掌握史学的普遍原则。

今天读到的弗里德里希·克罗伊策的《希腊历史之艺的产生与发展》(*Die historische Kunst der Griechen in ihrer Entstehung und Fortbildung*) 是1845年的第二版——比乌尔里奇（H. Ulrici）的《古代史学的特征》(*Charaktenstik der antiken Historiographie*, 1833年) 晚了12年。我们不可避免地会忘记该书最早问世于1803年。近来

---

① Einleitung in die Philosophie der Mythologie, in *Sämtli. Werke*, II, 1, p.89.

② *Versuch über die Gräbersymbolik der Alten* (1859).

对两个版本的比较证实了我的怀疑，即尽管第二版新添了将近 200 页的附录和扩充了书目注释，但正文没有任何改变。我们在第二版的 1—252 页读到的内容①在 1803 年的版本中就已经刊印了。②因此，我们从第二版的注释中看到的东西可能是误导性的，让我们误以为克罗伊策受到 1803 年后的一些著作的影响，特别是 1820 年瓦克斯穆特(W. Wachsmuth)在哈雷出版的《历史理论提纲》(*Entwurf einer Theorie der Geschichte*)。③瓦克斯穆特无疑是克罗伊策的朋友，他把自己的书题献给了后者，克罗伊策也乐于在第二版的注释中提到瓦克斯穆特，但正文完全没有受到他和第 2—3 页的注释中列出的其他 1803 年后的作者影响。克罗伊策的书真真正正是第一部现代希腊史学作品，就像当时《哥廷根学报》上的书评马上认识到的④：这是一部划时代的作品，虽然维拉莫维茨的《语文学史》(*Geschichte der Philologie*)中并未提到它，而桑兹（Sandys）的《古典学术史》(*Classical Scholarship*)也几乎没有提及。克罗伊策的《象征学》一直很有名，随着对象征和象征主义的时髦兴趣的兴起，它再次变得大受欢迎。⑤事实上，洛贝克（Lobeck）的

---

① F. Creuzer's *Deutsche Schriften*, neue und verbesserte Auflage, III. Abtheil (1845). 本文中的引文来自这一版。

② 我用了归剑桥三一学院所有的第一版。该书藏于大英博物馆。

③ 我希望撰文谈谈这部作品同格维努斯与德罗伊森的《历史》的联系。

④ 1804 年 2 月 27 日，第 33 期，第 321 页，这一期几乎都留给了克罗伊策的书。不过，该书的晦涩风格遭到了批评："这种晦涩源于一个新学派的用语，还是源于作者的思想？"(Ist es die Terminologie einer neuern Schule, welche diese Dunkelheit verursacht, oder lag sie in den Ideen des Verfassers?) 书评作者几乎肯定是海纳（参见 F. Creuzer, Aus dem Leben eines alten Professors, in *Deutsche Schriften*, V, 1 [1848] p. 26 ）。

⑤ E. Cassirer, *Philosophie der symbolischen Formen*, II, p.21; A. Baeumler in J. J. Bachofen, *Der Mythus von Orietn und Occident* (1926) etc. 关于近来一场非常重要的讨论，参见 F. Cumont, *Recherches sur le symbolism funéraire des Romains* (1942) （有关 Creuzer 的部分见 p.13 ）和 A. D. Nock, Sarcophagi and Symbolism, in *Amer. Journ. Arch.*, L (1946) p. 340。

《阿格拉奥法摩斯》(*Aglaophamus*)中的反驳反倒成了其声望的一部分。但人们却把能够带来有益启迪的《希腊历史之艺》归入了靠不住的无名之作的行列,认为它将被取代。只有雷根伯根(O. Regenbogen)在撰写其关于希罗多德的非凡论文时①吃惊地发现了一个事实,即克罗伊策先他一步提出同样的观点,他用动人的语言承认了这点。不过,他对克罗伊策其人的描绘——"理性主义的多元历史和浪漫主义的移情能力"(*rationalistische Polyhistorie und romantische Einfühlungsfähigkeit*)既不完全也不正确,我希望能证明这点。②

18世纪末时,沃西乌斯(Vossius)的书仍然是希腊史学的最权威作品。③他远不只是一位古物学家。他的《希腊史》(*Historici Graeci*)和《拉丁史》(*Histroici Latini*)④都在他的《历史之艺》(*Ars Historica*,1623年)中得到了补充,后者的崇拜对象是波吕

---

① *Die Antike*, VI (1930) p.203. 另参见同一作者的 Thukydides als politischer Denker, in *Das humanistische Gymnasium* (1933) pp. 2ff.。雷根伯格附和了 E. Rohde 的判断(见下一条注释)。

② 1771 年,克罗伊策出生在马尔堡。他在马尔堡和耶拿(1790 年在那里)上过学,但 1799 年在图宾根获得博士学位。1800 他成为马尔堡的副教授,1802 年成为教席教授,1804 年前往海德堡,除了冯·贡德罗德夫人自杀后在莱顿小住了一段时间,他在那里一直呆到去世(1858 年)——参见 Guignaut, *Notice historique sur la vie et les travaux de George-Frédéric Creuzer* (Insitut Impérial de France, séance publique annuelle du 31 juillet, 1863), 1864 ; K. B. Stark, *Vorträge und Aufsätze* (1880) pp. 390-408, 480-507, 以及克罗伊策的一些重要书信 ; C. Bursian, *Gesch. d. class. Philologie in Deutschland* (1883) p.562; W. Rehm, *Griechentum und Goethezeit* (1936) p.322; 以及 *Allgem. Deutsche Biographie* 上的文章。关于冯·贡德罗德夫人的作品常常显得乏味,但有必要参阅它们:特别参见 E. Rohde 著名的 *F. C. und K. v. G.* (1896) 一文; K. Preisendanz, *Die Liebe der Günderode. F. Creuzer's Briefe an C. v. G.* (1912); R. Wilhelm, *Die Günderod, Dichtung und Schicksal* (1938) pp. 114ff.。关于该主题最好的作品仍然是贝蒂娜·布兰塔诺的。

③ *De historicis graecis libri tres* (1624) (2nd ed., 1650). 它们在 19 世纪时仍然足够有用,1838 年 A. Westermann 对其做了"增补和修订"。D. Wyttenbach 的 *Selecta Principium Historicorum* (Amsterdam 1794) 这部选集明显表现出对波利比乌斯的实用主义的偏爱。

④ *De historicis latinis* (1627) (2nd ed., 1651).

比乌斯。但他对史学的兴趣在于发现原理，而非描述发展。理论提供了评判古人实践的标准，而古人的实践给《历史之艺》带来了解释性的材料。这只是史学与哲学一般关系的一个特例："因为不止一次有人说过，历史相当于带例证的哲学。哲学和历史的这种相似或联系使得哲学家可以用历史例证来说明他们的原理，而反过来，历史学家也可以根据哲学原理来评判某些事实。"(*Est enim historia, ut non semel dictum, philosophia exemplis constans. Haec philosophiae et historiae affinitas ac coniunctio facit, ut philosopho praecepta sua liceat historicorum exemplis illustrare, et vicissim historicus possit facta quaedam ad philosophorum praecepta expendere.*)(《历史之艺》，第 18 章)

几乎没有必要指出，在克罗伊策登场前很久，到处都能看到这种方法已经在崩塌。18 世纪下半叶，人们读到的大量论文的背后都是这样的原理，即历史学家是他们时代的声音，必须从他们与所谓的时代精神的关系来检验他们。希罗多德和修昔底德的权威不断上升。事实上，希罗多德——他是个天真、见多识广的"道德历史学家"和荷马的模仿者——正在变得大受欢迎。[1] 修昔底德也受到了更多的重视，被视作政治研究者。[2] 不过，沃西乌斯的

---

[1] 比如，参见 Abbé Geinoz, Défense d'Hérodote, *Mém. Acad. Inscr.*, XXIII (1756) p. 101; M. de Rochefort, Sur la morale d'Hérodote, *ibid.*, XXXIX (1777) p.1; Voltaire, *Le Pyrrhonisme de l'Histoire* (1768) in *Oeuvres complètes*, XXXIX (1825) p. 334; C. A. Böttiger, *De Herodoti historia ad carminis epici indolem propius accedente*, I-II (1792-1793)。

[2] 参见 J. D. Heilmann, Krit. Gedanken von dem Charakter und der Schreibart des Thucydides (1758), in *Opuscula* II (1778) pp. 87-208; Abbé de Mably, *De la manière d'écrire l'histoire* (ed. London, 1789, Oeuvres, XII), p.340 和 J. J. Barthélemy 的 *Voyage du jeune Anacharsis,* 3rd ed. (Paris 1790) V, 413 (1st ed., 1787) 中的重要评价："希罗多德、修昔底德和色诺芬无疑会被（转下页）

《希腊史》总体上仍未被更现代的希腊史学史所取代。此外，克罗伊策有理由自问，对沃西乌斯的反对是否还不够。1797 年，在撰写第一篇关于希罗多德和修昔底德的论文时，① 他是席勒在耶拿的弟子，② 非常熟悉赫尔德的作品，并且刚刚读过施莱格尔新出版的小书《希腊人与罗马人》(*Die Griechen und Römer*)。③ 他的周围吹拂着浪漫主义之风。另一个同样意义上的启发——尽管没人如此

（接上页）后世视作我们的历史学家中的佼佼者，尽管他们在风格上截然不同……希罗多德处处都能看到嫉妒的神明……修昔底德在厄运中只发现了行政或军队首脑的错误，色诺芬几乎总是将成功或失败归因于神明的垂青或愤怒"（Hérodote, Thucydide et Xénophon seront sans doute regardés, à l'avenir, comme les principaux de nos historiens, quoiqu'ils diffèrent essentiellement par le style...Hérodote voit partout une divinité jalouse...Thucydide ne découvre dans les revers que les fautes des chefs de l'administration ou de l'armée : Xénophon attribue presque toujours à la faveur ou à la colère des dieux, les bons ou les mauvais succès）。可以非常公正地表示，对修昔底德的最著名辩护来自 17 世纪末：Père Rapin, *Les comparaisons des grands hommes: La comparaison de Thucydide et de Tite-Live*（Paris 1684）pp. 65-162（英译见 Oxford 1694），参见 A. Dain 的话，Thucydide au XVIIe siècle, in *Congrès de Strasbourg de l'Ass. Budé*, 1938 (Paris 1939) pp. 95-96。

① 重刊于 *Deutsche Schriften*, III, 2, pp. 591ff.。书评见 *Gött. Gelehrte Anz.* (1798) n.122, pp. 215-216（有许多关于希腊人的历史艺术之历史的有用材料，我们在这方面至今仍然欠缺，Manche brauchbare Materialien zu einer Geschichte der historischen Kunst unter den Griechen, woran es uns bisher noch fehlt）。

② 席勒的 *Was heisst und zu welchem Ende studiert man Universalgeschichte* 写于克罗伊策在耶拿生活的前一年（1789）。另参见 *Ueber die aesthetische Erziehung* (1795), 25. Brief; B. Mugdan, *Die theoretischen Grundlagen der Schillerschen Philosophie* (1910) (Kantstudien, Erg.-H. 19); F. Meinecke, *Sch. und der Individualitätsgedanke* (1937)。很遗憾，我到处都找不到图宾根的诗人和教授 K. Ph. Conz——此人尤其以其与席勒与荷尔德林的关系闻名——发表的一篇短文，题为 Einige Bemerkungen über die historische Kunst der Alten, 发表在短命的 *Museum für die Griechische und Römische Litteratur* (1795) 上。克罗伊策知道此文，并称赞了它（参见 G. Cless, *Der schwäbische Dichter K. Ph. Conz 1762-1827*, Tübingen 1913）。此文没有重刊于 Conz 三卷本的 *Kleine prosaische Schriften*, Tübingen（两卷，1821-1822），Ulm (1825)。想要了解当时的德国大学教授史学史的情况，参见 M. Fülleborn, *Enczclopaedia philologica* (1798) (2nd ed. 1800)，众所周知，该书总结了 F. A. Wolf 的讲稿（另参见 F. A. Wolf, Darstellung der Altertumswissenschaft, in *Museum d. Altertumsw.*, I [1807] p.61）。

③ 重刊于 *Prosaische Jugendschriften*, ed. Minor, I (1882) (2nd ed. 1906)。

清晰地指向新方向——来自他在本科生时期熟识的哲学史学生，比如蒂德曼（D. Tiedemann）。①《希罗多德与修昔底德》（*Herodotus und Thucydide*）的序言宣称，对古代历史学家的"哲学式"研究还没有像对大部分古希腊诗人那么有目的。文中还表示，想要完全理解希罗多德只有等到关于史诗仍在进行中的研究成功完成之后：他指涉的显然是沃尔夫（F. A. Wolf，以及施莱格尔？）。在这篇论文和后来的《论历史学家色诺芬》（*De Xenophonte historico*，1799 年）一文中指涉的许多东西让我们毫不怀疑，克罗伊策已经在思考跟得上时代的新的希腊史学史。

就其本身来看，关于希罗多德和修昔底德的小册子只能说是对当时的流行观点的敏锐和中肯的重述。克罗伊策的目标是证明希罗多德和修昔底德拥有不同的历史观，部分是因为他们生活在不同的时代，部分是因为他们选择的主题。修昔底德的优势在于对真理的更严格理想。希罗多德的长处则是人之兴趣的深度和多样性。与同时代的许多研究一样，对希罗多德和修昔底德的差异之考察不再是抽象的，而是研究与他们的历史环境的关系。历史视角不会导致完全的相对主义，但有助于把他自己的价值观归到每位历史学家身上。根据赫尔德的《关于人性升华的书简》（*Briefe zur Beförderung der Humanität*）中的一个著名段落，希罗多德的特

---

① 特别参见 D. Tiedemann, *Geist der speculativen Philosophie* (1791)。1803 年，克罗伊策为蒂德曼写了官方讣告；*Opuscula selecta* (1854) p.163。此外，克罗伊策几乎肯定非常熟悉 Reinhold 的 *Ueber den Begriff der Geschichte der Philosophie*，收录于 Fülleborn 的 *Beyträge zur Geschichte der Philosophie*, I (1791) pp. 5-35。Reinhold 是耶拿的教授。1798 年，W. G. Tennemann 的 *Gesch. d. Philosophie* 给出了哲学史原理的经典表达。

殊价值在于其更宽宏的人性。①

我认为,《论历史学家色诺芬》代表了明确的进步。这本小书的拉丁语形式和学术目的显示了更传统的评价模式的留存。但对波吕比乌斯和早期希腊历史学家的务实主义的鲜明区分,对色诺芬与希罗多德的信仰差异的分析,以及得出结论说色诺芬标志着希腊史学衰落的开始,因为他更加主观和迷信,这些都表明克罗伊策正在形成关于新的史学史的想法。

在这些最初的论文中实际上仍处于初级阶段的是他对诗歌与历史之关系的兴趣,这有助于界定希腊史学的具体特质,以及一般史学的性质。在这些问题上,海纳和施莱格尔——以及新世纪初那场激烈的哲学讨论,从施莱格尔兄弟到费希特和谢林都参与其中——是决定性的。海纳的《希腊史学的起源》(*Historiae scribendae inter Graecos primordia*)出版于1799年。施莱格尔的《希腊与罗马诗歌史》(*Geschichte der Poesie der Griechen und Römer*)问世于1798年。《雅典娜神殿》(*Athenaeum*)期刊创办于同一年,而谢林的《先验唯心论体系》(*System des transcendentalen Idealismus*)于1800年出版。就像我们已经提到的,《希腊历史之艺》的首版于1803年问世。

在撰写《希腊历史之艺》时,克罗伊策认为,没有对史学的清晰概念就无法谈论希腊史学。因此,他插入了关于史学的简要理论,表示自己对史学"具有现代人的观点"(*die Ansicht der*

---

① "因此,唯一和永恒的历史不是别的,而是其最早的书写者希罗多德的精神:不刻意追求的宽宏人性"(Also bleibt der Geschichte einzig und ewig Nichts als der Geist ihres ältesten Schreibers, Herodots der unangestrengte milde Sinn der Menschheit), *Brief*, 121。

Neuern vor Augen gehabt，187页）。这一理论不应被视作强加给希腊史学的外部标准，而是需要根据希腊文本进行检验的诠释学假设（175页）。在克罗伊策看来，史学试图通过应用批判性研究和艺术性归纳过程来发现经验事实的超验统一性（*übersinnliche Einheit*）和意义。史学研究者的任务是找出历史学家确立个体事实和形成事实背后之观念的批判性方法和艺术性过程。对希腊史学而言，我们必须考察两个问题：(a) 希腊历史思想的起源；(b) 它从希罗多德以降的发展。

在史诗中可以找到希腊史学的起源。其发展过程经历了四个阶段：（1）荷马史诗；（2）史诗诗系；（3）"编年史家"（logographoi）；（4）希罗多德。对上述每个阶段都必须从以下角度进行分析，从而看清希腊人如何越来越意识到艺术创造和叙述事实之间的微妙差异：(a) 风格；(b) 确认事实的方法；(c) 对事实的安排。只有荷马和希罗多德用真正的艺术统一性而非肤浅的顺序来呈现他们的事实。希罗多德是荷马的模仿者这种传统观点被赋予更深刻的意义。① 与诗人一样，希罗多德也会向希腊公众朗读自己的历史作品，这个事实被用来证明史学是从诗歌发展而来的理论。

该书的第二部分更加简短，盘点了希腊史学的发展。克罗伊策讲到色诺芬为止。此后史学凋零，因为它的艺术元素被狭隘的说教意图所扼杀。希罗多德、修昔底德和色诺芬不仅拥有确证事

---

① "只有通过重大世界事件的内在统一性——荷马的思想和希罗多德的博学精神理解这点——历史才能实现其完美的结构"（Erst aus der inneren Einheit einer grossen Weltbegebenheit, welche der Homerische Sinn und der gebildete Geist des Herodotos aufzufassen wussten, konnte die vollkommnere Organisation einer Historie aufblühen），第122页。

实的方法,而且有巧妙的艺术。希罗多德的灵感来自宗教-民族思想;修昔底德的来自政治理念——虽然克罗伊策认为,这更多体现在他对个体事件的描绘,而非其作品的总体分析结构上——色诺芬的灵感则显然是伦理方面的,并伴有出色的和谐感。上述形式的史学都是合规的,因为它们的思想并非作者的个人反思,就像波吕比乌斯的思想那样,而是客观的模式。克罗伊策情不自禁地遗憾修昔底德不得不丢掉修昔底德的新鲜感("年轻的历史的那种魅力",*jene Reiz der jugendlichen Historie*,224 页),但意识到政治历史学家别无选择。另一方面,就像在波吕比乌斯的作品中那样,致力于有用性的实用史学几乎可以说是真正历史思想的大敌。从近代历史学家更多受到波吕比乌斯而非希罗多德或修昔底德的影响来看——我们知道,沃西乌斯本人的过错非小——风格严格的古代史学要优于近代史学。诚然,近代史学在有助于历史书写的一个要素常常更好,即批判性研究,但其中缺乏事实与思想间的和谐。在近代历史学家那里,不是实用的东西就是先验的。在近代世界,实用史学的替代品是历史哲学,"根据历史哲学,精神不是通过宗教思考把自身提升到自然之上,而是通过傲慢的任性为自己创造了一个自然"(*nach welcher der Geist, statt sich in religiöser Betrachtung über die Natur zu erheben, aus stolzer Willkür sich eine Natur erschuf*,201 页)。只有约翰尼斯·穆勒的新史学也许可以与希罗多德相比(197 页)——他的德语文风"随和"(*gemütlich*),胜过专业风格或法式轻浮。

显然,施莱格尔兄弟对《希腊历史之艺》的作者产生了最深的影响。甚至至少在一定程度上,年轻的克罗伊策对赫尔德、莱辛和沃尔夫的认识也是通过两位施莱格尔的眼睛。许多年后，在《海德堡年鉴》（1825年，XVIII期）上的一篇书评中，克罗伊策表示，他那代人从他们身上受益良多。① 他从 F. 施莱格尔那里借鉴了希腊史学源于史诗诗系的观点，② 并通过后者吸收了沃尔夫关于希腊世界是精神统一体的想法。另一方面，很可能是威廉·施莱格尔让他的眼睛对风格变得敏锐。总而言之，克罗伊策的作品与施莱格尔兄弟的具有同样的基调：两者都非常关心诗歌和语言，都隐含了同样的假设，即研究希腊文学能解释人类思想的本质，或者用施莱格尔兄弟不会反对的方式来说，如果想要理解某件事，必须追溯其历史起源。

不过，这种影响有清晰的局限。克罗伊策没有读过两兄弟关于历史和语文学方法论的更具推测性质的作品，因为这部分内容来自未发表的讲稿（A. W. 施莱格尔），或者未出版的草稿（弗里德里希）。两人都没有写过专门的史学史，而作为与克罗伊策更亲近的那一位，弗里德里希早年似乎认为可以把史学史当作纯粹的文学史——直到二十年后，在上面提到的那篇《海德堡年鉴》的书评里，克罗伊策仍然反对这种观点。③ 那些年里，尽管如此强调历史作为"自我认识"（Selbstkenntniss）的必要性，但弗里德里希·施莱格尔对语文学哲学问题的关心要直接得多，那将是诗歌和哲学更高结合的合适序曲。即便他的语文学哲学真的能够发展成完整的历史哲学，至少也可以确定，克罗伊策也没有意识

---

① *Deutsche Schriften*, III, 2, pp. 7ff..
② *Geschichte der Poesie der Griechen und Römer*, ed. Minor, I, p.342.
③ *Deutsche Schriften*, III, 2, p.20 提到的关于 F. 施莱格尔的那段话见 *Die Griechen und Römer*, ed. Minor, I, p.77。

到这点。① 克罗伊策的具体兴趣不在于解释学问题,而在于史学问题。将研究延伸到两兄弟几乎没有触及过的领域意味着对历史问题稍有不同的态度。

在这种情况下,海纳在 1799 年的哥廷根《学术集刊》(*Commentationes*, XIV 卷)上关于希腊史学史起源的备忘录是天缘巧合。这位硕学大师把 F. 施莱格尔以区区数言所暗示的东西——希腊史学源自史诗——用非常大的篇幅和严肃的学者拉丁语做了独立阐述。克罗伊策归根到底是个学院派学者,可以在文中为自己的书找到坚实的地基。F. 施莱格尔提供了灵感,海纳提供了基础。

我不应该让自己过多专注于《历史之艺》同当时伟大的哲学体系之间的关系。到了晚年,当克罗伊策对年轻时同时撰写史学的理论和历史的尝试失去信心时,他将其称为"康德－费希特式的破布"(*ein Kantisch-Fichtescher Lappen*)。② 从他的作品中很容

---

① 关于 F. 施莱格尔和语文学,特别比较 C. Enders, *F. Schl. Die Quellen seines Wesens und Werdens* (1913) p.351; J. Körner, *Romantiker und Klassiker* (1924); K. Börries, *Die Romantik und die Geschichte* (1925); F. Imle, *Fr. v. Sch.'s Entwicklung von Kant zum Katholizismus* (1927); J. Körner, *F. Schl.'s Philosophie der Philologie* mit einer Einleitung herausgegeben, *Logos*, XVII (1928) pp. 1-72; *Id.*, Introd. to F. Schlegel's Philosophische Schriften (1935); F. Gundolf, *Romantiker* (1930) pp. 9ff.; V. Santoli, Filologia, Storia e Filosofia nel pensiero di F. Schlegel, *Civiltà moderna*, II (1930) p.117; *Id.* Introd. to F. Schlegel's *Frammenti critici e scritti di estetica* 1936; A. Emmersleben, *Die Antike in der romantischen Theorie. Die Gebrüder Schlegel und die Antike* (1937)。A. Schlagdenhauffen 的巨著 *F. Schlegel et son groupe. La doctrine de l'Athenaeum, 1798-1880* (1934) 是必读作品,但该书有点浅显。关于 F. 施莱格尔的一般性介绍,另见 V. Grönbech, F. Schlegel i Aarene 1791-1808, *Det Kgl. Danske Vidensk. Selskab* XXII (1935); O. Mann, *Der junge Schlegel* (1936); L. Wirz, *F. Schlegel's philos. Entwicklung* (1939) (*Grenzfragen z. Theol. u. Phil.* 13)。

② Aus dem Leben eines alten Professors, in *Deutsche Schriften*, V, I (1848) p.26. 另参见 Schöll 非常重要的书评 *Geschichte der griechischen Literatur*, 刊于 *Wiener Jahrbücher der Literatur*, LXI (1833) pp. 164-210= *Deutsche Schriften*, III, 2, pp. 28ff.。在这里可以指出的是,莱辛对戏剧真实和历史真实的区别的强调(比如 *Hamburgische Dramaturgie*, 11 Stück, ed. Reclam, p.49)对克罗伊策非常重要:*Hist. Kunst*, 2nd ed., pp. 162, 192, etc.。

易看到对康德和费希特的直接或间接回响。他把艺术视作自由，把历史事件视作自然，这种观念也许可以被描述成近似康德的。但康德和费希特（至少到1813年前）都把经验史（和史学）贬斥为只不过是事实的"狂想曲"，无论他们各自有何特别的观点，两人都认为唯一有意义的历史是人类自由的先验历史。① 看上去克罗伊策走的显然是另一个方向。与那代人中许多最出色的成员一起，他以谦虚的方式忙着在新的唯心主义框架内重新确立经验史的价值。尽管我可能无法说清在那些年里谢林对克罗伊策多么重要，但看一下作为这种反应的主要驱动力的谢林可以比其他一切方法更好地告诉我们发生了什么。谢林让赫尔德得到了平反，将席勒的艺术观"确立为知识和存在的原则"（复述黑格尔严肃的话）。

在一篇关于哲学史的论文中（1798年），② 谢林否认先验历史，甚至任何历史哲学的可能性，并将那些既非周期性也不受必然法则约束的事件归于历史领域。"可以先验计算出的和根据必然法则发生的不是历史的对象"（*Was a priori zu berechnen ist, was nach*

---

① 比如参见 F. Medicus, Kants Philosophie der Geschichte, *Kantstudien*, VII (1902) pp. 1-22, 171-229（另参见 IV [1900] pp. 61-67）; E. Lask, *Fichtes Idealismus und die Geschichte* (1902); K. R. Brotherus, *I. Kants Philosophie der Geschichte* (Helsingfors 1905); W. G. Herbst, *J. G. Fichtes Geschichtsphilosophie nach den Prinzipien der Wissenschaftslehre* (1913), 一般性介绍见 X. Léon, *F. et son temps* (1922-1927); M. Gueroult, *L'évolution et la structure de la doctrine de la science chez Fichte* (1930). 我没有读过 W. Steinbeck 的 *Das Bild des Menschen in d. Philosophie J. G.* (1939). 另见注释 32，以及下一条注释中引用的 De Ruggiero 和 Collingwood 的作品。

② *Sämmtl. Werke*, I, 1 (1856) p.461. 关于谢林与历史，参见 G. Mehlis, *Schellings Geschichtsphilosophie in den Jahren 1799 bis 1804* (1906); A.Pötzsch, *Studien zur frühromantischen Politik und Geschichtsauffassung* (1907); H. Knittermeyer, *Sch. und die romantische Schule* (1929), 以及 L. Noack (1859); E. v. Hartmann (1869); E. Bréhier (1912) 和 N. Hartmann (*Die Philosophie des deutschen Idealismus*, I [1923]) 等专著。另见 G. De Ruggiero, *Storia della Filosofia*, IV, 4, 2nd ed. (1946) p.337 和 R. Collingwood, *The Idea of History* (1946) p.111.

Notwendigen Gesetzen geschieht, ist nicht Objekt der Geschichte）。历史学家还被说成是"诗人"（*Dichter*），但没有太多解释。《先验唯心论体系》（1800年）强烈重申"任性……是历史的女神"（*die Willkür ist...die Götten der Geschichte*），必然的不可能是历史的。不过，对必然性和自由的这种新分析表明，实用历史（历史学）与普世史将被区分开，后者瞄准了人类生活的真正目标："世界公民状态的逐渐产生。"（*Das allmähliche Entstehen der weltbürgerlichen Verfassung*）只有这种同时允许自由和必然性存在的历史才与艺术的最高领域直接相连（甚至被其吸收）。谢林本人在1802年的《学术研究方法论》（*Vorlesungen über die Methode des academischen Studiums*，出版于1803年，因此克罗伊策在完成自己的著作前可能并不知道此书）中得出的实用结论与克罗伊策对待过去历史学家的一般态度差别不大。希罗多德与修昔底德被和波吕比乌斯与塔西佗对立起来，分别作为真正的历史学家和实用的历史学家。近代历史学家遭到贬斥，例外只有吉本的一部分，以及马基雅维利和穆勒的全部。真正的史学被描绘成通过艺术实现的现实与理想性的结合。① 由于《学术研究方法论》显示了谢林的思想在许多地方的巨大改变，也许需要强调的是，他在历史上却表现出明显的延续性。

---

① *Vorlesungen*, 2nd ed. (1813) p. 221 (10. Vorlesung)："真正的历史基于事实和现实与理想的结合，而不是通过哲学，因为后者会排斥现实，完全是理想的；但历史完全属于现实，同时又是理想的。只有在艺术中才可能实现这点……"（Auch die wahre Historie beruht auf einer Synthesis des Gegebenen und Wirklichen mit dem Idealen, aber nicht durch Philosophie, da diese die Wirklichkeit vielmehr aufhebt und ganz ideal ist, Historie aber ganz in jener und doch zugleich ideal sein soll. Dieses ist nirgends als in der Kunst möglich...）在 K. Chr. F. Krause 的 *Grundriss der historischen Logik* (1803) 中，"历史的"（*historisch*）仅仅表示"经验的"：Krause 没有讨论历史学。

83　　　　时机对这一概念来说已经成熟，证据是 A. W. 施莱格尔生前并未发表的讲稿中表达了类似的观点，因此很可能没有影响到克罗伊策。在1801—1802年的《优美文学与艺术讲稿》(*Vorlesungen über schöne Litteratur und Kunst*)中清楚地提出了基于普遍理念的经验史的观念。①1803年的《百科全书讲稿》中（受到谢林的新书《学术研究方法论》的影响）用令人难忘的方式界定了史学的艺术性质：历史被称为"真理之诗"(*Poesie der Wahrheit*)。不消说，书中对实用史学进行了攻击，并称赞约翰尼斯·穆勒是那个时代真正伟大的历史学家。②

　　因此，能够将克罗伊策和谢林联系起来的是艺术作为工具可以被用于经验史学这一共同的观念。克罗伊策的设想非常简单，显得有些肤浅，用紧密体系的标准来要求或衡量它是不公平和荒谬的。克罗伊策从未严格区分实用史学和普遍史学，从未研究过必然和自由的超验统一性的问题，而这对谢林来说是根本性的。我认为，克罗伊策作品令人感兴趣的地方在于他不仅仅对史学应该是什么进行了理论化，而且是在史学史中展现史学是什么。他主要感兴趣的是史学史，通过撰写史学史来捍卫经验史的自主地位。另一方面，他的史学理论被证明是非常敏锐的希腊史学分析工具。没有其他哪位希腊史学的研究者对希罗多德、修昔底德和色诺芬的艺术统一做过更好的评价。就我所知，近代史学史直

---

① *Deutsche Literaturdenkmale*, XVII (1884) p.14.

② 据我所知，*Vorlesungen über Enzyklopädie* 尚未出版。概要见 R. Haym, *Die Romantische Schule*, 5th ed. (1928) pp. 911-912. 关于 J. Müller 参见 P. Requadt, *J. v. M. und der Frühistorismus* (1929). 对穆勒思想的两种典型表述见 *Sämmtl. Werke*, VIII (1810) pp. 412-414（关于塔西佗）；XI, pp. 330-341（关于历史风格）。

到 1812 年才出现，那就是瓦赫勒（L. Wachler）的《历史科学史》（*Geschichte der historischen Wissenschaften*）。虽然是博学的推崇者，但瓦赫勒在对概念的把握上无法与克罗伊策相提并论。

对更一般的问题，我们只能做些暗示。史学是通过艺术过程与批判方法的结合，这种观念同样出现在施莱尔马赫与洪堡（W. von Humboldt）那里，可以被认为是所谓的"历史主义"（Historismus）第一阶段的典型特点；① 我们所说的第一阶段是指在先验史学的面前为经验史辩护，无论是以康德和费希特的二元形式，还是黑格尔的单一形式。谢林的哲学在这场运动中的决定性影响通过其对施莱尔马赫、洪堡和博克的重要性得到了证明。② 此外，由于兰克、格维努斯、博克和德罗伊森对洪堡的依赖，19 世纪的许多历

---

① 虽然弗里德里希·梅尼克（F. Meinecke）的 *Entstehung des Historismus* (1936) 对 18 世纪的史学非常重要，但也许显而易见的是，书中没有描绘"历史主义的兴起"，就像梅尼克没有考虑的哲学家和语文学家所做的。相关性更强的是他后来的文集 *Vom geschichtlichen Sinn und vom Sinn der Geschichte* (1939)，特别参见关于施莱尔马赫的那章。关于对梅尼克的讨论，参见 E. Seeberg, *Hist. Zeitschrift*, CLVII (1938) p. 241; C. Antoni, *Dallo storicismo alla sociologia* (1940) ch.3; B. Croce, *La storia come pensiero e come azione* (1938) p.51。C. Antoni 在 *La lotta contro la ragione* (1942) 中对该问题做了非常有用的介绍。另参见他的 *Considerazioni su Hegel e Marx* (1946)。不幸的是，我只是间接了解了 A. Korff 的 *Geist der Goethezeit*, vol. III (1940) (Frühromantik)；另参见 De Ruggiero, *Storia della Filosofia*, IV, 4 (1946) pp. 424ff. 。关于更早的讨论，见 R. Fester, *Rousseau und die deutsche Geschichtsphilosophie* (1890); I. Goldfriedrich, *Die historiche Ideenlehre in Deutschland* (1902); W. Dilthey, *Der Aufbau der geschichtlichen Welt in den Geisteswissenschaften* (1920); E. Troeltsch, *Der Historismus und seine Probleme* (1922)。关于 J. Thyssen 的讨论，见 *Geschichte der Geschichtsphilosophie* (1936)，参见 C. Antoni, *Considerazioni su Hegel e Marx*, p.156。

② 关于施莱尔马赫与谢林，见 H. Süsskind, *Der Einfluss Schellings auf die Entwicklung von Schleiermachers System* (1909); Id., *Christentum und Geschichte bei Schl.* (1911); G. Wehrung, *Schl. in der Zeit seines Werdens* (1927)。更一般的介绍，见 R. B. Brandt, *The Philosophy of Schl.* (1941)。关于洪堡和谢林，参见 E. Spranger, *Hist. Zeitschrift*, C (1907) p.541。关于博克，见 J. Wach, *Das Verstehen*, I (1926) p.168。关于德罗伊森，见 H. Astholz, *Das Problem "Geschichte" untersucht bei J. G. D.* (1933); E. Rothacker, *Hist. Zeitschrift*, CLXI (1940) p.84; C. Antoni, *Considerazioni su Hegel e Marx*, pp.118-125。

史研究似乎都建立在那些前提假设之上。在这里能够断言的是，《历史之艺》同样属于此类，值得注意之处在于其较早的年代，对史学史不同一般的强调，以及对了解希腊史学的坚实贡献。

完全顺理成章的是，克罗伊策通过自己的研究意识到，需要编集一部留存下来的古代历史学家残篇。他计划制作一部这样的残篇集，与 1806 年发表了《古希腊历史学家残篇》(*Historicorum Graecorum Antiquissimorum Fragmenta*)，包括赫卡泰俄斯（Hecataeus）、喀戎和克桑托斯（Xanthus）。尽管有他人接手，但这部残篇集始终没能完成。① 在冯·贡德罗德夫人和戈雷斯（Görres）的影响下，克罗伊策正在转向《象征学》，方向与 F. 施莱格尔和谢林所选择的几乎平行。不过，他和他的弟子为我们今天在自己的书架上仍然可以看到的另一部更加成功的残篇集准备了许多材料，即穆勒的《希腊历史学家残篇》（1841 年）——这小小地印证了一个真理：即便是残篇集也只能从问题中诞生。

除了《哥廷根学报》上的书评，《历史之艺》还很早就得到了其他同行认可。沃尔夫对歌德说那是一本好书，② 而在夏尔·维莱尔（Charles Villers）向法兰西学院所做的关于德国学术的著名报告中，克罗伊策享有非常受尊敬的位置。③ 在随后的岁月里，对该书

---

① 海德堡的另一位教授 Chr. F. Bähr (Frankfor 1824) 和 M. Marx (Kalsruhe 1815) 分别编集了克泰西亚斯（Ctesias）和欧弗洛斯（Ephorus）的残篇，克罗伊策为后者作序。Fr. Göller 编集的菲利斯托斯（Philistus）和蒂迈欧（Timaeus）残篇（Leipzig 1818）可能同样受到了他的间接启发：见 K. B. Stark, *Vorträge und Aufsätze* (1880) p.483。赫拉尼科斯的残篇已经在 1787 年被 F. G. Sturz 编集：他的 *Pherecydes* 于 1789 年问世。Bähr 还完成了由克罗伊策开头的对希罗多德的注疏。

② F. A. Wolf. *Ein Leben in Briefen*...besorgt...durch S. Reiter, I (1935) p.358（书信 30-1-1084）。

③ 参见该报告的英译，*The Classical Journal* IV (1811) p.143。

的反响也随处可见。①1823年，达尔曼（F. C. Dahlmann）发表的希罗多德传记中出现了对该书所用方法的第一次严肃攻击。"编年史家"的概念本身遭到否定；希罗多德的史诗风格得到认可；他的信仰被认为是负面元素：希罗多德不再是历史诗人，而是成了出色和能干的政治历史学家，就像达尔曼本人想要成为的那种类型。②一篇希罗多德传记被写成了关于希罗多德的论文，这点已经意味深长。乌尔里奇在他的《古代史学的特征》（*Charakteristik der antiken Historiographie*，1833年）从不同角度提出了同样激烈的批评。乌尔里奇非常虔敬，认为历史学家的任务是展现"神圣思想和意志的形象"（*das Bild des göttlichen Gedankens und Willens*）。由于缺乏真正的信仰，希腊人或罗马人做不到这点。他们与感性世界的关系过于密切，无法理解纯粹的理念。对他们来说，基督教的人的理念不可避免地是陌生的：他们无法理解真正的普世史，他们的历史之艺是历史科学的替代品。就波吕比乌斯的普世主义和塔西佗的道德主义而言，他们是比希罗多德和修昔底德更伟大的历史学家。如果修昔底德胜过希罗多德的地方在于他的无信仰对人性的理解要超过希罗多德传统的虔诚或迷信，那么波吕比乌斯的普世主义（如果我对乌尔里奇的理解正确的话）意味着他对人性概念的理解要超过修昔底德。古代史学没有对天命的真正认识，因而也无法正确地认识艺术和科学的发展。只有现代史

---

① 比如文中提到的瓦赫勒的作品，或者 Chr. D. Beck, *Nonulla de iudicio artis historicae classicorum scriptorum* (1805)。

② F. C. Dahlmann, *Herodot, aus seinem Buche sein Leben*, Forschungen auf dem Gebiet der Geschichte, II, 1 (1823)。他反对克罗伊策的观点：213页（参见109页）。达尔曼不出意料地试图证明，希罗多德从未公开朗诵过他的《历史》。

学是科学——或哲学的。

达尔曼在浪漫主义的狂欢过后带来了政治史学的新的现实主义潮流，而乌尔里奇则展现了浪漫主义哲学本身从早期的人文主义阶段向宗教阶段的演化。他指出，必须在史学史中加入对基督教的考量。我们也许可以补充一点：乌尔里奇出色地掌握了所有的希腊和罗马史学，而且善于做出恰到好处的陈述，这让他的书比克罗伊策的好得多。比如，书中关于色诺芬的信仰的部分仍是该主题的作品中最好的。

与克罗伊策观点更接近的是罗舍（W. Roscher），他年轻时完成的关于修昔底德的著作（1842年）中同样宣扬了希腊史学的持久价值和艺术本能在历史中的必要性。作为洪堡和兰克的弟子，他觉得自己和修昔底德意气相投。不过，在罗舍身上同样可以看到与克罗伊策的渐行渐远。罗舍把修昔底德作为政治现实的向导来研究，而克罗伊策关心的是历史和艺术的关系。

乌尔里奇成了纯粹的哲学家，罗舍是个出色的经济学家和政治研究者，达尔曼成了政治家和现代历史学家：他们成熟后都没有时间或意愿继续对希腊史学的研究。这里有导致下一代人忽视希腊史学研究的某些力量。希腊历史学家不再被要求回答重要的问题。他们只关心有用但直截了当的学问，直到爱德华·迈耶（Eduard Meyer）在那个世纪末通过对修昔底德的分析提出了自己的历史方法。① 但迈耶尔只是个例外。很少有古典学者真正对历史

---

① *Forschungen zur alten Geschichte*, II (1899) pp. 269-436.

方法问题感兴趣。这个事实而非克罗伊策同《象征学》的联系解释了为何（据我所知）他的《希腊历史之艺》从未被批判性地重新审视。①

---

① 感谢 M. I. Henderson 夫人、F. Jacoby 博士、H. M. Last 教授和鲁道夫·普法伊费尔（R. Pfeiffer）博士与我的讨论。我的朋友 V. Santoli 和 C. Antoni 在本文写作时（1944 年）无法提供帮助。

第 5 章　M. I. 罗斯托夫采夫[①]

罗斯托夫采夫的《罗马帝国社会经济史》(*Social and Economic History of the Roman Empire*)问世于 1926 年,当时我还是本科生。很快,我的老师们拿来此书让我读,我至今仍未忘记它给我留下的印象。

书中的一切看上去都是非凡的,实质上也是如此。即使它的外貌也非比寻常。我们习惯于古代史书籍中不向读者给出或解释所用到的考古学证据。但这本书中用大量图片向我们直接介绍了考古学证据;每张图片的说明文字真正让我们明白可以从看似不起眼的器物上了解到什么。注释同样不同寻常。我们知道其中包含了学问,但有大量学问是与本书无关的主题的。当然,主要的新颖之处在于正文本身。我们非常熟悉的其他一些同时代的历史学家——德桑蒂斯、贝罗赫、爱德华·迈耶尔和塔恩——是不逊于罗斯托夫采夫的伟大人物。甚至在本科生阶段,我们就能看到我们的一些老师(如贝罗赫和德桑蒂斯)比罗斯托夫采夫更加自信地分析古代材料。但罗斯托夫采夫让我们兴奋和吃惊的是让古老的事物复活这种在我们看来非凡的天赋。他引领着我们穿行在罗马、庞贝、尼姆和特里尔的街道上,展示了古人如何生活。

[①] *The Cambridge Journal*, 7 (1954), 334-346.

对于这个让我们如此激动的人，我们知之甚少。但我们所听说的符合此书留给我们的印象。我们被告知罗斯托夫采夫是个俄国自由派，1918年前在圣彼得堡大学教书，布尔什维克掌权后成了流亡者。我们还了解到，此人体魄强健而且记忆超群，热情而自我中心，能够用六种不同的语言授课，用同样多的语言争吵。与他是30年老友的德桑蒂斯微笑着告诉我们，有一天晚上在雅典，他费了不少劲才把一名希腊出租马车夫从罗斯托夫采夫的怒火下救出，后者低估了（也可能完全认识到）希腊酒的劲头。有个德国考古学家讲了另一个关于罗斯托夫采夫的故事。离开德国前夜，罗斯托夫采夫受邀造访莱茵河谷一个著名酿酒商的酒窖。罗斯托夫采夫记得的下一件事是他正在驶近维也纳站：他的德国主人小心地把火车票系在了他的纽扣孔上。

几年后，在20世纪30年代初，人们有充足的机会在罗马遇到罗斯托夫采夫。此人矮小健壮，有着一双奇怪、令人生畏而又忧郁的蓝眼睛，他毫不困难地做到了名实相符。那些年里刚刚进行了对杜拉－欧罗波斯（Dura-Europos）的发掘，他会用五种语言描述自己在那里的工作，无需笔记。他已经年过六旬，但精力似乎不减。结束了在杜拉的一个紧张的发掘季后，他仍然可以马上在罗马德国考古学院那个极好的图书馆里开始同样艰辛的研究季。他也许不像更年轻时那样气势汹汹。没有人质疑他的伟大。耶鲁大学让他被独一无二的尊敬所环绕，为他的工作提供了各种条件。虽然他仍然为俄国而痛苦，但可以感到，美国事实上已经成了他的家园。也许他身上最显而易见的特质是他对街头生活的爱。地中海城市的街道、花园、形形色色的户外活动马上吸引了他。我们可以看到,他对古典历史的爱是被他对现代南欧生活的熟悉和热爱所点燃的——无论是在地中海还是在安纳托利亚。庞贝从他年轻时开始就是他最喜欢的城市。后来,他又爱上了奥斯提亚和大莱普提斯(Leptis Magna)。他还重新发现了另一座城市,即幼发拉底河畔的杜拉,这是他一生中的重大成就之一。

第一印象就是这些。但罗斯托夫采夫给想要更准确地了解他的史学研究者造成了一些很困难的问题。他48岁那年离开俄国。我们将会看到,认为他离开俄国前就达到了思想上的成熟是错误的。罗斯托夫采夫是很罕见的能够不断发展直至老年的人。流亡的危机为他的头脑带来了新的动力。可以认为,流亡让罗斯托夫采夫成了后来的那个伟人。不过,一生中的前48年不容忽视。如果我们在没有真正了解他的俄国背景的情况下谈论他,那将是对他的巨大不公。但我发觉很难了解这方面的信息。据我所知,罗斯托夫采夫没有写过自传,对罗斯托夫采夫的研究——就连美国评论家迈耶尔·莱茵霍尔德(Meyer Reinhold)发表在1946年的《科学与社会》(*Science and Society*)上的也不例外——也没有对了解他的前半生做出任何重要的贡献。我看到的讣告在这方面都令人失望。尽管可能显得奇怪,但就连罗斯托夫采夫在俄国的老师也没有被提及。①

为了解释这种情况,我们应该记住两点事实。古代历史学家通常不会俄语这种语言,甚至早在流亡前,罗斯托夫采夫就不得不用意大利语和法语,特别是德语写了他的许多作品,以便他的

---

① *Cf.* C. Bradford Welles, *Gnomon* (1953) 140-144.

同行们能够看懂。此外，他还把自己原本用俄语发表的许多作品译成了英语、意大利语、法语和德语。因此，他在那些既不关心也不考虑他的俄国背景的人中变得闻名。另一方面，在俄国无法自由地谈论罗斯托夫采夫。革命后最初的那些年里，事情可能还容易些。无论如何，1925 年，苏联当局出版了罗斯托夫采夫逃亡时留下的一部关于俄国南部的民族志和历史的手稿。第一个对出版感到吃惊的是罗斯托夫采夫本人，当然他没有被邀请亲眼见证该书付梓。但后来，据我从有限的证据得出的判断，谈论罗斯托夫遭到了打压或控制。布泽斯库尔（B. Buzeskul）的《普世史及其在 19 世纪和 20 世纪初的俄国的代表》（*Universal History and its representatives in Russia in the XIX century and at the beginning of the XX century*）——1931 年在他死后出版——没有考虑罗斯托夫采夫在 1914 年后的活动，对他早前的工作几乎也只是做了概述。[①] 什维多瓦（Švedova）夫人于 1941 年出版的俄国历史学家书目在人名索引中提到了罗斯托夫采夫，但正文中没有；[②] 关于罗斯托夫采夫的部分似乎在手稿或校样中被删去了。1941 年在莫斯科问世的鲁宾斯坦（N. I. Rubinstein）的俄国史学史得到了广泛的讨论，但书中只有几句不重要的话提到罗斯托夫采夫，而且没有盘点他在 1918 年后的活动。[③] 在更晚近的作品中，诸如均为 1949 年出版的马什金（Maškin）关于奥古斯都的[④] 和拉诺维奇（Ranovič）关于

[①] *Vseobščaja istorija i ee predstaviteli v Rossti v xix i i načale xx veka, čast' vtoraja* (Leningrad 1931) 172-174, 184, 207-210.

[②] O. I. Švedova, *Istoriki SSSR* (Moscow 1941) 147.

[③] *Russkaja Istoriografija* (1941) 492-493.

[④] N. A. Maškin, *Principat Avgusta* (Mosow 1949) 375 (*cf.* 355-356).

罗马帝国东方行省的，① 对罗斯托夫采夫也只是做了简短的讨论，他被视作非俄国的资产阶级史学的典型代表，尽管其中一人提到了拉斯特先生发表在《罗马研究期刊》(Journal of Roman Studies)上的书评，试图证明罗斯托夫采夫甚至也不讨他的资产阶级同事喜欢。

因此，西方学者和俄国学者都没有研究他的俄国背景，前者是因为他们对俄国史学所知寥寥，后者则是因为罗斯托夫采夫的名字让人难堪。我们希望罗斯托夫采夫的俄国弟子埃里亚斯·比克尔曼（Elias Bickermann）有朝一日能写写他的老师，此人现在是哥伦比亚大学的教授，本身也是个出色的历史学家。只有他能够做好此事，因为他在1918年之前就认识了罗斯托夫采夫。

直到1914年，罗斯托夫采夫都在和德国学者们密切合作，是他们尊重的少数外国人之一，这个事实既重要，又带有欺骗性。罗斯托夫采夫无疑加入了上世纪末在德国发展起来的希腊化和罗马史研究的新学派。该学派强调地区行政和农业史的重要性，他们发明了纸草学这门新科学，重写了希腊化和罗马埃及的历史。乌尔里希·维尔肯是该学派的领袖，但对农业史的新兴趣背后是后来成为德国最伟大社会学家的马克斯·韦伯，而两位一流的罗马史研究者米泰斯（Mitteis）和帕尔驰（Partsch）很快转向研究罗马－埃及的法律。老蒙森和更加年轻，但很有权威的希尔施菲尔德（Hirschfeld）都认可和鼓励这一新潮流，尽管这是对他们的方法的改革。凭借着敏锐的法学头脑以及对文本材料和碑铭的完美

---

① A. Ranovič, *Vostočnye Provincii Rimskoj Imperii v I-III vv.* (Moscow-Leningrad 1949) 33 (*cf.* 5-6).

掌握，蒙森和希尔施菲尔德从中心开始研究罗马帝国的组织。维尔肯选择研究罗马帝国的埃及行省，这是整个罗马帝国中最不典型的部分。他证明了罗马的埃及行省保留了许多昔日的希腊化王朝的社会与行政结构。维尔肯和他的朋友们强调了希腊化对罗马帝国的影响，让人们意识到罗马的法律和行政在遥远行省的运行截然不同。数以千计的纸草文件的发现使得将现代社会学研究的方法用于古代史变得可能。数量分析被用于那些我们只能做出模糊猜测的地方。多年来，罗斯托夫采夫一直在根据纸草和法律文本中的证据研究希腊化历史和罗马帝国的东部行省。他写了一本关于包税制的书，另一部更重要的作品则是从罗马隶农制与希腊化时期土地所有制的关系考察了它的历史。维尔肯在他的《纸草研究档案》（*Archiv für Papyrusforschung*）中以特别增刊的形式刊发这部罗马隶农制的历史，奠定了罗斯托夫采夫的声誉。他年轻时关于所谓的罗马"信物"（Tesserae）的研究显然以维尔肯对陶片的划时代研究为模板。

不过，罗斯托夫采夫的活动不仅限于上述研究，它们与维尔肯的研究也没有乍看之下那样相似。在撰写关于行政和土地所有制的作品时，罗斯托夫采夫把自己变成了希腊化和罗马考古学的大师。他游历广泛，对于和社会生活有关的纪念物做了记录。他特别认真地研究庞贝，写出了一部关于希腊化风格风景画的专著，对社会研究做出了贡献。虽然他懂得如何使用自己的眼睛，但他从来不是艺术批评家。他对风格的兴趣总是不如对题材的兴趣。他认为风景画反映了当时的生活，是住房、农业和贸易的重要证据，且不提宗教。此外，他把自己关于希腊化艺术的知识用于在俄国南部的考古。在孔达科夫（N. P. Kondakov）、法尔马科夫斯基（B. V. Farmakovskij）和戈洛德措夫（V. A. Gorodcov）等人的领导下，俄国史前史发展迅速，后者的《史前考古》（*Prehistoric Archaeology*）在 1908 年问世时据说给人留下了深刻的印象。俄国南部的墓葬出土的珍宝现在堆满了埃尔米塔什博物馆，显示在希腊化时期，来自伊朗的游牧部落在黑海地区的复合文明中扮演了重要的角色。罗斯托夫采夫已经了解了这一文明的希腊化部分，他很快被证明也是斯基泰人和萨尔马提亚人的权威。他追踪游牧民族来到了中国边境，每当中国艺术的问题能为俄国南部的伊朗元素提供线索时，他就会研究它们。除了在期刊上发表了大量文章，他还（在 1914 年）出版了关于南俄壁画的典范之作。与此同时，他还在准备一部关于俄国南部的斯基泰人的作品，就像我已经提到的，苏联当局于 1925 年出版了该书，然后在罗斯托夫采夫本人的监督下，1931 年又推出了德译本。关于南俄的伊朗人和希腊人的第三本书先是以俄语版问世，1922 年在牛津出版了英译本。

我没有资格评价这部关于俄国南部的作品。但该主题寥寥无几的研究者对它评价很高，比如埃里斯·明斯爵士（Sir Ellis Minns）。作为古典学者可以说的是，它不仅仅是对古典世界边缘的开拓性研究。古典学者常常忘了，希腊和罗马文明本身是在发展成熟的游牧或半游牧部落世界的边缘取得的灿烂但不稳定的成就。希腊化王国和罗马帝国的任务是遏制游牧民，扩大城市的边缘。但游牧民最终会冲破防线，这就是罗马帝国的终结。出于显而易见的原因，凯尔特人和日耳曼人一直处于古典世界研究者的观察之下。但想要完全理解他们的生活方式和力量来源，必须将其置于他们所属的更大的半游牧民世界的背景下。南俄部落把最远来自中国的推动力传到西方。是罗斯托夫采夫让古典学者了解了游牧民意味着什么。后来，阿尔弗尔迪（Alföldi）和阿尔特海姆（Altheim）发展了该主题，通过将匈人和突厥人加入进来扩大了研究范围，但这样做让他们与罗斯托夫采夫的弟子如出一辙，后者的判断可能不如其老师那么合理。是一个俄国人率先认识到游牧民对古典历史的重要性，这并不意外。他本人就生活在地中海城市的古典边缘之外。由此，我们开始看到罗斯托夫采夫的俄国出身对他有多大的影响。

这还不是全部。我们注意到，罗斯托夫采夫对农业史、希腊化时代的计划经济和中产阶级的城市生活感兴趣。这三个元素在19世纪和20世纪初的俄国史学中都扮演了重要角色。

诚然，是马克斯·韦伯让罗马农业史变得流行，但一般性的农业史是俄国历史学家的专长。在一个农业问题形式上古老但内容上现代的国家，对农民的研究很难被忽视。也许是因为分析俄国农业问题很容易带来麻烦——塞梅夫斯基（Semevskij）因为其关于俄国农民问题的著作而被禁止授课——许多杰出的俄国历史学家研究的是他国的农业史。卡列耶夫（Kareev）和卢奇茨基（Lučickij）研究法国农民，维诺格拉多夫（P. Vinogradoff）在受邀前往牛津接受法学教席前写了关于英国农奴制的划时代著作。早在1886年，福斯特尔·德·库朗日的热情推崇者格雷乌斯（I. M. Grevs）就将罗马隶农制研究引入到俄国，这个主题变得非常流行。很容易用这种方法来解释俄国人对希腊化时代埃及的经济结构的兴趣，事实上也许太容易了。相比生活在1914年之前的自由竞争世界的西方同事，生活在沙皇时代的俄国教授们更能理解托勒密王朝的复杂规章。罗斯托夫采夫在这一领域的最杰出前辈是米哈伊尔·赫沃斯托夫（Michael Chvostov），此人也研究过大革命前的土地所有制。在发表了一系列关于古风时代的雅典和斯巴达农业问题的论文后，赫沃斯托夫于1907年出版了《希腊-罗马时代埃及的东方贸易史》（History of the Eastern Trade of Greco-Roman Egypt）一书。后来，他又发表了对埃及纺织业的研究，探究了其技术方面。1920年去世的赫沃斯托夫比罗斯托夫采夫小两岁，但发展速度更快，对后者产生了影响。俄国人对希腊化和拜占庭史表现出明显的兴趣。因此，罗斯托夫采夫也在俄国遇到了整个晚期希腊世界的许多优秀研究者：只需提两位碑铭学家拉提谢夫（V. V. Latyšev）和尼基茨基（Nikitskij），研究希腊化时期雅典的历史学家热别列夫（S. A. Žebelev）就足够了。后来，罗斯托夫采夫证明自己从他们身上都学到了东西。

最后，罗斯托夫采夫在俄国感受到了对古代和中世纪城市生活的强烈兴趣。在这方面，动力更多来自不同而非相似。众所周知，俄国城市的历史无法与意大利、古希腊和德国的相提并论——那些地方拥有最著名的城邦——甚至比不上法国、西班牙和英国。几年前，当俄国人庆祝他们的首都落成800周年时，我的一位朋友正担任莫斯科的意大利大使馆的随员。有个俄国女人非常轻蔑地问他："你们意大利有像莫斯科这样的800年的城市吗？"我的朋友不得不沉吟半响才想起一座不到1000年的意大利城市：最后他找到了——帕里亚的亚历山大里亚（Alessandria della Paglia）。沙皇俄国拥有自己的农民，经常把他们理想化，但那里很少有活跃而富足的资产阶级,正是这些人建造、美化和统治着西方的城市。资产阶级对我们来说可能是个模糊和误导性的术语,但对俄国自由派显然不是这样,他们哀叹自己的国家没有伦敦、根特和佛罗伦萨的商人。在这点上,同样并非巧合的是,关于法国和意大利中世纪城市的最敏锐研究之一出自奥托卡尔(N. Ottokar)之手,他当时是彼尔姆(Perm)大学的教授,现在是佛罗伦萨大学的中世纪史教授。正是作为一位向往西方世界富有创造性的资产阶级社会的俄国自由派,罗斯托夫采夫出发前去发现地中海边缘的城市。

上面简单地描绘了一下在流亡的悲剧降临前,为罗斯托夫采夫的思想提供滋养的各种思潮的复杂性。因为那真是一场悲剧。可能令悲剧雪上加霜的是,他在牛津度过了一段不愉快的日子。罗斯托夫采夫自视甚高,流亡的动荡让他变得更加咄咄逼人,而且他很可能没有意识到,普通牛津教授的希腊语和拉丁语要比他好得多。他与主人不和,有时甚至触怒了他们,但这些人中的许多似乎没能注意到他正在迅速走向绝对的伟大。结果,欧洲失去了罗斯托夫采夫。他离开英格兰,在美国的威斯康辛大学教了几年书,然后于1925年在耶鲁找到了永久的幸福家园。

任何浏览过罗斯托夫采夫在1918—1926年期间的庞大产出的人都会对他所经历的危机有所了解。这是激动状态下的产物,形式上不够完美,细节上常有普通人犯的错误,但在原创性、与当代生活的相关性和多样性上非常出色。巨人遭受了打击,但正在反击。罗斯托夫采夫正试图结束他在流亡前所积累的工作,同时用研究新问题来应对流亡的挑战。他对俄国南部、希腊化时期的土地所有制、风景画和亚细亚动物风格等老的主题还有很多要说的。但他也在把关于罗马帝国和希腊化世界的经济和社会史的两部代表作打磨成熟。有关希腊化时代主要论文的初稿出现在1920年的《埃及考古学期刊》(Journal of Egyptian Archaeology)上；而1923年的《比利时博物馆》(Musée Belge)上则刊发了对罗马卷的基本理论的最早表述。1918年前，罗斯托夫采夫是个在考古和纸草学领域特别博学的人，而且在他所研究的任何主题上都展现出引人注目的原创性，但并未表现出成为伟大历史学家的明确征兆。直到48岁时，他仍然没有找到能把自己的知识统一起来和让自己的思想成熟的重要主题或灵感。流亡提供的冲击改变了他。这位俄国自由派很快成为一位伟大的自由派历史学家。他加入了从吉佐和格罗特到马克·布洛赫和哈蒙兹的传统，只有这个传统被证明能够全面地看待人性，也只有它真正对思想自由的社会结果感兴趣。自由信仰是罗斯托夫采夫的灵感，古代的资产阶级成了将占据作者接下来二十年时光的两部作品的主题。

我们知道，《罗马帝国社会经济史》率先完成，比希腊化历史那卷早问世15年。两部作品有明显的不同，但这不应让我们忘记，两者的基本灵感是一样的。当亚历山大摧毁了波斯帝国后，他为希腊士兵、商人、农民、水手、老师、医生和工程师打开了通往东方的大门。这些人以希腊人的方式建立城市，传播着希腊的语言和习俗。几个世纪后，罗马人接管了东方的希腊化王国，确立了对西班牙、高卢和非洲的部落社群的统治。历史被重演。一个雄心勃勃的少数群体将西部罗马化，通过注入新的人力和最终带来社会安全，他们让东部日益衰弱的资产阶级重获活力。严格说来，东部的希腊化和西部的罗马化都不是由任何政府计划的。它们是坚信自己的生活方式，并吸引了他们臣民中的上层阶级接受该方式的人们努力的成果。从直布罗陀到幼发拉底河乃至更遥远地带的罗马和希腊城市是上述活动的结果。它们讲述了一个关于冒险、努力和繁荣的故事，这个故事吸引了罗斯托夫采夫，让他忘记了希腊人和罗马人建城过程中的黑暗一面。由于出生在一个资产阶级难觅踪迹的国家，他对希腊化和罗马资产阶级做了理想化。他热爱罗德岛胜过其他任何希腊化国家，因为没有哪个地方像那里一样完全和成功地被资产阶级统治。他同样赞美在墓碑上吹嘘自己行当的小资产阶级，以及为自己的城市建造剧场和竞技场的富有资本家。只有当奴隶和农民帮助或介入城市建造者的活动时，他们才会吸引罗斯托夫采夫的注意。在俄国期间和流亡初期，罗斯托夫采夫曾对农业史投入了如此之多的重要研究，但现在它只在那两部历史巨著中扮演了次要角色。这点足够重要，我们还会谈到它，因为这对理解罗斯托夫采夫必不可少。他并非整个罗马和希腊化社会的历史学家。他主要是它们的商人、绅农和专业人士的历史学家。他最如鱼得水的时候是描绘这些人如何扩大自己的活动范围，把繁荣和舒适传播到他们立足的地方。

但显而易见的是，希腊化和罗马资产阶级的胜利相对较短和不完全。公元前2世纪时，希腊化中产阶层已经开始衰弱。公元3世纪时，帝国的城市生活受到了通胀、战争和军人专制的致命影响。罗斯托夫采夫两次面对解释城市生活衰弱的问题。对于希腊化资产阶级，他从未犹豫过，把它的衰弱归咎于希腊化国王和罗马入侵者。国王们的计划、规章和战争导致中产阶层瘫痪；罗马人则完成了毁灭工作，因为他们摧毁城市、增加税收、扰乱交通、恐吓个人，直到奥古斯都说服他们，为东部的中产阶层提供安全符合他们的利益。

对于罗马帝国，罗斯托夫采夫就没有那么自信了。在俄国革命的影响下，他认为自己发现了罗马衰亡的原因在于资产阶级和农民的冲突。根据他在1923年的《比利时博物馆》上最先发表的理论，农民一直处于罗马帝国的文明之外。他们仇恨资产阶级，当这些人在罗马军队中成为多数后，他们发现复仇的机会来了。在同情他们的皇帝的帮助下，他们对城市发动叛乱，造成无序的扩散。这些3世纪的红军摧毁了恺撒们的罗马国家，就像20世纪的红军摧毁了沙俄国家。这种著名的理论引发了大量讨论。诺尔曼·贝恩斯等人毫无困难地证明，在3世纪时，农民遭受的军队恐怖并不少于城市居民。① 这些批评无疑影响到了罗斯托夫采夫，但无论如何，随着他不再那么关心俄国事务，他的看法注定将会改变。早在1926年的著作中，他就为另一种解释留下了空间，即削弱罗马资产阶级的是政府的干预和蛮族的袭击，就像国家的干预和罗马人的袭击削弱了希腊化时代的资产阶级。后来，在该书的德语版中（1929年），他删去了所有明确提到农民红军的地方。最后，在1930年发表于《经济史评论》（*Economic History Review*）上的一篇文章里，他强调只有国家干预是罗马衰亡的原因，抛弃了关于农民叛乱的理论。

---

① *Journ. Rom. Studies* 19 (1929); cf. H. M. Last, *ibid.* 16 (1926) 126.

我们很容易看出,《罗马帝国社会经济史》中的想法并不十分清晰和一致。相比后来的希腊化史那卷,它写得要匆忙得多,对证据的充分了解也差得多。在情感上,它还受到罗斯托夫采夫对俄国革命之印象的影响。农民红军的形象没有真正的证据,但他对此深信不疑,拒绝做出更好的判断。他无法将其与另一种解释结合起来,即国家的控制逐渐切断了自由进取和繁荣之根。不过,若非俄国革命的痛苦经历,罗斯托夫采夫很可能不会如此关切地描绘罗马帝国的资产阶级。虽然他关于农民和军队结盟的理论被证明难以理解,但我们知道的确有过农民叛乱,还知道不满的农民有时会与宗教运动携手。对于农民在公元3世纪到5世纪的历史中所扮演的角色仍然有待公平地评判。

当罗斯托夫采夫转向写作《希腊化世界的社会经济史》(*Social and Economic History of the Hellenistic World*)时,他已经在美国安顿下来。我在希腊化史这卷中没有看到罗马卷中满心的不耐烦和强烈的情感,可能我在读者中不是唯一。昔日的火焰有点熄灭了,但这是一部细心得多的研究作品。罗斯托夫采夫学会了更加谨慎和耐心地考察证据。与此同时,他转向了田野考古,在杜拉-欧罗波斯的发掘和随之而来的所有解读工作为他和他在那里培养的美国学生提供了极好的训练。

在这里,我们无法详谈重新发现杜拉,只能说说与罗斯托夫采夫解读希腊化和罗马文明相关的内容。想了解这个故事,最好是读一下罗斯托夫采夫1938年出版的小书《杜拉及其艺术》(*Dura and its Art*)。杜拉只是个名字,直到它的遗址在一战后被意外发现,并很快吸引了伟大的弗朗茨·居蒙的注意。居蒙代表法兰西科学院在那里进行了发掘，于 1926 年发布了成果。受此鼓励，耶鲁大学和罗斯托夫采夫接手了发掘（约 1928 年），因为显然法国人已经无意继续。杜拉最早是马其顿人在幼发拉底河畔的殖民地，随后成为帕提亚人的城市，人口中有很大部分是伊朗和闪米特后裔。后来，它被罗马人占领，并派有驻军。最终，它在 3 世纪被毁，废墟慢慢被沙漠掩埋。这座新庞贝很合罗斯托夫采夫的胃口，证实了他关于希腊化文明具有复合性质的观点。他出色地分析了缔造杜拉历史的各种元素。由于所受的自由教育，他从不拘泥于教条，而且在解读杜拉的废墟时表现出的辨别力和耐心要远远超过人们从他之前的作品中对他的期待。关于发掘的一卷卷报告尽管有很大部分是他的合作者和学生所写，但那是他们在他的指导下共同研究的结果，代表了他生平第三项伟大的工作——仅此一项就足以为他带来历史学家的荣耀。

《希腊化世界的社会经济史》中没有像我们在罗马卷中看到的有关帝国衰亡的两种解释那么明显的分歧。但书中有更加细微的观点冲突。我在其他地方曾试图解释说，希腊化历史是两本书叠加的结果。① 其中一本分析了希腊化社会生活在国家干预和罗马入侵的影响之下的式微原因。另一本罗列了希腊文化在经济和社会领域取得的主要成就。某种程度上，将两本书统一起来的是对希腊化资产阶级的创造性工作的强调。资产阶级值得因为希腊化文明所取得的成就而得到赞美，希腊化国王和罗马将军则要为其缺陷负责。但罗斯托夫采夫在他的书中没能将这两个主题融为一

---

① *Journ. Hellen. Studies.* 63 (1943) 116.

体。一边是关于国家干预和罗马入侵之后果的主体部分,一边是关于希腊化文明之成就的最后一部分,某种东西导致两者分离,尽管我不方便说明是什么。

因此,对罗斯托夫采夫的批判性评价应该从他在自己的希腊化和罗马史中赋予资产阶级的突出地位开始。罗斯托夫采夫认为罗马帝国的领土的希腊化和罗马化是城市中产阶层活动的结果,我认为这种观点基本上是对的。但我想到了四点相当明显的意见:

(1)罗斯托夫采夫没有足够仔细地研究古代世界的政治自由问题。相比政治自由,他高估了经济自由主义的重要性。这表现在他对罗马帝国的研究中,结果是他很难理解对皇帝的政治反对的意义,以及作为政治精英的元老阶层的重要性。

(2)罗斯托夫采夫过于简化了希腊化和罗马时期的经济结构,而且从未给"资产阶级"(*bourgeoisie*)一词下过定义。他从未考察过城市自我管理的方式,也没有问过"谁统治它们"这个问题。他对税收和通胀不太感兴趣,而这些是社会结构改变的主要指征。他幸运地生得足够早,避免了当下对所谓的群体传记学(prosopography)的可笑推崇(众所周知,这门学科自称无可辩驳地确立了此前未知的家族关系现象)。但可能令人遗憾的是,他没有更多关注统治阶层形成的一般性问题。

(3)就像我们已经提到的,罗斯托夫采夫有时对农民和奴隶重视不够,并非因为忽视他们,而是因为他把注意力集中在了中产阶层的城市活动上。

(4)虽然研究过古代宗教,但很难说罗斯托夫采夫认识到了人的宗教需要对他的发展产生的深刻影响。他从未研究过基督教最终吸引了所有阶层的人这一事实的意义。他认定受过教育的城市居民和教育水平不那么高的农民之间的冲突不可避免，但基督教同时接受了农民和公民，让他们一起工作。

也许对罗斯托夫采夫还可以有别的反对意见。显而易见的一点是，他更多依靠直觉而非逻辑（就像许多俄国人那样），因而很少能想清楚自己的理论。但对他的评价必须根据他的成就，而非他的短处。在他的创造性时刻，他是个热爱生活的开明之人，拥有让事物复活的天赋。他学识渊博，但不能把他和那些了解关于某件事的一切，但不了解那件事本身的人混为一谈。他为自己相信的观点而战，从不能真正与周围的世界和平相处，尽管美国给了他最幸福的岁月。最后，二战和老年的交攻让他不堪重负：他陷入了抑郁，再也没能恢复。那些认识他的人领略了伟大。他们会永远铭记一位勇敢而诚实的历史学家，对他来说，文明意味着创造性的自由。

［补注——写这篇文章时，我还不知道维尔纳德斯基（G. V. Vernadskij）在《康达科夫学院学刊》（*Seminarium Kondakovianum*, Prague 1931, 239-252）发表的生平概述（附书目）。维尔纳德斯基提供了有关罗斯托夫采夫家族的许多细节（他的父亲是维吉尔研究者），指出康达科夫是其思想形成的主要影响力。后来（1895—1896年），罗斯托夫采夫在维也纳随波尔曼（Bormann）和贝恩多夫（Benndorf）学习。］

第6章　兰克之后百年[①]

差不多一百年前，柏林大学的学生可以听博克讲授《百科全书和语文学方法论》(*Enzyklopädie und Methodologie der philologischen Wissenschaften*)和德罗伊森讲授《百科全书与历史方法论》(*Enzyklopädie und Methodologie der Geschichte* [*Historik*])。他还可以听兰克讲课，后者在1854年讲授"近代史诸时代"(*Epochen der neuern Geschichte*)，不过不是在柏林。

我们知道，博克的《百科全书》、德罗伊森的《历史》和兰克的《时代》有两个共同特征：

（a）他们都否定黑格尔的先验历史哲学方法。

（b）他们都认为，历史学家的主要任务是发现历史的主流观念。

对于第一点，这里无需做过多的评价。黑格尔的先验方法已经不足为信。历史研究比以往更可靠地建立在仔细考察旧材料和发现新材料上。遭到黑格尔鄙视的尼布尔被一致尊为这种新的历史方法的大师。在历史哲学生产过剩之后，新的历史学派重新与18世纪的伟大博学家建立了联系。人们再次将巨大的关注投向我们可以用来确定文献的真实性、认定它们的日期和对它们进行校

[①] *Diogenes* 7, 1954, 52-58.

勘的规则。

想要正确而简短地描绘第二点则更加困难。1821年,洪堡宣称历史学家的任务是发现事实背后的观念,他的话启发了年轻的一代。博克、德罗伊森和兰克都是洪堡的理想弟子。他们都认同,历史的意义在于人们最终会按照主流观念行动。他们所说的主流观念似乎是指作为宗教和国家基础的一般原则。总体上说,他们的兴趣局限于宗教和政治,有时也会涉猎文学世界和艺术活动:他们关心与这些研究领域相关的观念。国家、教会、自由、个体、人性、婚姻、荣耀和赎罪是被认为决定和描述历史事件的部分观念。他们往往倾向于承认,连续时期的主流观念会形成某种连续性,可以被描述为渐进发展的各个阶段,但在这点上并没有共识。兰克本人的不置可否就广为人知:他认为每个时代都与上帝直接接触,虽然他可能并不否认时代之间有所进步。

博克、德罗伊森和兰克可以被看作大约一百年前流行于整个欧洲的那种德国历史方法的典型代表。这种方法统治着大学,但在大学之外也被广泛接受。在历史研究的本土传统特别强的地方,德国人的影响不得不做出妥协。在英格兰,重点一直是严格的政治史,即派系斗争的历史。在法国,受到偏爱的是文明史。不过,虽然德国人没能写出像格罗特那样的希腊史或像吉佐的《欧洲文明史》(*Histoire de la Civilisation en Europe*),但他们的差异没有达到可能引起方法和目的冲突的程度。上述作品同样是主流观念的历史:称格罗特为希腊民主的历史学家,或者称吉佐为自由对文明的影响的历史学家并不有失公允。

不过,一百年前还有其他观点一直是关键的,或者变得关键，提醒我们注意这点非常重要。历史哲学现在以孔德主义和历史唯物主义为形式。维科继续给一些作者带来灵感。在政治和宗教史学领域，严格意义上的派系和教条历史欣欣向荣。注意一个事实也许更加重要，那就是主流观念的概念本身已经在变得含糊。当然，各民族常常被认为拥有自己的观念——日耳曼人是自由的承载者（*Träger der Freiheit*），普鲁士人是国家的承载者（*Träger des Staats*）——但观念和民族的这种密切关联不再流行于每个圈子。民族性本身是好东西，对此没有更多解释；人们谈论天然的边界、民族的利益范围和天然的敌人，仿佛这些东西真的存在。仔细研究这些概念无疑会很有趣。民族史本身正在危及国家和宗教所代表的主流观念。

材料批评领域也不是风平浪静。许多人怀疑，所谓的德国人的材料批评方法是专断和荒唐的。巴霍芬等人反对"溯源研究"（*Quellenforschung*），因为他们相信传统材料；而康沃尔·刘易斯（Cornewall Lewis）等人则认为德国人太轻信了，特别是尼布尔。刘易斯要求采用更严格的评判标准；他怀疑尼布尔的直觉。但巴霍芬和刘易斯们一直是极少数。

在大多数人看来，德国人的材料批评方法似乎建立在直接考察证据的坚实基础上。损害德国主流观念史的是内部的含糊，而非外部的敌人。民族性升格为历史中最重要的因素是至关重要的：它让人们从观念研究转向物质力量研究；它取代了对观念这类动态对象的研究，代之以研究被认为从一开始就存在的东西。

现在，我必须请你们跳过一百年，甚至不在1890年稍作停留，这会让我们的讨论更加方便。如果我们比较1850年与1950年的情况，我认为可以看到两个特征：

（1）学术上而言，材料批评并未发生多少改变。博克和德罗伊森提出的原则现在仍然有效。校勘本的技术发生了一些改变：特劳布（Traube）之后，对抄本的评估显然变得远不如拉赫曼（Lachmann）之后那么机械。对语言学证据的研究也有了明显的细化。但总体而言，今天被认可的学术研究方法与德罗伊森和博克的时代基本没有区别。不过，当下的历史研究很少尊重被认可的规则，即便并不真的鄙视。种族主义的另一个臭名昭著的源头是先验的历史方法。心理分析、存在主义和神学都对先验的构建做出了贡献。

除了上述或多或少一望而知的先验解释，还有大量放宽规则的例子。在我自己的古代史领域，这种现象的比例已经让人警觉。许多杰出的学者并不按照被普遍认可的方法处理材料。他们背离了也许我可以称为合法的方法，对这一点的准确分析需要我们讨论个别的历史问题。我将只提一下我最近在研究《罗马皇帝传》的创作年代问题时的经历。这是一个传统问题，但许多杰出研究者近来提出的解决方案荒唐得有悖传统，似乎有必要重申原则。

（2）也许更重要的是历史研究现状的另一个特征。就像我已经提到了，100年前，人们通常认为，如果能理解事实背后的观念就能理解历史。因为一般说来，历史是政治史或宗教史，观念非常简单，也是政治或宗教的。今天，这种情况在四个方面有了改变：

（a）历史不再主要是政治或宗教的。民族史显得过时。在马克思主义的影响下，社会经济史可能是最流行的品牌，涵盖了一系列令人眼花缭乱的产品，从工具史到娱乐史，从城市规划史到英国圣公会传统中的牧师之妻的历史。如果你恰好承认或怀疑所有上述发展背后都存在着观念，那么如何找出这些观念的问题将变得更加复杂。神学思想为宗教史提供了钥匙，政治信条被认为可以解释政治事实，但如果真有的话，纸牌游戏或丝绸生产发展背后的观念并不那么容易找到和用清楚的语言表达出来。

（b）发现观念不再那么容易，这个显而易见的事实只会加深其他许多观念并非对历史解释的领域已经提出的怀疑。心理分析、种族主义、对原始和动物行为的研究都提出了相互竞争的不同解释。这些解释是排斥了观念，还是仅仅补充了通过观念对历史所做的解读？这些反观念主义的解释是否相互排斥？以侵略性是历史因素的观点为例。侵略性本身就是解释，还是说它预设了存在某种侵略性的观念或理想？此外，如果你排斥观念或理想的介入，那么侵略性是最基本的因素吗，还是说要从经济竞争的角度来分析它？即便用经济竞争的角度来分析侵略性，也还有另一个问题：究竟是经济竞争解释了侵略性，还是说侵略性是经济竞争和阶级战争的条件？当然，问题并不止于此：比如，我们可以提出，人类的侵略性与动物的是否不同？宗教是对侵略性的美化，是它的来源，还是它的解毒剂（无论是由自然或超自然力量所提供）？

（c）由于现在通常是从社会力量的角度来解释历史事实，历史事件的解释和对个人行动的解释之间的关系问题变得更加突出。我可以随意解释法国大革命，但总有某个时候你不得不考虑某一个体是愤怒的、恋爱中的、生病的、醉酒的、愚蠢的或怯懦的事实。如何把这些个体特征同总体解释结合起来呢？

（d）这种现状的第四个也是最明显的一个方面在于，谈论在某个方向的进步，甚或是有意义的事件发展都变得极其困难。即便那些拥有先验历史观点的人自己也不全都相信进步。马克思主义者和天主教徒也许能够，但有人告诉我，心理分析学家不相信进步。绝大多数普通历史学家干脆不知道对于进步应该思考什么，于是向哲学家寻求指导。当然，哲学家会回答说，他们的工作不是告诉你思考什么，而只是如何思考。

无论多么粗略和不完整，上述图景都是极为复杂的。它让历史学家的生活变得困难。首先，现在历史学家所知道的事实被认为要超过与普通人的短短一生所相符合的。他必须了解统计数据、技术发展、潜意识和无意识的、野人和猿猴、神秘体验和城中的生活事实；此外，他们必须在进步、自由和道德良心上拿定主意，因为哲学家对这些事非常谨慎。

我不知道如何简化哲学家当下的任务。但我要冒昧地对一些边缘问题发表两点看法：

（1）严格地考察证据比以往更加必要。我们决不能接受带有疑问的证据。对马克思主义者、心理分析学家、种族主义者、天主教徒和社会主义者提出的证据的价值进行任何彻底的探究有助于澄清关于其学说价值的一般性问题。

（2）我们必须习惯这样的事实，即我们的研究会对研究方法本身产生影响。如果你研究谷物产量是为了评估它对人口增长的影响，你用到的研究方法将不同于如果你感兴趣的是收集与某一土地的所有制改革方案相关的事实。在后者中，农民的思想习惯很可能比前者中更加重要。坦诚自己的研究目的，清楚地分析自己的偏见产生的影响,这有助于确定自己的历史研究和解释的局限。以一本伟大的著作为例,如果罗纳德·塞姆(Ronald Syme)清楚地提出他在写《罗马革命》(Roman Revolution)时内心深处的问题——奥古斯都的革命是法西斯革命吗?——他的研究将会更加清楚地指向明确的目标。

这一点也许有助于我们理解观念在当代历史写作中的角色。狄尔泰(Dilthey)已经粉碎了我们可以撰写一两个孤立观念或原则的历史这种幻觉。但人们还是会不可避免地求助历史来解释他们本人关于自由、荣耀和正义,甚或婚姻、战争和贸易等观念的想法,尽管对于这些,同时代的经验看上去很可能已经足够。上述观念为重要的历史研究提供了出发点。观念是否是历史发展的原则这个问题无法被先验地回答:比如,只有历史研究能够回答关于"荣耀"的观念能否和如何在历史中发挥影响。不过,虽然我们无法确信观念能否推动历史发展,但在努力试图找到其他解释前,我们确信观念会推动历史研究。观念是历史研究的主题——虽然并非是所有的历史研究。越是清楚自己的研究主题,我们就越是清楚自己的偏见。而越是清楚自己的偏见,我们在自己的研究中就越是可能诚实和高效。对历史研究的正确方法所确立的许多规则事实上是对研究本身的目的所做的改头换面的声明。比如,如果你声称研究罗马法的历史的唯一方法是分析罗马有产阶级的利益,那么你已经选择了罗马法历史研究的众多任务中的一个。自省不仅是个人救赎,也是客观历史研究的必要步骤。

太多的历史研究的从事者不知道他们为什么这样做,也看不到证据带来的限制。这方面的改进是可能和可取的。

第7章　关于古代史学中的战争原因的一些思考①

14世纪的达勒姆主教，伯里的理查德（Richard of Bury）在他的《爱书人》（*Philobiblon*）中对那些因为战争而没能留存下来的古书表示悲哀。他暗示，如果不是毁于战火，我们本可以读到多少亚里士多德和塞涅卡的更有趣著作。亚里士多德本可以教我们如何求圆的面积，也不会让世界永恒性的问题悬而未决。此外，卡德摩斯的文法、约书亚的几何、参孙的谜语、阿斯克勒庇俄斯（Aesculapius）的解毒药、帕拉墨得斯（Palamedes）的兵法和其他无数科学秘奥被认为在托勒密图书馆被亚历山大里亚的战火焚毁时不复存在，就像我们从奥卢斯·格里乌斯（Aulus Gellius）那里听说的。"谁不会为这不幸的浩劫而战栗，留的不是血，而是墨？"（*Quis tam infaustum holocaustum, ubi loco cruoris incaustum offertur, non exhorreat?*）"耶弗他（Jephthah）或阿伽门农的献祭比不上这种罪恶，他们用父亲的剑杀死了虔诚的女儿。"

如果伯里的理查德生活在今天，他无疑更有理由为毁于战火的书而悲哀。不过，他也许会发现一场甚至比书籍毁于战火更大的灾难：那就是受战争启发的书籍和文章，关于战争原因、战争心理

---

① *Acta Congressus Madvigiani*, Proceedings of the Second International Congress of Classical Studies 1954, vol. I (1958), 199-211：在哥本哈根大学大礼堂所做的演讲。

学、战争罪与未来战争的书籍和文章。恐怕我将要强加给你们的这篇文章属于受战争启发的那个可悲类别。我唯一的慰藉（如果算慰藉的话）是还有第三类更糟糕的书籍和文章：引发战争的和本身是战争原因的书。尚没有国际机构开始收集数以百计有史以来最危险的书。毫无疑问，有朝一日将会完成这种收集。到了那时，我建议荷马的《伊利亚特》和塔西佗的《日耳曼尼亚志》应该在这些危险的书中拥有特别优先的地位。没有人反思过荷马和塔西佗。据我所知，塔西佗是位绅士，荷马也是。但谁会否认《伊利亚特》和《日耳曼尼亚志》激发了人类心中最危险的激情？幸运的是，我在这里不必谈论塔西佗的《日耳曼尼亚志》的影响。每天经历一件可怕的事已经足够了。但如果想要谈论古代史中的战争原因，我无法绕过那部伟大的史诗模板——《伊利亚特》的全部有害后果。《伊利亚特》不仅为所有那些后来给世界造成麻烦的阿喀琉斯和阿伽门农们提供了模板，而且所有糟糕的历史学家都从荷马那里学会了将严肃的战争归于愚蠢的理由。

不过，荷马是如此地体谅——如果我可以用这个平常的英语形容词来描绘他——他是如此地体谅战争。他知道人们为何参战，并做了如此简洁的陈述：他们参战可能完全是为了他们孩子和妻子的需要；或者他们参战是为了报复所受的冒犯，因为敌人夺走了他们的牛马，或者毁掉了他们的收成；或者他们是为了自己和酋长的荣耀而战；或者他们只是想为自己夺取战利品和财富，尽管在荷马史诗中，这种情况往往只做暗示而不明言。但战争始终是一种令人悲哀的需要，是神明为可怜的人类编织的命运：他们要生活在痛苦中。因此，万事始于荷马（*ab Homero principium*）。在本文的

第一部分，我将尽可能简短地总结希腊和罗马历史学家对于战争的原因有何发现。在我冒昧地自认为有些原创性的第二部分，我将讨论关于战争的古代历史书写在古代政治思想史上的地位，以及它对现代历史写作的影响。

几乎不必指出的是，荷马没有考虑过后人在荷马史诗中看到的许多东西——希腊人与蛮族的冲突，欧洲和亚洲的永恒对立。《伊利亚特》的初衷并非是作为东西方战争史上的一章。但我们都知道，《伊利亚特》被当成了这样的一章，希罗多德已经意识到这点。我不确定我是否完全理解希罗多德在第一卷的几章导言中所做的暗示。尽管莱因哈特（K. Reinhardt）教授发表了新颖独特的看法，但我仍然无法理解为何希罗多德要把如此明显的希腊故事归于腓尼基人和波斯人。但有一点很少存疑。希罗多德是在驳斥当时对波斯战争的一种神话式解读。他明确认为，如果想要对波斯战争的原因有所了解，你一定不能把目光投向希腊神话与荷马。伊俄、美狄亚和海伦的故事并非波斯战争中的片段。这是希罗多德悄悄反抗荷马的过程的一部分——这场反抗意外地让我们所理解的历史成为可能。他让自己摆脱了神话时代的魅力，把目光投向晚近的事件。希罗多德无疑从荷马那里学到的一点是要公平对待复杂问题。他承诺解释人们"出于什么原因而互相争斗"（δι᾽ ἣν αἰτίαν ἐπολέμησαν ἀλλήλοισι），打算用从未读过一本历史方法著作的历史学家的开放头脑和闲逸来履行自己的承诺。

当然，αἰτία 对希罗多德是否表示"原因"而非"祸端"这个问题并不重要。希罗多德没有理由区分战争的主观和客观原因。他所知道的是，人们不会无缘无故地成为敌人。他想知道是什么让希腊人和波斯人互相争斗，孜孜不倦地罗列了他认为与冲突相关的一切。希罗多德的探究扩大到和囊括了他的时代的整个世界，但他从不自称已经穷尽了自己的主题，或者只谈论与主题相关的事实。克洛伊索斯对爱奥尼亚人的干涉，德摩克德斯（Democedes）建议阿托萨（Atossa）说服她的丈夫大流士征服希腊人，爱奥尼亚人的反抗和全部的后果，雅典的民主大会对于激怒大流士所起到的作用，还有最后薛西斯对荣耀和帝国的欲望——希罗多德粗略地提到了上述所有的原因，如果你选择这样称呼它们的话。他非常不成体系。我们可以说，德摩克德斯的建议没有造成任何结果；但我们觉得，希罗多德如果不提此事就错了：这仍然是未来那些最无法估量的因素之一。我们还注意到，大流士对雅典的愤怒过分了；薛西斯将战争扩大到整个希腊的决定也没有得到充分的解释。但我们同样觉得希罗多德说的与事实相差不远。希罗多德也没有试图让自己关于战争起源的看法符合自己的政治观点。他赞美雅典的民主，知道民主让雅典在战争中比其他任何希腊城邦更加高效：事实上，他称赞雅典人是希腊的救世主。但当阿里斯塔戈拉斯（Aristagoras）说服了雅典人而非斯巴达的克莱奥墨涅斯（Cleomones）帮助爱奥尼亚人时，他平淡地表示，欺骗3万人比1个人容易。他无疑认为，帮助爱奥尼亚人是雅典人所能做的最糟糕的事。

希罗多德探究战争原因的方法既具体又微妙。他意识到那场战争始于克洛伊索斯和吕底亚王国的扩张，但他也确信，真正的战争是互不相关的因素互动的结果。希罗多德的思想视野在地理上和时间上都非常广阔；但甚至更值得称赞的是，他灵活地避免陷入自己的罗网，尽管网很宽。

比较希罗多德与东方的历史文本会很有意思。我不确信这种比较是否真能带来启发，仅仅因为两者的差别太大了。埃及和亚述的战争记录是官方编年史，而希罗多德是否认官方历史的。①圣经中的《列王纪》可以把故事讲得像希罗多德一样好。押沙龙的叛乱或者示巴女王的到来能与希罗多德的任何故事相媲美。但《列王纪》很少表现出对战争感兴趣。如果把探究扩大到《士师记》和《撒母耳记》，我们会很快看到，希伯来人的固定元素——对上帝旨意的服从或不服从——与希腊史学格格不入。诚然，在希罗多德的作品中也提到战争中有神明的介入，但对战争中爆发的激情和战争的结果本身，总是可以独立于神明的反应来做描绘，并且几乎总是可以独立于它们来做解释。如果有朝一日发现了更多埃及人、亚述人和犹太人的私人文字，我们很可能会发现，他们可以用比官方历史学家更加超然和微妙的态度来看待战争。

对于比较可行且有意义的情况，我认为希罗多德与东方编年史有三点差异：

（1）东方编年史在对战争动机的描述上非常单调。某某民族做出了某种标准的冒犯行为——他们背信弃义，策划阴谋，拒绝纳贡——并受到惩罚。

（2）看待战争几乎总是从征服者的视角出发。失利被隐藏。我找不到任何与斯巴达人在温泉关的历史类似的例子。

（3）胜利方的国王会自动将其本人的目标等同于他的神明的

---

① 关于赫梯史学，参见 A. Kammenhuber, *Saeculum*, 9 (1958) 136-155。

目标，把胜利描绘成显而易见的有利于他的神明裁决。

至少据我所知，我们可以很有把握地说，希罗多德是第一个对战争及其原因展开大规模探究的人。事实上，这是希罗多德留给欧洲史学的遗产，但我不认为这一遗产从所有角度来看都是令人羡慕的。它把战争变成了此后欧洲史学中的核心主题，或者核心主题之一。如果要回答一位牛津本科生曾向约翰·迈尔斯爵士（Sir John Myres）提出的那个著名的问题——"爵士阁下，如果希罗多德是个像他们说的那样的白痴，我们为何要把他当作伟人来读"——我的回答是，希罗多德不仅在一般的意义上是欧洲史学的奠基人：他还为欧洲史学提供了其最为重要和反复出现的主题之一，即对战争及其起源、主要事件和结果的研究。

当然，对于把该主题变成欧洲思想的一个关键元素，修昔底德的贡献比其他任何人都大，他紧随希罗多德登场，并接受了这一主题。我在这里不讨论与修昔底德研究伯罗奔尼撒战争原因的方法相关的一些陈词滥调的问题。我对麦加拉禁令没有新的看法，对"原因"（αἰτία）和"理由"（πρόφασις）的含义也没有提出新的理论。自然，我希望能够确认修昔底德在第23节中说的话究竟是什么意思，他表示："最真实的理由最难言说"（τὴν μὲν γὰρ ἀληθεστάτην πρόφασιν, ἀφανεστάτην δὲ λόγῳ），难点在于"最难言说"（ἀφανεστάτην δὲ λόγῳ）而非"最真实的"（ἀληθεστάτην）。年轻时，我当然对这些问题都有答案，甚至将其发表。现在，我对自己的理论失去了信心，对我的同行们的理论却还没有信心。后一点未来必将改变。幸运的是，我所认为的真正的要点不需要任何理论。如果说希罗多德的世界是一个开放社会，那么修昔底德的则是一个封闭式工厂。他不允许有闯入者，不像希罗多德稍有风吹草动就会放他们进来。修昔底德的世界是两大希腊同盟间展开的殊死战争。他想要描绘的只有战争。就像戈姆教授正确地指出的，我们不应要求修昔底德提供他不愿给我们的。对于修昔底德研究领袖们在战争的紧急状况下如何行动以及他们的决定产生了什么结果这一伟大和整体上成功的实验，这种隔离是必需的。修昔底德的历史是对政治和军事领袖的研究，直到2400年后仍无与伦比。但任何隔离都有其弊端。修昔底德不能像希罗多德一样模仿荷马来描绘人类生活的错综复杂。从修昔底德的作品中，我们几乎不会料想到，一位有权势的雅典将军爱上了阿斯帕西娅（Aspasia），另一位以戏剧成就更加闻名的将军试图从一名希俄斯男孩那里偷走一个吻，并承认他更擅长这种策略。事实上，修昔底德变得如此地希腊中心主义，以至于忘记了《卡里亚斯和约》（peace of Callias）：只有当迫不得已时，他才会把注意力转向波斯人。他试图严格分离出导致伯罗奔尼撒战争爆发的事件。他完全清楚什么是相关的。他无疑指出了一些最重要的关键点。科尔库拉（Corcyra）和波提达伊亚（Potidaea）发生的故事永远都属于其中。但他本人意识到，这还不够。由于他已经排除了涉足更广大世界的做法，他试图在深度上做文章。深层次的原因是斯巴达及其盟友对雅典帝国日益强大的力量的怀疑。这种区别——无论准确的术语是什么——得到了现代人的称赞。没有什么比这更有力地促成了修昔底德作为最科学的古代历史学家的美名——任何一所大学都会骄傲地请他担任无薪讲师。但这里无疑存在误解。如果修昔底德有什么地方没能成功的话，那就是没能解释斯巴达和雅典冲突的间接源头。我们也许永远看不到伯罗奔尼撒战争前30年的整个外交和社会史了，这完全是因为修昔底德对其不感兴趣。我们对那么多事不了解，因为修昔底德不愿研究它们。

战争的间接原因和直接原因一样都是直白的事实。如果没有提供事实，如果我们只有模糊的神秘感，那么我们就能确信自己被误导了。修昔底德对"最真实的原因"语焉不详。在解释他所关心的真实的战争行为上，他远比希罗多德出色，但在发现战争的间接原因上，他远不如希罗多德可信。他给自己设置的严格限制让他特别不适合追溯冲突的起源：他不允许自己使用那些他的前辈们用得得心应手的元素。大约50年前，康福德（Cornford）教授语出惊人地表示，修昔底德不是一位科学的历史学家，因为他对原因不感兴趣。现在，我们不再像康福德年轻时那样言之凿凿，因为那只是一种类型的科学的历史，但他的主要论点仍然包含了许多真理。修昔底德试图理解决定战斗的人的思想，而不是战斗中所涉及的传统和利益。

通过区分"原因"和"最真实的理由"，修昔底德只是更准确地表述了希罗多德已经本能地认识到并更好地利用了的区别。这种区别在希腊史学后来的发展中被证明是有用的，只要对于战争原因的流行倾向仍然是轻佻和逸闻式的。修昔底德的严肃话语提醒历史学家们，他们有责任看得比直接的表象更远。修昔底德的两位续写者——色诺芬和《奥克西林科斯希腊志》（*Hellenica Oxyrhynchia*）的作者——把这种区分用到了他们所描绘的一些战争上。比如，色诺芬用它解释斯巴达人对忒拜的敌意，而《奥克西林科斯希腊志》的作者在一个特别有自我意识的段落中解释说，波斯人的黄金并非对出现反斯巴达同盟的唯一解释。欧弗洛斯（Euphorus）表明，修昔底德的提醒是有必要的。我们从狄奥多罗斯（Diodorus）对此人关于美塞尼亚战争的评价所做的描述来判断，他对战争的原因毫不羞愧地持轻佻态度。他认为，伯里克利听从年轻的阿尔喀比亚德的建议而开战，为的是把注意力从他管理公共资金不善转开。修昔底德的区分是对坏史学的警告，它的重要性无论怎么说都不过分。但他本人和他的追随者从这种研究战争原因的方法中收获的果实都不怎么令人印象深刻。色诺芬和《奥克西林科斯希腊志》的作者都不是最擅长此道。①

波吕比乌斯对此一定觉得有点不舒服，因为在接受修昔底德的区分时，他对其做了修正和改进。他不仅区分了"原因"和"理由"，而且区分了"原因""理由"和"开端"（ἀρχή），并给修昔底德用过的那些术语赋予了不同的，或者至少是更明确的意义。他的一个例子是亚历山大的远征。"原因"是色诺芬和阿格西劳斯（Agesilaus）的远征，它们让希腊人意识到波斯帝国的虚弱；"理由"是腓力宣称想要为波斯人对希腊人的侵犯复仇；最后，"开端"是组织远征本身。在这里，对间接原因没有语焉不详，而是显而易见的历史事实，诸如色诺芬和阿格西劳斯的远征，它们帮助我们理解了为何马其顿国王们觉得准备对波斯作战是安全的。不过，即便是经过波吕比乌斯修改后的修昔底德的区分也是特别令人满意。在我们看来，即便是波吕比乌斯也在处理战争中的军事和外交行为上比在处理战争的起源上更加成功。他认为，第二次布匿

---

① 参见 R. Sealey, Thucydides, Herodotus and the Causes of War, *Class. Quart.*, N.S. V (1957)，1-11。

战争的"原因"是哈米尔卡·巴尔卡（Hamilcar Barca）个人对罗马人的仇恨，是迦太基人对被抢走撒丁岛的怨恨，最后是对罗马人夺取西班牙的布匿帝国的恐惧。

我们中有些人会说，波吕比乌斯对经济原因和罗马社会的结构不够重视；有些人表示，他没有考虑到根深蒂固的不信任所带来的无法估量的元素，这种不信任在西班牙的布匿帝国形成之前很久就存在了；还有些人很可能想要扩大探索的范围，看看西部的希腊城市——包括马萨利亚（Massalia）——与战争有何关系。但我相信，我们都认同波吕比乌斯对战争的原因做了简化和合理化。修昔底德太过含糊，波吕比乌斯则太过简单。

不过，在讨论政治制度问题时，修昔底德不那么含糊，波吕比乌斯也不那么简单。修昔底德知道如何评价斯巴达和雅典生活方式的差异；他写过的一些最著名的章节是关于城邦内部冲突的；他在第8卷中用相当的篇幅解释了寡头如何掌控了雅典的国家机构。同样地，当我们从波吕比乌斯关于战争原因的第3卷转向关于政治问题的第6卷时，我们的不满将变成赞美。在上述两个例子中，关于战争原因的笼统和有点肤浅的表述都被细致的观察所取代。我们觉得，修昔底德和波吕比乌斯在分析政治史的时候采用了比他们在分析战争原因时更高明的研究方法。

在我看来，我们已经谈到了希腊史学写作中（或者更普遍地说，是希腊的政治思想中）一个非常重要，但可能很少被注意到的特征。希腊的政治思想往往专注于国家的内部变迁和政治制度问题。战争的原因和外部的冲突一直是边缘而非核心问题。希罗多德仍然处于这一发展之外，我认为它的源头与智者运动有关。

当然，希罗多德也受此影响，就像第3卷中关于最佳政治制度的讨论和第5卷中关于雅典民主的评价所显示的。他无疑非常熟悉同时代哲学家的讨论，但他的历史总体上仍然属于被个体行为和民族风俗，而非被政治制度理论所主导的世界。相反，修昔底德反映的恰恰是新的形势，如果你想一下就会发现，这种形式是矛盾的。战争是希腊人生活中永远存在的现实；它是情感、伦理价值和社会规则的焦点。但相比希腊的政治思想家对政治制度变迁的关注，他们对战争原因的关注微不足道。内斯特勒（Nestle）教授在一本有用的小书中收集了希腊人对和平的看法，而罗伊能（Loenen）教授出版了一本类似的书，主题是希腊人思想中的战争。两部资料集很少有重复之处，这个事实本身足以表明，希腊人对这些主题的反思是多么不成体系和肤浅。我们总能指望柏拉图和亚里士多德对任何主题都提供一些有趣的东西，即便并不理智，但他们对战争与和平的贡献完全无法与他们对政治制度变迁的著述相提并论。

我觉得，原因在于希腊人认为战争是像生和死一样的自然现实，对它什么都不能做。他们对**某些战争**的原因感兴趣，而不是**战争**本身的原因。诚然，黄金时代没有战争，但那是黄金时代。在现实生活中，你可以推迟**一场**战争，但不能逃避**战争**。另一方面，政治制度是人为制订的，可以被人修改；研究政治变迁被认为是有好处的，因而得以发展。战争一直是史学的中心，因为你无法逃避战争；但政治制度之所以成为政治哲学的中心是因为，在某种意义上，你可以逃避坏的政治制度，代之以更好和更稳定的。修昔底德和波吕比乌斯被卷入了这种对立，他们一个与智者思想同时代，另一个与帕那伊提俄斯（Panaetius）和希腊化政治哲学的继承者同时代。他们拥有解剖政治制度所需的手术器械，但当在给战争进行尸检发现自己缺少类似的工具。他们只能在技工的帮助下临时打造。

修昔底德的弟子们确证了这点，无论是色诺芬还是《奥克西林科斯希腊志》的作者。色诺芬出色地分析了斯巴达的政治制度，《奥克西林科斯希腊志》的作者关于波俄提亚（Boeotia）政治制度的部分是他写得最好的一章。他们在政治制度问题上的描绘方法远比在战争寻因上的要好。

在把希腊史学的这一特征交给罗马历史学家的过程中，波吕比乌斯无疑扮演了重要的角色。在这里，我无法考虑罗马历史学家对战争态度的许多方面。显然，相比希腊历史学家，罗马历史学家更加紧密地把自己与本国的胜利和失败等同起来。同样显而易见的是，罗马人关于"正义战争"（*bellum iustum*）的形式说在罗马历史书写中留下了印记。这一点和罗马战争史学的其他特征值得更多研究。对于罗马历史学家，我想指出的是，他们对政治制度变迁和内战的描绘通常要比他们对外战源头的分析更加出色。罗马历史学家关于战争源头唯一真正令人印象深刻的描绘——撒鲁斯特的《朱古达战争》（*Bellum Iugurthinum*）——是对罗马贵族内部冲突的描绘，是否可靠是另一回事。李维对第二次布匿战争源头的描绘非常有戏剧性——我们永远不能忘记萨贡托（Saguntum）的陷落——但流于事情的表面。同一个李维在讲述平贵冲突的故事时却知道平民骚乱是什么。诚然，他对这些冲突的描绘带有苏拉时代的编年史家偏见的浓厚色彩。但这反而确证了对内战的研究比对外战的研究伴随着更直接的生活经验。阿庇安的例子很符合这种论断，因为虽然是希腊人，但他依据的是罗马的材料。在涉及格拉古运动的源头时，这位共和国时代罗马战争的合格但无聊的研究者突然变成了一位头脑清晰的历史学家。如果没有阿庇安，我们对公地（ager publicus）的理解甚至会更少。他间接证明，相比讨论国外的战争，罗马历史学家在谈论内部冲突时是更好的匠人。

最有代表性的是塔西佗的例子。在谈到叛乱或内战时，他写得非常精彩。卡提曼杜瓦（Cartimandua）、卡拉塔库斯（Caratacus）、布狄卡（Boudicca）和尤里乌斯·基维里斯（Julius Civilis）活在我们的脑海中是因为塔西佗知道，在罗马的行省统治中什么会是令人讨厌的。但如果想要在塔西佗的作品中找到一个无聊的地方，你只需打开《编年史》的第12卷，翻到关于帕提亚和罗马之间某一场战争源头的页面。

造成我们将要描绘的这种情况的一个因素在罗马人那里变得甚至比在希腊人那里更加明显。想要很好地描绘一场战争的源头，我们必须对地理和民族志有所了解；此外，我们必须与另一方的人共同生活过。如此人性地理解战争原因的那个人——希罗多德——是个出色的旅行家。他的后继者们很少能比得上这位不偏不倚的旅行家，如果他们真是旅行家的话。对于日耳曼人，塔西佗在民族志上做了非凡的努力，但他对帕提亚人没有付出同样的努力，在他看来，后者可悲地不够野蛮。另一位研究罗马与蛮族战争的历史学家阿米安（Ammianus Marcellinus）在描绘匈人时耗光了他的好奇心。至少在他的作品留存下来的部分中，他从未仔细研究过日耳曼人；也许他认为自己的模板塔西佗在三个世纪前已经做得足够了。

因此，我将冒昧地提出一个普遍结论，即相比战争的原因，希腊和罗马历史学家对政治制度的发展要擅长得多。我还要强调的一点是，这与下面的事实有点关系，即他们认为战争令人讨厌但不可避免，而政治制度的发展是可控的，至少在某种程度上：毕竟，他们很快就发明了混合制度，作为对腐败危险的人为补救。古代的基督徒历史学家也不例外：基督教的和平观念没有影响对战争原因的历史研究，至少到公元5世纪末是这样。尽管圣奥古斯丁对和平的思想不同一般，但没有启发出任何关于战争原因的新型历史研究，就像他忠实的奥罗西乌斯（Orosius）所表明的。原罪的思想反倒让战争显得更加不可避免和自然。

我还要冒昧地做出一个甚至更加不负责任的表述，虽然我很清楚我无法完全证明它。我认为，可以不无道理地说，从文艺复兴到20世纪初的历史书写在面对政治革命的原因时比在面对外部战争的原因时要成功得多，仅仅是因为它在很大程度上受到希腊和罗马史学的影响。

关于战争史的现代著作以冗长闻名，而关于政治制度变迁和革命的研究常常读来引人入胜。并非我们所有人都会去读关于西班牙继承战争或拿破仑战争的书，除非是出于专业目的，但我们会读清教徒或法国大革命的书作为消遣，这其中一定有某种原因。我认为，原因在于战争史很少会谈到军事的技术细节以外的东西，而革命史会解释革命是如何缘起的。圭恰迪尼（Guicciardini）解释了15世纪末意大利的权力平衡是如何被打破的和查理八世如何入侵了意大利，但这类富于启发性的段落在史学中极为罕见；而关于法国大革命的优秀史书却有几十种。事实上，直到不久之前，现代历史学家都更善于解释革命而非战争，因为像古代历史学家一样，他们认为战争是自然的，但相信可以控制政治制度的变革。战争现象本身——它在人类生活中的位置——它与政治和经济形式的关系——避免它的可能性，不仅是将其推迟到更适合的时候——这些东西在19世纪时才被第一次认真研究。从19世纪开始，战争史还变得不那么专业，而是更深刻地关心政治和社会影响。涌现出贡斯当的《论征服的精神》(De l'esprit de conquête)和克劳塞维茨的《战争论》的世纪也出现了梯叶里的《英格兰被诺曼人征服史》(Histoire de la Conquête de l'Angleterre par les Normands)和聚贝尔(Sybel)的《第一次十字军东征史》(Geschichte des erstens Kreuzzuges)。研究古代战争的道德、经济和社会方面这一想法是晚近才有的。出版于1901年的奇科蒂(E. Ciccotti)的《古代世界的战争与和平》(La guerra e la pace nel mondo antico)一书是该主题的开拓之作。与妇女解放和节育的观念一样，控制战争的观念也是19世纪思想革命的一部分，意味着与关于战争的古典史学传统分道扬镳。对战争的古典解读一直延续到19世纪。波吕比乌斯提供了对它的完美表述。他教会了近代历史学家区分战争的间接和直接原因，以及原因和借口。他所说的间接原因指过去历史的孤立事件，而非无所不在的经济、社会、宗教和心理因素。随着受古典思想启发的政治制度理论的终结，他的学说也寿终正寝。今天，战争研究者依赖的研究方法囊括了外战和内战，社会和个人冲突，以改变社会和个人生活为终极目的。战争不再被视作需要鼓励考察的现象：我们试图理解战争如何在人类历史中扎根，以及我们如何从人性中消除战争的冲动。随着关于战争原因的古典传统的消亡，关于政治制度理论的古典传统也走到了尽头。这是我们必须面对的现实。再没有人会像修昔底德和波吕比乌斯那样书写历史，尽管认为再没有人会写出柏拉图的《理想国》那样的作品可能过分了。

这意味着现在我们第一次可以用新的眼光看待古代世界的战争。我们现在可以把希腊和罗马历史学家为古代战争找到的原因作为一种更原始的思维方式的独有特征来研究。一个全新的研究领域向我们打开了大门。我们需要对古人如何看待自己的战争进行分类和解读，还必须试图在他们参加的战争和他们对战争的看法之间建立联系。首先要做的是收集古人对战争原因的看法，包括他们在有心和无心的情况下所说的。在这里，我只能以结论的形式列出一些在我看来对未来的详细研究最有意思的特征：

（1）首先，宣战经常被视作宗教行为。这与正义战争的观念密切相关，据我所知，对这方面还没有详尽的研究。

（2）另一个我已经提到的特征是，人们往往把宣战归咎于完全个人的理由——有时是愚蠢的。这一点同样值得研究。即便某些传说的起源来自喜剧诗人，但喜剧诗人能够影响严肃的历史学家仍然非同寻常。

（3）传统的对立和世代的仇敌在任何时候都是军事侵略行为的特征，古代材料在这方面的信息特别充分。

（4）可以通过文本和碑铭证据来研究同盟的机制与战争爆发的关系。各种停火和临时的和平同样如此。

（5）宗教原因的战争概念——比如惩罚对圣所的玷污——是另一个主题。这种类型的战争在不同世纪的频率和重要性同样意味深长。更一般的，最好对神明通过神谕、梦和显灵，采用刺激、建议、鼓励或阻止战争所做的直接干预展开研究。

（6）希腊语和拉丁语的古代材料告诉了我们一些关于民众大会在决定战争时所扮演角色的情况。可以以此出发研究公共舆论在决定、鼓励或阻止战争时所扮演的角色。

（7）显而易见，战争和殖民是非常紧密相关的概念，有助于相互理解。在这类研究中，应该特别关注各种形式的"圣春"（*ver sacrum*），从希罗多德那里（I, 94）我们了解到这种习俗也存在于东方。

（8）在古代材料中看到战争的理想动机时是最难评价的。很难认定历史学家是否把他者的动机归于参与者，难以确定在某种场合下所用的口号的确切意义和真诚程度。但如果希罗多德提到"自由"（eleutheria），修昔底德谈到"必然"（ananke）时，如果前4世纪的作家坚持希腊人与蛮族的对立，那么我们可以相信，他们忠于同时代的思维方式。当某些战争事实似乎令公众舆论反感时，比如墨罗斯（Melos）被毁或者忒拜的卡德米亚（Cademea）被斯巴达人占领，那么其中就带有战争伦理的意味。

（9）古代世界的战争罪责观念是个老生常谈的问题。但据我所知，还没有这方面的全面研究。

（10）显然，仲裁研究——对该主题同样已有出色的工作——仍能为战争的原因提供更多解释。当然，仲裁意味着排除普通的抱怨理由，比如领土争议。

我并不自以为已经囊括了可以从古代材料中收集的各类事实。在考察它们时，我注意到了一件有意思的事，即似乎没有希腊作家认为春天是国王参战的季节。相反，赫西俄德认为春天是修剪葡萄藤的季节。智慧的优卑亚（Euboea）国王把三足金鼎给了他而不是荷马，"表示呼吁耕作与和平的人胜出是公正的"（εἰπὼν δίκαιον ἔιναι τὸν ἐπὶ γεωργίαν καὶ εἰρήνην προκαλούμενον νικᾶν）。

第 8 章　希罗多德在史学史中的地位[①]

我经常为哈利卡纳苏斯的狄俄尼修斯深感遗憾。对于一位崭露头角的历史学家来说，历史之父是自己的同胞一定令人难堪。难怪狄俄尼修斯离开哈利卡纳苏斯，迁居到了罗马。在那里，如果巧妙地加以利用，希罗多德之名甚至可能成为财富。在罗马，狄俄尼修斯全身心地投入到对他的令人生畏的前辈的缅怀中。事实上，他是唯一没有说过希罗多德坏话的古代作家。但就算是他也从来不敢为希罗多德的敌人对其最严重的指控辩护，他们指责希罗多德是说谎者。在我们看来可能显得奇怪的是，古人觉得同时是历史之父和说谎者没有什么不相称。不过，据我所知，第一个注意到这两个头衔的隐含矛盾并提出反对的是弗朗切斯科·彼得拉克。

彼得拉克从未见过希罗多德的抄本，即便他见了也不会有多大区别：他对希腊语一直只有最基本的了解。但他非常仔细地读了罗马人告诉他有关希腊人的一切，西塞罗对希罗多德的评价让他震惊。在《论法律》（De Legibus）I.1.5 的同一句话中，西塞罗既把希罗多德称为"历史之父"，又把他与忒奥庞波斯（Theopompus）相提并论，视其为另一个臭名昭著的说谎者："尽管如此，在历史之父希罗多德和忒奥庞波斯的作品中有无数的故事。"（quamquam

---

[①] History 43 (1958), 1-13. 1957 年 7 月在英美历史学家大会上宣读的论文。

et apud Herodotum patrem historiae et apud Theopompum sunt innumerabiles fabulae）就像彼得拉克注意到的，这并非西塞罗唯一一次把希罗多德当成"说谎者"（*fabulosus*）。在《论占卜》（*De Divinatione*）的一段话中（II.116），西塞罗怀疑希罗多德本人编造了关于克洛伊索斯和居鲁士战争结果的模棱两可的神谕，并将其归于德尔斐。西塞罗还表示，恩尼乌斯（Ennius）无疑用同样的方式编造了鼓励皮洛士向罗马进军的那条模棱两可的德尔斐神谕。暗示历史之父可能是伪造者让彼得拉克震惊。把神谕归于恩尼乌斯的想象无伤大雅。彼得拉克知道，诗人有权编造——但历史之父不可以。"因此这完全可以被认为是恩尼乌斯编造的，他在某种程度上有权如此。但对于就连西塞罗本人也称之为历史之父的希罗多德，我无法那么轻易地相信他是神谕的伪造者。"（*Itaque satis credi potest hoc ab Ennio suo quodam iure fictum esse. De Herodoto autem, quem Cicero ipse patrem historiae vocat, quod superioris oraculi fictor extiterit, non tam facile crediderim.*）

《铭志集》（*Rerum Memorandarum*）中的这段话（IV, 25-6）体现了彼得拉克对古典世界典型的敏锐但幼稚的理解。如果他看得懂希腊语，他就会发现西塞罗只是遵循了一种关于希罗多德的传统看法。人们并不否认希罗多德的历史"首创者"地位，但同时对他的不信任达到了视其为说谎者的程度。

诚然，希腊人和罗马人不喜欢在他们自己的古典作家面前屈膝，默默地表达崇拜。历史学家特别容易遭受不诚实的指控。但没有其他哪位作家受到像对希罗多德那样的严厉批评。他在古代世界的恶名是不寻常的，需要进行解释。从 15 世纪到我们的时代，古人的看法对希罗多德在古代史研究者中的名声产生了巨大的影响，这让解释更有必要。希罗多德死后和他的诋毁者们斗争的故事是史学思想史上的重要一章：在我看来，这还是理解希罗多德本人的重要线索。

希罗多德结合了两种类型的历史研究。他探究了波斯战争——那是上一代人时发生的事——还前往东方，收集关于那些国家的现状和往事的信息。这两项工作的结合对任何时代的任何人都是困难的。对于公元前5世纪在希腊工作的历史学家来说，这尤为困难。当希罗多德撰写希腊历史时，他可以依靠的书面文献寥寥无几：希腊的历史当时还主要通过口头传统传播。当他前往东方时，他找到了一些书面证据，但没有受过阅读它们的训练。

我们可以马上表示，希罗多德的工作是成功的。现在，我们已经收集了足够的证据，可以说他也是可信的。非常奇怪的是，相比作为波斯战争史学家的他，我们更方便评判作为东方史学家的他。在19世纪，利用考古学的帮助和希罗多德不可能懂得的语言，东方学家对他做了仔细的检验。他们确认，他忠实地描绘了他所看到的，诚实地通报了他所听到的。他犯错的地方要么是他被信息提供者误导，要么是他无心地误解了所听到的东西。我们不太方便评判波斯战争史，因为希罗多德仍然是我们主要的材料来源。每当恰好能在碑铭或简单地形学的帮助下对他进行核实时，我们没有理由对他失望。不过，这并不意味着我们能够说清希罗多德如何撰写他的历史。我们还不知道他究竟如何展开自己的探究，比较不同的版本，写下自己的记录，把它们变成今天的书面形式。特别是，我们还说不清他在多大程度上受惠于更早的作者。但我们足够了解希罗多德所谓的前辈们——米利都的卡德摩斯、赫卡泰俄斯、米利都的狄俄尼修斯、兰普萨科斯的喀戎、萨迪斯的克桑托斯——可以自信地断言，他们没有为他提供帮助。希罗多德之前没有希罗多德。

由于比希罗多德的作品更早或同时代的地理和民族志文献几乎全部失传，我们无法衡量他究竟在多大程度上受惠于更早或同时代的作者。但他的任何细心的读者都会认同，他的主要研究一定是针对口头而非书面传统的。毕竟，希罗多德亲口告诉我们，他用的是自己的眼睛（ὄψις）、判断（γνώμη）和探究能力（ἱστορία）。对波斯战争中主要片段的一段分析可以证明这点。很容易看到，他对温泉关的了解主要来自斯巴达，而他对马拉松、萨拉米斯和普拉泰亚的描述背后是雅典的传统。

换句话说，希罗多德主要以游览和口头传统为基础，写出了非常可敬的历史。他成功地对自己因为太年轻而没能见证的事件和语言不通的国家做了可信的描述。我们知道他的历史是可敬的，因为现在我们可以用独立证据来核实。但必须承认，如果想要先验地估计用希罗多德的方法撰写历史的成功可能性，我们很可能会极其沮丧地摇摇头。希罗多德在周游世界和处理口头传统上取得的成功从任何标准来看都是非同寻常的——我们还无法充分解释这点。他的作坊的秘密还没有完全被发现。因此，如果古人觉得难以信赖一位像希罗多德那样以此为基础进行工作的作者，我们并不意外。

归根到底，是修昔底德决定了古代对他的这位前辈的判决，这再明显不过。他细心地阅读（或聆听）了希罗多德，认定后者的历史研究方法是不可靠的。想要撰写严肃的历史，我们必须与所讨论的事件属于同一个时代，并理解人们所说的话。修昔底德认为，严肃的历史关心的并非过去，而是现在；它关心的不能是遥远的国家，而只应是那些你生活的地方，是那些你可以毫无困难地把他们的思想变成你自己的话的人。希罗多德想要描绘他没有见证过的事件，讲述他语言不通的人的故事，修昔底德不相信这种尝试会有未来。现在我们知道，修昔底德对希罗多德为历史研究打开过去和外国大门的勇敢尝试反应迟钝。但我们必须承认，他在批评希罗多德时知道自己在做什么。他在为历史的可靠性建立更严格的标准，即便那会把历史局限于当代事件的狭小范围。修昔底德主张历史学家本人必须为他所讲述的东西负责。他只允许有限地从现在的事实推断过去的事件。他还暗示，政治行动比其他任何行动更容易理解。修昔底德让历史主要变成了政治史，并局限于当代事件。

今天，修昔底德当然没能成功地把他关于历史可靠性的严格标准强加给其他历史学家，但他成功地打消了可以对过去进行真正研究的想法。事实上，希罗多德之后的希腊和罗马历史学家很少研究过去，也相对较少地致力于收集关于外国的一手证据。他们专注于当代史，或者总结和重新解读从前历史学家的作品。对过去未知事实的寻找被留给了古物学家，古物学家的工作很少影响历史学家。波吕比乌斯是否研究过亚里士多德对政治制度的论述，李维是否细读了他的瓦罗，这些都存在疑问。事实上，存在古物学家是因为历史学家只对今天所称的历史的一小部分感兴趣。任何此类归纳注定会歪曲一些事实。但总体而言，显然伟大的古代历史学家们或者是在对当代事件的一手描述上，或者是在对之前的历史学家收集的事实的重新解读上留下了自己的印记。色诺芬、忒奥庞波斯、卡迪亚的希罗尼姆斯（Hieronymus of Cardia）、波吕比乌斯和撒鲁斯特首先是他们自己时代的历史学家。欧弗洛斯、李维和塔西佗在不同的层次上被视作原创历史学家，仅仅因为他们重新解读了之前的历史学家收集的事实。塔西佗的《编年史》留存下来的各卷是最明显的例子，显示了如何用最少的独立研究来写成一部伟大的历史作品。塔西佗本人还为当历史学家依靠的是解读而非研究时会发生什么提供了例证：即便他在事实方面没有错，他往往会在解释方面显得武断。①

古代史学从未克服我们所谓的当代史的至高地位所造成的局限。过去越是遥远，历史学家就越不可能对其贡献任何新的知识。欧弗洛斯和李维是诚实的人。他们完全没有失去批判意识。欧弗洛斯认为，讲述多里斯人入侵前的希腊史毫无用处。李维强烈地意识到，他注定要遵循的早期罗马史传统带有传说的性质。但他们不知道如何超越文本材料，对过去进行独立的探究。

就这样，修昔底德让人们接受了当代政治史是唯一的严肃历史的观念；希罗多德被排除出了古代史学的主流。他既不是当代史，也不是政治史学家。他的故事看上去非常不专业，无论多么吸引人。即便那些因为他是爱国和有趣的作家而喜欢他的人也很难辩护说他是个可靠的历史学家。希罗多德引发了尴尬的问题：对于他没有见过的事件和语言不通的人（他只是短暂造访过他们

---

① 关于一种不同的观点，见 R. Syme, *Tacitus* (Oxford 1958)。

的国家，甚至可能没有去过），他怎么能如此侃侃而谈？他要么隐藏了自己的材料来源，因此是个剽窃者，要么编造了事实，因此是个说谎者。这种两难困境主导了古人对希罗多德的批评。我们知道，可以让他剽窃事实的前辈并不非常多，但可以找到一些。有几位足够真实：地理学家赫卡泰俄斯、神话作者阿库希拉俄斯（Acusilaus）、雅典的宗谱学家菲莱库德斯（Pherekydes），可能还有吕底亚的历史学家克桑托斯，以及波斯历史学家米利都的狄俄尼修斯。还有些是后人的伪造，但被大部分古代批评家认定为真实的古风时期作家：比如所谓的第一位历史学家，米利都的卡德摩斯。此外，在希腊化时代的学术中，还有一些真实的历史学家被排在修昔底德前面，而至少有一些最权威的现代学者倾向于认为他们是比他年轻的同时代人。只举一个最有代表性的例子，雅各比提出了非常有说服力的理由，认为兰普萨科斯的喀戎生活在5世纪末，而非5世纪中叶。① 在古代学者的眼中，上述历史学家都是希罗多德潜在的材料来源，为希罗多德剽窃提供了证据。不过，即便考虑到那些晚于希罗多德的作家（因而可能借鉴了他，而非被他借鉴），剽窃一事也很不太能让人相信。希罗多德的许多敌人选择了另一条攻击路线来把他描绘成说谎者。否定他的证据显然比追溯他的来源更容易。毕竟，如果他如此明显地抄袭了前人，那么他就不能被视作历史之父。虽然我们会看到有很多书把希罗多德称为剽窃者，但古人对希罗多德的批评留下的最终印象是，他是个说故事的人——是个说谎者。在这里，我们可以再次

---

① *Abhandlungen zu Griechischen Geschichtschreibung* (1956), p.178.

感受到修昔底德对其前辈的裁决的影响。

当修昔底德开始反思他的前辈的错误和缺点时，希罗多德刚刚停止历史写作。比修昔底德晚了几十年，克泰西亚斯（Ctesias）发起了对希罗多德的又一波攻击，质疑后者作为希腊史研究者和东方历史学家的能力。克泰西亚斯拥有验证希罗多德结论的一切外在资格。他在波斯宫廷中住过几年，一定懂波斯语。他有机会接触到波斯人的记录，那是希罗多德肯定无法看到的。克泰西亚斯的攻击因为激烈和过分而效果打了折扣。把普拉泰亚战役放在萨拉米斯战役之前，仅仅是为了让读者看到他不与他所鄙视的前辈为伍，这样的历史学家很可能令自己陷入麻烦。人们很快意识到，克泰西亚斯的可疑之处不比希罗多德少。但我们知道，相互冲突的怀疑不会抵消。希罗多德的名声仍然受到了污损。荒谬的是，他经常作为不可靠的历史学家而和克泰西亚斯联系起来。就连亚里士多德也特地指责了希罗多德在自然史的小细节上犯的错误，他的批评方式涉及希罗多德整部历史的可靠性。他称希罗多德为说故事的人。

亚历山大大帝的远征打开东方的大门，无疑暴露了希罗多德的信息中的一些脱漏。斯特拉博在他的《地理学》中一再重复亚历山大里亚学术的观点，并做了他自己的批评。与此同时，东方人本身正在被希腊化。他们读懂了之前几个世纪里希腊人对他们的描绘，并不意外地觉得不满意。试图向希腊人展现本民族历史的埃及祭司马内托（Manetho）还写了一本批驳希罗多德的小册子。出于爱国原因，希腊人自己也对希罗多德越来越不耐烦。在我们看来，希罗多德评价希腊人与蛮族人之间的问题时表现出了非凡的平静和幽默感,这在他们眼中却成了那位历史学家是"蛮族之友"的证据。甚至希腊化时代希腊人的地方爱国主义也对他的名声不利。当地的历史学家和古物学家乐于取笑他:他对他们自己城市的荣耀说得不够。希腊化时代所有反希罗多德的作品不幸都失传了,但普鲁塔克的《论希罗多德的恶意》(*De Herodoti Malignitate*)让我们可以对这位历史之父遭受的指责有所体会。普鲁塔克总结了对希罗多德的一系列批评:过于同情蛮族、偏向雅典、对其他希腊城邦非常不公、不忠于事实、判断不够均衡。对普鲁塔克来说,历史是一种颂词,希罗多德显然不符合这点。还没有人对普鲁塔克批评希罗多德的小册子做过合格的注疏,这令人遗憾,既因为它是晚期希腊人看待他们过去的典型方式,也因为它影响了从15—19世纪的许多古典学者对希罗多德的评判。普鲁塔克对希罗多德的评价似乎还不是最坏的。从失传作品的题目来猜测,对这位历史之父还有更过分的坏话。瓦莱利乌斯·波里奥(Valerius Pollio)的《论希罗多德的偷窃》(*On Herodotus' Thefts*)或者埃里乌斯·哈波克拉提翁(Aelius Harpocration)的《论希罗多德的谎言》(*On Herodotus' lies*)——且不提利巴尼乌斯(Libanius)的《驳希罗多德》(*Against Herodotus*)一书——似乎暗示没有什么不诚实的行为是他做不出的。①

尽管如此,希罗多德仍然是经典。他无可挑剔的优雅风格让人无从批评。批评他关于东方国家的信息比取代它们更容易。尽管有了马内托和贝罗索斯(Berossus),他仍然是关于埃及和巴

---

① 详见 W. Schmid, *Geschichte der griech. Literatur* II (1934), pp. 665-670.

比伦的标准权威。他关于波斯战争的史诗般的故事是对希腊过去的唯一记录。缺乏爱国主义的指责很难不受挑战。我们很容易列出一连串希罗多德的推崇者。忒奥庞波斯用两卷书概括了他的作品。像阿里斯塔科斯（Aristarchus）那样伟大的批评家为他写了注疏。这部注疏的残篇的发现足以打破关于希罗多德在希腊化时代几乎被人遗忘的传说。从公元前1世纪到公元2世纪后期，希罗多德作为风格榜样特别受青睐。古风主义对他有利。哈利卡纳苏斯的狄俄尼修斯、阿里安和琉善是他的拥趸。狄俄尼修斯表示："如果我们拿起他的书，我们会满心推崇地读到最后一个音节，而且总是想要更多。"希罗多德还能渴望得到什么更美妙的恭维呢？琉善也同样热情："但愿我们能模仿希罗多德——并非他所有的优点，因为这是没有希望的——但至少是其中之一。"①

不过，上述为希罗多德的辩护中有一些非常令人不安的特征。狄俄尼修斯没有主张希罗多德是个可靠的历史学家：他将其与修昔底德做了比较，认为希罗多德更加出色，但给出的理由只能说服那些不在乎历史可靠性的人。狄俄尼修斯认为，希罗多德选择了比修昔底德更好的主题，因为他讲述的是希腊人的荣耀而非不幸。他的历史拥有更好的开端和结尾。他用更有趣的方式撰写自己的主题，对材料的安排也更好。在风格方面，他至少可以与修昔底德相媲美。如果说修昔底德更加简洁，那么希罗多德则更加生动；如果说修昔底德更有活力，那么希罗多德则更加优雅。希罗多德的美是"灿烂的"，修昔底德的则是令人敬畏的。一

---

① Dionysius, *Letter to Pompeius*, 3, ed. W. Rhys Roberts; Lucian, *Herodotus* (21), 1.

切都偏向希罗多德——除了真实性。

同样的，琉善在赞美他时从未暗示他是个可靠的历史学家。事实上，琉善明确否认希罗多德值得信赖。他至少两次把希罗多德同克泰西亚斯相提并论，称两人是历史学家中最臭名昭著的说谎者。在《应该如何书写历史》（*Quomodo sit historia conscribenda*）这本小册子中，琉善明确把修昔底德描绘成无畏、不可腐化、自由、真诚和忠于事实的历史学家的典范。他强调了一个事实，即修昔底德是在观察了希罗多德做了什么后才提出自己的历史学家规则（41-42）。那些提到狄俄尼修斯和琉善是希罗多德在古代的著名拥趸的人常常忘记补充说，狄俄尼修斯和琉善分别含蓄和直白地否认他的真实性。

我的观点是，一切都源于这样的事实，即希罗多德敢于撰写的历史被修昔底德所否定，被后来的历史学家认为是不着边际和令人讨厌的。说谎者希罗多德的传说是历史学家希罗多德的真实成就的结果。但应该注意到的是，虽然修昔底德否定书写过去，但他没有挑战希罗多德关于可以从口头传统书写历史的假设。在公元前5世纪的情况下，几乎不可能有别的想法。至少在希腊，没有足够的书面文献可以为历史提供充分广泛的基础。修昔底德完全没有无视书面文献的利用所带来的可能性。事实上，他是极少数使用外交记录的古代历史学家之一。但他从未想过书面记录是历史的主要材料：如果他这样想，那么他永远也写不出伯罗奔尼撒战争史。更值得注意的一个事实是，后世的历史学家从未试图修改当初由公元前5世纪希腊的状况所决定的研究方法。在希腊化时代的埃及，可供利用的书面记录很可能多到令人为难；而在共和国晚期和帝国时期,罗马也肯定不乏书面记录。但直到最后,研究书面材料对罗马和希腊历史学家来说仍然是非常规的工作。如果说修昔底德确立了当代史的至高地位,那么希罗多德则决定了口头证据的至高地位。这解释了为何他仍然是历史之父,尽管已经丧失信誉。

个人观察和口头证据的突出地位一直延续到历史学家们决定前往档案馆。我们都知道,对档案馆的熟悉是历史学家们晚近才养成的习惯,几乎不超过一个世纪。诚然,罗马和希腊的古物学家对使用档案有所了解,而文艺复兴时期的古物学让对这种研究过去的方法得到了完善。不过,这种方法直到一百年前才真正变得有效和被普遍接受。古物学家们在 15 世纪就开始系统性地研究对过去的记录,但直到 18 世纪,古物学与历史学之间的藩篱才被打破,而直到 19 世纪,在撰写新的史书前要寻找新的证据才成了历史学家的固定做法。在施庞海姆、马菲和马比永提出了研究钱币、碑铭和中世纪特许状的正确方法之后很久,历史学家们仍然在汇编古代的文献材料和中世纪的编年史。吉本可能是研究古典世界的历史学家中第一个关注古物学研究成果的:他使用了古物学家的劳动成果。但即便是吉本也很少进行钱币学、碑铭学和考古学领域的独立研究。从档案或古物着手研究过去现在已经成为历史研究如此不可分割的一部分,以至于我们有时忘了蒙森是第一个系统利用碑铭和钱币的罗马历史学家。直到罗斯托夫采夫,考古学才在罗马帝国史中获得应有的位置。我足够年长,见证了罗斯托夫采夫为史学目的而掌握考古学数据所引发的惊讶。

面对修昔底德反对撰写过去的历史,从古物或档案研究历史是最有效的回应方式。我们可以幻想，如果修昔底德复生，他不会像驳斥希罗多德的方法时那样鄙夷地否定我们的方法。15世纪到19世纪，古物学家们的劳动为一种有效削弱当代史至高地位的方法铺平了道路。通过发掘遗址、查验档案馆的文件、比较钱币、解读碑铭和纸草，我们可以像修昔底德和他的线人穿行于斯巴达和雅典的各处会场一样自信地走近过去。我们可以在并非身为修昔底德意义上的见证者的情况下收集可靠的证据。在得意忘形的时刻，我们甚至可能想要告诉修昔底德，我们对雅典贡品的清单比他了解得更清楚。

不过，认为从档案研究历史的方法是现代史学克服修昔底德加给古代史学的限制的唯一方式，将是一个历史观点上的巨大错误。在档案和考古证据研究成为普遍的做法前，以旅行和研究口头传统为基础对探究过去的希罗多德式尝试曾有过复兴。在古代失意的希罗多德在16世纪取得了成功。希罗多德研究过去的方法在当时的复兴是近代史学对独立地研究过去所做的第一个贡献。①

16世纪时，历史学家们再一次前往外国旅行，向当地人提问，通过收集口头传统从现在回到过去。他们有时是作为使节，有时是作为传教士和探险家：很少有专业的历史学家。但他们撰写历史——在风格和方法上与希罗多德特别相似。新的外交活动需要仔细考察外国的传统。宗教宣传使得对将被劝说信道的民族进行客观描述成为当务之急。特别是美洲的发现及其所意味着的一切。无需认为撰写了各种"报告"（*relazioni* 或 *relaciones*）的

---

① 其他细节参见我的论文 Erodoto e la Storiografia Moderna, *Aevum* 31 (1957), pp. 74-84。

意大利外交官和西班牙传教士受到了希罗多德的影响。其中的一些作者——比如皮埃特罗·马尔蒂雷（Pietro Martire）和弗朗西斯科·洛佩兹·德·戈马拉（Francisco López de Gómara）——受过很好的古典教育；另一些人则以几乎不懂拉丁语著称，比如冈萨洛·费尔南德斯·德·奥维耶多（Gonzalo Fernández de Oviedo）。由于他们所用的历史方法大同小异，显然古典模板的作用远不如直接经验和当时的需要。希罗多德和其他古典学者的影响可能会给一些细节增色，但"报告"整体上无疑是独立于古典模板的。对我们来说，重要的是它们为希罗多德正了名，因为它们表明去国外旅行、讲述奇怪的故事、探究过去的事件不一定意味着说谎。对希罗多德的常见指责是他的故事不可信。但现在，对外国的研究和美洲的发现揭示了比希罗多德所描述的更加离奇的风俗。

　　古典学者很快意识到这些发现的影响。他们很高兴地发现，新大陆是有利于古典作者的证据。就像我不久前在别的语境下所写的，发现新大陆的结果之一是确证了古典学者的看法，即完美的古代作者曾经完美地描绘过完美的古代世界。虽然希罗多德没有给美洲的研究者带来启发，但美洲和其他国家的研究者为希罗多德的辩护者带来了启发。他在16世纪恢复了名誉。

　　我关于希罗多德直到2000年后的16世纪才从修昔底德的攻击中恢复过来的理论可以从正反两方面来证明。我将指出，对他旧有的怀疑在15世纪卷土重来，但在16世纪，由于对民族志的新兴趣，他的名誉大大改善。

　　我必须承认，为了强调美洲的角色，我一直低估了土耳其在这一发展中的角色。在关于希罗多德的幸运和不幸的故事中，土耳其人的出现是另一个必须考虑的因素。谈论希罗多德在拜占庭文明中的遭遇超出了我的能力。但在拜占庭帝国的最后一个世纪里，希腊人与波斯人古老战争的故事重新变得牵动人心。土耳其人取代了波斯人。在当时的极端困境中，希罗多德提供了一个能够带来慰藉的荣耀故事；但他受到重视似乎特别是因为他以平静的方式理解了波斯人，通过他可以更客观地看待土耳其人。在那种形势下，理解来犯的统治者也许要比赞美昔日的胜利更有必要。拜占庭最后一位伟大的历史学家拉奥尼科斯·喀尔科孔杜勒斯（Laonicus Chalcocondyles）是希罗多德的研究者和效仿者。引人注目的是，他用希罗多德的方式描绘了当时从伦敦到巴格达的世界。他是意大利人文主义者们的一位拜占庭老师德米特里俄斯·喀尔科孔杜勒斯（Demetrius Chalcocondyles）的兄弟或堂兄弟，毫无疑问他是15世纪上半叶直接或间接地把对希罗多德的兴趣和推崇传递给意大利学者的那些人之一。

西方对重新发现希罗多德的第一反应是纯粹的兴奋，就像应有的那样。瓜里诺（Guarino）在1416年左右翻译了希罗多德的前71节，一再表达了阅读时的喜悦。1452年左右，洛伦佐·瓦拉（Lorenzo Valla）翻译了全书；虽然他的译本直到1474年才刊印，但甚至还是手稿时就给人留下了深刻印象。不久之后，在1460年左右，马蒂亚·帕尔米埃里·皮萨诺（Mattia Palmieri Pisano）完成了另一个拉丁语全译本，不过从未付梓。在都灵大学图书馆可以读到它的优美手稿，其中包含了一篇非常重要的对希罗多德的赞颂。这位历史之父得到推崇不仅是因为他的风格，也因为他的工作方法、他的旅行以及他自由和独立的思想。

不过，在学习阅读希罗多德的同时，意大利人文主义者们也开始了解他的古代批评者。他们意识到修昔底德曾攻击过他，无疑熟知西塞罗对他的可疑赞美，还知道了亚里士多德、斯特拉博和狄奥多罗斯说了什么：令他们印象最深的是普鲁塔克系统化的无情攻击。最重要的是，宗教和学术争议影响了意大利人文主义者和他们不幸的拜占庭同行之间的关系。这个希腊名字在许多人文主义者心目中再次变得声名狼藉；而对希罗多德是说谎者这种观念的心理抵制也相应减弱。从 1460 年左右就已经可以看到形势的改变。乔万尼·庞塔诺（Giovanni Pontano）受邀为瓦拉没能出版的希罗多德译本作序。这篇序言流传至今。我们可以看到庞塔诺变得多么谨慎和矜持。他为希罗多德做了辩护，但非常清楚希罗多德自古就受到令人印象深刻的指责。最后他承认，在评判希罗多德时，我们必须考虑到在他写作时，真理的标准还没有像当下那么严格。一代人后，鲁多维库斯·维维斯（Ludovicus Vives）毫无顾忌地直言希罗多德更配得上谎言之父而非历史之父的头衔。"你更应该称希罗多德为谎言之父，而不是像有些人那样叫他历史之父。"（*Herodotus quem verius mendaciorum patrem dixeris quam quomodo illum vocant nonnulli, parentem historiae*）[①] 希罗多德的每位译者和编校者都觉得有必要在修昔底德和普鲁塔克的指责面前为他辩护，这个事实表明在 16 世纪初，他的名声总体而言是糟糕的。

我们从 1541 年卡梅拉里乌斯（I. Camerarius）的希罗多德校勘

---

① *Libri XII De Disciplinis* (ed. 1612), p.87.

本序言中开始注意到态度的变化。在 1566 年首印的亨里库斯·斯蒂法努斯（Henricus Stephanus）的《为希罗多德辩护》(*Apologia pro Herodoto*) 中，这种变化变得完全，在传统的指责面前为希罗多德辩护变得自信和咄咄逼人。一个有趣的巧合是，斯蒂法努斯的《辩护》问世的那年正值博丹（Bodin）出版了他的《方便掌握历史知识的方法》(*Methodus ad facilem historiarum cognitionem*)。斯蒂法努斯和博丹都致力于扩展历史观，两人的共同点可能比他们愿意承认的更多。但博丹尚无法摆脱修昔底德、狄奥多罗斯和普鲁塔克如此严厉地批评过希罗多德这个事实。作为两人中曾经更为独立的那个，斯蒂法努斯明确否定古人的判断。他的主要论据是，对民族风俗的比较研究表明希罗多德是可信的。在这里，来自遥远国度的现代"报告"的影响显而易见。这种我们可以称之为民族志比较的方法为希罗多德正了名。这并非斯蒂法努斯提出的唯一论据。比如，他表示希罗多德不可能是说谎者，因为他拥有虔敬的灵魂。但《为希罗多德辩护》的力量——这部作品在欧洲史学史上拥有举足轻重的重要性——在于它对希罗多德的描述和当代风俗做了比较。众所周知，几年后，亨里库斯·斯蒂法努斯出于讽刺的意图把这种比较用在了《给希罗多德辩护》(*Apologie pour Hérodote*) 中，这不再是对希罗多德的研究，而是对当代生活的讽刺。从 1576 年问世的鲁瓦·勒鲁瓦（Loys Le Roy，又名 Ludovicus Regius）的《论宇宙事物的纷繁多样》(*De la vicissitude ou variété des choses en l'Univers*) 一书中可以看到斯蒂法努斯的《为希罗多德辩护》的直接影响。在发表对普世史的思考时，鲁瓦·勒鲁瓦早已作为比代（Budé）的弟子和立传者以及亚里士多德的译者而确立了自己的声望。他详细描绘了两河流域、埃及、波斯和希腊,对希罗多德怀有几乎无限的信任。事实上,他把希罗多德和修昔底德并称为最好的两位历史学家。

如果说新的民族志研究是对希罗多德重新评价中的主要元素,那么宗教改革则提供了第二个动机。对《圣经》史的兴趣被重新点燃,独立探究得到了相当程度的鼓励。希罗多德被证明是对《圣经》的有用补充。就像大卫·克里特莱乌斯(David Chrytraeus)在1564年所说的,希罗多德在"先知史结束的地方"(*ubi prophetica historia desinit*)开始真是天意。16世纪下半叶,对希腊史和东方史的新兴趣开始发展起来;这鼓励了对希罗多德的研究,进而鼓励了对他的诚实的更大信赖。这并不意味着对希罗多德可信度的讨论在16世纪后就停止了。关于该问题在18世纪仍有激烈的讨论。事实上,对其作品某些部分的讨论至今仍在继续。但在亨里库斯·斯蒂法努斯之后,希罗多德不再被归入说故事的人的行列。他是古风时期的希腊史和东方史的大师和向导。就像16世纪最伟大的学者约瑟夫·斯卡利杰(Joseph Scaliger)所说,希罗多德是"希腊和蛮族起源的档案柜,博学者永远放不下这位作者,半吊子、保傅和模仿者永远应付不了他"(*scrinium originum graecarum et barbararum, auctor a doctis numquam deponendus, a semidoctis et paedagogis et simiolis numquam tractandus*)。[1] 斯卡利杰本人把希罗多德变成了古年代学的基石。一个世纪后,艾萨克·牛顿爵士绘制了年表,以便"让年代学符合自然过程、天

---

[1] *Thesaurus temporum Eusebii Pamphili* (1606), *Animadversiones*, p.97 (*anno* 1572).

文学、神圣史和历史之父希罗多德"。自然过程、天文学和神圣史——希罗多德现在进入了非常受尊敬的圈子。差不多与此同时，在 1724 年，法国耶稣会教士拉菲托（Lafitau）在希罗多德的帮助下发现了美洲的母系社会。他的《美洲野蛮人的风俗》（*Mœurs des sauvages Amériquains*）向世界揭示了一个简单的事实，即希腊人曾经也是野蛮的。

如果没有希罗多德，希腊和罗马史研究在过去的三个世纪里不可能取得如此惊人的发展。信赖希罗多德是对我们的遥远过去进行有用探索的首要条件。前往埃及和两河流域展开发掘的人们首先把希罗多德作为自己的向导。但希罗多德的意义不止于此。诚然，专业历史学家现在主要把书面证据作为工作基础。但无论出于什么目的和意图，人类学家、社会学家和民俗研究者对口头证据所做的都是历史工作。现代探险家、人类学家和社会学家关于原始人的描述归根到底是对希罗多德的"历史"（*historia*）的独立发展。因此，希罗多德仍然与我们同在，他研究现在和过去的方法仍能在口头证据上充分发挥其力量。希罗多德直到近代才真正成为历史之父，这是个奇异的事实。①

---

① 比较 H. Strasburger 的出色论文，*Herodos Zeitrechnung, Historia* 5 (1956), pp. 129-161。[W. von Leyden, *Spatium Historicum, Durham University Journal* (1950) 89-104; T. S. Brown, *Herodotus and his Profession, Amer. Hist. Rev.* 69 (1954) 829-843; H. R. Immerwahr, *Aspects of Historical Causation in Herodotus, Trans. Am. Phil. Ass.* 87 (1956) 241-280; F. Mitchel, *Herodotus' Use of Genealogical Chronology, The Phoenix*, 10 (1956) 48-49; R. Lattimore, *The Composition of the History of Herodotus, Classical Philology*, 53 (1958) 9-21; K. Latte, *Histoire et historiens dans l'antiquité* (1958) 3-37.]

第9章 一个关于历史造伪的未决问题：《罗马皇帝传》①

文集的作者以这种方式编排作品时是何构想，我们留待占卜师来推算。

卡索邦

Quid fuerit consilii collectionis huius auctori quando in istam formam corpus digessit hoc vatibus reliquimus divinandum.

CASAUBON

我们可以自诩能够相当好地分辨出中世纪、文艺复兴或以后伪造的古代文本。诚然，总是有人愿意相信塔西佗的《编年史》和《历史》是波焦·布拉乔里尼（Poggio Bracciolini）伪造的；或者反过来，《慰藉》（*Consolatio*）出自西塞罗之手，而不是写于1583年。但总体而言，我们对文本的流传、语言和历史有了足够

---

① *Journ. of the Warburg and Courtauld Institutes*, 17 (1954), 22-46. 本文于1953年5月在瓦尔堡学会宣读，作为一系列关于伪造的论文之一。我要感谢 N. H. Baynes, H. Bloch, M. I. Henderson, A. H. M. Jones 和 H. M. Last 审读和讨论了文本，感谢 A. A. Bard 和 O. J. L. Szemerényi 提供了有用的信息。文中表达的观点当然完全由我本人负责，但我想用本文来缅怀我的老朋友 G. M. Bersanetti, 他的 Storia Augusta 一文（*Enciclopedia Italiana*, Suppl. I [1938], pp. 1034-1036）表明他多么清楚与《罗马皇帝史》相关的问题。

的了解，可以相当确信不会把 14 世纪、16 世纪或 19 世纪的希腊语或拉丁语散文体作品当成公元前 5 世纪到公元 5 世纪之间某个时候所写的历史文献。

另一方面，坚称我们能够发现古代人的伪作则是荒唐的。事实上，在这类情况中，伪作之名是有问题的。如果更仔细地考察，我们想要贴上伪作标签的可能是完全诚实的作品，只是被错误地归于别的作者名下。举一个最普通的例子，被放在色诺芬的作品中流传的《雅典政制》并非伪作，而是一部被误归于色诺芬名下的真正的前 5 世纪作品。在另一些例子中，伪作之名可能包含了戏仿之作。我们不确定被归入希罗多德名下的《荷马传》是真正的伪作，还是对荷马的风格和手法的戏仿：这甚至可能是一部真正的前 5 世纪作品，最初匿名流传，然后被归入希罗多德名下。必须承认，我们对风格、语言、流传和历史状况的了解还不足以解释所有关于古人伪造的古代文本的问题。这解释了为何对于某些被归于柏拉图、德摩斯梯尼和撒鲁斯特名下的作品一直众说纷纭，更别提像忒奥格尼斯（Theognis）和提布卢斯（Tibullus）这样的诗人了。

如果说古典时代的任何阶段都是如此，那么对于古代晚期就更是这样了。在这一时期，我们看到了数量特别多的真实性存疑的作品。不仅是因为对公元 4—6 世纪的希腊和拉丁语作家的语言和抄本传统的研究不如对之前时代作家的语言和抄本传统的关注。为何晚期希腊和罗马作家的真实性有那么多问题的另一个原因也许在于宗教争论给文本写作带来的复杂性。读过哈纳克（Harnack）给他的《古希腊文学史》（*Geschichte der altchristlichen*

Literatur）写的导言的人都不需要更多解释。哈纳克用清晰朴实的方式指出了公元3世纪后在宗教争论的影响下，希腊和罗马文学被欺骗和伪造（*Täuschung und Fälschung*）污染的过程。"正统性"和它忠实的追随者"迫害"怂恿在文字上造假。难怪现代学家常常会怀疑4—5世纪的文献中有伪作，即便伪造的理由并不十分明显。阿塔那希俄斯（Athanasius）被伟大但性格古怪的学者泽克（Seeck）指责系统地伪造文献。优西比乌（Eusebius）的《君士坦丁传》（*Life of Constantine*）仍然是热烈争论的对象，无论是关于其整体的真实性，还是书中所包含的文献的真实性。多纳图斯派文献受到强烈质疑，直到迪歇纳（Duchesne）拯救了它们，但关于许多殉道者行传真实性的讨论仍在继续。

即便当我们确定是伪作时，有时我们还是难以理解伪造者的想法。很少有造伪比塞涅卡和圣保罗之间的通信更加明显——尽管考虑到人的轻信，我不得不承认至少有一位当代的基督教文本研究者愿意认为这些书信是真的。我们甚至在相当程度上确信，这些信是在公元4世纪编造的，因为拉克坦提乌斯（Lactantius）还没听说过它，而圣哲罗姆表示它是不久前才为人所知的。不过，我们几乎不可能走进伪造者的头脑。他让塞涅卡和圣保罗就一些琐事展开通信，显然认为他们会用拉丁语互相写信——而且是糟透了的拉丁语。另一方面，伪造者对书信的年代费了一些思量，还利用了关于尼禄时代罗马大火的可靠材料。这个大杂烩的特点是幼稚、粗俗、卖弄和调皮的混合，但仍然很难看出它的终极动机。①

---

① 见我的论文，*Rivista Storica Italiana*, 62 (1950), pp. 325-344。总体情况见 G. Bardy, *Rev. Hist. Éccl.* 32 (1936) 5-23; 275-302。

所谓的《罗马皇帝传》并非基督教的产物——事实上这是一份引人瞩目的垂死异教的文献。但不能单独对它进行考察——必须将它与我所说的晚期希腊和罗马作家不稳定的诚实标准联系起来。他们身处一个伪造、篡改、张冠李戴和偏颇解读的时代。如果《罗马皇帝传》比那个时代所要求的文学标准更加诚实,反倒让人意外了。《罗马皇帝传》的研究者必须记住,他面对的是一个不健康时代的产物。但另一方面,他应该意识到,和法庭上一样,模糊的怀疑取代准确的证据时就会犯下最严重的语文学错误。《罗马皇帝传》写于一个习惯于造伪的时代,而优西比乌的《君士坦丁传》(如果没有别的)则表明,4世纪时仍然有人能够收集确凿的证据。此外,对《罗马皇帝传》的批判问题是赫尔曼·德绍(Hermann Dessau)在1889年首先提出的,当时的学者们怀疑任何古代晚期的作家都可能不诚实。研究《罗马皇帝传》的难点之一在于,我们必须不断诉诸在科学诚信上截然不同的两个时代相互冲突的标准:4世纪的和19世纪的。[1]

众所周知,《罗马皇帝传》是近代给——我相信是卡索邦——从哈德良到戴克里先(公元117—284年,包括前者,不包括后者)的一系列罗马皇帝、恺撒(副帝,Caesar)和篡位者的传记所起

---

[1] 关于对《罗马皇帝传》的近代研究,见 H. Peter in *Bursians Jahresb.*, 76 (1893), pp. 119-161; 130 (1906), pp. 1-40, and by E. Hohl, ibid., 171 (1915), pp. 94-146; 200 (1924), pp. 168-210; 256 (1937), pp. 129-156. 另见 Hohl(这里就不赞美他关于《罗马皇帝传》的宝贵作品了), *Neue Jahrb.*, 33 (1914), pp. 698-712; *Hermes*, 55, 1920, pp. 296-310; *Klio*, 27 (1934), pp. 149-164. Cf. the surveys by P. Lambrechts, Ant. Class., 3, 1934, pp. 503-516, and E. Manni, *La Parola del Passato*, 8 (1953), pp. 71-80. 我发现 Diehl 在 Pauly-Wissowa 中的 'Historia Augusta' 一文非常有用。在没有现代注疏本的情况下,D. Magie 在洛布本(1922-1932)上的注释很有帮助。本文中只引用最相关的研究。

的题目。今天的文本并不完整。公元 244—259 年无疑有缺失。另一处缺失可能在开头，因为那里非常突兀。作者们承认自己是苏维托尼乌斯的推崇者。如果系列中原本包括涅尔瓦和图拉真的传记（除了开场白），那么它就接续了苏维托尼乌斯的作品。不过，目前尚未发现这些所谓失传的涅尔瓦和图拉真传记的确凿痕迹。差不多 20 年前，扬·克鲁斯（Jan W. Crous）——我们中的许多人充满深情地记得这位罗马德国考古学会的善良而博学的图书管理员——认为，他在 16 世纪的古物学家，《罗马城的地形学》（*Urbis Romae Topographia*）的作者巴尔托洛缪·马里亚尼（Bartolomeo Marliani）那里找到了失传传记的残篇。① 但年轻的意大利学者圭多·巴尔比埃里（Guido Barbieri）很快证明，马里亚尼的引文并不可靠。②

根据抄本传统，这些传记是由生活在戴克里先和君士坦丁时代的六位不同作者所写。其中有的传记被题献给戴克里先，有的献给君士坦丁，有的献给私人。四位作者——埃里乌斯·斯巴提雅努斯（Aelius Spartianus）、尤里乌斯·卡皮托利努斯（Julius Capitolinus）、乌尔卡奇乌斯·加甲卡努斯（Vulcacius Gallicanus）和埃里乌斯·兰普利狄乌斯（Aelius Lampridius）——表示他们写的传记不只是我们现在的列传中所出现的那些。事实上，斯巴提雅努斯和加里卡努斯在三段复杂的声明中宣称他们的意图是撰写尤里乌斯·恺撒之后所有皇帝的传记（《埃里乌斯传》1.1；7.5；《阿维狄乌斯·卡西乌斯传》3.3）。只有特雷贝利乌斯·波里奥

---

① *Röm. Mittleil.*, 48 (1933) pp. 50-56.
② *Annali Scuola Normale Pisa*, II, 2 (1933), pp. 376. Cf. Chr. Hülsen, *Rh. Mus.*, 83 (1934), pp. 176-180; E. Hohl, *Bursians Jahresb.*, 256, 131.

（Trebellius Pollio）和弗拉维乌斯·沃皮斯库斯（Flavius Vopiscus）这两位作者似乎只写了现存的传记，他们的作品构成了列传的最后一部分，从阿拉伯人腓力（Philip the Arab）到卡鲁斯（Carus）、卡里努斯（Carinus）和努梅里阿努斯（Numerianus）。如果我们接受这一初步证据，那意味着必然有人从前四位作者的传记中选择了看上去最值得被收入今天的《罗马帝王传》的那部分：当然，这并不意味着编辑者一定就是特雷贝利乌斯·波里奥或弗拉维乌斯·沃皮斯库斯，即那两位为系列收尾的作者。需要记住的是，关于目前的列传的初步证据暗示存在编者，但没有表明是否应该认为编者是作者们的同时代人，可能是他们中的一员，或者是某个生活年代更晚的人。前四位作者间的传记分配没有按照任何清晰的次序：比如，埃里乌斯·斯巴提雅努斯似乎写了哈德良、狄丢斯·尤里雅努斯（Didius Julianus）和塞普提米乌斯·塞维鲁（Septimius Severus）的传记，而尤里乌斯·卡皮托利努斯写了安东尼·庇护、马可·奥勒留和佩提纳克斯（Pertinax）的传记。乌尔卡奇乌斯·加里卡努斯写了阿维狄乌斯·卡西乌斯的传记（那是他唯一的贡献），埃里乌斯·兰普利狄乌斯写了康茂德、埃拉伽巴鲁斯（Elagabalus）和塞维鲁·亚历山大（Severus Alexander）的传记。当然，我们可以在各种论据的帮助下对个别传记的归属提出争议，但无法改变无序的整体画面。从给皇帝的题献中也找不到任何清楚的次序。埃里乌斯·斯巴提雅努斯把《塞普提米乌斯·塞维鲁传》题献给了戴克里先（20.4），把《盖塔传》题献给了君士坦丁。乌尔卡奇乌斯·加里卡努斯把他写的唯一传记献给了戴克里先，而埃里乌斯·兰普利狄乌斯明确表示，他的一篇传记，即

《埃拉伽巴鲁斯传》是君士坦丁皇帝下令写的。我们可能提醒自己，这位兰普利狄乌斯被认为是理想化了的《塞维鲁·亚历山大传》的作者，因为它写于君士坦丁时代，是在这位皈依基督教的皇帝仁慈的目光下写成的。

今天，现代评论家们宣称在《罗马皇帝传》中发现了两种不同但相互关联的伪造。第一种伪造足够明显，我们无需说太多。《罗马皇帝传》在广泛引用文献这点上也遵循苏维托尼乌斯的模板。书中用到约 130 种文献，大部分是皇帝和其他大人物的书信。关于元老院决议（senatus consulta）和欢呼通过（acclamations）的有 20 种，还有 10 处碑铭。这些文献分布不均。[①] 被归于斯巴提雅努斯名下的传记只用到 3 种，都出现在《佩希尼乌斯·尼格尔（Pescennius Niger）传》中。一些重要皇帝的传记没有使用任何文献，比如哈德良和塞普提米乌斯·塞维鲁。兰普利狄乌斯使用了 9 种。乌尔卡奇乌斯在《阿维狄乌斯·卡西乌斯传》中用了 11 种。更值得注意的是卡皮托利努斯。他在安东尼·庇护、马可·奥勒留、卢基乌斯·维鲁斯和佩提纳克斯传中没有使用文献，但在从克洛狄乌斯·阿尔比努斯（Clodius Albinus）开始的第二组传记中使用了超过 40 种文献，包括两位马克西米努斯和三位戈尔狄阿努斯。特雷贝利乌斯用了 17 种文献，而沃皮斯库斯用了多达 44 种。只要设想一下这整个情况，就会产生怀疑。有许多东西可说的皇帝的传记没有使用文献。鲜为人知的皇帝，甚至更加不为人知的

[①] 我参考了 H. Peter, *Die Scriptores Historiae Augustae* (1892), p. 154. Cf. E. Dichl, Pauly-Wissowa, s.v. "Historia Augusta," 2085; C. Lécrivain, *Études sur l'Histoire Auguste* (1904), pp. 45-101, and L. Homo, "Les documents de l'histoire Auguste et leur valeur historique," *Rev. Histor.* 151 (1926), pp. 161-198; 152 (1926), pp. 1-31（有用的总结）。

148　篡位者和皇族成员的传记则充斥着文献。这要么是非常勤勉，要么是非常不诚实的标志。结果表明，这是非常不诚实的标志。对文献本身的更深入分析证明，它们大多不可能是真的。伪造这大部分文献的是《罗马皇帝传》的作者还是他们的材料来源，这有待讨论，但这些文献的确是伪造的。这些伪造文献有助于填补材料不足的传记。它们的目的不是提供事实，而是补充事实的不足。《罗马皇帝传》对诚实的研究兴趣不大。①

因此，可以确定《罗马皇帝传》大量使用了伪造文献。但我们的问题不在于此。我们必须认为整部《罗马皇帝传》是后世的伪造，是生活在比戴克里先和君士坦丁更晚时代，却想要把自己伪装成这些皇帝的同时代人的一位或多位作家的产物吗？所谓《罗马皇帝传》的问题无关书中文献的伪造，而是关于整部《罗马皇帝传》被认为是伪作。我们需要确定前文提到的那六个人是否在戴克里先或君士坦丁时代写了《罗马皇帝传》，就像他们所宣称的那样，还是说《罗马皇帝传》的创作时代更晚，写于君士坦提乌斯二世、尤里安或狄奥多西时代，甚至是 6 世纪，作者是一个或多个我们不知其真名的人，他们假装自己是戴克里先和君士坦丁的同时代人。

在这里，我也许应该说明两点。第一，"伪造"（forgery）一词与《罗马皇帝传》的关系。关于《罗马皇帝传》的大部分研究

---

① 关于《罗马皇帝传》史料价值的最新贡献是 E. Hohl 的出色论文，"Ueber die Glaubwürdigkeit der Historia Augusta," *Sitz.-Ber. Berl. Akad.* (1953), n. 2；另参见同一作者的 "Das Ende Caracallas," *Miscellanea Academica Berolinensia*, II, i (1950), pp. 276-293。我有意回避了《罗马皇帝传》是否宣称使用了从不存在的书面材料的问题。[cf. G. Barbieri, 'Mario Massimo', *Riv. Filol.* 32 (1954) pp. 36-66; 263-275.]

是用德语写的。德国学者经常用"伪造"（Fälschung）来形容《罗马皇帝传》。由于我的母语是意大利语，我自觉无法确定他们所说的 Fälschung 是否总是等于英国学者所说的伪造。我能做的只是指出，在本报告中，我将假设你们认为《罗马皇帝传》是伪造的或 Fälschung，如果你们相信《罗马皇帝传》是在君士坦丁之后由一位（或多位）在《罗马皇帝传》的作者身份和创作时间上欺骗读者的人所写——从而可能把他（或他们）自己的作品归到戴克里先和君士坦丁时代的六位虚构出来的作家名下。但我将假设你们不认为《罗马皇帝传》是伪造的，如果你们相信它是在君士坦丁时代由一位或多位想要掩盖他们的身份和作品真实创作年代的人所写的。当然，这种区分的理由是，一边是为了欺骗读者而引入文本的细节，一边是后来作者本人或编者因修订文本而无意中造成的特征（诸如年代错乱），如果你承认它创作于君士坦丁时代，那么区分两者就变得太过困难（至少对我如此）。

第二，可以说，在这个关于伪作的系列中，我选择《罗马皇帝传》作为我的报告主题时有些犹豫。我知道，我所在的伦敦大学骄傲地在其荣休教授的行列中拥有在世最伟大的《罗马皇帝传》权威诺曼·贝恩斯。显而易见，我在这个问题上完全无法和他相比。但另一方面，《罗马皇帝传》特别适合在有关伪作的课程上讨论，因为至少在我看来，《罗马皇帝传》是否伪作仍然是一个悬而未决的问题。对于无可争议的伪作，我们会显得非常聪明，没有什么更明显了。但对于《罗马皇帝传》，我们必须做出自己的判断。我们不是在谈论已决案件（res iudicata），而是未决案件（res iudicanda）。调查伪作的过程还没完成，如果真有的话。正因为许多东西取决于我们将要做出的决定,我们应该明智地在确定我们的选择是正确的之后再全力投入。《罗马皇帝传》不仅是现存从哈德良到戴克里先的罗马史的最重要材料,也是晚期罗马宗教和政治思想的重要文献。它的作者们是在戴克里先和君士坦丁时代,还是在半个或一个世纪后写作,这一点有很大的区别,无论他们在文献问题上可能多么不可靠。今天,伪作已经变得可敬。它们被认为表达了伪造者的"世界观"(*Weltanschauung*)。它们无疑是这样的。但想要掩盖自己身份的人的"世界观"仍然与不想这样做的人有区别。因此,在得到这种或那种意义上的决定性证据之前,有必要先不做判断。对《罗马皇帝传》的讨论提供了一个正在进行的关于伪造的讨论的经典例子。在这场讨论中,我也许可以自诩拥有一个在《罗马皇帝传》的研究者中几乎独一无二的特点,即不对其提出任何理论。我觉得既不必要也不可能提出新的理论。我认为我所能做的是把"傻子西蒙"(Simple Simon)的方法用于《罗马皇帝传》的研究——身无分文的他直接告诉卖馅饼的人他没有钱。特别是近年来,关于《罗马皇帝传》的太多论点只是想象中的钱。

众所周知,1889 年,德绍提出《罗马皇帝传》并非是在戴克里先和君士坦丁的时代,而是狄奥多西的时代创作的。[①] 他还认

---

① *Hermes*, 24 (1889), pp. 337-392; 27 (1892), pp. 561-605。他在 *Janus. Festschrift zu C. F. Lehmann-Haupts sechzigstem Geburtstage* (1921), pp. 124-128 的论文暗示,在狄奥多西之前,《罗马皇帝传》的作者不可能知道撒玛利亚人 (*Heliog.* 3, 5; *Firmus* [*Quadr.*] 7, 5; 8, 3)。但这种观点并没有带来什么新东西:《皇帝传》对犹太人的事务感兴趣。Hohl 在 *Klio*, I i (1911), pp. 178-229 和 pp. 284-324; 12 (1912), pp. 474-482; 14, 1914, pp. 380-384 以及上面提到的 1927 年之前的论文中发展了德绍的观点。Cf. A. Rosenberg, *Einleitung und Quellenkunde zur römischen Geschichte* (1921) p. 238 and H. Dessau, *Woch. f. Klass. Philologie*, 35 (1918), pp. 389-393.

为,措辞的风格技巧上的统一表明,所谓的六位立传者背后只有一个作者。德绍的文章是公认的杰作。其批判性的洞察力仍然未被超越。就像可以预料到的,德绍马上找到了伟大的奥托·泽克这位盟友,只要能够,后者从不相信任何东西是真的。泽克提出的论点指向更晚的年代,即公元407年左右。① 但需要指出的是,另一位更伟大的人物没有完全被说服。作为德绍的弟子,特奥多尔·蒙森拒绝相信《罗马皇帝传》不是在戴克里先和君士坦丁时期编集而成的。他只是承认后来有过增补,以及4世纪末时有过全面修订。② 赫尔曼·彼得(Hermann Peter)的怀疑态度更加强烈,作为文本的校勘者和广博的史学研究者,他是最有资格评判的人之一。他直接否定了德绍和泽克,认为列传完成于公元330年左右。③ 他的保守态度得到了沃尔夫林(Wölfflin)和克莱布斯(Klebs)对语言和风格所做分析的支持。沃尔夫林和克莱布斯似乎至少证明有一点是很有可能的——列传的作者不止一位。④

---

① *Jahrb.f. class. Philol.*, 141 (1890), 609-639; *Zeitschr. f. Numism.*, 17 (1890), 36; p. 113ff (especially p. 152); *Rh. Mus.*, 49 (1894), pp. 208-224 (泽克最重要的论文); ibid., 67 (1912), pp. 591-608.

② *Hermes* 25 (1890), pp. 228-292=*Ges. Schriften*, VII, pp. 302-362. F. Leo, *Die griechisch-römische Biographie* (1901), pp. 268-304 通过对某些传记的结构进行富有启发性的分析支持了蒙森的观点,但他无法证明每一层次分别出自不同的作者。后来, W. Soltau 试图在蒙森的假设基础上写一篇《罗马皇帝传》的"发展史"(Entwicklungsgeschichte): *Philologus*, 74 (1917), pp. 384-445; *Berl. Philol. Woch.* (1917), pp. 1541-1544; (1918), pp. 1047-1056。他显然失败了。E. Manni 在他的 *Le Vite di Valeriano e di Gallieno* (Palermo, Palumbo, 1951)序言中宣布回归蒙森的立场。[另参见 A. Piganiol, *Histoire de Rome*, 4 ed. (1954) 302。]

③ H. Peter, *Die Scriptores Historiae Augustae* (1892)。E. Klebs 的各篇论文同样重: *Hist. Zeitschr.*, 64 (1889), pp. 213-245; *Rh. Mus.*, 45 (1890), pp. 436-465; 47 (1892), pp. 1-52 and 515-549。

④ E. Wölfflin, *Sitz.-Ber. Bayer. Akad.* (1891), pp. 465-538; 另参见 E. Klebs, Rh. Mus., 47 (1892), pp. 1-52 对沃皮斯库斯的分析,以及 S. Frankfurter, *Eranos Vindobonensis*, (Vienna, 1893), pp. 218-232 的评论。Hohl 在 Klio, 12 (1912), p. 481 对沃皮斯库斯的猜想引发了对据信是《罗马皇帝传》材料之一的尤尼乌斯·科尔都斯的猜想,见 W. Hartke in E. Hohl, *Julius Capitolinus, Maximini duo*, "Kleine Texte," 172 (1949), p. 8。在这点上,我认同 O. Gigon, *Mus. Helvet.*, 6 (1949), p. 236。

这足以为语文学行业打开防洪闸门。过去六十年间提出的极端或折中的理论可以组成一座图书馆，尽管不一定对爱书人特别有吸引力。

这股洪流中诞生了四类研究者。第一类是多玛泽夫斯基（Domaszewski）和他的学派。多玛泽夫斯基试图证明《罗马皇帝传》写于6世纪末，作者出生在高卢，更准确地说是在尼姆。他的理论属于古典学术的笑谈。① 但多玛泽夫斯基从来不是蠢人，尽管常有古怪之举。他对《罗马皇帝传》中关于罗马地形、人名和政治制度等的分析非常有用。另两类研究者在对常识的尊重上更加传统。其中之一是意大利的德桑蒂斯和法国的雷克里文（Lécrivain）为首的一群坦诚的保守派。② 可以说，德桑蒂斯在1896年发表的论文成功地摧毁了德绍和泽克最初论点中的大部分。③ 另一类研究者则团结在贝恩斯著名的小书《〈罗马皇帝传〉，它的年代和目的》（*The Histroia Agusta, its Date and Purpose*，1926年）周围。贝恩斯断言《罗马皇帝传》是公元362—363年左右在尤里安皇帝统治时期所写的，旨在作为推动"叛教者"的政制和宗教计划的宣传。

---

① 见他在 *S.-B. Heidelb. Akad.* (1916-1920) 的各篇论文，其中 *Die Personennamen bei den S.H.A.*, 13 Abh. (1918) 是最典型的一篇；以及 E. Hohl 对其怒气冲冲的批评：*Bursians Jahresb.*, 200, 168, and *Philol. Wochenschrift* (1919), pp. 745-751。多玛泽夫斯基提出的许多地形学论据被 D. M. Robathan 推翻，*Trans. Amer. Phil. Assoc.* 70 (1939), pp. 515-534。当然，多玛泽夫斯基不得不利用《罗马皇帝传》（ap. Jordan, *Getica*, 15, 83）来否定公元485年执政官 Q. Aurelius Symmachus 的年代下限。关于这点，参见 W. Hartke, *Kinderkaiser*, p. 427。

② G. De Sanctis, *Rivista di Storia Antica*, 1 (1896), pp. 90-119; C. Lécrivain, *Études sur l'Histoire Auguste* (1904)。仔细研读德桑蒂斯的论文能让《罗马皇帝传》的研究者们避免重复提出显然站不住脚的论点。

③ F. Dornseiff, *Deutsche Literaturzeitung*, 66-68 (1945-1947), pp. 72-75 强调了对这种观点的认同。Cf. O. Gigon 在 *Mus. Helvet.*, 6 (1949), pp. 236-237 中睿智的评论。L. Homo 的论文（*Rev. Histor.*, 131 [1919], pp. 209-264; 132 [1919], pp. 1-38）有点武断。

贝恩斯说服了霍尔(Hohl)和恩斯林(Ensslin)这两位著名研究者。①事实上，让像霍尔这样对《罗马皇帝传》有独一无二了解的人从德绍的理论转向贝恩斯的理论，几乎意味着贝恩斯的理论被确立为正统准则。我对第四类人怀有复杂的情感。它包括了《罗马皇帝传》的最新研究者，他们追随泽克的遥远领导。作为这群人中的一员，哈特克(W. Hartke)在1940年时试图证明《罗马皇帝传》中500页左右不容否认的糟糕拉丁语是在公元394年末的大约3个月里写成的。在他看来，《罗马皇帝传》出自叙马库斯异教徒圈子的一个成员之手，更准确地说是小尼科马库斯·弗拉维阿努斯(Nicomachus Flavianus junior)，目的是促成狄奥多西与被打败的篡位者欧根尼乌斯(Eugenius)的异教徒追随者和解。② 在1952年问世的一本书中，施特劳布(J. Straube)接受了哈特克的时间上限，但没有接受下限，③ 而敏锐的学者马扎里诺(S. Mazzarino)总体上

---

① 见霍尔对贝恩斯的书评，*Philol. Woch.* (1927), 711 以及 Ensslin, *Klio*, 32 (1939), 103 和其他作品。

② *Geschichte und Politik im spätantiken Rom, Klio*, Beih. 45 (1940). 哈特克已经写过 *De saeculi quarti exeuntis historiarum scriptoribus quaestiones*, diss. (Berlin, 1932) (see especially p.56)，启发了 E. Norden, *Altgermanien*, 1934, p. 31 (cf. E. Hohl, *Bursians Jahresb.*, 256 [1937], p. 153)。他的理论没能经受住 Hohl, *Phil. Woch.*, 62 (1942), p. 236 和 Ensslin, *Gnomon*, 18 (1942), pp. 248-267 的批评。[E. Demougeot, *L'Antiquité Classique*, 22 (1953), pp. 361-382 轻率地认为沃皮斯库斯就是老尼科马库斯·弗拉维阿努斯(Nicomachus Flavianus)。]

③ J. Straub, *Studien zur Historia Augusta*, Diss. Bernenses, 4, (1952). 施特劳布总体上认同 A. Alföldi，不过后者从未发表过他宣称的对《罗马皇帝传》的研究。不幸的是，我读不了 Alföldi 在 Egyetemes Philologiai Közlöny (1929-1930) 上的匈牙利语论文 (见 Hohl, *Klio* [1934], p. 160)，但我从 Zeitschr. f. Numismatik, 38 (1928), p. 166, n. 2 和 172, n. 3; *A Festival of Isis in Rome under the Christian Emperors of the IV century*, Diss. Pannonicae (1937), pp. 45-46; *Die Kontorniaten* (1943), pp. 59, 64, 75; *A Conflict of Ideas in the Late Roman Empire* (1952), p. 125 和下面引用的短论文中了解了他的观点。J. M. C. Toynbee, *Journ. Rom. Stud.*, 35 (1945), pp. 15-121 批评了 Alföldi 研究晚期罗马问题的方法。读者将会看到，尽管我非常推崇 Alföldi 的作品，我很难接受他对《罗马皇帝传》的看法。

似乎认同这个年代。① 我的复杂情感可以用一个事实来解释，即哈特克发表过一本篇幅大得多的书来支持他的更早的年代。《罗马的儿童恺撒》（Römische Kinderkaiser）这本新书尽管在 1951 年才出版，但已经成为真正的学问如何被思想的晦涩和喜欢使用神秘的表述所破坏的经典例子。现在，哈特克把《罗马皇帝传》视作"横切-非因果式思维方式"（querschnittlich-akausale Denkform）的文献。他认为《罗马皇帝传》没有时间等方面的意识。哈特克的表述是否有任何意义可能仍然并不确定。② 但我非常确定，它们与《罗马皇帝传》是否伪作的问题没有关系。斯特恩（H. Stern）在最新一期的《拉丁语研究评论》（Revue des Études Latines）上刚刚提出了第五条思路。他写了一篇文章，暗示《罗马皇帝传》是伪作，旨在讨好君士坦丁的儿子君士坦提乌斯，并承诺写一本书来证明自己的意见。③

在盘点证据时，我们会被迫在支持在时间上晚于君士坦丁时代的无数论据中做出选择，从德绍的文章开始，这类论据被引入

---

① *Aspetti sociali del quarto secolo* (1951), pp. 345-370 and passim. Cf. also *Doxa*, 4 (1951), p. 123, n.1（我认为马扎里诺不会质疑这种说法）。

② 出色的书评见 N. H. Baynes and H. M. Last in *Journ. Rom. Studies*, 43 (1953), p. 135, and by F. W. Walbank in *Class. Rev.*, N.S. 3 (1953), pp. 47-49。

③ *Rev. Études Lat.*, 30 (1952), pp. 251-284. 斯特恩的主要观点是 "一边是对尤里安的第一篇颂辞中的某些部分，一边是《罗马皇帝传》中对四帝共治和君士坦丁家族的共同赞颂，两者间的相似性向我们暗示，后者是献给君士坦提乌斯二世的"（*les analogies entre certaines parties du premier panégyrique de Julien et les éloges conjugués des tétraques et de la famille constantinienne dans l'H.A. nous suggèrent Constance II comme destinataire de cette dernier*, p. 284）. 我认为这不合逻辑。[斯特恩的著作 *Date et destinataire de l'Histoire Auguste*, Paris, 1953 现在已经问世，我认同书中许多富有洞见的说法，但觉得它的论点无法令人信服。见我在 *Journ. Rom. Stud.*, 44 (1954) 的书评。斯特恩的某些说法已经出现在 U. Giri, *In qual tempo abbia scritto Vopisco le biografie degli imperatori*, Turin (1905) 中；尽管 Giri 仅仅认为沃皮斯库斯的部分写于君士坦提乌斯二世时代。参见前揭，172 页。]

该问题。选择不可避免是主观的，对某些重要论据会造成巨大不公。我所能说的只是，我一生中已经两次仔细浏览过《罗马皇帝传》的相关论著——第一次是16年前，当时我在都灵大学开设了一门该主题的课程，第二次是在近几个月。现在给我留下深刻印象的论据仍然是1937年让我印象深刻的那些（除了新增加的一条）。它们共有7条，我想按照相关性顺序对它们进行简单的盘点。现在可以看到，我在有一点上与贝恩斯存在严重分歧。1926年，他认为德绍已经明确证实，这些传记不可能是在它们自称被撰写的年代所写的。他不相信所有的传记出自一位作者之手，但认同德绍的主要观点，即作者们（无论他们的数量和名字如何）在君士坦丁之后创作，并使用了假身份。贝恩斯唯一关心的是德绍论文中将编集年代定在公元363年之后的部分。他承认那是伪作，试图将其年代定在公元363年前后。我认为，基本问题仍然是《罗马皇帝传》创作于君士坦丁去世之前还是之后。相比这个关键点，将伪作（一旦承认这点）的年代定在公元354年或公元363年抑或三十年后都成了次要的（尽管完全并非无足轻重）。因此，证明《罗马皇帝传》写于君士坦提乌斯二世和尤里安时代的论据在这里将被与写于狄奥多西或后狄奥多西时代的论据放在一起讨论。就像之前所说明的，本文的目标并非讨论《罗马皇帝传》是否出于欺骗的意图创作于君士坦丁时代。我们要讨论的是年代的问题，而不是作者数量和真实性的问题。

我从在我看来支持晚于君士坦丁时代，从而是伪作的最有力的一条论据开始。一个广为人知的事实是，《塞普提米乌斯皇帝传》（17-19）和奥雷利乌斯·维克托（Aurelius Victor）的《论恺撒》(de Caesaribus，第20章) 非常相似。这种相似性可以被解读为《罗马皇帝传》对奥雷利乌斯·维克托尔的直接借鉴，或者两者拥有共同的来源：从奥雷利乌斯·维克托尔的行文的总体方法来看，他借鉴了《罗马皇帝传》的可能性微乎其微。如果能证明《罗马皇帝传》直接借鉴了奥雷利乌斯·维克托尔，那意味着《罗马皇帝传》的至少某些部分是在360年之后写的，即奥雷利乌斯·维克托尔的时代。我反复检验过这两个文本，觉得从表面上看，显然似乎是《罗马皇帝传》借鉴了奥雷利乌斯·维克托尔，尽管按照这种解释，《罗马皇帝传》中的一些增补内容仍然无法解释。这似乎为此事下了定论。如果《罗马皇帝传》借鉴了奥雷利乌斯·维克托尔，那么它一定写于360年后，因此并非像它宣称的那样是在戴克里先和君士坦丁时代编撰的。不幸的是，事情没有那么简单。我并不真的相信《塞普提米乌斯·塞维鲁传》中来自奥雷利乌斯·维克托尔的相关段落是在《罗马皇帝传》成书很久之后才插入的。但还有其他三个事实需要考虑：(1) 在别的可能性中，《罗马皇帝传》和奥雷利乌斯·维克托尔无疑依靠共同的来源。(2) 我们无法将《罗马皇帝传》与奥雷利乌斯·维克托尔同它们的共同来源进行比较，因为这个共同来源已经失传。因此，我们看得到所有支持《罗马皇帝传》借鉴了奥雷利乌斯·维克托尔这一理论的证据，但我们实质上无法看到所有支持《罗马皇帝传》和奥雷利乌斯·维克托尔复制了同一来源这一理论的证据。目前的证据状况不允许我们在完全了解事实的情况下得出观点。(3) 现在人们普遍承认（比如莱奥 [Leo] 和贝恩斯），对于《罗马皇帝传》和欧特罗皮乌斯（Eutropius）之间相似但并不十分接近的对应性，共同的来源是更好的解释。一边是在公元 364 年后写作，从而排除了尤里安时代的欧特罗皮乌斯，一边是允许尤里安时代的理论成立的奥雷利乌斯·维克托尔，两者的差异只是程度上的。贝恩斯本人带着堪称典范的公平承认说，他给《罗马皇帝传》和奥雷利乌斯·维克托尔之间的对应性赋予了证据的价值，却没有对《罗马皇帝传》（《马可·奥勒留传》，16.3-18.2）和欧特罗皮乌斯（VIII.11-14）之间的对应性这样做，这削弱了他的说服力。我乐意承认，《罗马皇帝传》表面上看起来晚于奥雷利乌斯·维克托尔，但在根据这一假设构建理论之前，提个醒并不多余。①

重要性上被我排在第二位的是不久前由马扎里诺提出的一个非常好的论据。《塞维鲁·亚历山大传》（第 39 章）谈到一种名为"三分币"（tremisses）的钱币，价值三分之一个金币。狄奥多西铸造过名为"三分币"，正好价值三分之一个苏勒德斯的钱币。因此，《塞维鲁·亚历山大传》中有一个与狄奥多西时代相关的清楚的年代错乱。但在这里，事情没有那么简单。由于我不是钱币学家，我必须求助于钱币学权威。不列颠博物馆的卡森先生（Mr. R. A. G.

---

① 斯特恩提出的《罗马皇帝传》没有借鉴奥雷利乌斯·维克托尔的理由太过微妙，没有说服力，见 Rev. Études Lat. (1952), pp. 251-262=Date et destinataire 1 7-27. 另参见 F. Leo, Die griech.-römische Biographie (1901), p. 286, n. 1. 不过，另一边的说法也过于微妙，E. Hohl, Rh. Mus., 68 (1913), pp. 316-319 试图证明《塞维鲁传》17.5 "与其说出于他的意愿，不如说出于生活节俭"（non tam ex sua voluntate quam ex morum parsimonia）是误解了奥雷利乌斯·维克托尔《恺撒传》20.10 "更可能是因为类似的生活节俭而得到了它"（ob vitae parsimoniam similem ipsum magis ascivisse）。如果《罗马皇帝传》出现了误解，它误解的当然不会是奥雷利乌斯·维克托尔，而是《皇帝传》和奥雷利乌斯·维克托尔共同的材料来源。关于这个材料问题，我认为 G. Barbieri 的观点是合理的，见 Ann. Scuola Normale Pisa, II, 3 (1934), pp. 525-538; Studi Ital. Filol. Class., N.S. 13 (1936), pp. 183-206; Riv. Fil. Class. (1954) 36-66; 262-275. A. Maddalena, "Sulle fonti per la storia di Diocleziano e Costantino", Atti Istit. Veneto, 95 (1935-1936), pp. 247-275 同样有用。

Carson）正在编撰塞维鲁·亚历山大钱币的目录，他非常友好地告诉我，他"并不完全相信提到这种面值完全是年代错乱，就像大多数人认为的那样。在特雷波尼亚努斯·伽卢斯（Trebonianus Gallus）时代无疑有过价值三分之二个金币的钱币，在瓦勒良和伽利埃努斯时代有过很可能是价值三分之一个金币的钱币。这些钱币在重量上接近三分之一个金币"。因此，卡森先生认为，《罗马皇帝传》提到的"三分币"事实上有可能是3世纪的钱币，《罗马皇帝传》XXX.17.7 提到过它们。此外，我从埃尔默博士（Dr. G. Elmer）发表在1935年《德国钱币年鉴》（*Deutsche Münzblätter*）上的一篇文章中了解到，一方面我们不知道"三分币"的名字是从何时开始流传的，另一方面我们不知道重1又1/2个斯克里普隆（scripula）的君士坦丁钱币的名字，尽管它们的重量并非恰好是三分之一个苏勒德斯，但相去不远。如果是这样，我不认为我们可以排除君士坦丁时代最小面值的金币被称为"三分币"的可能性。最后，近来的学者似乎忘了，在所谓的《钱币之书》（*Liber de asse*）——1525年发现的一部钱币学小册子——15（II, 74 Hultsch）中提到了"三分币"。但我必须指出，我从未见过它的年代晚于君士坦丁。鉴于上述不确定性，我建议把马扎里诺的论据视作重要但不是决定性的。我不认为可以证明"三分币"一词诞生于狄奥多西时代，这是该论据绝对有效性的必要前提。

我提出的第三条论据是有关"哥特征服者"克劳狄乌斯皇帝的谱系，德绍认为它是关键所在。在特雷贝利乌斯·波里奥被认为写于公元305年之前的某些传记中，"哥特征服者"克劳狄乌斯皇帝被作为君士坦丁的祖先颂扬。但在310年，君士坦丁的官方颂辞作者提到，很少有人知道君士坦丁是"哥特征服者"克劳狄乌斯的后裔，他准备第一次将此公之于众。① 这里无疑有点奇怪。"哥特征服者"克劳狄乌斯后裔的身份直到公元 310 年才公布，但按照《罗马皇帝传》的说法，这一点在公元 305 年之前就广为人知了。经过仔细的思考，我不得不同意蒙森和德桑蒂斯的说法，即这条论据并不像乍看之下那么重要。② 颂辞证明了克劳狄乌斯后裔的身份在公元 310 年被正式接受和广而告之的事实，但并不排除几年前，特雷贝利乌斯·波里奥就已经在传播同一个传统的可能性。此外，还存在《罗马皇帝传》后来在君士坦丁时代被编辑的可能性。③ 需要承认，对"哥特征服者"克劳狄乌斯是君士坦丁所谓祖先的兴趣在君士坦丁时代要比之后更大。虽然就像赫施菲尔德（Hirschfeld）所指出的，我们可以认为这种体现了王朝兴趣的传统一直持续到公元 383 年格拉提安去世，④ 但我认为，《罗马皇帝传》

---

① Paneg. Lat. 6 (7), 2："我将从你神圣的祖先说起，许多人可能不知道，但许多爱你的人都知道。"(A primo igitur incipiam originis tuae numine, quod plerique adhuc fortasse nesciunt, sed qui te amant plurimum sciunt.)

② 蒙森的话仍然至关重要，见 Hermes, 25, p. 254, n.1=Ges. Schriften, VII, p. 326, n. 2。F. Altheim 认为 Dexippus 已经提到过君士坦丁是克劳狄乌斯的后裔，Literatur und Gesellschaft im ausgehenden Altertum, I (1948), pp. 191-192 认为他是在公元 239 年后提到的，而 Aus Spätantike und Christentum (1951), p. 54 则认为是在公元 239 年前。他的主要观点是，Dexippus 以克劳狄乌斯之死作为他的史书的结尾，因为他想要让"克劳狄乌斯被视作罗马帝国的新奠基者"(Claudius als Neubegründer des Imperium Romanum betrachtet wissen.)。参见 E. Klebs, "Das dynastische Element in der Geschichtsschreibung der römischen Kaiserzeit", Hist. Zeitschrift, 64 (1889), pp. 213-245. [Stern, Date et destinataire de l'H.A., pp. 45-51 认为，《克劳狄乌斯传》11-13 提到克劳狄乌斯和君士坦提乌斯·克洛鲁斯祖上是达达尼亚人的部分写于 350 年左右。但在 Themistius, Or. 3, 43b, p. 52 中，Dindorf 没有证明这个传说中的年代。]

③ 关于这一点，见下文。

④ Kleine Schriften (1913) pp. 887-891。唯一（不太好）的解释是像 Straub, p.137 一样认为，《罗马皇帝传》中关于克劳狄乌斯的一切都是为了不让读者看出它的创作年代。

中对"哥特征服者"克劳狄乌斯的描绘带有君士坦丁时代的味道。因此，我不愿接受《罗马皇帝传》和颂辞的证据冲突是作品诞生于更晚的年代，因而是伪作的决定性证据。这是我认为的第三条支持伪造说的论据，但并非决定性的。

下面，我将列出三条我认为价值不如之前那些的论据。首先是被贝恩斯认为是支持他的尤里安时代说的最有力的单条论据。这就是所谓的泰西封神谕。它来自《卡鲁斯（Carus）传》的第9章：

> 我引用了这封信，因为许多人宣称，命运女神下达了某种指令，规定任何罗马皇帝都不得越过泰西封，卡鲁斯遭遇雷击是因为他想要越过命运设下的界限。不过，就让被勇气踩在脚底下的懦弱去耍它自己的把戏吧。因为显然，就像我们最受尊敬的马克西米安恺撒所表明的，我们过去可以，将来也总是可以征服波斯人和越过他们，我认为只要我们没有辜负上天对我们许诺的青睐，这就必然能实现。①

上面是对罗马人未来将在战争中击败波斯人的某种预言。贝恩斯认为它指涉了尤里安对波斯的远征。另一方面，施特劳布认为它显然指涉了霍诺里乌斯和阿卡狄乌斯的时代。在我看来，它可能指涉了某些东西——也可能没有。我无法从这则神谕中获得任何论据。任何爱国的罗马人可以在任何时候表示："如果我们勇敢，我们就能越过泰西封。"

另一条论据来自《普罗布斯传》中的另一条神谕，蒙森用自

---

① 这里和其他段落中引用的译文来自 D. Magie（Loeb）。

己的权威对其表示支持,而我则认为很难公平地评价它。预言表示,普罗布斯家族未来的世代将在元老院中获得显赫的地位,占据所有最高的职务。这篇传记的作者如此评价这条神谕说(24.1-3):"我们还没有看到任何人(成为执政官)。但毕竟未来世代在时间上是永恒的,数量上也没有限制。"(*Sed adhuc neminem vidimus, posteri autem aeternitatem videntur habere, non modum*)这句话显然带着讥讽的口吻,但我觉得除非是作者在写下这段话的时候预言尚未实现,才会用"永恒"(*aeternitas*)来开玩笑。

《罗马皇帝传》将普罗布斯皇帝后裔的家族同维罗纳联系起来(24.1)。公元371年的执政官,伟大的塞克斯图斯·佩特罗尼乌斯·普罗布斯(Sextus Petronius Probus)的家族也与维罗纳有关(*CIL* V, 3344=*ILS* 1266)。因此,可以相当肯定,《罗马皇帝传》认为(无论正确与否),371年的执政官普罗布斯的家族是普罗布斯皇帝的后代。但371年的执政官的家族在整个4世纪都声名显赫。佩特罗尼乌斯·普罗比阿努斯(Petronius Probianus)和佩特罗尼乌斯·普罗比努斯(Petronius Probinus)分别于公元322年和公元341年担任执政官;现代学者认为,公元310年的执政官庞培乌斯·普罗布斯(Pompeius Probus)有相当可能性也属于同一个家族。这些人都可能自称(或被认为)是普罗布斯皇帝的后代。如果能从对神谕的评价中得出任何结论的话,那只能是它写于公元322年之前,或者可能是公元310年之前,当时这个家族中还没有人担任过执政官,尽管家族本身已经在公众中非常瞩目了。

由于这个结论可能显得令人吃惊,有必要再补充几点:

(a)如果作者在普罗布斯家族已经出了几任执政官后想要恭

维他们，他的俏皮话就显得趣味存疑。

157　　（b）《罗马皇帝传》会拿神谕开玩笑。至少有一条神谕是谁都不敢当成年代论据的。这条神谕来自塔西佗皇帝传。这位皇帝的一名后裔将活到120岁，把罗马的统治扩大到最神秘的地方——可能是爱尔兰和锡兰——最后他将把国家的统治权交给罗马元老院。在这里，《罗马皇帝传》同样做了反讽的评价，就像在《普罗布斯传》中那样："预言家们宣称一千年后将会出现一位这样的君主，这种做法并不非常高明……"（15）从这段话中可以看到，《罗马皇帝传》关心的并不总是验后的预言。

（c）当然，没有人喜欢真正的先知。但在君士坦丁的时代，一个新的贵族阶层开始得到强化。同时代的人（想必不是《普罗布斯传》的作者，因为他不相信预言）可以在不冒过多风险的情况下对某些显赫家族的未来命运做出大胆的猜测。选出几个拥有未来的家族并不算太难。这同样适用于《阿尔比努斯传》中关于科伊奥尼乌斯家族（Ceionii）的段落。有个科伊奥尼乌斯·阿尔比努斯在公元335年担任罗马城长官；而如果我们接受泽克的推测，生于公元331年的尤里安在母系上也属于科伊奥尼乌斯家族。因此，任何人都可以说在君士坦丁的垂青下，这个家族"因为你而增加了［尊荣］，未来还将增加"（*per te aucta et augenda*）（4.2）。

（d）不过，假设我们需要面对的是验后的预言。我不知道为什么我们一定要把年代定在公元360年或公元370年之后。即使是验后的预言家也可能相信（无论是否正确）公元310年和公元322年的执政官来自同一个家族。对普罗布斯家族的预言不必晚于公元

322年前后，即便那是个验后的预言。① 诚然，如果提到的是伟大的执政官普罗布斯和他的儿子们，那将是对这条作为验后预言的预言的最佳解读。但公平起见，我们必须考虑其他可能性：这条神谕可能不是验后预言，或者这条验后预言提到的并非公元371年的执政官。

第二类论据中的第三条是安东尼王朝诸帝的名字（*nomen Antoninorum*）。由于特罗皮亚（G. Tropea）注意到《罗马皇帝传》非常重视安东尼王朝诸帝，有必要解释为何这些2世纪的皇帝在《罗马皇帝传》的作者或作者们的头脑中占据了突出的位置。② 贝恩斯的解释本身非常充分。尤里安皇帝非常推崇马可·奥勒留，《罗马皇帝传》可能试图通过赞美安东尼王朝来取悦他。但我不确定是否有必要做出特别的解释。安东尼·庇护和马可·奥勒留对他们的任何一位继任者来说无疑都是模范皇帝。戴克里先给自己加了"奥勒留"的别名显然是为了向奥勒留致敬，并称其为"神圣的马可，我们的父亲，最虔诚的皇帝"（*Divus Marcus, pater noster, religiosissimus imperator*，《查士丁尼法典》，V.17.5）。在君士坦丁

---

① 另一种不那么令人信服的解释见 E. Klebs, *Rh. Museum*, 45 (1890), p. 448，作者认为就普罗布斯的真正后裔而言，神谕失败了，但就另一个普罗布斯家族而言，神谕是应验的。参见 G. Vitucci 的出色评论，*L'Imperatore Probo* (1952), 148。几乎不必指出的是，虽然《罗马皇帝传》中出现了 Toxotius, Ragonius Celsus 和 Faltonius Probus 之类我们从4世纪下半叶的历史中听说的名字，但不能把它们作为年代的论据。贝恩斯（46页）认同泽克不言自明的观点（*Jahrb. f class. Phil.*, 141, 1890, 632-633），即与《阿尔比努斯传》4.1 的说法相反，科伊奥尼乌斯家族与波斯图米乌斯家族的联姻晚于公元350年。但除了这种观点固有的缺陷，《罗马皇帝传》所说的只是"他在当地人中身份高贵，祖上来自罗马家族，诸如波斯图米乌斯家族、阿尔比努斯家族和科伊奥尼乌斯家族。"（nobilis apud suos et originem a Romanis familiis trahens, Postumiorum scilicet et Albinorum et Ceioniorum）共和国时期的确存在过波斯图米乌斯·阿尔比努斯家族。

② *Riv. Storia Antica*, 4 (1899), 233-241. Cf. C. E. Van Sickle, *Class. Philol.*, 27 (1932), pp. 51-52。关于 Philocalus 历法（CIL, I2, p. 310），见 H. Stern, *Le Calendrier de 354*, (Paris, 1953), p. 82, n. 14。[注意，Lactantius 在公元316年左右所写的 *De mortibus persecutorum* 中没有提及马可·奥勒留的迫害。关于一种解释，参见 J. Moreau, II (1954) 210 的评注。]

的统治时期，他的一位颂辞作者称安东尼皇帝"身着托加时出类拔萃，在战场上也并不无能和无用"（*in toga praestans et non iners nec futtilis bello*，IV[X]，25.6）。这位安东尼皇帝无疑是马可·奥勒留，而非卢基乌斯·维鲁斯。直到4世纪末，在尤里安之后很久，安东尼·庇护和马可·奥勒留仍然是理想的皇帝：叙马库斯表示"涅尔瓦善良、图拉真勤勉、庇护纯良、马可尽责"（*bonus Nerva, Traianus strenuus, Pius innocens, Marcus plenus officii*，《书信集》1.13）。如果《罗马皇帝传》在《埃拉伽巴鲁斯传》中提到君士坦丁对庇护和马可怀有巨大的敬意，那很可能是真的（2.4）。我不认为坚持使用安东尼王朝诸帝的名字能够提供任何支持后君士坦丁年代的论据。

我把我认为非常重要但难以准确评价的一条论据留到最后。与其他论据相反，它是累积性的。我指的是贝恩斯关于《塞维鲁·亚历山大传》的作者撰写它是在相当程度上考虑了叛教者尤里安的理论：事实上许多细节只有在指涉尤里安时才是真的。在他看来，《塞维鲁·亚历山大传》是理想化的尤里安传。我试着检验过所有的相似点，先是分别考察，然后评估它们的累积效果。我不得不承认，贝恩斯总结的那些细节的累积力量给我留下了颇为深刻的印象。但我不认为真正的尤里安与理想的塞维鲁·亚历山大之间的相似点足以证明《罗马皇帝传》写于尤里安时代或更晚。在某些例子中，两者的共同点只是4世纪时描绘明君的陈词滥调。就像贝恩斯所看到的，"他下令说判决应该少之又少，但对已经做出的也不会赦免"（*condemnationes perraras esse iussit, at quae factae fuerant non indulsit*，《塞维鲁·亚历山大传》，21.1）既适用于塞维鲁·亚历山大，也适用于尤里安。但《罗马皇帝传》中写道（24.1），温和的马可·奥勒留也知道如何"对证据确凿犯有重罪的被告毫不留情"（contra manifestos et gravium criminum reos inexorabilis）。克劳狄安提醒我们（xvii，《曼利乌斯·忒奥多罗斯担任执政官颂》，Paneg. d. Manlio Theodoro Consuli 227-9）：

与神明为伍者
为理性而非愤怒所动，他衡量行为，
能够通过斟酌实施惩罚。

dis proximus ille

quem ratio, non ira movet, qui facta rependens

consilio punire potest.

在另一些例子中，共同之处并非具体的点，而是两个个体共同的一般倾向。比如，塞维鲁·亚历山大和尤里安都被描绘成青睐犹太人，但我们不知道尤里安是否被讥讽为"叙利亚大祭司"（Syrus archisynagogus），就像《罗马皇帝传》中提到人们对塞维鲁·亚历山大所做的那样。对另外一些例子的分析**可能必须要考**虑比贝恩斯似乎愿意接受的更多的因素。尤里安和塞维鲁·亚历山大被说成体格强健有力，炯炯有神的眼睛里显示出思想的力量和超群的记忆，贝恩斯有理由对这个事实感到震惊。就像贝恩斯所说的："可以看到，兰普利迪乌斯的亚历山大的三个典型特征都是阿米安的尤里安的特征。"但强健俊美的身体、明亮的眼睛和非凡记忆的天赋是古代晚期经常提到的特征，用来形容那个时代的超人——比勒（L. Bieler）颇不准确，尽管不无道理地称之为"神样的人"（θεῖος ἀνήρ）。① 杰出的智术师克吕桑提俄斯（Chrysanthius）被欧纳皮俄斯（Eunapius）形容为拥有不知疲倦甚至是坚韧的身体，出色的记忆，"目光证明他体内的灵魂正围绕着他表达的观点跳跃和舞动着"（502）。《罗马皇帝传》非常重视根据当时的面相学手册来描绘身体和精神特征。正因为它描绘了所有这些细节，它假意对它们表示不屑。"把每个琐碎的东西都包括进来太冗长了，而描绘他的身量、体型和俊美，或者他吃多少和喝多少则太烦人了。让别人去描绘这些东西吧"（《四僭主传》，11.4）。《塞维鲁·亚历山大传》不同寻常的长度和理想化无疑是需要解释的。但我们在这里关心的问题只是，将《塞维鲁·亚历山大传》解读为改头换面的尤里安颂是否必要或令人满意，或者两者都是。考虑所有因素，我的回答是既不必要也不令人满意。②

我对上述 7 条论据的简单分析的结果是，其中 3 条或者可能 4 条显示了后君士坦丁时代的标志，因此暗示是伪作。不过，问题在于这些标志是否足够明显和足够多到让造伪变得确凿无疑，并且确定其年代。一边是主张大约 500 页的作品系伪造，一边是只存在几个非常可疑的段落，两者间显然不成比例。当然，任何理智的人都不会否认，《罗马皇帝传》的创作背景鲜为人知。所谓的作者对他们自己的一些介绍显然是在开玩笑（典型的例子是《奥勒

---

① ΘΕΙΟΣ ΑΝΗΡ, *Das Bild des göttlichen Menschen in Spätantike und Frühchristentum*, I (1935). Cf. E. C. Evans, *Harvard Studies in Class. Philol.*, 46, 1935, pp. 43-84.

② 见附注 I 的注释 A。

良传》，1），可能是有意误导。另一方面，某些现在显得有些神秘的东西可能在序章中有解释，如果《罗马皇帝传》真有序章的话。① 此外，可以假设所谓的作者们在不同的时间（比如公元285年和公元337年之间）的不确定地点和背景下撰写了这些传记，如果愿意，他们有充足的时间在目前的篇目被编辑前修改自己所写的东西。我们几乎不可避免地要假设存在一位编者（无论是否来自原作者的群体），这个事实本身也让情况更加复杂。比如，编者**可能**在《加利亚努斯传》6.9中加入了"在拜占庭人中找不到古老的家族"（*nulla vetus familia apud Byzantios invenitur*）这句话，如果这是对君士坦丁元老院的嘲讽，但完全无法确定。② 当我们想到在所谓的《罗马皇帝传》问题中有多少未知因素时，我们会更加不确定自己是否能够利用那几个段落做文章，提出关于假设（而非证明）《罗马皇帝传》是在尤里安或狄奥多西时代，甚至更晚时代创作出来的理论。

---

① 我无法认同 Hartke, *Kinderkaiser*, pp. 326-328，即有证据表明，《罗马皇帝传》原本就是从哈德良的传记开始的。他用统计学论据做的证明是误导性的，即如果存在图拉真的传记，那么这位皇帝的名字在哈德良继承者们的传记中将被更频繁地提到。我也不认为《阿维狄乌斯·卡西乌斯传》3.1-3 和《佩斯克尼乌斯·尼尔传》9.2 预设了《哈德良传》是列传中的第一篇。在所有的理论中，《埃里乌斯传》1.1 都很难与 7.5 协调一致，因此无助于任何理论。不过，在我看来，对于《埃里乌斯传》中这两段话的矛盾之处，更方便的做法是将其解释成同一个人改变了看法，而不是有第二个人干预。[Stern, *Date et destinataire*, pp. 52-61 认为，对埃里乌斯的兴趣"很可能在公元354年之前不久出现在元老圈子里"（surgi probablement dans les milieux sénatoriaux peut-etre peu avant 354）。我觉得这种说法是武断的。]

② Domaszewski, *Rh. Mus.*, 57 (1902), p. 514 认为，《盖塔传》6.4 只提到了城防队（cohortes urbanae）的一位保官，因此肯定晚于公元316年。但多玛泽夫斯基对这段话的解读以及他根据 CIL VI, 1156（他误写成了1186）得出的城防队该由一人指挥的年代存在疑问：参见 Mommsen, *Hermes*, 25, p. 236=*Ges. Schriften*, VII, p. 309。多玛泽夫斯基还认为，《加利亚努斯传》8.6 "所有神庙和军团的旗帜"（signa templorum omniumque legionum）表明作者已经不再熟悉异教，这种观点更加站不住脚。《克洛迪乌斯传》（据信出自卡皮托利努斯之手）1.4 提到了《佩斯克尼乌斯·尼尔》8.1 的部分可能是编者所加。但《佩斯克尼乌斯·尼尔》9.3 可能表明两篇传记出自同一位作者之手。

另一些考虑让回答这个问题变得更加困难。虽然出现了新的贵族阶级，但 4 世纪仍是一个发生政治和经济变革的典型时代。货币的价值迅速改变，王朝不断更迭，蛮族和基督徒势力崛起，君士坦丁的改革完全没有让国家的行政稳定下来。当德绍和泽克拉开了《罗马皇帝传》研究的新时代时，他们自信能够在《罗马皇帝传》中找到后君士坦丁时代的家族和制度的痕迹。后来的作者们在地形、铸币和宗教思想等方面表现出同样的自信。不过，我认为现在所有人都会承认，伪作理论的支持者们最不善于从政治制度、①宗教思想、罗马地形或经济变革方面提出论据。②

有人试图从被错误地归给普罗布斯的"法兰克征服者"（Franciscus）头衔（《普罗布斯传》11.9）和在 3 世纪设立伊利里亚和高卢长官（praefectus Illyrici et Galliarum）（《三十僭主传》, 18.5）中找到支持后君士坦丁说的年代错乱，但如果我们记得"法兰克赛会"（Ludi Francici）可能创设于君士坦丁时代（CIL. 12, 268 页），而地区长官是由君士坦丁设立的，③那么上述论据就变得不那么令人信服。它们是年代错乱，但不一定是后君士坦丁时代的。

在一个着重强调的段落中，《罗马皇帝传》称罗马的城市长官

---

① 见附注 I 的注释 B。
② 见附注 I 的注释 C。
③ J. R. Palanque, *Rev. Étud. Anc., Mélanges Radet* (1940), pp. 494-497 表示，"伊利里亚和高卢长官"受到这样一个事实的启发：公元 360 年，一位高卢长官改任伊利里亚长官。但我们想要解释的是这个双重头衔。Alföldi *ap. Straub, Studien*, p. 30 提出的惊人说法表示，《克劳狄乌斯传》6.2 建立在关于 Grutungi-Austrogoti 的 *Notitia Dignitatum* 之上。我认为 Altheim, "Das Auftreten der Hunnen in Europa", *Acta Archaeol., Budapest*, II (1952), pp. 273-276 反驳了这种观点。《奥勒良传》42.2（参见《卡鲁斯传》4.6）中提到的乞里奇亚总督仍然没有得到解释：参见 P. Meloni, *Il regno di Caro*, (Cagliari, 1948), p. 39. 据我所知，J. B. Mispoulet 一直没有发表他关于《罗马皇帝传》中的"consulares"的研究，见 *C. R. Acad. Inscr.* (1906), p. 332 的摘要。即便他证明了这点，也不会把《罗马皇帝传》的年代认定为在君士坦丁时代之后。

为 praefectus urbis Romae，而不仅仅是 praefectus urbi(s)（《瓦勒良传》，6.6）。有人暗示，作者暴露了他知道存在另一个 praefectus urbis：公元359年创设的君士坦丁堡城市长官。这是条很吸引人的论据。但提出者没有注意到有一条罗马碑铭中（CIL. VI, 1696）把公元307年的罗马城市长官称为 praefectus urbis Romae——比君士坦丁堡城市长官的创设早了大约50年。这否定了上述论据，并意外地证明，praefectus urbis Romae 完全是君士坦丁时代的表达。

在两封无疑是伪造的书信中，瓦勒良皇帝称他的两位亲密合作者为"长辈"（parens）——更准确地说是一位地方长官和一位城市长官（《三十僭主传》，18.5;《奥勒良传》，9.6）。我们没有看到过在公元370年左右之前，现存证据中有皇帝称呼城市长官为"长辈"的。因此可以推断出：（a）公元370年左右，瓦伦提尼安皇帝第一个使用这种称呼；（b）《罗马皇帝传》模仿了瓦伦提尼安皇帝引入的这种称呼。显然，两种推断都是武断的。比瓦伦提尼安早了三个世纪，尼禄就称呼自己的将军科尔布洛（Corbulo）为"长辈"，然后杀死了他（卡西乌斯·狄奥，63.17）。如果有人更想要4世纪的例子，我们可以看到君士坦丁之子君士坦提乌斯曾经拥抱前反叛者维特拉尼奥（Vetranio），称他为"长辈"（佐纳拉斯[Zonaras], 13.7）。没有人会真正相信，直到公元370年左右，"长辈"才第一次被皇帝用来称呼他的紧密合作者。

被归于塞维鲁·亚历山大名下的一项规定允许元老放贷，但利率不得高于6%（《亚历山大·塞维鲁传》，26.3）。有人指出塞维鲁·亚历山大从未执行过这项规定，但可以在公元405年的一项法令中找到它的模板（《狄奥多西法典》，ii.33.4）。我不关心这项规定是否能被归于塞维鲁·亚历山大名下。但谁会相信在公元405年之前，从未有人提出允许元老按照规定利率放贷的问题呢？一般来说，即便能够证明《罗马皇帝传》提到的这样一部与4世纪和5世纪的真实立法相似的法律是虚构的，我们也不能确定这部虚构的法律以4世纪或5世纪的真实立法为模板。《罗马皇帝传》（或它的材料来源）可能预见到真实的立法。此类计划在落实成法律前可能流传过很长时间。

像格夫肯(J. Geffcken)这样伟大的权威试图证明，《罗马皇帝传》的宗教氛围属于4世纪下半叶而非上半叶。① 后来，他得到了马丁利（H. Mattingly）的支持。② 我得承认，我认为他们的论据很没有说服力，难以详细讨论。值得注意的是，像贝恩斯这样谨慎的批评者几乎完全回避使用政治和宗教制度、钱币和地形学来证明自己的尤里安时代说。现在，这一点显然需要认真思考。如果选择欺骗的话，任何人都能选择回避使用君士坦丁堡的名字，即便是在君士坦丁堡建立50年后写作。但《罗马皇帝传》似乎避开了数以百计的陷阱。公元330—380年的所有重要特征——诸如基督教会的内部冲突、尤里安的叛教、日耳曼人的威胁和抛弃罗马——似乎都没有在《罗马皇帝传》中留下清晰的印记。但君士坦丁时代的宗教、王朝和经济问题都有所体现。这是表明作伪的技艺极其高超，还是仅仅因为作者们并非在君士坦丁之后写作？为什么

---

① *Hermes*, 55 (1920) pp. 279-296.

② *Harv. Theol. Rev.*, 39 (1946), pp. 213-215. Alföldi 在 *Festival of Isis* (1937), p. 44 表示，关于康茂德和伊西斯的段落写于4世纪后期，而《佩斯克尼乌斯传》6.8 重复了 Ps. Cyprian, *Ad Senatorem* (III, 302 Hartel)。我不认为他的论点有什么根据。参见 Suet. *Otho* 12, I, Alföldi 也引用了它。我认为，总体上说，他关于《罗马皇帝传》是一本"反基督教的小册子"的观点（*Cambridge Ancient History*, XII, p. 223；他谈到了"该书对基督徒的仇恨"）并没有足够的证据支持。

他们会犯下我们所谓的对君士坦丁时代的年代错乱,但显然避免了对后君士坦丁时代犯下同样的错误?作者(们)会不会是粗心的文献伪造者,却是聪明的背景编造者(们)呢?我对此感到怀疑。作者(们)不太了解3世纪末的历史细节这个事实很难证明他们是在4世纪末写作。对懒惰和不负责任的人来说,了解几乎同时代的事件要比了解权威叙述已经存在的更难,这一点至少是有可能的。

无论我们最终认定《罗马皇帝传》是否后君士坦丁时代的伪作,认定时的困难也许可能对它的性质带来一些启示。如果《罗马皇帝传》拥有明确的意图,就像贝恩斯和哈特克所相信的,那么作伪可能更容易被发现。任何人想要在公元362年为尤里安进行宣传,就像贝恩斯所暗示的,或者在公元394年欧根尼乌斯(Eugenius)叛变后请求宽恕,就像哈特克更倾向的,他们都会更加直白地表明心意。对蒙森提出的"何人得益?"(cui bono)的问题还没有真正让人满意的回答。这可能暗示了,无论《罗马皇帝传》是否伪作,它都没有明确的意图。《罗马皇帝传》无疑支持元老院的权威,对皇位继承乃至更一般地对好皇帝发表了一些看法;它还谨慎地倾向于异教。但我不认为这意味着在宣传什么东西。① 有

---

① 这是一位很了解4世纪的人的看法,G. Costa, "Un libello anticristiano del sec. IV?" in *Bilychnis*, 22 (1923), 127-133。他试图将《奥勒良传》的主体部分的年代确定为公元343—360年之间:"因为害怕被报复和惩罚,当时只能偷偷地发声。"(quando non si poteva alzar la voce se non discretamente per tema di rappresaglie e punizioni.)但他的年代下限(现在得到斯特恩的认同)——《奥勒良传》15.4提到的弗里乌斯·普拉基都斯必然是343年的执政官马伊乌斯·门米乌斯·弗里乌斯·巴布里乌斯·卡伊基里阿努斯·普拉基都斯(M. Maecius Memmius Furius Baburius Caecilianus Placidus)——是存疑的(cf. Mommsen, *Hermes* 25, p. 275= *Ges. Schriften*, VII, p. 346)。同样存疑的是 W. H. Fisher, "The Augustan Vita Aureliani", *Journ. Rom. Stud.*, 19 (1929), p. 129 用来证明这篇传记晚于公元358年的论据。

8个关于基督教的段落特别值得一提。有5段出现在《塞维鲁·亚历山大传》中。其中包括一段被大量讨论的著名描述，即塞维鲁·亚历山大有一座自己的小圣祠，里面供奉着提亚纳的阿波罗尼乌斯、基督、亚伯拉罕和俄耳甫斯等的圣像（29.2）。第二段则表示，塞维鲁·亚历山大像哈德良一样想要为基督建造一座神庙，让他跻身诸神的行列；肠卜阻止了塞维鲁·亚历山大或哈德良这样做（文本没有说得太清楚，43.6-7）。第三段（49.6）提到在基督徒与酒馆老板们（*popinarii*）的争执中，亚历山大做出了有利于基督徒的回答。① 还有两段文本（45.7和51.7）显示亚历山大对犹太人和基督徒的生活准则怀有同情的兴趣。另一段话是奥勒良在回答关于《西比尔预言书》的问题时相当客观地提到了基督徒（20.4）。在《佩提纳克斯传》（13.5）中，抄本传统似乎提到，他的敌人们称他为"基督之言者/花言巧语者"（Christologum 或 Chrestologum），"善于言辞，不擅行动"（*qui bene loqueretur et male faceret*）。如果正确的解读是 Christologum——我觉得很不可能——那么我们在这里看到了一个建立在 χρηστός（好的）和 Christos（基督）谐音之上的笑话。最后，在另一篇短传记中——菲尔慕斯（Firmus）和萨图恩尼努斯（Saturninus）的——有一封被归于哈德良的奇怪的书信中将埃及描绘成轻浮和拜金的国度。在那里，塞拉皮斯的崇拜者们是基督徒，基督徒是塞拉皮斯的崇

---

① Alföldi, *Klio*, 31 (1938), pp. 249-253 提出的关于酒馆老板事件的论点站不住脚。关于"公车"（iudiciale carpentum,《奥勒良传》1.1）的论点则已经被 W. Ensslin, *Klio*, 32 (1939), pp. 89-105 证明是错的。

拜者。在那里，基督徒、犹太人和其他所有人都崇拜金钱："他们唯一的神明是金钱。基督徒崇拜它，犹太人崇拜它，所有人都崇拜它。"（*Unus illis deus nummus est. Hunc Christiani, hunc Iudaei, hunc omnes venerantur et gentes*）引入这封信的段落——对埃及人的猛烈抨击——包含了唯一明确的对基督徒的敌对言辞："因为在他们[埃及人]中有基督徒、撒玛利亚人和那些享有着巨大的自由，却永远对当前时代不满的人"（*nam in eis* [the Egyptians] *Christiani, Samaritae et quibus praesentia semper tempora cum enormi libertate displiceant*，7.5）。犹太人出于某种原因被排除在外。从上述段落中可以推断出，《罗马皇帝传》是由一个或多个可能希望把基督教和平地吸收进异教罗马帝国的人所编撰，他们对犹太教和基督教略有同情，或者至少没有强烈的怨恨。他们在心情不好时可能对基督徒发表攻击性的言词，但《菲尔慕斯传》7.5 的作者不太可能把自己的话当真。

诚然，《奥勒良传》的作者热衷于《西比尔预言书》（19-21）和提亚纳的阿波罗尼乌斯（24），因此很高兴奥勒良在这些事上能站在他的一边。但奥勒良并非在方方面面都是位理想的皇帝："皇帝严厉、凶残而嗜血"（*severus, truculentus, sanguinarius fuit princeps*，36）；"罗马人民爱他，元老院畏惧他"（*populus eum Romanus amavit, senatus et timuit*，50）。最理想的皇帝——克劳狄乌斯、塔西佗和普罗布斯——在宗教活动上并不引人注目。在 500 多页的《罗马皇帝传》中，只有短短几个段落与基督教有关。这实在是太少了。显然，总体而言，基督教并非《罗马皇帝传》的作者或作者们主要关心的问题。①

皇位继承也不是。有两个段落于这方面关系特别密切。其中一个来自《塞普提米乌斯·塞维鲁传》(20-21)。埃里乌斯·斯巴提雅努斯直接对戴克里先表示:"戴克里先陛下,当我思考此事时,我非常清楚几乎没有伟人给世上留下真正杰出或宝贵的子嗣。"第二段话来自《塔西佗传》(6)——这篇传记据说是沃皮斯库斯在戴克里先去世前写的。一位名叫马伊基乌斯·法尔托尼乌斯·尼科马库斯(Maecius Faltonius Nicomachus)的元老据说请求塔西佗皇帝不要把他年幼的儿子们任命为"罗马帝国的继承者,或者把国家、元老和罗马人民交给他们,就像你对你的农场、佃户和奴隶所做的……临死的君主热爱国家胜过自己的儿子们是一项巨大的荣耀"。这些段落——以及其他许多表达同样意思的(如《马可·奥勒留传》,5.1;18.4;《阿维狄乌斯·卡西乌斯传》,2.8;《卡拉卡拉传》,11.3;《卡鲁斯传》,3.8)——暗示收养比自然继承更好,特别是当皇帝的儿子年幼时:皇权追求者需要的并非血统,而是

---

① 如果把归于沃皮斯库斯名下的传记和其他的那些分开,我们可以说沃皮斯库斯比他的同行们更加反对基督教。但我无法理解《菲尔穆斯传》8.4 说的 "当那位牧首本人来到埃及时"(ipse ille patriarcha cum Aegyptum venerit)表示什么。E. Hohl, *Ueber die Glaubwürdigkeit*, p.53, n.64 解释了"埃及",但没有解释"牧首"。贝恩斯认为这里指的是阿塔那修斯,但无法排除君士坦丁时代的可能。在 *Kinderkaiser*, p.300 中,哈特克引用了《埃利奥伽巴鲁斯传》6.7: "他闯入了只有维斯塔贞女和祭司能够进入的维斯塔神庙"(penum Vestae, quod solae virgines solique pontifices adeunt, inrupit),表示《罗马皇帝传》没有意识到作为皇帝,埃利奥伽巴鲁斯也是"祭司": 这段话只可能写于公元 379—395 年之间,当时皇帝不再是 "大祭司"(pontifex maximus),但"祭司"尚未被废除。我认为不能这样解读文本。《罗马皇帝传》把埃利奥伽巴鲁斯视作皇帝,而非祭司。如果《罗马皇帝传》是在皇帝放弃了"大祭司"的头衔之后不久写的,那么它可能会更敏锐地意识到之前的皇帝也是祭司。哈特克(p.298)用的另一条论据把《埃利奥伽巴鲁斯传》6.5 关于"神圣的花神节"(Florialia sacra)同花神庙据说在公元 394 年被发现是"罗马统治的保证"(Unterpfand der Herrschaft Roms)联系起来,我觉得这太牵强了。

得到检验的美德。

不过，值得注意的是，被归于沃皮斯库斯名下的同一组传记——在某些地方强调了自然继承的危险——在另一些地方却称颂了"哥特征服者"克劳狄乌斯的自然继承者们（《奥勒良传》，44.5）。一边是对坏子嗣的抨击，一边是对"哥特征服者"克劳狄乌斯的后裔们的赞美，对于这种矛盾，我至少知道一种富有洞察力的详尽解释。① 但我无法相信这些解释，因为它们太完美了。毕竟，《罗马皇帝传》的作者或作者们一方面想要恭维"哥特征服者"克劳狄乌斯的后裔们，一方面又讨厌世袭君主制的某些后果，认为（无论正确与否）戴克里先也和他们一样或曾经一样讨厌世袭君主制。我们在自己的时代看到过比《罗马皇帝传》的作者更糊涂的人。诚然，如果能确认《罗马皇帝传》的年代，我们应该也能更好地理解《罗马皇帝传》对于皇位继承的看法。但我怀疑我们能够断言《罗马皇帝传》的写作目的是传播关于皇位继承的看法——更不可能是为了宣传收养优于世袭君主制。

显而易见，任何宗教或政治动机都不足以解释为何《罗马皇帝传》的作者（们）要掩盖自己的名字和年代。在我看来，更合理的解释是作者知道他伪造了许多文献和引用了许多不存在的权威，因此想要避免令人尴尬的质问。但显而易见，这个解释同样不充分。就我所知，如果是为了虚荣或金钱，伪造者和剽窃者

---

① 比如，参见 De Sanctis, *Riv. Fil. Class.*, 55 (1927), pp. 404-405 和 Baynes, *Class. Quart.*, 22 (1928), pp. 166-167 之间的讨论。Baynes, *Journ. Rom. Stud.* (1953), p. 138 罗列了提到皇位继承的段落。在某些例子中，《罗马皇帝传》为篡位者辩护，这显然不是年代论据：毕竟戴克里先也是篡位者。Hartke, *Kinderkaiser* 当然对该主题有很多要说。［现在见 Stern, *Date et destinataire*, pp. 69-72。］

往往会用自己的真名冒险公布他们的"发现"。维特波的阿尼乌斯（Annius of Viterbo）、雷桑德（Resende）、德·拉伊盖拉（de la Higuera）、梅伊拉内西奥（Meyranesio）都冒过这种险：德·拉伊盖拉没想到有人会前往富尔达（Fulda）去调查他在那里的发现。这一点至今仍然如此。在公元 4 世纪时无疑更是这样，当时去图书馆和档案馆检查资料既无可能，也尚未变成流行的习惯。至少有两位《罗马皇帝传》的作者（如果真有不止一人的话）在提到他们的研究和文献时给人信口开河的印象（《三十僭主传》，33.8；《奥勒良传》，1-2；《塔西佗传》，8；《菲尔慕斯传》，2）。我很难相信他们会采取如此费心的防范措施，仅仅是预想到有人可能会出现在乌尔比亚图书馆，要求查看"6 号柜"（armarium sextum）中的"象牙书"（liber elephantinus）。

我怀疑我能更好地理解《罗马皇帝传》，如果我习惯于读的是大众报纸，而非《观察家报》（Observer）和《旁观者报》（Spectator）。《罗马皇帝传》所做的是普通新闻路线擅长的事：大量内幕信息和私密的细节。当然，作者们与皇帝、恺撒和大人物们关系密切。他们非常关心皇帝的祖先和后裔。但所有这些八卦都不是纯粹的，而是混杂了学术的遗风和幌子——相比苏维托尼乌斯的传记，它们退化了。此外，由于时代的艰难，而且人不可能总是轻浮的，传记中有对元老院掌权的美好岁月的怀旧，有诉诸神谕、理想君主和黄金时代这些惯常的逃避手段，无论是过去还是未来的。有人可能想要赞美作者（们）的宽容精神。但显而易见，他们拒绝面对基督教提出的道德和政治问题。这种复杂的态度值得大量更深入的研究。它揭示了异教的衰弱，并不必然与作伪相矛盾，也许能够解释为何我如此愚钝，无法清楚地看出作伪。

恐怕我的结论令人失望：

（1）《罗马皇帝传》的**年代**问题还没有被解决。

（2）独立确定的年代很可能帮助揭示《罗马皇帝传》的意图。但我认为试图从某个所谓的意图推导出《罗马皇帝传》的年代是非常不明智的，因为我无法在《罗马皇帝传》中看到确定无疑的意图。

（3）还不能完全否定《罗马皇帝传》创作于 4 世纪初的主张，尽管《塞普提米乌斯·塞维鲁传》中的一个段落暗示年代晚于公元 360 年，对较早的年代还有其他反对证据。①

（4）我个人倾向于承认《罗马皇帝传》的作者（们）试图掩盖自己的身份，但我没有足够的证据来证明这种观点。

否定的结论注定会让作者不满，让读者恼火。不过，我希望我的话能激励别人用更有说服力的方式重新表述《罗马皇帝传》是后君士坦丁时代伪作的理论，或者更细致地探索将年代定在君士坦丁时代的影响。

---

① 当然，如果我们能证明奥雷利乌斯·维克托尔、欧特罗皮乌斯或其他任何 4 世纪晚期的作者在描绘后君士坦丁时代的事件时参考的材料来源之一恰好是《罗马皇帝传》在描绘前戴克里先时代的事件时所用的，那么情况就不一样了。但据我所知，还没有人能证明这点（最近的尝试是哈特克在 1940 年做的），理由很简单。就像 A. Enmann 在他的研究 "Eine verlorene Geschichte der römischen Kaiser"，*Philologus*, Suppl. IV (1884), pp. 443-444 (cf. E. Hohl, *Klio*, 11 [1911], p. 187) 中所看到的，即便我们承认《罗马皇帝传》和（比如说）欧特罗皮乌斯都一直使用某个材料 K，也不能说《罗马皇帝传》和欧特罗皮乌斯用的是 K 的同一个版本。欧特罗皮乌斯用的可能是"修订过的" K（增加了对后君士坦丁时代的叙述）。

附注 I

注释 A

比如参见两段话：《亚历山大·塞维鲁传》47.1："他在远征时如此安排士兵，让他们能在驿站得到供给，不必像通常那样携带十七天的粮食，除非是在蛮族的国度。"(milites expeditionis tempore sic disposuit ut in mansionibus annonas acciperent nec portarent cibaria decem et septem, ut solent, dierum nisi in barbarico) 阿米安，17.9.2："他（尤里安）从士兵们在远征行军时挂在脖子上的十七日供给中拿走了一部分，将其藏在同一些要塞里，希望能够从卡玛维人的麦田里补充被拿走的那些。"(ex annona decem dierum et septem, quam in expeditionem pergens vehebat cervicibus miles, portionem subtractam in isdem condidit castris sperans ex Chamavorum segetibus id suppleri posse quod ablatum est) 关键在于两段话的不同（"除非是在蛮族的国度"）而非相似点。另一段具有误导性的话是《亚历山大·塞维鲁传》15.2："除了必要的人，谁也不允许留在帕拉丁山上。"(nec quemquam passus est esse in Palatinis nisi necessarium hominem) 无疑可以把这段话与阿米安 22.4.10 对尤里安的描绘详细做比较，另参见《安东尼·庇护传》7.7："他剥夺了许多人的薪俸，认为他们不劳而获"(salaria multis subtraxit quos otiosos videbat accipere) 和《帕卡图斯为狄奥多西皇帝写的颂辞》(Pacati Paneg. Theodosio Augusto d.),《拉丁颂辞集》(Pan. Lat.), ii (xii) 13-14。关于讨厌阉人（《亚历山大·塞维鲁传》，66.3;《戈尔狄阿努斯传》, 25;《奥勒良传》, 43.1），我们不

知道他们何时开始在皇帝家族中变得大有权势；参见 Hug, Pauly-Wissowa Suppl. 3, s.v. *'Eunuchen'* 和 Stein, *Geschichte des spätrömischen Reiches* I, 169, n.1。也许值得注意的是，君士坦丁颁布过一项禁止阉割的法令（《查士丁尼法典》IV.42.1）。还有人认为，公元 356 年的《狄奥多西法典》VI.4.9 关于任命长官需要法定人数为 50 人的元老这一规定是《亚历山大·塞维鲁》传 16 的材料来源（K. Hönn, *Quellenunters. zu den Viten des Heliogabalus und des Severus Alexander*, [1911], 91，贝恩斯和斯特恩认同该观点）。但《罗马皇帝传》中的段落暗示，法定人数是 70 名，而非 50 名元老；两个文本鲜有共同点。关于这个问题还可以再说两点。W. Seston 在 *Rev. Étude. Anc.* 44 (1942) pp. 223-233 (cf. 45, 1943, pp. 49-60) 认为，*P. Fay.* 20=Hunt-Edgar, Select Papyri (Loeb) II, 216 是一项被尤里安归于塞维鲁·亚历山大名下的法令（"事实上由尤里安颁布的法令被错误地归于塞维鲁·亚历山大" [*un faux attribuant à A.S. des mésures prises en fait par J.*]），因为（按照贝恩斯的说法）尤里安推崇亚历山大·塞维鲁。我承认，皇帝为了表达对某位前任的推崇而伪造（或篡改）文献让我觉得奇怪。即便没有这些问题雪上加霜，对 *P. Fay.* 20 的解读也已经够难了。我的同事 E. G. Turner 偶然告诉我，这份纸草的书写不太可能晚至公元 360 年。另一方面，斯特恩对文本的解读又过度了，他表示"尤里安对亚历山大·塞维鲁表现出强烈的鄙视，在 Banquet, Hertlein 402, 11 *sq.* 中称其为疯子和孺子"（*Julien a manifesté un vif mépris pour Alexandre Sévère qu'il appelle, dans le* Banquet, Hertlein 402, 11 *sq. un fou et un enfant*）。关于这一切，参见 Baynes, *Class. Quart.*, 22 (1928) pp. 166-71 和 H. G. Ramsay,

L'Ant. Class., 4 (1935) pp. 419-448；5 (1936) pp. 147-176。不过，如果你认同贝恩斯的观点，解释尤里安对塞维鲁·亚历山大缺乏同情便不太容易，就像从《恺撒》(*Caesares*)中所看到的。

注释 B

施特劳布在 Studien，第 86 页暗示，《戈尔狄阿努斯传》27.10 的提莫希特乌斯(Timesitheus)铭文"皇帝的父亲……国家的守护者"(*parenti principum...tutori rei p.*)模仿了公元 420 年献给弗拉维·君士坦提乌斯（Fl. Constantius）的铭文"国家的复兴者和不可战胜的皇帝的父亲"(*reparatori reipublicae et parenti invictissimorum principum*)（Dessau *I.L.S.* 801）。另参见 Straub, 'Parens Principium', *Nouvelle Clio* 4 (1952) 94-115。不过，提莫希特乌斯的故事是模仿了斯蒂里科（Stilicho）的故事。《罗马皇帝传》可能是从 Eutropius 9.14 (*cf.* pp. 120-122)学会了"对国家不可或缺"(*rei publicae necessarius*)这种表达（《奥勒良传》, 37.1；《阿维狄乌斯·卡西乌斯传》, 2.7）。我承认，施特劳布的论证方式让我明显觉得反感。在第 37 页，他表示由于《罗马皇帝传》(比如《加利亚努斯传》, 13.9)没有解释"马车路障"(*carrago*)这个词，而阿米安 31.7.7 解释了它（或者至少提到那是个外来词），因此《罗马皇帝传》必然晚于阿米安。施特劳布本人当然知道（第 25 页），不同作者对解释生僻或外来词有不同的习惯（参见 Stern, *Date et destinataire*, p.12, n.4）。由于甚至对《罗马皇帝传》的新近研究也似乎在拿《埃利奥伽巴鲁斯传》7.7 中关于哈德良堡的描绘"不可避免地经常沾染人血"(*quam saepe cruentari hominum sanguine necesse est*)做文章，我需要指出，公元 313 年和公元 324 年的战役足够好地解释了这句话。对于所谓试图任命瓦勒良为监察官（《瓦勒良传》, 5），认为在叙马库斯之前没有人想到过这点是武断的。例子可见卡西乌斯·狄奥对马伊克纳斯的评价（52.21.3-5），蒙森，Staatsrecht, III, 491, n.1，更别提达尔马提乌斯在君士坦丁时期担任监察官（M. Besnier, *Mélanges Glotz*, I [1932] pp. 85-91）。另参见 E. Hohl, *Gnomon*, 26 (1954) pp. 45-50 和 F. Dornseiff, *Deutsche Literaturz.*, 75 (1954) pp. 138-152 对施特劳布的书评。

注释 C

从 K. Menadier, *Zeitschr. f. Numism.* 31 (1914) pp. 1-146 来看，钱币学方面的论据目前为止似乎不太成功。一个好例子是，梅那迪耶在第 56 页讨论了《加利亚努斯传》12："他称呼奥德那图斯为分享大权的奥古斯都，下令铸造他牵引波斯俘虏的钱币。"（*Odenatum participato imperio Augustum vocavit eiusque monetam qua Persas captos traheret cudi iussit*）他认为这种类型的钱币直到尤里安在位时才变得流行，为 E. Hohl, *Bursians Jahresb.*, 171 (1915), p. 120 (cf. O. Th. Schulz, *Gnomon*, 6 [1930], p. 607) 提供了时间上限。但梅那迪耶本人知道，这种类型已经在更早的时代被发现过，更准确地说是君士坦丁的时代（*cf.* G. Rodenwaldt, *Jahrb. Deutsch. Archaeol. Instit.* 37 [1922], p. 29, n. 4; J. M. C. Toynbee, *Roman Medallions* [1944], p. 181）。另一些不一般的钱币学论据见 J. Maurice, C. R. *Acad. Inscr.* (1913), p. 208，解释了《菲尔慕斯传》8 的"崇拜塞拉皮斯的是基督徒"（*Illi qui Serapem colunt Christiani sunt*）。Seeck, Pauly-Wissowa, s.v. '*follis*', col. 2832 认为，《埃利奥伽巴鲁斯传》22.3 用 *follis* 一词表示某种铜币，在公元 352 年的《狄奥多西法典》

IX.23.1 之前找不到证据。但他认为（得到 G. Mickwitz, *Geld und Wirtschaft im röm.* Reiche [1932], p. 85 和 Hartke, *Kinderkaiser*, p. 48 的认同），应该把提到 *follis* 是某种铜币的地方从公元 326 年（？）的《狄奥多西法典》VII.20.3 的那个难懂段落里删去。查验《狄奥多西法典》VII.20.3 很容易让读者明白，这是一种非常危险的论证方式：*follis* 一词的历史尚不清楚。参见 *Thesaurus L.L. ad l.* Mazzarino, *Aspetti Sociali*, p. 349，他再次提醒我们注意《奥勒良传》45.5：“因为当时一磅金子等于一磅丝绸。”（*libra enim auri tunc libra serici fuit*）他注意到，这符合戴克里先的法令，如果我们和马丁利一样认为，法令规定一磅金子价值 1 万第纳尔（而非 5 万）。因此，他从“当时”一词推断出作者晚于戴克里先。但马丁利的假设（*Numism. Chron.*, 6.6 [1946] p.113）几乎肯定是错的（L. C. West, "The Coinage of Diocletian and the Edict on Prices," *Studies A. C. Johnson* [1951], p. 294, n. 5, and A. H. M. Jones, Class Rev., N.S. 3 [1953], p.14），我们不知道“当时”指的是什么时候。总体上，我对马扎里诺基于埃利奥伽巴鲁斯传 24.3 和《亚历山大·塞维鲁》传 22.8 所做的评述印象深刻，但不同意他的结论，即《罗马皇帝传》中的价格"基于与戴克里先法令中标示的相同或不矛盾的价格"（*si fondano su prezzi identici o non contrastanti con quelli segnati nell'editto dioclezianeo*）。马扎里诺提出的另一个重要观点是《罗马皇帝传》似乎不满 *adaeratio*，即强制将实物给付折换成货币给付。在《克劳狄乌斯传》14 一个几乎肯定是伪造的文献中（"不要折换成货币"[*ut nihil adaeret*]）有一个段落表达了这种意思。我在这里不讨论马扎里诺影响深远的结论。只需指出按照他自己的证据，对 adaeratio 的不满在 4 世纪初的文本中就能找到（公元 325 年的《狄奥多西法典》VII.4.1，可能还有 Pap. Reinach, 56 = Wilcken, Chrest. I, 419.）。

注释 D

为了方便读者，我将在这里罗列关于《罗马皇帝传》年代的最重要文献。我认为，它们都没有必然暗示它晚于君士坦丁去世。斯巴提雅努斯把埃里乌斯、塞普提米乌斯·塞维鲁、佩斯克尼乌斯·尼格尔（Pescennius Niger）的传记献给戴克里先。他称伽列里乌斯（Galerius）和君士坦提乌斯为恺撒——那是他们在公元 305 年 5 月前的身份（《埃里乌斯传》，2.2）。他把《盖塔传》献给了身为皇帝君士坦丁。卡皮托利努斯把马可·奥勒留、维鲁斯、马克里努斯的传记献给戴克里先，但把阿尔比努斯、两位马克西米努斯、三位戈尔狄阿努斯的传记献给了君士坦丁。《戈尔狄阿努斯传》预见了李基尼乌斯在公元 324 年被打败（34.5）；而提到科伊奥尼乌斯家族（《克洛狄乌斯·阿尔比努斯传》，4.2）则把读者带到了君士坦丁后期。沃皮斯库斯在《普罗布斯传》2.7 提到了卡皮托利努斯，这篇传记据信写于公元 305 年左右（见下文）。

兰普利迪乌斯把《埃利奥伽巴鲁斯传》和《塞维鲁·亚历山大传》献给了君士坦丁，《埃利奥伽巴鲁斯传》35.2-7 暗示它创作于公元 324 年后；7.7 则可能指涉了公元 324 年的哈德良堡战役。沃皮斯库斯在《普罗布斯传》2.7 提到了兰普利迪乌斯。

特雷贝利乌斯·波里奥据信是在"戴克里先浴场"（Thermae Diocletianae）可以被描述成"已落成"（exaedificatae）时写作的（《三十僭主传》，21.7）：在公元 305 年之前不久（CIL VI,

1130=Dessau 646）。沃皮斯库斯在《奥勒良传》2.1 的对话中提到了他，这个戏剧性的日子似乎是公元 304 年（见下文）。他称君士坦提乌斯为副皇帝（Caesar）(《加利亚努斯传》, 7.1;《克劳狄乌斯传》, 1.1；3.1；9.9）——他只可能在 305 年前这样做。他的祖父据说认识小忒特里库斯（Tetricus iunior,《三十僭主传》, 25.3）。沃皮斯库斯与城市长官尤尼乌斯·提贝里阿努斯（Iunius Tiberianus）的对话据信发生在公元 291—292 年，或者是公元 303—304 年。关于后一个年代及其疑点，比较 Mommsen, *Hermes*, 25 (1890), 257, n.2 = *Ges. Schriften* 7, 329, n.2。他在《奥勒良传》43 已经称戴克里先为"平民"①，在《奥勒良传》44 中称君士坦提乌斯为 *imperator*——想来是指"皇帝"（Augustus）：因此《奥勒良传》的创作时间可能是公元 305 年 5 月到公元 306 年 7 月。这符合将戴克里浴场描绘成已经全面投入使用（《普罗布斯传》2.1）。不过，虽然沃皮斯库斯表示他写作传记是按照年代顺序（《普罗布斯传》, 1.5;《菲尔慕斯传》, 15.10），但在《卡鲁斯传》中，他似乎清楚地把君士坦提乌斯是副皇帝作为前提（公元 305 年 5 月前；参见 9；17；18）。按照传统理论，对此只能用做过某些修订来解释。② 在《普罗布斯传》23.5 中，有一处对内战的难懂指涉："让军人们准备参加内战。"（*eant nunc qui ad civilia bella milites parant*）传统年代的支持

---

① "但我从我父亲那里听说，戴克里先皇帝已经是平民了"（*Sed ego a patre meo audivi Diocletianum principem iam privatum dixisse*）。这句话的意思并非"戴克里先仍然是平民（Magie）"，而是"脱下紫袍后（*post depositam purpuram*）（Casaubon）"。参见 Lessing, *S.H.A. Lexicon* s.v. 'iam'，另留意 Baynes, pp. 97-8 和 Hohl, *Klio*, 11 (1911) p. 182n.1。

② 不同的观点见 H. Vermaat, *Disputatio de aetate qua conscripta est Historia Augusta*, (Lugd. Batav, 1893), 111。

者将此解读为指涉君士坦提乌斯和伽列里乌斯将要爆发的冲突（蒙森），或者伽列里乌斯和马克森提乌斯之间冲突的最早阶段。提到一个名叫弗里乌斯·普拉基都斯（Furius Placidus）的执政官（《奥勒良传》，15.4）有时被解读成指公元 343 年的执政官：这并不令人信服。我们也不确定《奥勒良传》42.1 中提到的是奥勒良的外孙还是他女儿的孙辈。沃皮斯库斯的祖父据说认识萨图恩尼努斯（《菲尔慕斯传》，9.4；参见 15.4）和戴克里先（《卡鲁斯传》，13-15）。沃皮斯库斯父亲的话被引用，表明戴克里先"已经是平民"（《奥勒良传》，43）。关于自己，沃皮斯库斯表示（《普罗布斯传》，1.5）："如果寿数允许，还要讲述到马克西米安和戴克里先为止流传下来的一切"（*si vita suppetet omnes qui supersunt usque ad Maximianum Diocletianumque dicturus*）（参见 24.8）；这并不意味着他是个老人。最后，《埃利奥伽巴鲁斯传》35.4 和《奥勒良传》44.2 中对马克西米安的不敬之词应该是写于马克西米安退位后。

[补记：范·西克尔（C. E. Van Sickle）在他的一篇重要文章（*L'Antiquité Classique*, 23 [1954], pp. 47-62）中表示，克劳狄乌斯传 14.2-15 是基于公元 296—312 年之间的一份真实的薪水凭证。但他认为，目前形式的文本晚于公元 370 年，因为"最勇敢和最忠诚的"（*fortissima ac devotissima*）这种表达最早出现在公元 377 年的《狄奥多西法典》中（VII.4.17），而"私库"（*privatum aerarium*）最早在公元 396 年的《狄奥多西法典》中（XI.36.32）被提到。在这里，我不关心传记作者是否使用了 4 世纪初的真实文献。但在接受 Van Sickel 论点的后半部分之前，我必须向自己证明（a）某种表达从出现在文学文本（《罗马皇帝传》）中到进入官方文件（《狄奥多

西法典》)中不可能相隔很久;(b)《狄奥多西法典》中第一次提到这种表达标志着它进入官方语言的年代。]

附注 II

补注(1958年)

就像我已经非常清楚地表明的,我没有关于《罗马皇帝传》的理论。我想要做的是用传统认定的年代来检验论据。《罗马皇帝传》创作于君士坦丁时代之后的说法不能仅仅是合理或吸引人的,而是必须加以证明。在我撰写《瓦尔堡学会期刊》上的论文时,它还没有被证明。当我的论文问世后,它被证明了吗?

霍尔(Hohl)教授——《罗马皇帝传》的伟大研究者,我们都对他的去世感到遗憾——认为他在自己的论文(*Historia* 4 [1955] 220)中确定无疑地证明了奥雷利乌斯·维克托尔的年代更早。① 我仍然相信是这样(至少与《塞普提米乌斯·塞维鲁传》中的相关段落相比),但我无法确定霍尔教授新增了什么我们之前未知的东西。如果我们认为《罗马皇帝传》和奥雷利乌斯·维克托尔借鉴了同样的材料来源(不太可能,但并非不可能),奥雷利乌斯·维克托尔就不能再被视作《罗马皇帝传》的年代上限。

让我觉得重要得多的是夏斯塔尼奥尔(A. Chastagnol)的论文 "*Notes chronologiques sur l'Histoire Auguste et le Laterculus de Polemius Silvius*", *Historia* 4 (1955) 172-188。这是一项出色的贡献。夏斯塔尼奥尔表示,《罗马皇帝传》晚于公元357年,但早

---

① Cf. *Gnomon* 28 (1956) 235 and *Wiener Studien* 71 (1958) 32-52.

于公元 398 年。我并不关心他的年代下限，而是只关心年代上限。夏斯塔尼奥尔精彩地分析了《三十僭主传》24.5："这个极其严厉的人[奥勒良]还是屈服于羞耻之心，任命他在凯旋式上示众过的那个人担任整个意大利的土地督察，即坎帕尼亚、萨莫奈、卢卡尼亚、布鲁提乌姆、阿普利亚、卡拉布里亚、埃特鲁里亚和翁布里亚、皮克努姆和弗拉米尼亚，以及所有的供粮区。"（*pudore tamen victus [Aurelianus] vir nimium severus eum, quem triumphaverat, correctorem totius Italiae fecit, id est Campaniae, Samni, Lucaniae, Brittiorum, Apuliae, Calabriae, Etruriae atque Umbriae, Piceni et Flaminiae omnisque annonariae regionis*）① 夏斯塔尼奥尔认为，坎帕尼亚和萨莫奈在这里被作为"城郊地区"（*regiones suburbicariae*）的两个不同行省。由于两者的分立发生在公元 352—361 年之间（夏斯塔尼奥尔认为公元 357 年最有可能），公元 352 年或公元 357 年是《罗马皇帝传》的年代上限。② 问题在于，我们不知道作者是否有意使用"城郊地区"这个官方术语。③ 后四个地名显然成对排列，前六个则没有。如果我们认为前六个地名暗含地成对排列，那么坎帕尼亚与萨莫奈将是一个整体，我们不得不认为这段话写于这两个地区被分开之前而非之后。就像蒙森所认为的，这段话成了支持传统认定的年代的论据，而非反对它。如果我们否认前六个地名成对排列，那么它们就不能被视

---

① Hohl 的断句——Campaniae, Samni, Lucaniae Bruttiorum, Apuliae Calabriae——具有误导性。

② Cf. R. Thomsen, *The Italic Regions* (1947) 215.

③ Cf. H. Stern, *Rev. Ét. Anc.* 58 (1956) 415 n.5. 我也许应该被允许指出，我在上文第 170 页已经回应了斯特恩反对我的主要论点（关于《奥勒良传》43 和《卡鲁斯传》9 之间的矛盾）。

作行政单位，这段话就与年代问题无关联。无论哪种解释，夏斯塔尼奥尔的论据都说不通。

夏斯塔尼奥尔还利用了《塞维鲁·亚历山大传》33 中那个将设立 14 名"城市保护官"（curatores urbis）归于塞维鲁·亚历山大的段落。夏斯塔尼奥尔认为，这些"保护官"可能是在公元 384 年之后和公元 418 年之前设立的。但我还是无法认同《塞维鲁·亚历山大传》的作者把这项改革归于塞维鲁·亚历山大不合情理。① 如果他不是这样，夏斯塔尼奥尔的论据就没有了价值。但即便是这样，4 世纪时"地区保护官"（Curatores regionum）的历史仍然过于模糊，无论是在罗马还是君士坦丁堡，无法提供《罗马皇帝传》的年代上限。尤其是，我们始终都必须考虑到这样一种可能，即传记作者归于塞维鲁·亚历山大的那项改革在撰写《皇帝传》时仍在讨论，尚未实施。毕竟，《塞维鲁·亚历山大传》是对好皇帝的程式化描绘，可能隐含了改革的建议。②

附注 III③

H. Stern, *Date et Destinataire de l' 'Histoire Auguste'* (Collection d'études latines sous la direction de J. Marouzeau. Série scientifique *xxvii*). Paris: Les Belles Lettres, 1953. pp. 108.

虽然写了关于《罗马皇帝传》的书，但斯特恩博士是个理性

---

① A. Jardé, *Études critiques sur…Sévère Alexandre* (1925) 52 n.2；G. Vitucci, *Ricerche sulla praefectura urbi* (1956) 105 n.1.

② E. M. Štaerman, *Krizis Rabovladel'českogo Stroja*…(Moscow 1957) 21-23 似乎支持君士坦丁时代说，但她预告的文章（p.21, n.26）尚未发表。另参见 *Cahiers d'hist. mond.* 4 (1958) 324-327。

③ *Journ. Rom. Studies* 44 (1954) 129-131.

的人。我们可能——在我看来是肯定——不认同他的结论；但我们注定会赞美他对该主题的熟悉，他的洞察力，以及他的简练。自从贝恩斯写了关于该主题的著作后（1926年），没有人在讨论《罗马皇帝传》时能把这三个优点结合得如此之好。

1905年，吉里（U. Giri，《沃皮斯库斯在何时写了皇帝传》，*In qual tempo abbia scritto Vopisco le biografie degl'imperatori*）暗示沃皮斯库斯在君士坦提乌斯二世时写了《罗马皇帝传》中属于他的那部分，时间在公元343年之后不久。他的主要依据是把《奥勒良传》15.4中提到的执政官（"我不久前看到弗里乌斯·普拉基都斯当选执政官"，*vidimus proxime consulatum Furii Placidi*）认定为公元343年的执政官马伊基乌斯·门米乌斯·弗里乌斯·巴布里乌斯·卡伊基里阿努斯·普拉基都斯（M. Maecius Memmius Furius Baburius Caecilianus Placidus）。E. Hohl在 *Jahresb. d. klass. Altertumsw.* 171 (1915) 111-113讨论并否定了他的理论，理由是——蒙森在别的地方已经提出过（*Ges. Schriften* VII, 346）——沃皮斯库斯表示自己在公元303年与城市长官有过交谈（《奥勒良传》，1），因此不太可能犯下如此低级的年代错误：我们对戴克里先－君士坦丁时期的执政官名单的了解有许多空白。尽管受到霍尔的批评，但吉里的部分理论被另一位意大利学者科斯塔（G. Costa）所接受，后者在一篇论文里暗示，《奥勒良传》1-37.4是在公元343—360年之间写的（*Bilychnis* 22 [1923] 127-133），但非常奇怪的是，科斯塔没有提到吉里。另一方面，吉里的小书在意大利之外很快被遗忘。就连贝恩斯在写他的专著时也没能找到一本。后来，德桑蒂斯让他开始注意吉里（*Riv. Filolog.* 55 [1927] 405），他在 *CQ* 22 (1928) 168-169简单地表达了对吉里的看法。① 现在，斯特恩博士让吉里的理论重见天日，并将其扩展到整部《罗马皇帝传》。斯特恩认为，在君士坦提乌斯二世战胜马格能提乌斯（Magnentius）之后，一批作者匆忙地为他编撰了《罗马皇帝传》。他们为帮助马格能提乌斯的罗马贵族们做了辩护，向皇帝传达了罗马元老院贵族的看法。君士坦提乌斯在穆尔萨（Mursa）战役之后的政策可能在某种程度上取决于他对《罗马皇帝传》的熟悉。斯特恩不仅仅利用了吉里已经提出的年代论据。他认为对第一次四帝共治和君士坦丁的祖先这两者的赞颂只可能发生在马克西米安的外孙君士坦提乌斯二世的时代。

就像我所说的，我没有被斯特恩说服。任何声称《罗马皇帝传》写于公元353年左右的人必须首先证明，它不可能是在其所声称的年代写的（戴克里先和君士坦丁时代）；其次，支持它创作于公元353年左右的论据比那些支持其他任何年代的更加有力。我认为斯特恩虽然是个谨慎的推理者，但对这两点都没能做到。他非常重视自己的印象，即对第一次四帝共治的歌颂和对克劳狄乌斯的赞美只有在君士坦提乌斯二世时代才可能被结合起来，但贝恩斯更好地利用同样的论据来支持尤里安时代说。我不会描绘贝恩斯和斯特恩的不同主张的细节，因为我从不觉得《罗马皇帝传》的这个特征能够提供论据推翻传统上认定的戴克里先和君士坦丁时代。世袭和收养原则之间的冲突和妥协是戴克里先和君士坦丁时代的典型特色。《罗马皇帝传》中提到四帝共治或克劳狄乌斯后裔的地方都无法让我不得不将其认定为写于君士坦丁死后，

---

① N. H. Baynes, *Byzantine Studies* (London 1955) 214-215.

尽管有些段落（特别是那些关于克劳狄乌斯，自称写于公元305年5月之前的）可能很容易让人怀疑它们是在君士坦丁掌权时所写的或重写的。斯特恩觉得难以解释为何在《埃利奥伽巴鲁斯传》35.4中，戴克里先被称为"黄金时代之父"（aurei parens saeculi），马克西米安（君士坦提乌斯的外公！）却被称为"黑铁时代之父"（ferrei parens saeculi）。这与《卡鲁斯传》18.3-4对两者的赞颂截然不同。但这两段话的差异对持传统年代说的人并不难懂。《卡鲁斯传》被认为写于第一次四帝共治时期（见第9、17和19章），而《埃利奥伽巴鲁斯传》则显然写于公元324年之后，就像我们正谈到的第35章所表明的。斯特恩本人在一段有用的补注中证明，马克西米安的名誉在君士坦丁时代起伏不定：即便没有拉克坦提乌斯（De mortibus persecutorum，写于约316年？）和优西比乌（HE VIII, 13）的证据，我们也应该可以想见，公元312年之后，描绘马克西米安的人拥有了相当大的言论自由。斯特恩还用整整一章来证明，卢基乌斯·埃里乌斯·恺撒的传记写于公元354年，用以支持元老院的观点："此人引发的兴趣……很可能在公元354年之前不久出现在元老圈子里，不可能在当年持续很久"（l'intérêt suscité par ce personnage... surgi probablement dans les milieux senatoriaux peut-etre peu avant 354, il n'a pu survivre longtemps à cette année, 59页）。在我看来，他没有对这种说法提供任何有效的证据，而《罗马皇帝传》本身包含了一个看上去非常合理的解释："他一生中没有什么可以被铭记的事，除了他是第一个被称为'恺撒'的。"（nihil habet in sua vita memorabile, nisi quod primus tantum Caesar est appellatus，《埃里乌斯传》, 2.2）这段话据说写于戴克里先时代，必须承认写得恰逢其时。

如果《罗马皇帝传》对四帝共治的看法并不必然指向公元353年左右，那么就不能说斯特恩的观点得到了那些他认为直接指涉了这些年份的段落的支持。其中一段是关于执政官弗里乌斯·普拉基都斯的，我们已经看到，很难把此人认定为公元343年的执政官。第二段话是《普罗布斯传》23.5中对内战的指涉。斯特恩（遵循 G. Costa, *Raccolta di scritti in onore di G. Lumbroso* [1925] 296）认为它指的是马格能提乌斯，但众所周知，我们无法让这句话满足有关《罗马皇帝传》的所有可能的理论——包括传统派，就像蒙森所证明的。第三段话来自一封伪造的哈德良书信（《萨图恩尼乌斯传》，8.4）："当那位牧首本人来到埃及时，他被一些人逼迫膜拜塞拉皮斯，被另一些人逼迫膜拜基督。"（*ipse ille patriarcha cum Aegyptum venerit, ab aliis Serapidem adorare, ab aliis cogitur Christum*）和贝恩斯一样，斯特恩认定这位牧首是阿塔那修斯。我不明白为何说这段话指的是阿塔那修斯，而如果真是指阿塔那修斯，为何要把它解读成"公元353年亚历山大里亚的宗教形势"（*la situation religieuse à Alexandrie en 353*，第67页）。① 最后，斯特恩认为，当沃皮斯库斯承诺"如果寿数允许"，他会继续撰写他的传记作品时（《普罗布斯传》，1.5；24.8），他一定已经是个老人：此外，由于他的父亲跟他说起过戴克里先"已经是平民"（《奥勒良传》，43.2），因此在公元305年之后仍然活着，而他必然活到了4世纪中叶，见证了马格能提乌斯的叛乱。我不想对《罗马皇帝传》

---

① F. Dornseiff, *Aus der Byzantinischen Arbeit der Deutschen Demokratischen Republik* I (1957) 39-45 为这封书信的真实性做了辩护。

中拿不准的父亲和祖父们发表意见,但我坚持认为,无论年轻或者年老,无论父亲还活着或者已经去世了40年,任何人都可以(而且应该)写"如果寿数允许"。

因此,斯特恩先生没能让我相信,他认定的《罗马皇帝传》的年代能够解释传统认定的年代无法解释的那些段落。一方面,我认为他没能有效地推翻从德绍开始提出的支持创作年代晚于公元360年的主要论据。他为反驳德绍最有力的论据而勇敢地战斗:《罗马皇帝传》中的《塞普提米乌斯·塞维鲁传》17.5-19.4 和奥雷利乌斯·维克托尔的《论恺撒》20.1-3 之间的关系。事实上,他参加了两次战斗,分别是 RÉL 30 (1952) 251-284 的一篇文章和本书的第一章。他试图证明,两位作者借鉴了同样的材料来源,《塞普提米乌斯·塞维鲁传》18.7 保留了共同来源的一系列观点,而奥雷利乌斯·维克托尔 20.6 则有意拆散了它们。他的说法完全是主观的,像莱奥一样有风格品位的人都持相反的观点。一边是《罗马皇帝传》中的塞维鲁·亚历山大形象,一边是贝恩斯收集的对真正尤里安形象的描绘(为了证明塞维鲁·亚历山大的传记是理想化了的尤里安本人的形象),他对两者众多相似点的讨论也做得不好。德绍及其追随者们是否证明奥雷利乌斯·维克托尔(360-361)是《罗马皇帝传》的来源,以及贝恩斯是否证明《罗马皇帝传》中的塞维鲁·亚历山大就是尤里安,这些当然并不重要。我在1954年的《瓦尔堡和考陶尔德学会期刊》(*Journ. of the Warburg and Courtauld Institutes*)上发表的一篇关于《罗马皇帝传》的论文里讨论过上述问题,在这里无意重中我的观点。但我想通过三个例子来证明斯特恩对贝恩斯的理论的攻击是不充分和误导性的。斯特恩接受(第

39 页）贝恩斯的观点，认为没有证据表明戴克里先推崇马可·奥勒留（贝恩斯表示，《罗马皇帝传》中对安东尼王朝诸帝名字的赞颂最有可能是因为尤里安对马可·奥勒留的推崇）。在这里，只需指出贝恩斯和斯特恩都忘记了《查士丁尼法典》中一个非常说明问题的段落（v.17.5）——那是一部戴克里先的法律。在另一个问题上，贝恩斯遵循霍恩的观点（K. Hönn, *Quellenunters. zu den Viten des Heliogabalus und des Severus Alexander* [1911], 91），认为公元 356 年的《狄奥多西法典》VI.4.9 关于任命长官需要 50 位元老的法定人数这一规定是《亚历山大·塞维鲁传》16 的材料来源。斯特恩（87-88 页）承认两段话之间有联系，但他把《罗马皇帝传》的年代定为公元 353 年，颠倒了两者的次序。《皇帝传》可能提供了"一种被公元 356 年的法律接受的建议"（*une suggestion qui aurait été retenue par la loi de 356*）。在这里，我们需要说的只是，《皇帝传》中的这个段落被误读了。就像蒙森所看到的（*Staatsrecht* III, 990），《皇帝传》中的这个段落暗示法定人数是 70 个，而非 50 个元老：除了元老院中存在可以改变的法定人数，两者没有共同点。另一方面，斯特恩反对贝恩斯的观点（*RÉL* 30 [1952] 268, n.4：本卷，p.34, n.7），表示尤里安"对亚历山大·塞维鲁表现出强烈的鄙视（*Julien a manifesté un vif mépris pour Alexandre Sévère*）。证据来自 *Symposium* (= *Caesars*) 313 A，但把西莱努斯的玩笑与尤里安深思熟虑的想法等同起来太鲁莽了：见这个段落所在的语境。不过，塞维鲁·亚历山大对尤里安来说的确算不上什么（在这点上我认同斯特恩）。我无法认同塞斯顿的做法，用 *P. Fay.* 20（=Hunt-Edgar, *Select Papyri* II, 216）来证明情况相反。

斯特恩没能用另一种简单的方式来解决《罗马皇帝传》的问题，这也许并不意外。我们没有也许能解释很多东西的序章；我还不知道作者的数量（尽管现在普遍认为不止一位）；特别是，如果作者不止一位，我们还不知道是否和何时有一位编者把各篇传记编集起来。这些情况不利于以事实而非猜测为基础来描绘《罗马皇帝传》的源头。[1]

---

[1] Cf. P. Courcelle, *Rev. Ét. Anc.* 56 (1954) 502-504.

第 10 章　卡西奥多鲁斯及其时代的意大利文化①

当我想要了解意大利的历史时，我会坐上火车前往拉文纳。在那里，置身于狄奥多里克和但丁的墓之间，令人宽慰地与阿里斯托芬最好的抄本比邻而居，以及不那么令人宽慰地身处狄奥多拉皇后的肖像附近，我可以开始感受到真正的意大利历史是什么。② 外族统治的存在，对帝国和异教往昔的记忆，以及天主教传统压倒一切的力量，上述三点在许多个世纪以来都是意大利历史的决定性特征。这三个特征在拉文纳成为东哥特王国的首都时第一次结合起来。与我们所知道的意大利历史的开始同时发生的是圣阿波利奈尔新教堂的修建，波伊提乌斯的殉难，以及一个大家族的成员在马克罗比乌斯抄本的底部留下的动人记录："我，奥

---

① *Proceedings of the British Academy* 41 (1955), 207-245：1955 年 5 月 22 日所做的意大利文讲座。参见 P. Courcelle, *Latomus* 16 (1957) 741-743 和 H. Fuchs, *Museum Helveticum* 14 (1957) 250-251 的书评。我重提了 'Gli Anicii e la storiografia latina del VI sec. d. C.', *Rendiconti Acc. Lincei* 8, 11 (1956) 279-297 中的论点，重刊于 Fondation Hardt, *Histoire et Historiens dans l'Antiquité* (1958) 249-276。

② 只需参考 E. Dyggve, *Ravennatum Palatuim Sacrum* (Copenhagen 1941) (Arkaeol.-Kunsthist. Meddelelser Danske Vidensk Selskab, iii 2); S. Fuchs, Bildnisse und Denkmäler aus der Ostgotenzeit, *Die Antike*, xix (1943) 109-153; A. M. Schneider, Die Symbolik des Theoderichgrabes, *Byz. Zeitschrift*, xli (1941) 404-405, C. O. Nordström, *Ravenastudien. Ideengesch. und ikonographische Untersuch. über die Mosaiken von Ravenna* (Stokholm 1953)，书中有出色的参考书目；M. Mazzotti, *La Basilica di Sant' Apollinare in Classe*, Studi di Antichità Cristiane, Pontificio Istituto Archeol. Cristiana (Romo 1954) [E. Dyggse, *Studi A. Calderini-R. Paribeni* III (1956) 765-773］。

雷利乌斯·门米乌斯·叙马库斯（Aurelius Memmius Symmachus）阁下，在马克罗比乌斯·普罗提诺斯·欧多克西乌斯（Macrobius Plotinus Eudoxius）阁下的帮助下，在拉文纳修改和校订了这部抄本。"① 尽管经历了罪恶、暴行和巨大的破坏，但公元 6 世纪的意大利社会给人的印象仍然是人性和悠闲的。② 我一直喜欢提醒自己不要忘记大格里高利如此准确地描绘的那个神迹。两名哥特人前往拉文纳，想要造访埃特鲁里亚费伦提乌姆的主教（Bishop of Ferentium in Etruria）伯尼法提乌斯（Bonifatius）。主教给了他们一瓶酒。哥特人喝得越多，瓶里的酒就越多。于是，两个哥特人在拉文纳喝了几天酒，就像哥特人喜欢做的："像哥特人一样喝酒。"（biberunt ut Gothi）③ 伯尼法提乌斯是个非常善解人意的意大利主教。

当时的两位意大利贵族成员——波伊提乌斯和圣本笃——被一直选为意大利对中世纪文明所做的最高贡献的代表和象征。没有人会对这个选择提出异议。另一位贵族成员，卡西奥多鲁斯·塞纳托尔（Cassiodorus Senator）则没有那么快获得应有的重视。虽然他的《宗教和世俗文献指南》（Institutiones）是对中世纪产生了重要影响的著作之一，但他从来不是个令人敬畏的人物。④

---

① O. Jahn, Ueber die Subscriptionen in den Handscrifen römischer Classiker, *Berichte Sächs. Ak. Wiss.* iii (1851) 347.

② 对于 6 世纪的意大利生活没有令人满意的现代描述。不过，O. Bertolini, *Roma di fronte a Bisanzio e ai Longobardi* (Rome 1941) 提供了对证据的出色介绍。

③ *Dialogi*, i, 9 pp. 55-56, ed. Moricca (Fonti per la Storia d'Italia).

④ *Cf.* A. Franz, *M. Aurelius Cassiodorius Senator* (Breslau 1872) 122-127; Manitius i-iii, index s.v.; P. Lehmann, Cassiodorstudien, *Philologus*, lxxi (1912) 278-299; lxxii (1913) 503-517; lxxii (1914) 253-273; lxxiv (1917) 351-383; H. Thiele, Cassidor. Seine Klostergründung Vivarium und sein Nachwirken im Mittelalter, *Studium und Mitteil. z. Geschichte d. Benediktinerordens*, L (1932) 378-419;（转下页）

但丁在他写过的最美的句子里宣示了波伊提乌斯和圣本笃的伟大，却没有提到卡西奥多鲁斯。中世纪文学中许多提到他的地方没有公正地描绘他的成就，有时还令人奇怪地被误导了。我们吃惊地看到，索尔兹伯里的约翰（John of Salisbury）在他的《教会史》（*Historia Pontificalis*）把他当成后来才皈依基督教的："卡西奥多鲁斯从异教徒变成了基督徒，从元老变成了僧侣。"（*Cassidorus ex gentili Christianus, monachus ex senatore*）①

我引用索尔兹伯里的约翰是因为他关于卡西奥多鲁斯是后来才皈依基督教的说法可能与一个被德拉耶神父（Père Delehaye）深入但没有彻底研究过的奇特传统有些遥远的联系。② 这种传统似乎可以追溯到8世纪或9世纪，有希腊语和拉丁语版本，但拉丁语版本以希腊语的为基础。我们被告知，在安东尼皇帝的时代生活着三个人：塞纳托尔（Senator）、维亚托尔（Viator）和卡西奥多鲁斯。他们是撒丁尼亚国王德尔克慕斯（Delchemus）手下的一名军官之子，接受了该撒利亚的主教优西比乌的洗礼，参加了该撒利亚和迦太基的战争，最终在卡拉布里亚殉道。德拉耶神父认为，塞纳

（接上页）L. W. Jones, The Influence of Cassiodorus on Medieval Culture, *Speculum*, xx (1945) 433-442 (cf. ibid., xxii [1947] 254-256); M. L. W. Laistner, The Value and Influence of Cassiodrous' Ecclesiastical History, *Harv. Theol. Rev.* xli (1948) 51-68; J. J. van den Besselaar, *Cassiodrous Senator* (Haarem, n.d. [1950]) 253-263。L. W. Jones 的论文被用于他的《指南》译本的序言（New York 1946）47-58。

① *Historia Pontificalis*, ed. R. L. Poole (Oxford 1927), p.2: "卡西奥多鲁斯从异教徒变成了基督徒，从元老变成了僧侣，从雄辩家变成了教会的导师，他赞美祖先们见到和接受的勇武基督徒的棕榈枝，以编年史家们的描绘为榜样，让他的后继者成了这门研究的名家。"（Cassiodorus quoque ex gentili Christianus, monachus ex senatore, ex oratore doctor ecclesie, palmas Christiane militie visas et acceptas a patribus preconatur et sicut previos in cronicis descriptionibus habuit, sic illustres viros huius studii reliquit successores）[cf. ed. M. Chibnall (London 1956) p.2]。

② P. Delehaye, Saint Cassiodore, *Mélanges Fabre* (Paris 1902) 40-50. Cf. *Acta Sanctorum*, Sept., IV, 349-350。

托尔和卡西奥多鲁斯的名字源于卡西奥多鲁斯·塞纳托尔,后者在卡拉布里亚出生和去世,而维亚托尔可能是他同时代的弗拉维乌斯·维亚托尔(Flavius Viator),495年的执政官;整个传说无疑源于在卡拉布里亚找到的一处向维亚托尔和卡西奥多鲁斯·塞纳托尔致敬的碑铭。我只想补充说,卡西奥多鲁斯和塞纳托尔据说参加了的那场该撒利亚与迦太基之间的战争很可能是对查士丁尼恺撒同迦太基的汪达尔人之间的战争的回忆。该传统值得更深入的分析,表明对卡西奥多鲁斯的模糊记忆留在了他如此深爱的土地上。但这个传说也表明,除了他的名字,民众对他几乎不记得什么了。他作为博学者的名声一直仅限于狭窄的圈子里,而且即使在那里也始终无法同波伊提乌斯的相提并论。现代读者对卡西奥多鲁斯的兴趣也姗姗来迟。我们一直到等1937年才迎来他的《指南》的首个校勘本,尽管它的问世为我们学院带来了其最杰出的成员之一。可能并非真正由卡西奥多鲁斯所写,但受他启发的《三家史集》(*Historia Triparita*)直到1952年才有了校勘本。《论灵魂》(*De anima*)仍然无人问津,尽管美国和瑞士分别承诺将推出校勘本和评注本。而据我所知,对于卡西奥多鲁斯的《〈诗篇〉注疏》(*Commentary on the Psalms*),甚至没有现代校勘本的承诺。①

作为一个既没有英雄性格也没有卓越智识的人,卡西奥多鲁斯很难吸引只看重无条件的英雄主义和无可争议的伟大思想的这代人。作为黑铁时代的族裔,我们学会了欣赏不那么伟大的人——他们试图拯救能够被拯救的,当需要基础教育时,他们并

---

① 现在已经有了M. Adriaen的校勘本,见 *Corpus Christian* (1958)。《论灵魂》的校勘本见 J. W. Halporn, *Tradidio xvi* (1960)。

不轻视基础教育的工作。卡西奥多鲁斯近年来变得名扬天下并非因为关于维瓦里乌姆（Vivarium）修道院藏书留存的可疑理论，① 或者关于《导师守则》（*Regula Magistri*）与维瓦里乌姆修道院关联的同样可疑的理论②：甚至所谓在斯奎拉切（Squillace）发现他

---

① 只提下列书目就够了：R. Beer, Bemerkungen über den ältesten Handschritenbestand des Klosters Bobbio, *Anz. Phil.-Hist. Klasse Wiener Akad.* xlviii (1911) 78-104; idem, *Monumenta Palaeogr. Vindobonesia*, ii (1913), 14-50; W. Weinberger, Handschriften von Vivarium, *Miscellanea F. Ehrle*, iv, (1924) 75-88. *Contra*: E. A. Lowe, Some Facts about our oldest Latin Manuscripts, *Classical Quarterly* xix (1925) 205, and *Codices Latini Antiquiores*, iv (1947) xx-xxvii, 特别见 G. Mercati, in *Prolegomena to M. Tulli Ciceronis De re publica libri ... phototypice expressi*, (*Codices e Vaticanis selecti* XXIII) (Città del Vaticano 1934) 1-174. *Cf.* R. Devreesse, La Bibliotheque de Bobbio et le palimpseste du De Republica, *Bulletin de l'Association Guillaume Budé* (1935), 27-33; F. Blatt, Remarques sur l'histoire des traductions latines, *Classica et Mediaevalia* i (1938), 226-242; A. Souter, Cassiodorus' Library at Vivarium, *Journal of Theological Studies* xli (1940), 46-47; Card. I. Schuster, Come fini la biblioteca di Cassiodoro, *La Scuola Cattolica* lxx (1942), 409-414; P. Courcelle, *Les Lettres grecques en Occident. De Macrobe à Cassiodore*, 2nd ed. (Paris 1948), 357-388; H. Bloch 对 Lowe 的 书 评, Codices Bd. iv, *Speculum* xxv (1950), 283-287. 关于阿米阿提努斯（Amiatinus）抄本，我只提下列书目 H. Quentin, *Mémoire sur l'établissement du texte de la Vulgate* (Rome 1922), 438-452; Lowe, *Codices*, iii (1938), no. 299 及书目；Courcelle, 前揭书；M. Cappuyns, *Dictionnaire d'Histoire et de Geographie Ecc!esiastiques*, ii, 1384-1388; H. Blum, Über den Codex Amiatinus und Cassiodors Bibliothek in *Vivarium, Zentralblatt für Bibliothekswesen* lxiv (1950) 52-57. 关于阿米阿提努斯抄本的一个有趣细节，参见 Roth, The Priestly Laver as a Symbol on Ancient Jewish Coins, *Palestine Exploration Quarterly* lxxxiv (1952), 91-93; 其他论著见 W. Wattenbach, *Deutschlands Geschichtsquellen*, i (1952), 47n. 32, 75 n. 139;（考古学批评）见 F. Saxl, *Journal of the Warburg and Courtauld Institutes* vi (1943), 15n.1 [M. P. J. Van den Hout, *Prolegomena to M. Cornelii Frontonis Epistulae* (Leiden 1954), xii-xiii]。

② 在这里给出所有关于《导师守则》是否出自卡西奥多鲁斯之手的或者至少与维瓦里乌姆有联系的问题的论著是不可能和多余的。卡西奥多鲁斯的作者身份尚未得到证实，与维瓦里乌姆的关系似乎最多只是有不明确的可能性。参见 Dom H. Vanderhoven and F. Masai, *Aux sources du monachisme bénédictin, i. Regula Magistri* (Paris-Brüssel 1953) 以及 H. I. Marrou 的书评，*Revue des Études Latines* xxxii (1954), 414-420; P. Courcelle, *Revue des Études Anciennes* lvi (1954),424-428; F. Vandenbroucke, *Revue Bénédictine* lxiv (1954), 277-282。最早的论文中可以列举下列作为代表：J. Pérez de Urbel, *Revue d'Histoire Ecclisiastique* xxxiv, (1938), 707-739; A. Genestout, *Revue d'Ascétique et de Mystique* xxi (1940), 51-112; M. Cappuyns, *Recherehes de Théologie Ancienne et Medievale* xv (1948), 209-268, 文中暗示了卡西奥多鲁斯的名字。F. Vandenbroucke, *ibid.* xvi (1949), 186-226; F. Masai, *Scriptorium* ii (1948), 292-296; F. Renner, *Studien und Mitteilungen Geschichte des Benediktinerordens* lxii (1950), 87-195; E. Franceschini, *Aevum* xxiii（转下页）

的墓也无法激发我们的想象。① 这种改变完全是因为近年来我们在学术和政治生活事务中的经历。我们再次明白了无法读到一本毁于战火的书意味着什么。我们对在他们的修道院里拯救了我们的经典作品的僧侣们的感谢已经超出了传统的致敬。事实上，修道院生活本身变得不再令现代学者陌生：它成了大学委员会的恐怖之外的一种诱人的选择。

但如果卡西奥多鲁斯生命中的维瓦里乌姆时期现在受到了应有的推崇，那么近年来作为哥特历史学家的卡西奥多鲁斯仍然没有受到太多重视。这个话题并不简单，因为他的《哥特史》没有流传下来，我们手上只有约达内斯（Jordanes）做的摘要，任何想要界定约达内斯是如何处理他的材料的尝试都可能导致不注意的人陷入麻烦。② 但卡西奥多鲁斯的《哥特史》毫无疑问是拉丁语史

（接上页）(1949), 52-72; idem. in: *Liber Floridus ... P. Lehmann gewidmet*, (St. Ottilien 1950), 95-119; O. J. Zimmermann, *American Benedictine Review* i (1950), 11-36; H. Vanderhoven, *Revue d'Hisloire Ecclesiastique* xlv, (1950), 707-770; P. Blanchard, *Revue Bénédictine* lx (1950), 25-64; F. Vandenbroucke, ibid. lxii, (1952), 216-273. 现在见 C. Mohrmann, *Vigiliae Chrislianae* viii (1954), 239-251（附出色的书目）以及 J. Froger, Revue d'Ascétique el de Mystique xxx (1954), 275-828。[更新的书目见 G. Penco, *S. Benedicti Regula*, (Florenz 1958), xi-xviii. J. Gomez, Hispania Sacra 9 (1956), 1 55 特别关注卡西奥多鲁斯。]

① 我只知道 G. Iacopi, *Brutium* xxxii (1953), nos. 3-4, pp. 8-9 这条有待证实的注释，Πεπραγμενα του Θ' Διεθνους Βυζαντινολογικου Συνεδριου, i (Athens 1955), 201-205 大体重复了该注释，我对此存疑。但我们必须等待更多细节。我还没有读过 P. Courcelle, Nouvelles recherehes sur le monastère de Cassiodore, *Actes du Ve Congrès International d'archéologie chrétienne* 1954。我们要感谢库赛尔关于卡西奥多鲁斯修道院遗址的最重要研究，*Mélanges École Rome*, lv (1938), 259-307 [参见 *Actes* quoted (Città del Vaticano)，库赛尔在文中对雅various 的发现持积极看法]。

② 我所知道的最新研究是 Wattenbach and Levison, *Deutschlands Geschichtsquellen*, i, 75-81, 以及 F. Giunta, *Jordanes e la eultura dell'alto medio evo* (Palermo 1952)。据我所知，英国正在准备推出《哥特史》的新校勘本，该版本将利用 E. Sthamer 在巴勒莫国家档案（Archivio di Palermo）中发现的 9 世纪抄本。关于巴勒莫抄本，参见 *Forschungen und Fortschritte* v, (1929), 45, 和 Giunta, 前揭书, 188-202。R. Cessi 暗示，《瓦卢瓦匿名抄本》(*Anonymus Valesianus*) 的第二部分（36-78 节）出自卡西奥多鲁斯之手，这种说法没有根据（该抄本参见 [转下页]

学史和晚期罗马政治史上的一座里程碑。我觉得，今晚我能对卡西奥多鲁斯的《哥特史》发表一些看法。不过，对"哥特史"不能孤立地来看。只有在 6 世纪前期的文学创作的背景下来考察它们，才会看到它们是特别而应时的作品。

9 世纪时，编年史作家阿涅鲁斯（Agnellus）仍然能在拉文纳看到一幅镶嵌画，画中描绘了狄奥多里克置身于拉文纳和罗马的形象之间。① 罗马是个戴着头盔、手拿长矛的女子，而拉文纳则被描绘成从海中跳出——有条腿还在海里——想要与这位国王相会。整幅画面的图像学趣味无需我多加分析，但它还有直白的历史意义。拉文纳位于陆路和海路的尽头，这些道路指向东方。在狄奥多里克和他的哥特人继承者的时代，意大利没有对自己海域的控制。卡西奥多鲁斯直白地表示，他的国王没有自己的舰队："因此，意大利没有舰队时常令我们担心"（Cum nostrum igitur animum frequens cura pulsaret naves Italiam non habere）。② 狄奥多

[接上页] *Rer. Ital. Script.* xxiv, pp. xxvii-lxxxviii）。F. Rühl 号称发现了卡西奥多鲁斯《哥特史》的另一段摘录（*Neue Jahrb. f. Phil.* cxxi [1880], 549-576），但很快被蒙森否定，*Chron. Minora, ii, Monumenta Germaniae Historica.* [M. G. H.], xi, 308-322（*Exordia Scythica*）："这个作者无疑与卡西奥多鲁斯的《哥特史》完全无关，在其中看不到约达内斯的确切印记。"（Cassiodori Geticis tantum abest ut auctor usus sit, ut ne Iordanianorum quidem certa indicia deprehendantur）

① *Agnelli Liber Pontiftcalis*, ed. O. Holder-Egger (*M. G. H.*), 94："在这处区域的顶部是狄奥多里克的像，用精美的马赛克装饰而成，右手握矛，左手持盾，身着铠甲。用马赛克装饰而成的罗马手持长枪，戴着头盔，站在盾牌旁；在他握矛的地方，用马赛克装饰而成的拉文纳右脚站在海里，左脚站在地上，正向国王走来"（In pinnaculum ipsius loci fuit Theodorici effigies, mire tessellis ornata, dextera manu lanceam tenens, sinistra clipeum, lorica indutus. Contra clipeum Roma tessellis ornata astabat cum asta et galea: unde vero telum tenensque fuit, Ravenna tessellis figurata, pedem dextrum super mare, sinistrum super terram ad regem properans.）。E. Dyggve（中译本第 238 页注释 2 所引书），p.50。另参见 E. Bishop, *Liturgica Historica* (Oxford 1918), 370-383。

② *Variae*, 5.16.2.

里克在拉文纳建立一支舰队的最终尝试因为他的去世而告终。① 但汪达尔人在海上同样不再像之前那么强大。② 有组织的海军只存在于东部帝国。这是解释为何意大利再次处于希腊化东方影响的主要事实之一。当然，另一个事实是，日益蛮族化的非洲、高卢和西班牙能提供的东西减少了。

我们几乎无法衡量非洲沦丧于汪达尔人之手对于意大利的教会，乃至更一般地对于意大利的思想生活意味着什么。③ 从 2 世纪末开始，非洲基督教极其丰富的精神能量就为西部的教会提供了灵感。这些能量仍然强大到足以解释对信奉阿里乌斯派的汪达尔人的顽强抵抗，以及投入到争论中的护教作品的数量。但奥古斯丁在被汪达尔人围城期间去世标志着基督教非洲在思想上的优势

---

① *Cf.* W. Ensslin, *Theoderich der Große* (1947), 321.

② 公元 500 年后，汪达尔人在多大程度上干扰了西地中海的交流仍然存在争议。一种极端的观点参见 N.H. Baynes, *Byzantine Studies and other Essays* (London 1955), 309-320（原刊于 J. R. S. xix [1929] 230）。持同样意见，但更加谨慎的观点见 G. Mickwitz, Der Verkehr auf dem Westlichen Mittelmeer um 600 n. Chr., *Wirtschaft und Kultur. Festschrift A. Dopsch* (Leipzig 1938), 74-83。关于将汪达尔人的干扰最小化的观点，见 A. R. Lewis, *Naval Power and Trade in the Mediterranean, 500 1100* (Princeton 1951), 1-30; idem., Le Commerce maritime et les navires de la Gaule occidentale (550-570), *Études Mérovingiennes* (Paris 1953), 191-199, 在一定程度上亦见 C. Courtois, *Les Vandales et l'Afrique*, (Paris 1955) ,207-209。但 Ennodius, *Paneg. Theol.* xiii, 70 和 Cassiodor, *Variae* 5.17 提到了汪达尔人造成的麻烦，而现存关于非洲与高卢（C. Courtois, *Cahiers de Tunisie* ii, 1954, 127-134）以及非洲与其他西部地区（Courtois, *Les Vandales* 205, n.3）的关系的证据并不太清晰。另参见 W. H. C. Frend, North Africa and Europe in the Early Middle Ages, *Transactions of the Royal Historical Society* v.5 (1955), 61-80 [Vgl. F. Giunta, I Vandali e la Romania, *Kokalos* ii, (1956), 20-36]。

③ *Cf.* G.-G. Lapeyre, *Saint-Fulgence de Ruspe* (Paris 1929); W. Pewesin, *Imperium, Ecclesia Universalis, Rom: Der Kampf der afrikanischen Kirche um die Mitte des 6. Jahrhunderts, in Geistige Grundlagen römischer Kirchenpolitik* (Stuttgart 1937); P. Courcelle, *Histoire littéraire des grandes invasions germaniques* (Paris 1948), 151 ff.; C. Courtois, *Victor de Vita et son oeuvre* (Alger 1955); idem., *Les Vandales et l'Afrique*, 284ff.。我觉得 R.R. Bezzola, *Les origines et la formation de la littérature courtoise en Occident*, i (Paris 1944), 7 似乎高估了汪达尔人。

地位的终结。而西班牙和高卢还没有准备好提供同样价值的思想食粮。西班牙似乎在6世纪上半叶几乎没有提供创造性的文化。布拉卡拉的马尔提努斯（Martinus of Bracara）在公元550年左右以塞涅卡的名义发起了一场类似文艺复兴的运动，但他来自东方。① 高卢的情况当然没有那么糟糕。但西多尼乌斯·阿波利纳里斯（Sidonius Apollinaris）的作品没能在当地留存下来。如果他有信徒的话，那就是恩诺迪乌斯（Ennodius），此人虽然出生在法国，但生活在米兰和帕维亚：事实上，米兰成了学术中心，不仅吸引着意大利人，也吸引了高卢人。② 西多尼乌斯的朋友克劳狄阿努斯·马梅尔图斯（Claudianus Mamertus）同样在意大利而非法国找到了自己的信徒：他的《论灵魂的状态》（De statu animae）是卡西奥多鲁斯《论灵魂》的来源之一。公元500年前后，法国只有两名地位不一般的作家——维埃纳主教阿维图斯（Avitus）和阿尔勒主教该撒利乌斯（Caesarius）。他们的教牧活动集中在特别具体的问题上——顺带迫使该撒利乌斯同狄奥多里克国王达成协议。他们严格的神学写作没有足够能够在意大利留下深刻印象的特色。该撒利乌斯的传记作者告诉我们，他的传主在西班牙和意大利布道。③ 如果是这样，他们服务的是意大利教士的教牧而非神

---

① 他来自潘诺尼亚："是潘诺尼亚人，在神明意志的驱使下长途跋涉来到加利西亚的怀抱"（Pannoniis genitus, transcendens aequora vasta Galliciae in gremium divinis nutibus actus），*Martini Episcopi Bracarensis Opera Omnia*, ed. C. W. Barlow (1950), 283。

② 新出版的合编巨著 *Storia di Milano*, ii (Fondazione Treccani, Milano, 1954) (*Dalla invasione dei barbari all'apogeo defgoverno vescovile, 493-1002*) 在对米兰作为古代晚期学问中心的描绘上令人失望。

③ Vita Caesarii lv, p.480（附注释），ed. B. Krusch (Passiones Vitaeque Sanctorum Aevi Merovingici, *M. G. H.*), Cf. M. Dorenkemper, *The Trinitarian Doctrine and Sources of St. Caesarius of Arles* (Fribourg 1953); G. Bardy, L'Attitude politique de saint C. d'A., *Revue d'histoire de l'église de France*, xxxiii (1947), 241-257。

学兴趣。

圣奥古斯丁的影响当然没有消失。在把他的《论三位一体》(*De trinitate*)献给叙马库斯时,波伊提乌斯表示他希望成为圣奥古斯丁的好弟子。欧吉皮乌斯(Eugippius)为无法看到这位圣徒的《全集》的人们准备了一部圣奥古斯丁的文选,并将其献给了波伊提乌斯那位了不起的女亲戚普罗芭(Proba)。① 普罗芭本人和叙马库斯的女儿加拉(Galla)与圣奥古斯丁的信徒,鲁斯佩的弗尔根提乌斯(Fulgentius of Ruspe)保持着亲密的关系。② 不过,《联合诏令》(*Henotikon*)颁布后与东部帝国发生的神学争论使得对符合现状的最新神学信息更有需求。此外,圣奥古斯丁的哲学中有一个方面是叙马库斯和波伊提乌斯的圈子永远无法接受的,那就是他对罗马史的看法。

叙马库斯和波伊提乌斯不愿承认,异教罗马除了灾难和劫掠几乎没有什么。他们成功地把真正的基督教信仰同热爱罗马传统

---

① 见 *Excerpta* (ed. P. Knoell in *Corpus Scriptorum Ecclesiasticorum Latinorum* [C. S. E. L.]) 之前的 *Epistula ad Probam Virginem*,欧吉皮乌斯表示:"虽然您书房里的浩繁卷帙包括了我摘录了一小部分的全集,但拥有摘要还是让人高兴的"(cum bibliothecae vestrae copia multiplex integra, de quibus pauca decerpsi, contineat opera, placuit tamen habere decerpta)。参见卡西奥多鲁斯, *Institutiones I (div. litt.)* 23:"为了我的长辈普罗芭,一位圣洁的贞女,他从圣奥古斯丁的作品中热情地采撷了最深奥的问题和关于各种事物的看法"(hic ad parentem nostram Probam, virginem sacram, ex operibus sancti Augustini valde altissimas quaestiones ac sententias diversasque res deflorans)。参见 M. Büdinger, Eugippius, eine Untersuchung, *Sitz.-Ber. Wiener Akad*. xci (1878), 804。我在这里也许可以提一下 G. Morin, Une Compilation antiarienne inédite sous le nom de S. Augustin issue du milieu de Cassiodore, *Revue Bénédictine* xxxi (1914-1919), 237-243(并不太有说服力)。[关于恩诺迪乌斯和圣奥古斯丁,参见 P. Courcelle, *Historisches jahrbuch*, lxxvii, (1957), 451-453。]

② Fulgentius, *Epistula* ii, 16 (Patr. Lat. [P. L.] lxv 320); *Vita Fulgentii* xxv (P. L. lxv, 144), ed. G.-G. Lapeyre (Paris 1929), p.119. *Cf.* G.-G. Lapeyre, *Saint-Fulgence de Ruspe*, 234-236.

中的全部异教元素结合起来。作为这波思想复兴的高级领导者，昆图斯·奥雷利乌斯·门米乌斯·叙马库斯（Quintus Aurelius Memmius Symmachus）选择加图作为自己的模板，"古人加图的新模仿者"（*antiqui Catonis novellus imitator*）。① 他是4世纪时异教罗马的最后捍卫者的后代，特别看重自己的先人。他对马克罗比乌斯文本的关心并非没有受到另一位叙马库斯是马克罗比乌斯的《农神节》（*Saturnalia*）中的发言者这一情况的影响。他模仿自己的一位祖先（*parentes suos imitatus*）写了一部罗马史：在此事上，他的模板仍然是异教徒，如果指的是尼科马库斯·弗拉维阿努斯（Nicomachus Flavianus）的史书的话。② 据我们所知，6世纪的叙马库斯是唯一使用和引用了《罗马皇帝传》的古代作家——这部神秘的4世纪传记集明显偏向异教和元老院的权威。③ 维提乌斯·阿格利乌斯·巴西利乌斯·马沃尔提乌斯（Vettius Agorius Basilius Mavortius）同属元老群体，而且是另一位4世纪的伟大异教支持者的后裔。他修订了贺拉斯和普鲁登提乌斯的文本——分别是拉丁语诗人中最典型的异教徒和最典型的基督教徒。④

这些古物学家的工作并非无稽之谈。他们意识到，如果想要成功地将对基督教的忠诚和异教传统结合起来，只能依靠希腊思想的力量和帝国传统的延续。他们把目光投向东部，那里似乎正在发生

---

① Cassiodorus, *Ordo generis Cassiodororum* ('Anecdoton Holderi') in *Variae*, rec. Mommsen, p.v.

② 关于叙马库斯家的族谱，参见 Seeck 编校的叙马库斯作品，*M. G. H.*, p.xl。

③ 参见 Jordanes, Getica, xv, 83 和 W. Hartke 的讨论, Römische Kinderkaiser (1951) 427-439。Cf. H. Löwe, Von Theoderich dem Großen zu Karl dem Großen, *Deutsches Archiv*, ix (1952), 354-356。

④ O. Jahn, Ber. Sächs. Akad. iii (1851) 553; J. Sundwall, *Abh. z. Geschichte d. ausgeh. Römertums* (1919) 139（关于贺拉斯）以及 M. Schany, *Gesch. Röm. Lit.* iv, I, 2nd ed., 258。西多尼乌斯在 *Ep.* 2.9.4 提到了贺拉斯和普鲁登提乌斯。

令人兴奋的事。在君士坦丁堡，普利西安（Priscian）为拉丁语文法研究打开了新视野。① 在亚历山大里亚，阿莫尼乌斯（Ammonius）学派正在重新尝试调和柏拉图、亚里士多德和波菲利，并使一切同基督教协调一致。② 这些思想事件给内心从未抛弃希腊和罗马的古典往昔的人带来了希望。造访君士坦丁堡时，叙马库斯已经在当地广为人知。③ 他与普利西安交好，带回了后者的三部修辞学作品，上面有写给他本人的响亮题词。④ 波伊提乌斯甚至可能在东方受过教育，如果就像库赛尔（Courcelle）所暗示的，他是475年左右的亚历山大里亚长官波伊提乌斯的儿子。⑤ 叙马库斯和波伊提乌斯无疑都有大量关系在东方，这些人推动了519年罗马和君士坦丁堡教

---

① P. Courcelle, *Les Lettres grecques en Occident*, 2nd ed. 307. 参见 J. Martin, *Grillius. Ein Beitrag zur Geschichte der Rhetorik* (Paderborn 1927) (Studien zur Geschichte nnd Kultur des Altertums, xiv)。另参见 L. Hahn, Zum Sprachenkampf im römischen Reich bis auf die Zeit Justinians. Eine Skizze, *Philologus*, Suppl. x (1907), 675-718。

② 两项基本研究是 K. Praechter, Richtungen und Schulen im Neuplatonismus, *Genethliakon C. Robert*, (Berlin 1910), 105-156 以及 Christlich-neuplatonische Beziehungen, *Byzantinische Zeitschrift*, xxi, (1912), 1-27。另参见 Courcelle, *Les Lettres grecques*, 257ff.; R. Vancourt, *Les Demiers Commentateurs alexandrins d'Aristote. L'école d'Olympiodore, Étienne d'Alexandrie* (Lille 1941); H.-D. Saffrey, Le chrétien Jean Philopon et la survivance de l'école d' Alexandrie, *Revue des Études Grecques*, lxvii (1954), 396-410。

③ *Gramm. Lat.* iii, 405 Keil: "之前你不在场时，你的声望就让我们对你充满敬意，现在你在场时，真相表明你还要胜过话语的赞美" (Fama quidem antea nobis absentem venerabilem faciebat, nunc autem praesentem veritas supergressum laudes praedicationis ostendit)。

④ 参见 *Gramm. Lat.* iii, 405；注意这段话中一个从政治视角来看引人瞩目的句子："因此我追求你们的雄辩智慧……好让你们罗马人对勤奋学习那些作者的技艺变得更有热情，完全是因为他们，罗马人和希腊人一起被认为超越了其他民族" (petimus igitur sapientem eloquentiam vestram ut... Romanorum diligentiam vestrorum ad artes suorum alacriorem reddatis auctorum quibus solis ceteras cum Grais gentes superasse noscuntur)。大体情况参见 R. Helm in Pauly Wissowa, s.v. "Priscianus" 和 V. Schurr, 注疏 31 所引书。

⑤ *Les Lettres grecques*, p.299.

会的和解。① 515 年和 517 年，波伊提乌斯的亲戚恩诺迪乌斯被派往君士坦丁堡，讨论两大教会的联合。② 事实上，来自这个家族群体的一名女性，奥吕布里俄斯（Olybrius）皇帝的女儿阿尼基娅·尤利安娜（Anicia Juliana）在君士坦丁堡为联合而工作。③

叙马库斯鼓励波伊提乌斯通过拉丁语译本让西方了解亚里士多德、柏拉图和他们的注疏者。但吸收东方思想的最新成果和将其与西方传统相融合的努力不仅包括哲学，神学也同样重要。波伊提乌斯在其作品的一些序言中忿忿地抱怨了那些不知道自己在说些什么的人，特别是不赞同他的神学家。④ 不过，他不是唯一传播关于希腊学说的知识的人。已知至少有其他三位罗马元老对神学争论感兴趣。其中一位是贵族塞纳里乌斯（Senarius），他是恩诺迪乌斯的亲戚，而就像我们提到的，后者本人是波伊提乌斯

---

① 参见 V. Schurr 的精彩著作，*Die Trinitätslehre des Boethius im Lichte der skythischen Kontroversen* (Paderborn 1935), 198。部分证据见下文的注释。但有一个事实值得对舒尔强调。波伊提乌斯抄本的一个修改者名叫雷纳图斯（Renatus），此人似乎把塞纳里乌斯（Senarius）一封关于"新入教者"（cathechumeni）等问题的书信带给了执事约翰（Iohannes Diaconus）（见注释 35）。510 年左右，同一位拉文纳的雷纳图斯显然在君士坦丁堡与基督一性论者塞维鲁（Severus）进行了争辩。（见 J. Lebon, *Le Monophysisme sévérien* [Louvain 1909], p.46, n.3，译文见 *Severi Antiocheni Liber contra Impium Grammaticum Orat. III Pars Posterior*, [Paris 1933], ed. J. Lebon, ch. 29, p. 72。）背景见 E. Caspar, *Geschichte des Papsttums*, ii 149ff. 和 A. A. Vasiliev, *Justin the First* (1950), 160ff.。

② *Epistulae Romanorum Pontiftcum*, ed. Thiel (1868) 755; *Avellana quae dicitur collectio*, ed. O. Günther (*C. S. E. L.*), *Ep.* 115.

③ Cyrilli Scythopolitani, *Vita Sabae*, c. 53, p.145, ed. Schwanz (1939); Theophanis Chronographia, p.157, ed. De Boor; *Avellana ... collection*, nos.164, 179, 198 (*C. S. E. L.*). Cf. J. Aschbach, 'Die Anicier,' *Sitz.-Ber. Wiener Akad.* lxiv (1870), 392; E. Schwartz, *Kyrillos von Skythopolis* (1939), 379-383; E. Stein, *Histoire du Bas-Empire* (1949) ii, p.67, n.1; 172. Cf. also E. Schwartz, Publizistische Sammlungen zum acacianischen Schisma, *Abh. Bayer. Akad.* (1934), p.245 和 A. von Premerstein, Anicia Juliana im Wiener Dioskorides-Codex, *Jahrb. d. Kunsthist. Sammlungen*, xxiv (1903), 106-123 (Cf. R. Delbrück, *Die Consulardiptychen*[1929], 55).

④ *Liber contra Eutychen et Nestorium*, Prooemium.

的亲戚；另一位是福斯图斯（Faustus），可能担任过490年的执政官；第三位是阿尔比努斯，他后来被狄奥多里克指控叛国，成了波伊提乌斯败亡的直接原因。① 为这个意大利群体效劳的狄俄尼修斯·埃克希古斯（Dionysius Exiguus）——卡西奥多鲁斯表示，此人是斯基泰血统，但行为举止上是罗马人—— 一生都在把神学、哲学和教会学论著从希腊语译成拉丁语。②

我们能在君士坦丁堡找到像普利西安这样杰出的人物这个事实本身表明，罗马人重新建立与希腊人的文化接触的努力得到了希腊人自身的响应。作为拉丁语文法和修辞的研究者，普利西安在君士坦丁堡并不孤立。我们知道他的一些弟子的名字和作品。作为其中一员，弗拉维乌斯·特奥多罗斯（Flavius Theodorus）在君士坦丁堡的圣殿执法官（*quaestor sacri palatii*）署任职。③ 普利西安的庇护人，执政官和贵族尤里安被形容为对希腊语和拉丁语

---

① Senarius: P. L. lix, 399; A. Wilmart, Analecta Reginensia (Studi e Testi, lix [1933]) 170-179. Cf. Avitus, Epistula 36 (P. L. lix, 252; *M. G. H.* vi, 2, p.68, ed. Peiper); Ennodius, Epistula i, 23, and J. Sundwall, *Abh. zur Geschichte des ausgeh. Römertums*, 153. Faustus: *P. L.* lxiii, 534; E. Schwartz, *Publizistische Sammlungen zum acacianischen Schisma*, 115-117; J. Sundwall, 117. Albinus: *Avellana ... collectio* (*C. S. E. L.*) *Ep.* 173, p. 629, Günther; J. Sundwall, 87。关于 Senarius，见 O. Fiebiger, *Denkschr. Wiener Akad.* lxxii (1944), 2. Abh., 10，该文有误导性。

② 参见 Cassiod., *Instit.*, i, 23, 2。以及他收录在 *P. L.* lxvii 中的作品。参见 Schanz, iv, 2 (1920), 589; E. Schwartz, *Zeitschr. Savigny-Stift.*, Kan. Abt. (1936), 1-114; H. Wurm, *Studien und Texte zur Dekretalen-Sammlung des Dionysius Exiguus* (Bonn 1939) (Kanonistische Studien und Texte 16), pp. 10-30 以及书中所引的书目。另参见 B. Altaner, Zum Schrifttum der skythischen (gotischen) Mönche, *Historisches Jahrbuch* lxxii, (1953), 568-581; H. Steinacker, Die römische Kirche und die griechischen Sprachkenntnisse des Frühmittelalters, *Mitt. Inst. Oesterr. Gesch.* lxii (1954), 28-66，特别见 51 ff.，一般介绍见 J. Rambaud-Buhot 的文章，Denys le Petit, *Dictionnaire de Droit Canonique*, iv (1949), 1131-1151。关于中世纪翻译的性质，必须参阅 P. Heck, *Übersetzungsprobleme im frühen Mittelalter*, (Tübingen 1931) [W. M. Peitz, *Studia Gratiana*, I (1953), 53-79]。

③ 证据见 Schanz, iv, 2, 230。

学问同样精通。① 如果此人是与斯塔提乌斯的文本相关的那个尤里安，那么这种恭维可能并不夸张。② 查士丁和查士丁尼的宫廷社会对拉丁语的兴趣不仅限于罗马法。512年左右，吕底亚人约翰（John the Lydian）开始了作为完美官僚的生涯。这个有趣的人物对罗马古物学的贡献广为人知：在他的众多夸口中，有一条是特别精通拉丁语。③ 几年后，一个才华和重要性完全不同的人，专长于西方学问的"贵族"彼得（Peter the Patrician）写了从恺撒去世到君士坦提乌斯二世去世的罗马帝国史。④ 像他这样的人无疑可能认同叙马库斯圈子里的罗马贵族，与之建立友谊。在查士丁尼决心摧毁东哥特王国的战斗中，这种友谊将结出果实。

从西方和东方的角度来看待这场运动时，我们不得不理所当然地认为，波伊提乌斯的《哲学的慰藉》不属于它。无论在之前的生活中通过长期的思考做过什么准备，《哲学的慰藉》都超出了波伊提乌斯此前所做的一切：它无疑令作者本人也感到意外。许多人转向基督教寻求慰藉。波伊提乌斯则转向了异教。他的基督教崩溃了——它崩溃得如此彻底，他可能甚至没有注意到它的消失。希腊哲学家的神明让他的头脑获得安宁。他对基督教神学的

---

① *Inst. Gramm.* ii 2 Keil；"在各类学问上都光彩夺目，不仅是拉丁语的，希腊语的也不逊色"（non minus Graecorum quam Latinorum in omni doctrinae genere praefulgentem）。

② *Codex Iuliani v.c.*，见 Statius, Thebais 4 的脚注，*Codex Puteanus*。提出这种观点的是 F. Vollmer, Rh. Mus. li (1896) 27, n.1。另参见 R. Helm in Pauly Wissowa, s.v. 'Priscianus', 2329。

③ E. Stein, *Histoire du Bas-Empire*, ii, 729, 838; A. H. M. Jones, *Journal of Roman Studies* xxxix, (1949), 52。关于他对拉丁语的热爱，见 *De Magistr*. iii, 20, 27，特别是 ii, 12 这个感伤的段落。

④ E. Stein, *Histoire du Bas-Empire*, ii, 723-729。参见 John Lydus, *De Magistr*, ii, 25-26 的生动段落。关于此人，关于对他的外交活动的研究，另参见 E. Schwartz, Zu Cassiodorus und Prokop, *Sitz. Bayer. Akad.* (1939) n.2；Stein, ii, 337, n.1; 342, n.2 不接受他的结论，但这一点值得更多思考。见 O. Veh, *Zur Geschichtsschreibung und Weltauffassung des Prokop von Caesarea*, iii (Bayreuth 1953), 3-11。

傲慢让位于新的谦卑。这也许表明，他之前试图调和哲学与基督教的努力是建立在不稳定的基础上，它无法为自己所属的罗马群体，或者拜占庭的相对应群体的有意识目标提供指导。①

当然，没有人可以说——也许就连当事人也不知道——推动罗马和君士坦丁堡和解的努力从何时开始暗示对拉文纳政府的暗中反叛。和他的一些朋友一样，叙马库斯足够明智地避免在拉文纳的狄奥多里克政权中任职。波伊提乌斯长久以来一直效法他的岳父，但在 522 年被说服接受了政务总管（*magisterium officiorum*）一职。这无论如何都是个错误。时局将其变成了悲剧。②

卡西奥多鲁斯几乎没有被卷入这场悲剧，他接替波伊提乌斯担任了政务总管。他从来不是叙马库斯圈子的正式成员。他不属于真正意义上的罗马贵族。他的家族来自东方，在卡拉布里亚已经定居四代。"布鲁提乌姆的头号城市"（*prima urbium Bruttiorum*）斯奎拉切是他心目中的家乡。《杂录》（*Variae*）中的一篇对斯奎拉切周围的乡间做了抒情诗般，近乎不合理的描绘，让人想起后来《指南》中对维瓦里乌姆的著名描绘。③虽然卡西奥多鲁斯的庄园一定很大，但他顺理成章地担任了公职，就像他的父亲和祖父一样。他并不以独立为荣，就像叙马库斯那样，或者某种程度上就

---

① 这里只需指出，我不认同 F. Klingner 关于波伊提乌斯的精彩论文，*Römische Geisteswelt* (Leipzig 1943), p. 432。

② 在这里，对于近年来的作品，我同样觉得提到 C. H. Coster, The Fall of Boethius, *Ann. Inst. Phil. Hist. Orient.* xii (1952) 45-87 就够了，但 G. B. Picotti, Il senato romano e il processo di Boezio, *Archivio Storico Ilaliano*, vii. 15 (1931), 205-228 提到了更早的作品，并澄清了错误的假设。科斯特认为波伊提乌斯是在 525 年被捕，526 年被处决，我觉得这种理论没有根据：它与《瓦卢瓦匿名抄本》和居普里阿努斯仍然担任咨询官的年代不符。（*Variae*, 5, 40）

③ *Variae*, 8, 32。

像波伊提乌斯那样。他的教育也不一样。诚然，在生命中的某个时候，他向狄俄尼修斯·埃克希古斯学过辩证法，但他接受的是修辞学而非哲学训练。① 他无疑懂一点希腊语，但懂多少就不清楚了。晚年，他资助了翻译约瑟夫斯的《犹太古史》等希腊语作品，② 并汇编了忒奥多雷特（Theodoretus）、索卓门（Sozomenus）和苏格拉底（Socrates）的教会史——所谓的《三家史集》。但据我们所知，他本人没有翻译过任何作品。在同时代人中，与他拥有更多共同点的是诗人阿拉托尔（Arator）而非叙马库斯。作为一个很有影响的公共演说者，阿拉托尔为狄奥多里克效力多年，后来接受了圣职。③ 卡西奥多鲁斯的名字没有出现在波伊提乌斯或恩诺迪乌斯的作品中：对后者来说特别不同寻常，因为恩诺迪乌斯虽然是教士和波伊提乌斯的亲戚，但与拉文纳关系密切。

另一方面，对我即将提出的关于哥特史的论点来说至关重要的是，我们注意到卡西奥多鲁斯强调了自己的家族与叙马库斯和波伊提乌斯的联系。他不放过任何机会赞美波伊提乌斯所属

---

① *Instit.* i, 23, 2: "他和我一起读辩证法"（qui [Dionysius] mecum dialecticam legit）。注意他在 *Anecdoton Holderi* 中的自传式评述："年轻时……他会非常流利地诵读对哥特国王狄奥多里克的颂辞"（iuvenis adeo dum ... laudes Theodorichi regis Gothorum facundissime recitasset）。

② *Instit.* i, 17, 1: "但我还是让我的朋友们把这 22 卷书译成了拉丁语，费了很大力气，因为它非常精巧和晦涩"（Hunc tamen ab amicis nostris, quoniam est subtilis nimis el multiplex, magno labore in libris viginti duobus converti fecimus in Latinum）。关于卡西奥多鲁斯对希腊语的了解，见 H. Steinacker 的评述，*Mitt. Inst. Oesterr. Geschichtsforschung*, lxii (1954), 46, n.76a. [现在见 F. Blatt, *The Latin Josephus*, I (1958), 17。]

③ 生平细节见 Schanz, iv, 2, 392。关于他的圣职身份，见 *Epistula ad Parthenium* 69; *Epistula ad Vigilium* 11（现在见 *Aratoris Subdiaconi De Actibus Apostolorum*, ed. A.P. McKinlay [C. S. E. L.]）1951, p.152; 4）。

的阿尼基乌斯家族（Anicii）。① 关于卡西奥多鲁斯的家族荣耀感的最重要证据来自他的《卡西奥多鲁斯家族世系》（*Ordo generis Cassiodorum*），这篇家谱性质的作品是写给弗拉维乌斯·鲁非乌斯·佩特罗尼乌斯·尼科马库斯·科特古斯（Flavius Rufius Petronius Nichomachus Cethegus）的，此人担任过504年的执政官，本人可能是阿尼基乌斯群体的成员。《卡西奥多鲁斯家族世系》只有摘要存世，但足以表明原来的文本包含了有过文字作品的所有家族成员的传记，以及他们发表作品的列表。② 留存至今的摘要中保存了与卡西奥多鲁斯本人、叙马库斯和波伊提乌斯有关的段落或段落的一部分。不幸的是，文本在可能确定卡西奥多鲁斯是否明确宣称波伊提乌斯和叙马库斯是他的亲戚的地方缺失了。③

---

① *Variae* 10,11 和 12：“几乎与君主一样高贵的阿尼基乌斯家族历史悠久。”（Anicios quidem paene principibus pares aetas prisca progenuit）这段话写于535年。足够意味深长的是，这个家族"真正称得上高贵，当行为的正直没有抛弃他们的时候"（vere dicitur nobilis, quando ab ea actionis probitas non recedit）。533年后，在拉文纳又可以提到波伊提乌斯的家族了（Prokop, *B.G.* i[5], 2, 5）——这个事实对于确定《卡西奥多鲁斯家族世系》年代的问题不无重要性；参见注释54（中译本257页注释①）。

② 这段文字——最早由 H. Usener, *Anecdoton Holderi* (Bonn 1877) 刊印，后来又有 Mommsen, *Cassiodori Variae*, p.v 的版本——的最新版本见 Besselaar, *Cassiodorus Senator en zijn Variae* (1945) p. 206。

③ "《卡西奥多罗斯家族世系》：出自他们族中或出自博学者的作家"（Ordo generis Cassiodororum qui scriptores exstiterint ex eorum progenie vel ex quibus eruditis.）。乌泽纳的修订"出自博学公民"（ex civibus eruditis）没有根据。蒙森在他的约达内斯校订本的"或者是博学者"（vel qui eruditi）和《杂录》第5页的"或者出自那些推动了学问的人"（vel ex quibus eruditis profecerint）之间犹豫不决。修订成"或者是博学者"意味着波伊提乌斯和叙马库斯肯定是作为亲属而非老师而被收入《世系》中。但即便我们接受"或者属于那些推动了学问的人"，也很难相信波伊提乌斯是作为老师而被提到的。我就这段话咨询过Mynors教授，他回信说（1955年10月13日）："事实上，我们没有所需要的资源来解决这个问题。我觉得目前提出的所有说法都不完全正确；如果我必须增加一种，我会加入一个第三人称单数的动词，比如：'出自他们族中的作家，或博学者中[他们家族]的成名者'（qui scriptores extiterint ex eorum progenie vel ex quibus eruditis <claruerit>），主语可以是 genus 或 progenies。我无法解释为何要省略这个动词；但当面对的是书名或摘要时，我们不能指望像通常面对连续的文学文本一样去解释省文。"另一种猜测见 *Dict. Hist. Géorgr. Eccl.* xi, 1367。

但没有别的显而易见的理由能够解释为何他要把叙马库斯和波伊提乌斯包括在对自己家族的记录中。《指南》中的一个段落印证了这种解读：卡西奥多鲁斯提到普罗芭是"我们的长辈"（parens nostra）。① 我们已经提到，普罗芭是波伊提乌斯和叙马库斯的近亲，她可能是叙马库斯的女儿或侄女。普罗芭这个名字表明他与阿尼基乌斯家族有关。② 从卡西奥多鲁斯在《杂录》中对阿尼基乌斯家族的贵族的大段赞美中可以清楚地看到他对他们的推崇（也许还有骄傲）：他称赞他们是近乎国王的家族。几乎不必指出，古代晚期的贵族们对家族有非常宽泛的解读，如果他们能攀上名人亲戚的话。因此，诗人阿维图斯（Avitus）与西多尼乌斯·阿波利纳里斯的儿子谈起过"我们家族"（nostra familia），仅仅是因为西多尼乌斯曾是阿维图斯皇帝的女婿，而这位皇帝与诗人阿维图斯有些亲属关系。③ 给人的印象是，卡西奥多鲁斯把自己与阿尼基乌斯家族联系起来的愿望要比阿尼基乌斯家族承认卡西奥多鲁斯是他们亲戚的愿望强得多。卡西奥多鲁斯对强调他与阿尼基乌斯家族的关系感兴趣也不仅是在波伊提乌斯败亡之前。我们引用的全部证据似乎都来自 524 年波伊提乌斯遇害后。作为 1877 年第一个《卡西奥多鲁斯家族世系》校勘本的编者，赫尔曼·乌泽纳（Hermann Usener）——他是个多么令人钦佩的编者——试图证明《世系》写于波伊提乌斯遇害之前。但我认为，蒙森非常正确地拒

---

① *Instit.* i, 23, 1: "为了我们的长辈，圣洁的贞女普罗芭。"（ad parentem nostram Probam virginem sacram）

② J. Sundwall, *Abhandlungen*, 161; J. J. van den Besselaar, *Cassiodorus Senator en zijn Variae*, 13-14; O. Seeck, Pauly-Wissowa, s. v. 'Symmachus' ii, 4, 1161.

③ Avitus, *Ep.* 51, p.80, Peiper (*M. G. H.*).

绝接受这种说法。《世系》中提到了《杂录》和其他细节，表明它的年代至少要晚至 538 年。① 作品是写给科特古斯的，此人在君士坦丁堡一直活到 550 年，住得离卡西奥多鲁斯不远。②

卡西奥多鲁斯与叙马库斯和波伊提乌斯圈子分歧非常重要，但我们可以认为，这些分歧导致的是波伊提乌斯疏远了卡西奥多鲁斯，而不是相反。波伊提乌斯的思想世界里包括希腊人和罗马人，无论是异教徒抑或基督徒，但没有日耳曼人。日耳曼人被无视了。很难想象叙马库斯在忽略日耳曼人一事上能够做得像他的女婿那么彻底，因为他著过史书——而且是帝国史。至少可以认为，他把马克西米努斯皇帝描绘成第一个登上罗马宝座的哥特人。③ 但我们没有别的理由相信他试图在自己的思想世界里为蛮族留下一席之地。波伊提乌斯和叙马库斯无疑提心吊胆地关注着他们的哥特人君主的一举一动，但在研究和写作中忘掉了他们。

卡西奥多鲁斯不仅在秘书和总管的日常工作中要面对哥特

---

① 在他的《杂录》校订本（第 xi 页）中，蒙森认为 Ancecdoton Holderi 中那个存在讹误的句子"不久之后，他开始担任政务卞管"（Postmodum dehinc magister officiorum et praefuisset）指的是 533 年卡西奥多鲁斯接受了近卫军长官一职；这似乎得到了 Dom Cappuyns, *Dict. Hist. Géorgr. Eccl.* xi, 1368 的确认。Van den Besselaar, *Cassiodorus Senator en zijn Variae* 不太令人信服地为乌泽纳的年代说法辩护（第 5 页），尽管必须承认，Ancecdoton 文本目前的状况让我们完全无法确定这个年代。对于 R. Cessi 在为《瓦卢瓦匿名抄本》所做的《初步校勘研究》（*Studi critici preliminar*, pp. cxxxvi-cxxxvii）中提出的另一种看法，我无法查阅 R. Anastasi, La fortuna di Boezio, *Miscellanea di Studi di Letteratura Cristiana Antica*, iii (1951) 93-109，该文讨论了 *Ancecdoton Holderi*。

② 见注释 74（中译本 264 页注释④）所引的文本。另见 *Conciliorum Omnium Amplissima Collectio*, ix, 50 和 347。参见 Sundwall, pp. 107-108。

③ 参见 W. Ensslin, Des Symmachus Historia Romana als Quelle für Jordanes, *Sitz. Bayer. Akad.* (1948) no. 3, 5-12。恩斯林强有力地证明叙马库斯是《罗马志》的主要材料来源。我可以补充说，如果本文中对关于《哥特史》的论点所做的辩护是对的，那么对约达内斯的《罗马志》也需要重新考虑。

人，在他本人的研究中同样如此。在罗马，人们可以无视他们。但在拉文纳，他觉得有必要教育他们，让他们在罗马世界的历史上拥有过去和未来。还有别的拉丁语作家也没有——或无法——无视哥特人。他们是主教、修道院院长和圣徒的传记作者。在试图减轻蛮族入侵的恐怖和苦难的努力中，当时的教会领袖们扮演了不可或缺的角色，他们的传记作者无法忘记他们活动的这个方面。因此，恩诺迪乌斯的厄庇法尼乌斯主教（Bishop Epiphanius）传和欧吉皮乌斯的圣塞维里努斯（St. Severinus）为教会史这个方面提供了无比宝贵的证据。① 不过，这种观点当然不同于卡西奥多鲁斯的。他并非作为本地人口中的基督徒代表面对哥特人，而是身居高位在拉文纳为哥特人工作。

卡西奥多鲁斯日复一日地试图给他的蛮族君主的命令赋予罗马人的尊严（*dignitas*）。他的雄辩，他的历史和哲学知识，甚至是他个人的同情都被写进了《杂录》，借哥特国王们之口说出。他为人浮夸，但有时候甚至浮夸也能为严肃的目的服务，如果是为了让本身没有尊严的东西变得有尊严。任何国家的文学作品中很少有像这样不断试图将蛮族描绘成代表了开化正义和智慧的。卡西奥多鲁斯的热情让《杂录》变成了某种百科全书：德国人的论文不无道理地将其当作文化史（*Kulturgeschichte*）的档

---

① 参见 G. M. Cook, *The Lift of St. Epiphanius by Ennodius*（英译和注疏）(Washington 1942)。关于欧吉皮乌斯，见，Vita S. Severini (ed. Th. Mommsen, *M. G. H.*）; R. Noll 翻译和注疏, Linz 1947)。I. Zibermayr, *Noricum, Baiern und Österreich, Lorch als Hauptstadt und die Einrichtung des Christentums* (Berlin 1944); F. Kaphan, *Zwischen Antike und Mittelalter*, 2nd ed. (München 1947); E. Schaffran, Frühchristentum und Völkerwanderung in den Ostalpen, *Arch. f. Kulturgesch.* xxxvii (1955) 16-43。另参见 R. Noll, *Mitt. Inst. Oesterr. Geschichtsf.* lix (1951), 440-446。

案。① 在与狄奥多里克的私下谈话中，卡西奥多鲁斯被期待用希腊人的知识来回答蛮族国王提出的关于自然现象的幼稚问题。② 在《杂录》中，他试图用罗马"私法（civilitas）"来解决东哥特人定居意大利造成的政治和行政问题："哥特人的优点是守法。"（Gothorum laus est civilitas custodita）卡西奥多鲁斯喜欢把"保留旧制"（vestusta servare）说成是他的君主们的意图。③

519 年的一个象征性事件似乎证明，君士坦丁堡和拉文纳实现和平的最大希望将要实现。查士丁认可阿玛拉松塔（Amalasuntha）的丈夫欧塔里库斯（Eutharicus）被预定为狄奥多里克的继承人。他当选执政官，与查士丁本人成为同僚：他是东哥特人统治意大利期间第一个当选执政官的日耳曼人。卡西奥多鲁斯用典型的罗马基督徒的方式庆贺了这个日子。他推出了新版的优西比乌－哲罗姆编年史，将其更新到当下，为哥特人安排了重要的位置。于是，这位哥特王子当选罗马执政官被描绘成世界历史上一个新时

---

① A. Th. Heerklotz, *Die Variae des Cassiodoms Senator als kulturgeschichtliche Quelle*, diss. (Heidelberg 1926). 另参见 G. A. Punzi, *L'Italia del secolo VI nelle Variae di Cassiodoro* (Aquila 1927). 不过，我还要推荐 E. Sestan, *Stato e Nazione nell'Alto Medioev* (Napoli 1952), 221-231 中的敏锐述评。

② *Variae* 9, 24: "当他从公务中脱身时，他会命令你讲述智者的观点，好让他在自己的行为上能向古人看齐。这位最敏锐的问询者会打听星辰的轨道、大海的涨落和圣泉的神迹，通过更加仔细地考察自然事物，让他看起来像是个穿着紫袍的哲学家。"（nam cum esset publica cura vacuatus, sententias prudentium a tuis fabulis exigebat, ut factis propriis se aequaret antiquis. Stellarum cursus, maris sinus, fontium miracula rimator acutissimus inquirebat, ut rerum naturis diligentius perscrutatis quidam purpuratus videretur esse philosophus）

③ 'Civilitas' 见 *Variae*, 9, 14, 8. 同样的用法见 1, 27, 1;3, 24, 4;4, 33, 1 等。'Vestuta servare' 见 3, 9, 1; 参见 2, 4。

期的开始。①

不久之后，卡西奥多鲁斯无疑就开始创作他的哥特史。他在《卡西奥多鲁斯家族世系》中表示撰写这部作品是为了取悦狄奥多里克，说明是在 526 年之前。533 年，他的著作已经完成，或者已经进展到足以成为赞美的对象，就像阿塔拉里库斯（Athalaricus）国王在写给罗马元老院，宣布卡西奥多鲁斯被任命为近卫军长官（prefect of the praetorium）的一封信中所说的。不消说，对作为历史学家的卡西奥多鲁斯的赞美是作为秘书的卡西奥多鲁斯精心起草的。得益于这种大言不惭，我们明白了他想在自己的作品里做些什么："他把哥特人起源的历史变成了罗马人的。"（originem Gothicam historiam fecit esse Romanam）②

这部十二卷的史书已经失传。至少有部分哥特人血统的约达内斯告诉我们，551 年左右，他正在准备对罗马历史进行盘点——即后来所谓的《罗马志》（Romana）——他的朋友卡斯塔里乌斯（Castalius）敦促他停止这项工作，优先考虑写一部卡西奥多鲁斯的《哥特史》摘要。约达内斯同意了，但自辩说，他的工作非常困难，因为他只能从卡西奥多鲁斯的管家那里借阅此书 3 天；不过他承认，他之前读过这本书。"蒙他的管家抬爱，我用三天重

---

① "这一年，罗马见证了许多奇迹，就连东方来的使者叙马库斯也被一次次的表演中赏给哥特人的和罗马人的财富所惊呆"（Eo anno multa vidit Roma miracula, editionibus singulis stupente etiam Symmacho Orientis legato divitias Gothis Romanisque donatas）等，ed. Th. Mommsen, *Chronica Minora*, ii, M. G. H. xi, 161。参见 M. Büdinger, Die Universalhistorie im Mittelalter, *Denkschr. d. Kais. Wien*, xlvi (1900), 26. [A.-D. v. Den Brincken, *Studien zur lateinischen Weltchronistik*, (Düsseldorf 1957), 86]。

② Variae, 9, 25。这段话被普遍认为模仿了尤斯提努斯（Justinus）为他的《腓力史》（*Historiae Philippicae*）摘要所写的序章。[关于这段话中 Origo 一词的意思，参见我的 *Secondo Contributo*, 149。我无法接受 O. Seel, *Die Praefatio des Pompeius Trogus* (Erlangen 1955) 中影响广泛的结论：事实上，我不再确定卡西奥多鲁斯模仿了尤斯提努斯，就像 F. Rühl 所暗示的。]

读了之前的同一部书"(*ad triduanam lectionem dispensatoris ejus beneficio libros ipsos antehac relegi*)。①

这句话无疑有些费解之处。三天太短，不可能完成十二卷的书的摘要。此外，这段话在风格上模仿了鲁非努斯（Rufinus）为他翻译的俄利根圣保罗罗马书注疏所写的前言；约达内斯觉得有必要用"说实话"(*ut non mentiar*)来引出他的辩护，这让他看上去更加可疑。②不过，即便我们很怀疑"三天"的故事，但没有理由怀疑主要的事实。约达内斯在敦促下匆忙准备写一部哥特人历史的摘要，他在551年左右开始这项工作，用的书是从卡西奥多鲁斯自己的藏书中借来的。③551年属于对查士丁尼与哥特人的关系来说颇为重要的一个时期。550年，狄奥多里克的孙女，当时正在君士坦丁堡流亡的阿玛拉松塔嫁给了查士丁尼的一个表弟日耳曼努斯（Germanus）。④安排这场联姻是为了吸引哥特人的效忠。日耳曼努斯去世几个月后，阿玛拉松塔生下了与父亲同名的遗腹子。这是约达内斯在他的作品最后着重描绘的事件。他表示，狄奥多里克本人在临终前把他的人民托付给了"罗马元老院与人民

---

① *Getica*, i.3. 我不清楚 relegi 的意思：它似乎暗示约达内斯之前读过卡西奥多鲁斯的这部作品。参见 Wattenbach and Levison, i.77, n.149；关于对这段话的解读，参见 A. von Gutschmid, *Kleine Schriften*, v.(1984) 331-3, contra C. Schirren, *De ratione quae inter Iordanem et Cassiodorum intercedat*, 92-93。[H. Fuchs, *Mus. Helv.* 14 (1957) 251 推测存在两处阙文，将其解读成"蒙他的 [管家抬爱]，我重读了之前 <被允许仔细阅读> 的书"(eius beneficio <admissus> libros antehac <iam diligenter lectos> relegi)，他可能是对的。]

② H. von Sybel, *Allgemeine Zeitschrift für Geschichte* vii (1847), 288 指出了这点。

③ *Romana*, 4 大致确定了时间："查士丁尼皇帝在位的第 24 年"(in vicensimo quarto anno Iustiniani imperatoris)；第 24 年始于 550 年 4 月（Stein, *Histoire du Bas-Empire*, ii, 821，但斯泰因给出的将《哥特史》创作年代定为 552 年春天的理由并不说服人）。另一种说法见 A. van de Vyver, *Speculum* VI, (1931), 259, n.1。

④ Prokop, *B. G.* iii (7), 39, 14; Jordanes, *Getica*, 314.

的爱，要确保与仅次于上帝的东罗马皇帝和睦与交好"。① 特奥达哈图斯（Theodahatus）因为杀害阿玛拉松塔而激怒了查士丁尼。随着贝利撒留的远征和维提格斯（Vitiges）的失利，哥特人只剩下一个希望：阿玛拉松塔与日耳曼努斯的联姻。他们的儿子是两族和解与和平的希望。

约达内斯完全没有提到 552 年纳尔赛斯（Narses）的远征，这次远征的明确目标是永远消灭东哥特人。他的作品的结尾足以表明，他显然不是一个生活在色雷斯某地的淳朴的哥特人僧侣，就像蒙森所推测的。② 他撰写哥特史摘要并非仅仅因为这迎合了他的爱国情感。他的作品带有明显的政治信息。它呼吁哥特人停止抵抗，但也鼓励了那些在君士坦丁堡为哥特人和罗马人达成妥协而努力的人。

我想要向你们提出的真正问题是，这一政治信息究竟是由约达内斯加入卡西奥多鲁斯作品的，还是原本就是卡西奥多鲁斯作品的一部分。如果是前者，那么约达内斯编写卡西奥多鲁斯作品的摘要是为了让其为新的政治意图服务。如果是后者，那么约达内斯编写卡西奥多鲁斯作品的摘要是为了让这部已经包含了针对当时的政治信息的作品更能实现其宣传意图。

据我所知，现代学者几乎一致认为，卡西奥多鲁斯在 533 年

---

① *Getica*, 304.

② 见蒙森的《哥特史》校勘本序言，pp. x-xiv。W. Wattenbach, *Deutschlands Geschichtsquellen*, i, 6th ed. (1893) p.77 表示："我认为，一名来自默西亚修道院的僧侣写出这样的作品是完全不可思议的，他需要拥有最新的编年史作品，同时能够描绘出当时的政治形势。"（Ich halte es für vollkommen undenkbar, daß ein Mönch in einem Kloster in Mösien ein solches Werk hätte zu Stande bringen, daß er das neueste Annalenwerk hätte erhalten und über die politischen Angelegenheiten der Gegenwart hätte schreiben können）其他不是非常令人信服的说法见 L. Erhardt, *Göttingische Gelehrte Anzeigen* (1886), 676, n.1; B. von Simson, *Neues Archiv*, xxii (1896), 741-747; J. Friedrich, *Sitz. Bayer. Akad.* (1907), 379-442。

或之前就完成了他关于哥特人的作品,因此不可能描绘 551 年之后的事态发展。事实上,很大一部分现代批评者相信,他甚至没有写过狄奥多里克统治时期的历史。现在,我要首先提醒你们,虽然我们知道卡西奥多鲁斯在 533 年左右已经获得了哥特历史学家的名头,但我们没有理由认为,他在 533 年左右就不再继续撰写他的巨著。在这点上,我发现只有比利时学者卡普因斯修士(Dom Cappuyns)和我观点一致。①535 年到 550 年之间,卡西奥多鲁斯经历了许多事,但都没有让他无法继续关注《哥特史》。535 年左右,他试图在罗马建立一所基督教大学,不过没能成功。② 538 年左右,他辞去了近卫军长官一职,但仍然与维提格斯保持了良好

---

① 在 Baudrillart, *Dictionn. d'histoire et géogr. ecclés.* xi (1949) col. 1366 的 *Cassiodore* 这篇精彩的文章中,他表示"在君士坦丁堡补充他 519-522 年的工作时,日耳曼努斯的出生(551 年)让这位昔日的大臣看到了罗马-哥特复兴的可能……三年后,这种可能被无可挽回地排除了"(en complétant à Constantinople son ouvrage de 519-22, à l'occasion de la naissance de Germain [551] l'ancient ministre entrevoyait in possibilité d'une restauration romano-gothique ... Trois années plus tard cette possibilité était irrémédiablement exclue)。

② *Inst.*, Praefatio:"我与最有福的阿加皮图斯,罗马城的主教一起努力,用收来的纳捐让基督徒的学校把博学的教师招致麾下,就像据说很久以前在亚历山大里亚实行的,以及据说目前在叙利亚尼西比城由犹太人热情推行的制度。"(nisus sum cum beatissimo Agapito papa urbis Romae ut, sicut apud Alexandriam multo tempore fuisse traditur institutum, nunc etiam in Nisibi civitate Syrorum Hebreis sedulo fertur exponi, collatis expensis in urbe Romana professos doctores scholae potius acciperent Christianae)H. Marrou, Autour de la bibliothèque du Pape Agapit, *Mél. d'archéol. et d'hist.* xlviii (1931), 124-169(十分重要的作品,但 157-169 页有点缺乏根据)。关于这种模式,参见 J.B. Chabot, L'École de Nisibe, *Journal Asiatique*, ix, 8 [1896], 43-93。保存下来的这座图书馆的铭文(Diehl, *Inscriptiones Latinae Christianae* Veteres, I, 1898)记录了卡西奥多鲁斯的意图:"可敬的圣徒们排成[长长的]队列坐着,教授神圣法律的密旨。他们中有阿加佩图斯,合法的教士,他以巧手建立了漂亮的抄本室。他的魅力不亚于所有人,神圣的工作独一无二,虽然话语不同,信仰只有一个。"(Sanctorum veneranda cohors sedet ordine [longo]/ divinae legis mystica dicta docens./ hos inter residens Agapetus iure sacerdos/ codicibus pulchrum condidit arte locum./ gratia par cunctis, sanctus labor omnibus unus,/ dissona verba quidem, sed tamen una fides)关于尼西比的学校,另参见 Th. Hermann, *Zeitschr. f. Neustest. Wiss.* xxv (1926), 89-122。[关于历史状况,见 W. Ensslin, *Hist. Jahrbuch.* 77 (1957), 459-466。]

的关系。① 他越来越转向宗教，写了《论灵魂》。② 540年，拉文纳被拜占庭占领，维提格斯被俘并被带到君士坦丁堡，在那里受到了非常好的优待。③ 我们不知道卡西奥多鲁斯是否在540年跟随维提格斯前往，但我们从550年（这个年份很重要）教皇维吉里乌斯（Vigilius）的一封书信中了解到，他在君士坦丁堡成了一个很有权威的人物。④ 与教皇维吉里乌斯和科特古斯（他把《卡西奥多鲁斯家族世系》献给了后者）一样，在554年颁布的诏令确定了重新征服的领土的组织架构后，他无疑回到了意大利。⑤ 此后，卡西奥多鲁斯显然成了查士丁尼的追随者，即便他无法经常亲眼见到皇帝，就像他的朋友教皇维吉里乌斯和科特古斯一样。在538年编撰《杂录》时，他已经小心地剔除了任何可能触怒查士丁尼的文字；我不知道为何我们要排除这样的可能，即他对自己的哥特史作品

---

① 《论灵魂》的最后表明了这点："[魔鬼][痛苦啊！]嫉妒如此伟大的两个民族。"（Invidit [diabolus] [pro dolor!] tam magnis populus, cum duo essent）（*P. L.* lxx, 1307）过去时 essent 不一定暗示哥特人统治的终结：A. van de Vyer, *Speculum*, vi (1931) 253。

② 卡西奥多鲁斯本人把《论灵魂》视作《杂录》的第13卷，*Expos. in Psalterium* 145（*P. L.* lxx, 1029）。参见 Variae, 11, praef. 7, 特别是《论灵魂》本身的序言："我表示，这些观点不适用于刚刚被制定的国王规训，而是适用于深奥和晦涩的对话。"（Dixi propositiones has non praeceptis regum, quae nuper agebantur, sed profundis et remotis dialogis convenire）（*P. L.* lxx, 1281）因此，《论灵魂》的创作年代在538-540年左右。

③ Jordanes, *Getica*, 313; Procopius, *B. G.* iii (7), 1, 2.

④ "你们这些被著名的'贵族'科特古斯，以及我虔诚的儿子塞纳托尔，还有我其他的儿子们劝诫的人不愿再听"（Nec non et per gloriosum virum patricium Cethegum et religiosum virum item filium nostrum Senatorem aliosque filios nostros commoniti noluistis audire）(Mansi, *Concilior. Omn. Ampliss. Collectio*, ix, 357)。参见 Jaffé, *Regesta Pontifιcum*, i, 2nd ed., p.122; Prokop, *B. G.* iii (7), 35, 10 (Cethegus 被称为 Γόθτγος) 以及 Liber Pontific, *Vita Vigilii*, vii (ed. Duchesne, p.298)。

⑤ Liber Pontific., *Vita Vigilii*, iv (ed. Duchesne, p.299); Victor Tonnensis, *Chronica*, pp. 203-204, Mommsen, *M. G. H.* xi. Cf. Stein, ii, 669. 在《指南》i, 17, 2 中，卡西奥多鲁斯可能表达了对查士丁尼的真心赞美，尽管用词墨守规规：与《杂录》11, 13, 5 类似："如果非洲配得上从你手中得到自由。"（si Libya meruit per te recipere libertatem）

进行了类似的修改，使其符合新的形势。

不过，此类问题无法用先验的论点来回答。我想要做的是提出一个非常简单的论点，我认为它证明了卡西奥多鲁斯在535年到551年继续自己的工作，支持哥特人和罗马人在查士丁尼的统治下最终和解。在提出我的论点时，唯一让我犹豫的是它如此简单，让人觉得之前应该有人提出过。我一向以为，蒙森已经表达过一切关于罗马史的正确看法。当我发现他没有说过我想要表达的看法时，我总是会感到不安。我的论点是，就像我已经提到的，约达内斯以小日耳曼努斯的出生结束了他的作品，这个婴儿是两个国家的希望。但他用很不寻常的方式描绘了这种希望："老日耳曼努斯死后，他们的儿子（也叫日耳曼努斯）出世了。在上帝的保佑下，阿尼基乌斯家族和阿玛鲁斯家族的联姻给两个民族带来了希望。"（*coniuncta Aniciorum genus cum Amala stirpe spem adhuc utriusque generi domino praestante promittit*）①

阿玛拉松塔与查士丁尼的表弟日耳曼努斯的联姻被描绘成阿玛鲁斯家族（Amali）同阿尼基乌斯家族的联姻。阿玛拉松塔顺理成章代表了阿玛鲁斯家族——东哥特的王室。但我们没有被告知为何日耳曼努斯代表的是阿尼基乌斯家族，而非查士丁尼皇族。这一表述背后无疑存在某种事实。也许日耳曼努斯的母亲属于阿尼基乌斯家族。②但即便这一表述有某种事实基础，它本身也很不寻常。君士坦丁堡皇族成员同阿玛鲁斯王室成员的联姻被描绘

---

① 抄本传统有 utriusque generi 和 utriusque generis，以及 genus 和 gens 的分歧。

② 就像我们已经看到的（注释33[中译本250页注释③]），这个家族的一支生活在君士坦丁堡。参见 J. Aschbach, *Sitz. Wien. Ak.* lxiv (1870) 416-417.

成罗马的阿尼基乌斯家族同阿玛鲁斯家族的联姻——而且没有做出解释。我认为,这段话显然是对有关同一主题的更加详细描绘的简化版本。如果是这样,那么约达内斯在这里对他的材料做了缩编,就像在其他地方一样——他的材料来源是卡西奥多鲁斯。

不过,对于这段话源于卡西奥多鲁斯的最清晰证据是它的内容本身。除了卡西奥多鲁斯,没有人能够不把阿玛拉松塔和查士丁尼表弟的联姻描绘成拉文纳王室和君士坦丁堡皇室的联姻,而是描绘成阿玛鲁斯家族和阿尼基乌斯家族的。我认为卡西奥多鲁斯在这里留下了自己的印记。他可能认为自己同阿尼基乌斯有关系;作为在流亡君士坦丁堡的意大利名流中地位仅次于教皇的那个,他的朋友科特古斯极有可能是阿尼基乌斯家族的成员。①

如果我说的不无道理,那么就能得出一些重要的结论。当卡西奥多鲁斯前往君士坦丁堡时,他一定带着《哥特史》。他不断对其进行更新和修改,使其符合新的形势。当日耳曼努斯和阿玛拉松塔成婚,对意大利哥特人的新一波远征正在准备中时,很有理由结束这部作品。他的最后几章显然表达了意大利的贵族流亡者们回到意大利和参与国家重建的希望。他们没有考虑哥特人被彻底消灭——以及其他许多事——就像纳尔赛斯很快将要完成的。他们很可能认为,对他们来说最好的局面是留下足够多的哥特人来制衡拜占庭人

---

① 对于这点,我不能像 J. Aschbach, *Sitz. Wien. Ak.* lxiv (1870) 415 和 J. J. van den Besselaar, *Cassiodrous Senator en zijn Varie*, p.14 那么自信;但弗拉维乌斯·鲁非乌斯·佩特罗尼乌斯·尼科马库斯·科特古斯是 489 年的执政官佩特罗尼乌斯·普罗比努斯(Petronius Probinus)之子(Ennodius, *Opusc.* 6, p.314, Vogel),而佩特罗尼乌斯-尼科马库斯-普罗比努斯是阿尼基乌斯家族群体的典型名字。贝瑟拉尔正确地指出:"这样,我们能更好地解释《卡西奥多鲁斯家族世系》的意图和内容。"(Op deze wijze zou men zoowel de opdracht als den inhoud van den 'Ordo generis Cassiodororum' beter kunnen verklaren)关于阿尼基乌斯家族在哥特战争中的重要性,另参见 Procop, B. G. iii (7), 20, 26-31;关于科特古斯,前揭, iii (7), 13, 12。

的影响。他们无疑对日耳曼努斯和阿玛拉松塔的联姻感到高兴。通过强调日耳曼努斯同阿尼基乌斯家族的关系，卡西奥多鲁斯小心翼翼地呼吁人们关注他的朋友科特古斯和他自己。毕竟，他已经为阿玛鲁斯家族效力了那么多年。因此，新版本的《哥特史》表达了551年流亡君士坦丁堡的意大利贵族的观点和希望。

不过，一部十二卷的作品并不最适合宣传。任何觉得卡西奥多鲁斯的作品能打动意大利的哥特人或拜占庭领导者的人都会明智地着手对其进行缩编。下一个问题是，卡西奥多鲁斯本人是否监督了对他的著作的缩编。当然，这个问题是无法明确回答的。但有两个论据表明卡西奥多鲁斯可能参与了。首先，约达内斯承认是从卡西奥多鲁斯的管家那里借到他的著作的。卡西奥多鲁斯一定会选一个不经他允许不会把主人作品的手稿借给他人的管家。其次，约达内斯身上的某些东西可能证明了这种猜想。没有证据表明约达内斯是僧侣，就像蒙森所暗示的，但有理由相信他是一个担任意大利公教主教的哥特人。551年前后，约达内斯把他的《罗马志》献给了维吉里乌斯。现在我们知道，550年时，与罗马主教维吉里乌斯一起在君士坦丁堡的有一位名叫约达内斯的克罗托内（Crotone）主教。我们还知道，维吉里乌斯教皇与卡西奥多鲁斯交好。① 此外，抄本传统中有"主教"（*episcopus*）的

---

① Mansi, *Sacrorum Concil... Collectio*, ix, 60D（公元551年）："与米兰的达基乌斯……帕斯卡西乌斯·阿莱特里努斯、克罗托内的约达内斯和我们的副主教兄弟们"（cum Dacio Mediolanensi ... Paschasio Aletrino atque Iordane Crotonensi fratribus et coepiscopis nostris）。同上，ix 716（公元557年）："通过我们教会的守护者约达内斯的报告，获悉关于你们的直接情报的我非常吃惊"（directam a vobis relationem, defensore ecclesiae nostrae Iordane deferente, suscipientes satis mirati sumu）。前一段话现在可见 E. Schwartz, Vigiliusbrief, Sitz. Bayer. Ak. (1940) 2, p.14；后一段话见 *Pelagii I Papae Epistulae*, ed. P. M. Gasso und C. M. Batlle (Montisserrati 1956) p.31。

说法。① 一个似乎无法回避的结论是，为卡西奥多鲁斯的《哥特史》写了摘要的约达内斯是与卡西奥多鲁斯的朋友维吉里乌斯主教交好的那位约达内斯主教。约达内斯可能在君士坦丁堡借阅了卡西奥多鲁斯的著作。

雅各布·格林（Jacob Grimm）在一百多年前就已经提出过这个结论，但经过一段时间的广泛接受，现在它似乎被普遍抛弃。② 事实上，把约达内斯的朋友维吉里乌斯认定为那个罗马主教有很大的困难。约达内斯称他的朋友维吉里乌斯为"最高贵和杰出的兄弟"（nobilissimus et magnificus frater），但如果称呼的是罗马主教的话，我们本希望看到"最可敬"或"最神圣"的兄弟（reverendissimus 或 sanctissimus frater）。更一般地，我们可以说，如果这个维吉里乌斯是教皇，那么约达内斯对他说话的方式会是非常笨拙的。当然，我倾向于认为约达内斯是个笨拙的人：他的拉丁语几乎不像话。我们或者需要承认，卡西奥多鲁斯身边有两个约达内斯和两个维吉里乌斯，或者必须承认，约达内斯是个哥

---

① 《罗马志》的 PVS 抄本："约达内斯主教的书开始了。"（incipit liber Iordanis episcopi）《哥特史》第三类抄本中的 XZY："拉文纳城的主教，"（episcopus ravenatis civitatis）或类似表达。关于"学者霍诺里乌斯的诗句，致约达内斯主教"（versus Honorii scholastici ad Iordanem episcopum）（Riese, *Anth. Lat.* 666），我认同蒙森的看法，即约达内斯的名字是后来加上去的（pref. to Jordanes, p. xlvi, but *cf.* Pauly-Wissowa, s.v. 'Iordanis', col. 1911）。约达内斯在老的目录中也被称为主教。见 Mantius, *Neues Archiv*, xxxii (1906) 651。

② J. Grimm, *Abh. Berlin* (1946) p.11; *Kleinere Schriften*, iii (1866) 182 认为这个维吉里乌斯是教皇，但尚不知道有个约达内斯被提到是克罗托内的主教。S. Cassel, *Magyarische Alterthümer* (Berlin 1848) 302, n.1, from Mansi, *Sacrorum Concil... Collectio*, ix, 60 认定约达内斯就是这位主教。Mommensen, *Jordanes, p.xiii*, n.22 显然觉得尴尬："他被多种最确定的证据说服，这些书源自色雷斯，这样想并无不妥。"（quod ut non inepte excogitatum est, ita vincitur indiciis plurimis et certissimis originis libellorum Thracicae）J. E. Metzgerus, *De Jornande* (Altdorf 1690) p.18 已经看到了这个维吉里乌斯就是教皇的可能性。

特血统的粗俗的外乡主教，不知道如何与同为流亡者的罗马主教对话。如果约达内斯是克罗托内的那位流亡的哥特人主教，那么我们就能更好地理解为何要匆忙选择他来撰写卡西奥多鲁斯对哥特人看法的摘要。也许还可以加上最后一个细节。约达内斯把他的作品献给了他正与哥特人比邻而居（vicinus genti）的朋友卡斯塔里乌斯。这似乎表明此人生活在意大利——那正是摘要可能最能发挥用处的地方。

兰克曾经笼统地怀疑，约达内斯撰写摘要得到了卡西奥多鲁斯的首肯，而且是出于政治意图。我高兴地发现，虽然我无法认同蒙森，但至少得到了兰克的支持。①

随着1838年冯·聚贝尔（von Sybel）的论文发表，特别是1858年卡尔·希伦（Carl Schirren）的杰出作品问世后，现代学者尝试用不同的方法来确定约达内斯从卡西奥多鲁斯那里借鉴了多少东西。两篇意大利人的论文对这场讨论所做的贡献不应被遗忘，它们分别是1893年由齐波拉（C. Cippolla）和1912年由切西（R. Cessi）发表的。② 无论多么富有洞察力，这些研究都没有提出

---

① *Weltgeschichte*, iv, 2 (1883), 313-327 做了精彩的分析："约达内斯只是给了名字，由此一直隐藏着真正的材料来源；他更多是编撰者而非作者"（Jordanes hätte nur den Namen gegeben, durch welchen der eigentliche Ursprung verborgen gehalten werden sollte; er wäre mehr Redaktor als Autor），p.327。

② C. Cipolla, *Memorie Accad*. Torino, ser.2, xliii, 99-134; R. Cessi, 他校勘的《瓦卢瓦匿名抄本》导言（Rer. Ital. Script, 24, 4）pp. lxxxix ff。关于对卡西奥多鲁斯的《哥特史》创作年代的观点的盘点，见 Wattenbach and Levison, i, 71。F. Altheim, Waldleute und Feldleute, *Paideuma*, (1953) p.427 认为《哥特史》创作于 526-533 年左右。Waitz, *Nachri. Göttingen* (1865), p.101 和 A. Gaudenzi, Atti e Memorie Deputazione ... Romagna (1884-1885), 278 认为，约达内斯要对关于克洛维斯（Clovis）家族的错误负责。这不无可能，但没有人知道卡西奥多罗斯可能犯过什么错误，我认为对卡西奥多鲁斯史书的年代下限做出任何推断都没有根据。

决定性的结论。现在我们可以看到，它们因为在风格、年代和地理上的三个错误假设而影响了说服力。诚然，约达内斯在一些章节中使用的拉丁语要比其他地方的更好，但这并不意味着好的部分来自卡西奥多鲁斯，而糟糕的部分是约达内斯添加的。在某些地方，约达内斯无疑逐字抄袭了卡西奥多鲁斯的整个句子，而在另一些地方，他用自己不那么好的拉丁语对材料中的长段落做了摘要。另一方面，我们常常认为，卡西奥多鲁斯是在西方信奉阿里乌斯派的国王统治下写作，因此把目前的文本中所有明确反对阿里乌斯派和表现出对东方有深入了解的部分都归于约达内斯。①但现在我们必须考虑一种很大的可能性，即卡西奥多鲁斯在东方时修改了他的作品，当时他已经成为一位公教皇帝的臣民。

约达内斯本人的声明——他加入了自己的导言和结论，还插入了许多他自己写的东西——不一定是假的。②他可能加入了开头的奥罗西乌斯引言，最后的段落，以及中间的几个细节。但完全不可能确定他本人的贡献的数量和质量。我们只能说，约达内斯的《哥特史》可能反映了 550 年哥特人逐渐式微时卡西奥多鲁斯的政治观点。

在卡西奥多鲁斯之前可能存在过关于哥特人历史的著作：他

---

① 只需指出一个经常被引用的地方就够了——《哥特史》, 133: "就这样，东哥特人被瓦伦斯皇帝变成了阿里乌斯派，而非基督徒。"(sic quoque Vesegothae a Valente imperatore Arriani potius quam Christiani effecti)

② i, 3: "遵循一些希腊和拉丁语历史学家的做法，我增加了开头和结尾，还在中间部分插入了许多我自己写的东西。"(ad quos et ex nonnullis historiis Grecis et Latinis addidi convenientia, initium finemque et plura in medio mea dictione permiscens) 我在这里无法讨论约达内斯的文本和续写阿米安编年史之间的关系问题。无论如何，这个问题的答案对于我们回答约达内斯是否参考了卡西奥多鲁斯作品中狄奥多里克之后的部分并不是决定性的。关于对阿米安的续写（保存在 Bodleianus Auct. T. ii, 26）与卡西奥多鲁斯的关系，见 P. Courcelle, *Rev. Ét. Anc.* lvi (1954) 428。

第 10 章　卡西奥多鲁斯及其时代的意大利文化

本人提到过的一个来源是阿布拉比俄斯（Ablabius）；① 如果我们接受迈耶尔（W. Meyer）对《杂录》中一个段落很有意思的校订，那么阿布拉比俄斯是希腊人。② 一个在 4 世纪时已经被广泛接受的传统表示，盖塔人（Getae）和哥特人（Gothi）是指同一个民族。③ 这让卡西奥多鲁斯可以在他的历史中加入金口狄奥等作家对盖塔人的描绘。似乎还有一个传统把哥特人等同于斯基泰人。④ 卡西奥多鲁斯同样利用了它。通过加入人们对盖塔人和斯基泰人的了解，他扩展了哥特史的范围和可信度。于是，哥特人被描绘成接受了神圣的扎尔莫克西斯（Zalmoxis）的教育，成为蛮族中最智慧的："哥特人一直表现得比几乎所有的蛮族更聪明。"(pene omnibus barbaris Gothi sapienteiores semper extiterunt)⑤ 哥特人和罗马人天生就该相互帮助。像狄奥多西这样的好皇帝热爱和平与哥特人（amator pacis generisque Gothorum）。瓦伦斯皇帝选择冒犯哥特人，或者哥特人不止一次地自行其是，没有对罗马人表示尊敬，这些都是悲剧。⑥ 卡西奥多鲁斯认为，阿提拉的故事既表明了罗马

---

① *Getica*, 28, 82, 117.

② *Variae*, 10, 22, 2:"想想您祖先的[迈耶尔作：阿布拉比俄斯的]历史记录"(et abavi [Ablavi Meyer] vestri historica monimenta recolite)。L. Schmidt, *Geschichte der deutschen Stämme*, i² (1934) 28, n.2 不接受这种修改，彻底最小化了阿布拉比俄斯的重要性。西多尼乌斯拒绝成为东哥特人的历史学家：*Ep.* 4, 22。

③ 比如 Orosius, 1, 16:"那些盖塔人，现在的哥特人。"(Getae illi qui et nunc Gothi) 参见 Scr. Hist. Aug. (Spartianus), *Anton. Carac.*10; *Geta*, 5。众所周知，J. 格林还为盖塔人就是哥特人的说法做过辩护。C. Schirren, De ratione quae inter Jordanem et Cassiodorium intercedat (1858) 54ff 和在他之前的 S. Cassel, *Magyarische Alterthümer*, 302ff 都提到过这点。碑铭中也发现过使用"盖塔人"而非"哥特人"，比如 Dessau, *I. L. S.*, 798。

④ Sidonius Apollinaris, *Panegyrieus Aviti*, 403:"斯基泰人的首领和元老都吓坏了。" (Obstupuere duces pariter Scythicusque senatus)

⑤ *Getica*, 40.

⑥ *Getica*, 146; cf. 131ff [另见 154ff 和蒙森的注释]。

人与哥特人合作的好处，也表明了他们相互不信任的坏处。① 把这个历史教训用到当前的事件上意味着哥特人的唯一希望是和平地接受查士丁尼的统治。对查士丁尼来说，明智的做法是坚持这样的政策，即一方面与愿意效劳的哥特贵族成员合作，另一方面与从长期经验中了解了哥特人的意大利贵族合作。

不幸的是，我们再也无法评价卡西奥多鲁斯的学术努力。与咨询官居普里阿努斯（Cyprianus）和他的儿子们不同，他不懂哥特语，② 但在拉文纳一定有许多人愿意帮助他，如果他需要用到古典材料以外的东西的话。据我们所知，这是罗马历史学家第一次为统治罗马的外族著史。卡西奥多鲁斯的作品和波吕比乌斯的一样是划时代的，尽管是以不同的方式。他试图理解哥特人，就像波吕比乌斯试图理解罗马人。他明白哥特人的心理——骄傲、暴力、知恩图报——这一定是长期观察的结果。③ 这是第一次尝试把哥特人的历史放在罗马历史和文明的框架里，也是罗马史学的最后一部伟大作品。不久之后，西方的蛮族开始亲自发声。根据我使用的年表，卡西奥多鲁斯的《哥特史》和都尔的格里高利的《法兰克史》相距不到40年。④

---

① *Getica*, 180ff.. M. Schuster 对这则材料来源的分析不尽如人意，见 Die Hunnenbeschreibungen bei Ammianus, Sidonius und Iordanis, *Wiener Studien*, lviii, (1940), 119-130。另参见 D. Romano, Due storici di Attila: Il Greco Prisco e il Goto Jordanes, *Antiquitas* ii, (1941), 65-71。

② *Variae*, 82, 21, 7："罗马族裔的男孩们会说我们的语言。"（pueri stirpis romanae nostra lingua loquuntur）当然，他们的父亲"精通三种语言"（instructus trifariis linguis），*Variae*, 5, 40, 5。

③ 对于约达内斯-卡西奥多鲁斯与古代史学方法关系的这个方面的研究将是有益的。121-63，180-229 节特别有意思。一些出色的述评见 H. Helbling, *Goten und Wandalen. Wandlung der historischen Realität*, (Zürich 1954), 29-32。

④ 格里高利死于 593 或 594 年，Wattenbach and Levison, i, 101. Cf. J. M. Wallace-Hadrill, Trans. *Royal Hist. Soc.* v, 1(1951) 35-36。[*Histoire et Historiens dans l'antiquité* (1958) 278.]

第 10 章　卡西奥多鲁斯及其时代的意大利文化　273

即便不是非常有批判性和独立的头脑的产物，卡西奥多鲁斯的《哥特史》仍然表现出对知识的热爱，对当下的现实主义，以及大量善良和人性的情感。① 它旨在推动哥特人和罗马人的和平共处。如果我的假设是对的，我们还可以说，卡西奥多鲁斯一直坚信他的合作政策——无论它还有多少价值——即便是在纳尔赛斯出征前夕。罗马传统古老的普世精神仍然活在这位罗马史学最后代表的作品中。

查士丁尼对哥特人的灭绝政策无疑让卡西奥多鲁斯深感失望。现在，他在政治世界里再没有什么可做了。我们可能永远都无法知道，在前往君士坦丁堡之前，他是否已经把心爱的斯奎拉切庄园改造成了修道院。回到意大利后，他无疑把注意力集中在了维瓦里乌姆，可能成为一名僧侣。② 尽管已经年迈，他还是有足够的活力让自己开始新的生活，为拉丁文化开拓了新的道路。他为自己设定的任务是把异教知识变成基督教知识的仆人。虽然政治生活正在崩溃，但圣本笃教导人们，可以用修道院的形式重

---

① "不应该把这些矛盾和不一致归咎于约达内斯"（Diese Widersprüche und Inkonsequenzen dem Jordanes beizumessen, geht nicht an）。L. Schmidt, *Geschichte der deutschen Stämme*, i² (1934) 27.

② 在 *De orthogr.* (*Gramm. Lat.* vii 144 Keil) 中，卡西奥多鲁斯提到了自己的皈依："在《〈诗篇〉注疏》之后，感谢上帝的保佑，那是我皈依后第一次付出劳动的热情。"（post commenta psalterii, ubi praestante domino conversionis meae tempore primum studium laboris impendi）关于"皈依"（conversio）的含义，见 Kappelmacher in Pauly-Wissowa, s.v. Jordanis, col. 1911; J. J. van den Besselaar, *Cassiodrous Senator* (Haarem, n.d. [1950]) 146-151. C. Mohlberg, *Ephemerides Liturgicae* xlvii (1933), 3-12 认为,《维罗纳圣礼书》（Sacramentarium Leonianum）是卡西奥多鲁斯的祈祷书，这种说法无法让我信服。认同莫尔贝格观点的有 G. de Jerphanion, *Rech. de science religieuse*, xxvi (1936), 364-366. [L. C. MohIberg, *Sacramentarium Veronense* (Rome 1956).]

新建立经济和精神生活的统一。① 古典学术将为修道院生活做出贡献。修道院将取代宫廷成为文化的中心。② 卡西奥多鲁斯生平的最后一章无疑比我试图根据约达内斯的《哥特史》重建的那章更加重要——但对于前者，这所学院里的其他成员能比我谈得更好。

书目选

卡西奥多鲁斯研究最好的近作是：

---

① 也许我可以提一下 L. Salvatorelli, *San Benedetto e l'Italia dei suo tempo* (Bari 1929); Dom J. Chapman, *St. Benedict and the sixth Century* (London 1929); S. Brechter, St. Benedikt und die Antike, *Benedictus der Vater des Abendlandes* (München 194)7, 139-194; Ph. Schmitz, *Histoire de l'Ordre de Saint Benoit*, i, 2nd. ed. (Maredsous 1948); G. Aulinger, *Das Humanum in der Regel Benedikts von Nursia* (St. Ottilien 1950); van den Besselaar, *Cassiodrous Senator* (Haarem, n.d. [1950]) 134ff。关于 5-6 世纪的反禁欲潮流，见 G. A. Cary, A Note on the Mediaeval History of the Collatio Alexandri cum Dindimo, *Classica et Mediaevalia* xv (1954),124-130。[B. Steidle, ed., Commentationes in regulam S. Benedicti, *Studia Anselmiana* 42 (1957); *Il Monachesimo dell'alto Medioevo e la formazione della civilita occidentale* (Spoleto) 1957; cf. also *Studia Anselmiana* 44 (1959).]

② Cf. M. Roger, *L'Enseignement des lettres classiques d'Ausone à Alcuin* (Paris 1905); G. Manacorda, *Storia della scuola in Italia. I. Medioevo* (Milano 1913); G. Hörle, *Frühmittelalterliche Mönchs- und Klerikerbildung in Italien* (Freiburg 1914); F. Ermini, La scuola a Roma nel VI secolo, *Archivum Romanicum* xvii (1934), 143-154; B. Gladysz, Cassiodore et l'organisation de l'école médiévale, *Collectanea Theologica* (Lwow), xvii, 1 (1936), 51-69; P. Courcelle, Histoire d'un brouillon cassiodorien, *Revue des Études Anciennes* xliv (1942), 65-86; E. R. Curtius, Das mittelalterliche Bildungswesen und die Grammatik, *Romanische Forschungen* lx (1947),1-26; H. I. Marrou, *Histoire de l'Éducation dans l'antiquité* (Paris 1948), 435ff.. 亦参考 P. Renucci, *L'Aventure de l'humanité européen au Moyen-age* (Paris 1953), 210-214; R. R. Bolgar, *The Classical Heritage and its Beneficiaries* (Cambridge 1954), p. 416 (cf. also p. 405)。当然，从 A. Viscardi, Le origini, 2nd ed. (Milano 1950) 和 R. Bezzola, Les origines et la formation de la littérature courtoise en Occident, I (Paris 1944) 中也能学到很多东西。参见 E. Bickel 对 Mynors 的《指南》校勘本的书评，刊于 *Gnomon*, xiv (1938), 322-328 和 E. K. Rand, *Speculum*, xiii (1938),438-447。[Dom J. Leclercq, *L'amour des lettres et le désir de Dieu* (Paris 1957), 25-28.]

J. J. van den Besselaar, *Cassiodorus Senator en zijn Variae* (Academisch Proefschrift, Nijmegen-Utrecht 1945).

Idem, Cassiodorus Senator, *Leven en Werken* (Haarlem-Antwerpen, n.d, but about 1950).

M. Cappuyns, *Cassiodore* in A. Baudrillart, *Dictionnaire d'histoire et de géographe ecclésiastiques*, xi (1949) 1349-1408.

这些作品中有出色的书目。更多的参考文献可见：

M. Manitius, *Geschichte der lateinischen Literatur des Mittelalters*, i, (München 1911), 36-52 (Cassiodorus), 210-215 (Jordanes).

M. Schanz, *Geschichte der römischen Litteratur*, iv, 2 (München 1920), 92-108 (Cassiodorus), 115-120 (Jordanes).

O. Bardenhewer, *Geschichte der altkirchlichen Literatur*, v (1932), 264-277.

B. Altaner, *Patrologie*, 5ed (Freiburg 1958), 442-452.

W. Wattenbach and W. Levison, *Deutschlands Geschichtsquellen im Mittelalter*, i (Weimar 1952), 67-81.

第 11 章　书面传统和口头传统基础上的史学①

希腊史学的源头是爱奥尼亚的思想。我们依稀认识到，如果没有色诺芬尼就没有赫卡泰俄斯，但并不清楚两人究竟有什么关系，甚至对希罗多德与他的前辈赫卡泰俄斯的联系也不确定。色诺芬尼展现了人类知识的不确定和相对性，但并未因此而沮丧：他试图通过考察过去留在当下的痕迹来探究它；他对化石感兴趣，而且据我们所知，还写过科洛丰建邦的作品。他对当时关于神明的观念表示怀疑，这不可避免地引发了对神明与人类的交界地带的研究，对希腊人来说那就是神话。进行这项研究的是与他同时代的赫卡泰俄斯。作为地理学家和神话学家，赫卡泰俄斯比较了希腊传统与东方（或者至少是埃及）传统，认识到东方的历史要比希腊的长得多，因此埃及的神话时代要比希腊的更加久远。我们不知道他从自己的发现中究竟得出了什么结论，但我们知道他致力于将希腊传统中的神迹和超自然成分最小化，尽管是出于本能而非有系统地。虽然他是伊奥尼亚反叛闹剧中最重要的人物之一，但他似乎没有记述过自己时代的希腊史。他的科学兴趣是大地的结构和神话时代的传说，对异邦的了解让他开始怀疑希腊的传统——他形容其为"既多又可笑"。

---

① *Atti della Accademia delle Scienze di Torino*, 96 (1961-1962), 1-12.

希罗多德从他身上继承了对地理的关心，对旅行的热情，以及对非希腊神话学的兴趣；他就像是一个对蛮族友善的赫卡泰俄斯，但作为索福克勒斯的朋友，作为在伯里克利的雅典进入成年的人，他完全不会系统性地鄙视希腊传统；他宣示了自己对神明的尊敬，强调他的意图是保存对希腊人和蛮族的伟大事迹的记录。荷马的音符被转交给史学意味着历史学家的首要职责是收集和保存传统：对传统的尊重被放在比批评更高的位置；由于批评无法避免不敬地揭露隐藏的东西，希罗多德小心翼翼地不去描绘宗教细节。这种谨慎和尊敬的积极价值在于希罗多德新的使命感：他希望把当代或近代的事件纳入"历史"（historia），如果没有历史学家的帮助，这些事件将很快被遗忘。通过强调保存和尊重而非批评，希罗多德让自己致力于收集人们对于那些占据他青年时代生活重心的事件的记忆。

希罗多德身上无疑混合了不同，有时甚至相反的动机和灵感。就纯粹的理性主义而言，他不如赫卡泰俄斯。但他揭示了一个事实，即书写历史首先是记住和记录一长串复杂事件的全部细节；我们都要感谢他的这个发现。出于这个原因，希罗多德从神话世界转向不久之前的过去。他赋予了地理学与研究（historia）的组合新的意义，展现了如何把对异邦的描绘同让异邦人（蛮族）和希腊人发生接触的事件结合起来。有了这个发现后，他可以让赫卡泰俄斯的许多批评意见在自己的叙述中发挥作用：对埃及的描绘展现了这方面的清晰印记。在他身上还可以看到赫卡泰俄斯着力弱化神迹元素的倾向。但作为历史学家，他的问题截然不同。对他来说，收集新的事实要比批评已知的事实更加重要，全面和统一地描绘事件要比考察个别片段和判断其可能性更加关键。因此，希罗多德不得不构建了自己收集、整理和统一事件的方法。他把自己的收集能力用于希腊和蛮族的口头传统，偏爱活人的口头叙述而非书面文献。在当时的情况下，这也许是更自然的选择。在希腊，书面文献非常罕见，而且很少涉及希罗多德感兴趣的那些政治和军事事件。对于只懂一种语言的历史学家来说，东方的编年史在当时因为语言问题而无法利用。不过，他在自己的历史中用到的少量希腊和蛮族的书面记录的确表明，如果他愿意，他本可以沿着另一个方向前进。正如他利用翻译与埃及人进行口头交流，他也可能通过翻译来了解书面材料；这类人在波斯帝国不会没有。

他偏爱——并非唯一，却是最主要的——口头传统导致了一系列结果。首先，希罗多德试图保证他所收集的一切的可信度。于是就有了他区分自己亲眼所见的和从别人那里听说的这个广为人知的习惯；他还致力于描述不同版本，确定它们相对价值，尽管不那么严格，但同样持之不懈。不过，收集口头传统还需要构建年代顺序，将孤立事实统一起来和将它们排序。希罗多德不得不把东方王朝和希腊谱系结合起来，这是人类第一次尝试国际纪年。他把大流士去世后的第 6 年认定为卡里阿德斯（Kalliades）任雅典执政官的那年（VII.51.1），这至今仍是历史上至关重要的年代之一。

得到同时代人承认和后世肯定的是，希罗多德的"历史"要比赫卡泰俄斯的批评更加重要。对希腊人和罗马人来说，他是历史之父。索福克勒斯是他的朋友，阿里斯托芬戏仿过他。忒奥庞波斯为他写过摘要，阿里斯塔科斯为他做过注疏。描述某个异族（比如克泰西亚斯）或者多个地区（蒂迈欧，也许还有波希多尼乌斯 [Posidonius]）的事件的历史学家会援引他的例子。他的风格从始至终影响了古代史学，还延续到拜占庭史学。不过，这位历史之父从未或几乎从未被承认是一个模范历史学家，因为人们从不认为他可信，就连他的推崇者也不例外。甚至在其他方面对他大加赞赏的哈利卡纳苏斯的狄俄尼修斯对他的可信度也保持沉默。

这种矛盾的状况不难解释。希罗多德是历史之父，因为修昔底德含蓄地承认了这点；但他被认为是不可信的，因为修昔底德如此评判他。换句话说，希罗多德在古代的名声基本取决于修昔底德为史学定下的方向。

修昔底德接受希罗多德关于历史主要建立在口头传统之上的前提假设。对这点基本共识的重要性怎么强调都不过分。和对希罗多德一样，书面文献对修昔底德来说也是边缘的：即便它们属于另一类（条约而非碑铭和神谕）。此外，修昔底德还和希罗多德一样对最近的事件感兴趣。但他为口头传统研究采用的标准要比希罗多德的更加严格。历史学家必须出现在事件的现场，或者使用在场者的报告。就算是演说也必须按照可信性的严格标准来构写。收集未经彻底检验的传统的欲望被严格压制。事实上，在修昔底德看来，我们可以从当下出发来推测过去，有点类似色诺芬尼；但这种推测同样是有限和简单的，与希罗多德截然不同，后者因为不排除他无法保证的东西而收集了来自广大世界的无限传统和传说。需要指出的是，修昔底德记录不同版本的次数远不如希罗多德频繁，而且很少给出他的版本来源或者使其被人发现。

他为自己所说的负责，觉得没有必要留给读者选择。

事实上，众所周知，在修昔底德对历史确定性标准的方法论反对的背后是他的生活兴趣的不同取向。修昔底德专注于政治生活；他在这里找到了人类努力的意义。通过理解当下的政治生活及其军事后果，他相信自己就理解了人性的永恒元素。他几乎完全没有描绘过异国的土地、不寻常的事件（除了瘟疫）、名人轶事、神话和崇拜，或者关于以美丽或宏伟著称的纪念建筑的信息。他努力把伯罗奔尼撒战争理解成人性的总和——他如此努力，无疑考虑到了自己的方法的前提。

至少在古代，修昔底德无疑说服了他的读者们，相比他自己的真理标准，希罗多德不值得被相信。然后，他还成功地说服自己的后继者，唯一真正的历史是政治的，或者政治-军事的。色诺芬、忒奥庞波斯和《奥克西林科斯希腊志》的作者领衔了一批在许多方面不同于修昔底德的历史学家，但和他一样，他们都是政治史学家。希罗多德历史中夹杂的地理学现在被分离出来，最多作为序章（欧弗洛斯）。与政治史的观念一起，修昔底德传给后人的还有对建立在直接经验或是受到严格控制的他人回忆基础上的当代或近代史的偏爱。这证实了修昔底德如何巩固了希罗多德对口头传统的偏爱。希腊和罗马的政治历史学家很少求助于文献，并且将其视为次要的。因此，当他们违背修昔底德，最终问心有愧地决定从近代史走向更遥远的过去时，他们仍然会尽可能地应用修昔底德的研究标准。即使对于遥远的过去，他们也很少使用我们所说的原始材料，并且将其视为次要的。正常的方法是利用生活在事件发生时代的历史学家们给出的叙述。近代历史学家会尽可能地利用当代历史学家，而不是文献。口头传统明显受到偏爱，因为作为终极来源的当代历史学家偏爱使用口头传统。

因此，修昔底德成功地实现了比希罗多德更严格的对真实性的要求，并鼓励他的后继者们将特别的兴趣集中在政治领域，但他并没有改变历史记录的基础，这个基础在古代的性质一直以口头为主，档案只是次要的。对于那些巩固了修昔底德立场的人，在这里只要提波吕比乌斯就够了。他不仅大体上接受了修昔底德的方法（虽然据我所知，他作品现存的部分中只有一次引用了修昔底德）；他还系统地否定蒂迈欧，那位前3世纪唯一把自己同希罗多德联系起来的伟大历史学家。此外，由于蒂迈欧在罗马开始有了追随者（法比乌斯·皮克托尔），波吕比乌斯的胜利事实上意味着修昔底德一派在罗马的胜利。值得注意的是，对古人来说，波吕比乌斯并不代表新派。甚至像狄奥·卡西乌斯这样特别关心罗马的希腊历史学家也一直忠于修昔底德的模式。而按照琉善的说法，是修昔底德教导历史学家要"如实"（ὡς ἐπράχθη）表述，修昔底德的那位伟大拥趸兰克可能牢记着这一定义。

当修昔底德如此严格地把他的历史局限在主要以口头材料为基础的希腊当代史时，他也许预想到——甚至鼓励了——智术师圈子里的一种倾向所做的回应，即用建立在部分为书面的传统之上的博学专著来描述过去的某些方面。希庇阿斯编撰的奥林匹克运动会胜利者名单，同一作者关于民族名称的专著，克里提阿斯对不同政治制度的研究，更别说赫拉尼克斯（他并非智术师）编撰的阿尔戈斯赫拉女祭司名单，这些是我们所谓的古物学（希庇阿斯似乎称之为考古学）的最早例子。古物学和史学从未彻底分离，没有能分开两者的严格标准。我们可以列出一长串无法确定究竟属于史学还是古物学的主题。所有的地方史都带有这种居于历史和古物学之间的模棱两可的印记。这种模棱两可来自它们的源头，可以追溯到修昔底德时代。但宽泛的说，区别的确存在，而且可以看出。从修昔底德以降的史学首先在主题上是政治的，致力于解释和教导，遵循年代顺序，关心重大事件以及重要的民族或城市。对宗教、艺术、风俗、专名、无名城市或民族的事件等的博学研究都被排除在外；这种研究通常（当然，地方史是个例外）不按年代顺序。但正因为经常按照系统顺序呈现，博学研究反映了哲学兴趣，或者为哲学家提供了材料。在希腊化时代，就像在智术师时代已经发生过的，博学和哲学在某些哲学流派中携起手来，特别是逍遥派。博学和哲学的这种结盟后来还将重现，经常带有宗教自由主义的性质。这种古物学研究甚至从一开始就关心书面材料，关心收集和发表档案中的文献，描绘雕像和建筑，解读外国的语言。博学研究的方法扩展到了传记领域；事实上，它主导了对文人和哲学家传的研究，政客传大多被排除在外（但苏维托尼乌斯将古物学的传记方法用于皇帝）。在政治史学中很少见到古物学方法，即使出现时（比如在哈利卡纳苏斯的狄俄尼修斯和塔西佗的作品中）也仅限于起源时代或题外话。不用说，当塔西佗这样的元老不去翻阅自己对某一场元老院会议的记录，而是去查阅《元老院纪事》(*Acta Senatus*) 时，我们不能说他用的是古物学方法。只有一个例外：教会史。直到公元 4 世纪，它才最后一个发展起来，以博学研究为模板。优西比乌开创它的时候无疑想到了哲学家传记中所用的方法，就像我们在第欧根尼·拉尔修那里看到的。抛弃惯常的史学方法证明了希腊化基督徒不因循守旧的精神（在优西比乌身上达到顶点），这种方法基于口头材料，表现出对当代史的强烈兴趣。索卓门的一段话（I. i.13）清楚地显示了教会史学的书面材料来源。

先把这种教会史学放在一边，我们必须强调的是在古代，研究档案性质的书面材料来源和使用原始材料并非历史学家的，而是"考古学家""语文学家"和"文法学家"的，即古物学家的习惯。

随着古代史学的权威在15世纪的复兴，政治史学和古物博学的分歧重现。唯一的史学分支仍然是愿意大量使用文献的教会史学——这个非常重要的领域却在人物主义者圈子里遭到怀疑，并很少被艺术史论文考虑——这不可能是巧合。这种分歧的持续存在解释了为何那么久以来，古代历史学家都是近代史学的模板。直到19世纪，近代历史学家更关心的仍然不是收集材料，而是讲述故事并充分理解它。虽然使用书面材料甚至对近代史也变得日益普遍，但档案（如果有的话）研究仍然是次要的。理想状况仍然是历史学家能够看到和记住他所看到的，并给出自己的评判。任何想要撰写希罗多德、修昔底德和波吕比乌斯（也许还可以加上李维和塔西佗）从文艺复兴到19世纪不同命运的人可以不用——或基本不用——考虑他们作为材料研究者的名声。他们的权威是由其他因素决定的。直到19世纪，修昔底德都一直相对处于弱势。霍布斯对《伯罗奔尼撒战争史》的赞美并不会得到广泛的认同。甚至拉潘神父（1681年）对修昔底德和李维相似性的比较也是个例外，而且他对两人中更倾向于谁不置可否。睿智的波吕比乌斯的地位要超过修昔底德，原因之一在于前者研究的是罗马主题。至于希罗多德,他从《圣经》中获得了意外的支持,因为他为其提供了补充和解释。与此同时,对他的故事的怀疑也逐渐减少。新的地理学探索表明,世界上存在着比希罗多德所讲述的更奇怪的东西。哈利卡纳苏斯的狄俄尼修斯——此人很受重视,无论是作为希腊的罗马历史学家,还是作为文学批评家——的评价对希罗多德有利,对修昔底德不利。让修昔底德成为所有古代历史学家魁首的是浪漫主义革命。修昔底德是艺术家、爱国者和不知疲倦的真理寻求者。波吕比乌斯既不是爱国者也不是艺术家,由于不是艺术家,他仅仅浏览了人类生活的单调表面。这种反对意见自然不适用于希罗多德,事实上,浪漫主义者中有许多人认同希罗多德。但并不让人意外的是,修昔底德最终在大部分人的看法中胜出:对政治的热情和对真理的一丝不苟让他被认为是更好的。

在修昔底德命运的故事中,有一点应该指出,因为它对我们的论点至关重要。即使在19世纪,古物学研究和史学间的藩篱仍然相当牢固。18世纪初本笃会的渊博学问无疑给人留下了非常深刻的印象;但(据我所知)没有人胆敢暗示这可以取代李维或圭恰迪尼。那个世纪的下半叶,本笃会博学的盛名发生动摇。伴随着伏尔泰和百科全书派到来的是对一种哲学的肯定,它抛弃了哲学与博学的旧同盟,代之以史学和哲学的新同盟。充满活力和具有普遍化作用的史学开始为启蒙者的宣传服务。直到第三阶段(从温克尔曼开始,到吉本结束),博学才可能重新被纳入新的文明史,哲学家和古物学家才可能在新的基础上重新展开合作的可能。但不能认为古物学和史学相结合的这种理想在整个19世纪

第 11 章 书面传统和口头传统基础上的史学

的发展中都没有遭到阻碍。事实上，博学研究的形式越是多样，对于像修昔底德这样的历史学家的怀旧就越是挥之不去，他们坚守基本的路线，不允许自己被大批文献冲昏头脑。正是技巧、精确和不卖弄学问让修昔底德在一个卖弄学问本身不可避免地成为一种方法的时代变成了理想的历史学家。只需读一下罗舍（W. Roscher，1842 年）所写的 19 世纪最重要的修昔底德相关著作就够了。在书中，作为艺术家的修昔底德与卖弄学问和博学的专业历史学家形成了反差，后者缺乏灵感，只会照抄材料。诚然，作为艺术家兼历史学家，堪称新修昔底德的尼布尔在晚年编辑过拜占庭的材料，但那仅仅是因为身为真正的领袖，他希望把某种想法传给他人。对修昔底德的崇拜一直持续到迈耶尔，它模棱两可的基础在于对一种具有严肃而博学的新研究所有特征的历史近乎怀旧的推崇，同时又不希望在其中迷失，不失去对事实进行直接评估的古老朴素性。所谓的"考古学"——修昔底德作品的开头几章——具有了新的重要性，成为对以线索为基础的过去的线性重建。

只要史学和古物学的分歧（尽管越来越小）仍然是可以辩护的，这种定位就仍然可能：需要指出的是，爱德华·迈耶尔仍然承认这种差异。不过，消除差异不仅是通过那些越来越多地使用完全的文献研究的历史学家；改变同样来自包括蒙森和布克哈特在内的那些古物学家，他们把自己系统的博学作品变成对历史引人入胜的重建。现在，社会学越来越多地与古物学和历史学合作，它们的合作如此紧密，在某些情况下已经无法区分何为历史，何为古物学，何为社会学：马克斯·韦伯便是最著名的例子。一旦古物学和史学之间可以追溯到修昔底德时代的二元对立不复存在，或者即将消失，我们就更容易意识到通过依托希罗多德、修昔底德以及他们的希腊和罗马弟子，近代史学获得了一种非常适合以口头为基础的史学的方法，但对于依靠档案、语言学数据、考古发掘和系统探究的研究就远远没有那么适用了。脱离修昔底德的方法现在已经成为事实：这还让我们明白，相比希罗多德，修昔底德严格划定边界的做法导致失去（和获得）了什么。但正因如此，如果我们想要理解当代史学是多么不同，我们更有必要回到希罗多德和修昔底德，这是文艺复兴以来第一次出现非希腊史学，尽管希腊人的"研究"精神仍然为其提供了活力。

第12章　当代思想中的历史主义 ①

《当代德国的历史主义》(*Lo Stroicismo tedesco contemporaneo*, Turin, Einaudi, 1956) 问世四年后，皮埃特罗·罗西 (Pietro Rossi) 重拾之前的主题并完成了他的阐述，从而巩固了他作为当代史学问题最伟大的专家之一的名誉。② 就像那些坚定地沿着自己道路前行的人一样，罗西可能没有充分意识到卡洛·安东尼 (Carlo Antoni) 对他的帮助有多大（得到帮助的不单是他，而是我们所有人）。安东尼第一个将德国历史主义的命运同意大利和克罗齐的史学区分开。现在，罗西大体上接受了这一前提，但推翻了结论。他把狄尔泰和马克斯·韦伯视作一种被从形而上学前提下解放出来的历史主义的大师。这种历史主义应该取代克罗齐的，因为后者带有源自黑格尔的神学遗产。罗西令人称道的地方在于他清楚地把握了一个困难和复杂的主题。他的分析影响到了我们时代最重要的历史理论家（除了那些斯拉夫语的），满足了确定社会学研究和史学研究的关系这一被普遍感受到的需求。

我不方便与罗西在一个他比我熟悉得多的领域展开讨论。但他的书中可能有一个隐含的前提，我在这里可以帮助讨论。表面

---

① *Rivista Storica Italiana*, LXXIII (1961), 104-119.

② Pietro Rossi, *Storia e storicismo nella filosofia contemporanea* (Milan, Lerici, 1960) p. 158. 可与 F. Wagner, *Moderne Geschichtsschreibung* (Berlin, Duncker and Humblot, 1960) 进行有益的比较。

上，罗西的目标是鼓励这样一种历史理论，它有条理地讨论了如何理解事实，而不是解读历史的整体意义。不过，如果我想得不错的话，他隐含地认为在当代史学中存在若干趋同的运动，它们都指向一种源自狄尔泰和韦伯，或者与其类似的新历史主义。虽然我在这里不会提出情况应该怎样，但我感觉当代史学中的实际状况并非如此。由于任何关于未来的方案（罗西的基本上亦是）必须从当下的情况出发，我相信我们应该考虑到对一种比他认为的强大得多的德国历史主义的抵制。简而言之，我们的任务是衡量德国历史主义对战后历史学家实际工作的影响。无论我的印象价值如何，它们属于一个在自己的领域之外读书很少而且敷衍的历史学家。但这个问题无法回避。

接下来，我将提出这个事实问题：当代史学是否和在多大程度上受到了德国历史主义的启发。我的答案是，无论纳粹和法西斯的破坏导致多少在狄尔泰和韦伯的滋养下成长起来的历史学家和哲学家流落到世界各地，为当代史学带来最大激励和为其解决难题的似乎都不是德国历史主义。

在开始讨论德国历史主义是否和如何能够在未来恢复其作为我们时代的历史理论的地位之前，我们应该非常清楚今天的历史学家在做什么，以及他们的灵感来自谁。我从这个预备问题开始讨论。

随着纳粹主义的兴起，德国很快失去了从19世纪初开始获得的历史方法和问题主要锻造厂的地位。被暴力强加，通常更多通过恐惧而非信念被接受的种族主义史学方法论没能创作出有真正价值的历史研究，即便它催生了一些有趣的研究，比如沙赫迈耶尔（F. Schachermeyr）对早期希腊史的工作。

对一切言论自由的压制和许多历史学家（犹太人、与犹太人有亲属关系的或者只是纳粹反对者）被强迫流亡（替代合法暗杀）意味着修正历史主义的全部工作都被暂停，那是像特勒尔奇（E. Troeltsch）、韦伯、齐美尔（G. Simmel）和梅尼克（F. Meinecke）等伟大的历史学家和社会学家在狄尔泰之后继续推进的，也是更年轻的一代（包括曼海姆 [K. Mannheim]、洛维特 [Löwith] 和萨克斯尔 [F. Saxl] 等）已经在接手的。讨论不得不在一个至关重要的时刻被打断。相对主义思想家们正开始面对同时保留个体和绝对的需要（特勒尔奇、梅尼克）。马克思主义决定论遭遇了马克斯·韦伯所阐释的社会行动形式的复杂类型学（卢卡奇 [G. Lukács]、曼海姆）。人无法逃脱他所属的文明强加给他的命运这种观点（斯宾格勒 [O. Spengler]）受到一种关于可能在不同经验间做出有限选择的理论的反对，那是狄尔泰和马克斯·韦伯思想的基础。社会形势导致的意识形态的贬值正在让位于通过知识的社会学对文化自主进行重新评估（A. 韦伯、马克斯·舍勒 [Max Scheler] 和曼海姆）。最后，在海德格尔那里，历史理论被引入了存在主义哲学。具体的历史研究领域同样遭遇了突如其来的中断。由于纳粹主义，由耶格尔（W. Jaeger）领导，以期刊《古代》（*Die Antike*）和《日晷》（*Gnomon*）为中心的建立新人文主义的运动在几年间销声匿迹。对古典世界遗产的重新评估——由瓦尔堡开展，以他在汉堡的学院为标志——无法再用德语进行表达。由施台方·格奥尔格（Stefan George）发起，这场重新解读整个欧洲史的运动被迫噤声，并得到像康托洛维茨（E. Kantorowicz）和贡多尔夫（F. Gundolf）

这样真正的历史学家合作。就连"大德国"(Grossdeutschland)和"小德国"(Kleindeutschland)之间的冲突——对德国史学至关重要，在布兰迪(K. Brandi)和冯·斯尔比克(H. von Srbik)的作品中仍能看到关于其风格宏大的表述——也被下令终止：就像梅尼克遭《历史杂志》(Historische Zeitschrift)解职所证明的。

随着这场辩论被强行推迟，出现了两个相关问题：(a)纳粹倒台后，这场辩论在德国是否和以何种方式重新开始；(b)是否可以证明有可能将德国历史主义的问题移植到德国以外，并对其进行进一步的阐释。由于该过程尚未结束，在这里只能对其中间阶段加以描绘，这两个问题变得难以回答。

在战后德国，明显可以看到重拾被搁置的问题，回归威廉二世和魏玛共和国时期的史学传统的努力。我们看到了《德意志文献集成》(Monumenta Germaniae)和《历史杂志》引人瞩目的卷土重来，以及重刊的古典书籍和文章的数量；还看到了对特奥多尔·蒙森和马克斯·韦伯这些昔日大师的生平和作品的热情研究。还有里特尔(G. Ritter)获得的权威，这位历史学家沿着梅尼克指明的路线最彻底地探究了政治权力和道德生活的冲突提出的问题（梅尼克本人活着看到了他痛恨的纳粹统治的倒台，见证了它的本质）。大部分严肃的历史工作是在西德展开的，那里最有特色的动向似乎不是重新研究战前的历史主义所固有的问题，而是对历史的神学解读。在雅斯贝尔斯(K. Jaspers)的作品《历史的起源与目标》(Vom Ursprung und Ziel der Geschichte, 1949年)中，这种解读仍然是肤浅的，结合了各种各样的元素。但洛维特是反例之一，在这位回归德国和宗教的流亡者几乎同时代的作品中，这种解读已经变得深刻得多（《历史的意义》[*Meaning in History*]，1949 年；1953 年推出以《世界史和救赎事件》[*Weltgeschichte und Heilsgeschehen*] 为题的德语版）。现在，它成了最活跃和最原创的战后德国史学杂志《世纪》（*Saeculum*）的讨论中心。这解释了为何基督教的发端（布尔特曼 [R. Bultmann] 和卡姆拉 [W. Kamlah]）、君士坦丁和神学的中世纪成了比以往更受重视的研究主题。施拉姆（P. Schramm）主导的对中世纪政治象征主义的研究，以及耶丁（H. Jedin）的特伦特大会史都是典型的研究，但同样清楚地反映这种现象的还有库尔提乌斯（E. R. Curtius）关于中世纪修辞学传统的研究、普拉尼茨（H. Planitz）关于日耳曼中世纪城市的研究（1954 年）、博斯特（A. Borst）的《巴别塔的建造》（*Der Turmbau von Babel*，1957 年起，研究古代中世纪关于各民族起源的理论）等著作——且不提其他有影响的作者，诸如格伦德曼（H. Grundmann）、米泰斯（H. Mitteis）、冯·登·施泰能（W. von den Steinen）。另一方面（当然，这两个方面毫不矛盾），今天的德国史学特别关注近代和当代历史的主题，既有显而易见又有不那么显而易见的原因——豪斯（A. Heuss）的《历史的损失》（*Der Verlust der Geschichte*，1959 年）使其引人瞩目地受到关注——普通德国人似乎往往会通过从自己的意识中抹去后俾斯麦时代的历史来回避纳粹留下的问题、责任和负罪感。德国研究的另一个受欢迎的主题是西方和东方的关系，代表东方的时而是蒙古人（施普勒 [B. Spuler]），时而是突厥人（巴宾格 [F. Babinger]），时而是拜占庭人（鲁宾 [B. Rubin] 正在撰写的关于查士丁尼的巨著）。该主题可能为古代东方史研究增添了新的兴趣（其中特别重要的是基斯 [H.

Kees] 的埃及学研究）。经过了纳粹时代的仇恨宣传，人们无疑感到需要一种对犹太人和基督徒关系的新看法，特别是在基督教发端阶段，舍普斯（H. J. Scheops）是这方面的领军者。安德勒（O. F. Anderle）提出的客观检验和修正汤因比理论的研究方案仍然太新，还无法产出成果。

说明历史主义在德国遭遇了什么已经足够困难，而甚至更难的是确定经历纳粹的迫害后，德国的历史问题在德国以外的传播意味着什么。卢卡奇是个特例：在俄国生活多年后，他回到了祖国匈牙利，发现自己陷入了因为他本人的马克思主义与当地正统相比方向不同和更加自由所引发的问题。出于众所周知的原因，除了以色列，移民大多集中在英美、土耳其和拉美。在后两者中存在对德国思想感兴趣的传统，但很少有原创发展，移民似乎没有根本性地改变这种情况。此外，显而易见的是，在学科中最有权威的那些流亡者更可能在英美找到工作，因此我们应该主要从他们身上寻找德国思想的转移。瓦尔堡学院搬到了英国，由萨克斯尔领导。战争期间和战后，曼海姆在那里工作，出版了他的知识社会学研究的英译本；波普（K. Popper）把他对科学方法的批判扩大到将马克思主义包括在内。在英国，特别是在牛津，一群出色的古典语文学家和艺术历史学家重新团聚，包括希腊历史学家残篇的编集和注疏者雅各比（F. Jacoby）。不过，德国或德国犹太裔的历史学家和社会学家主要落脚到美国：耶格尔在那里完成了他的希腊思想史（《教化》），克里斯特勒（P. O. Kristeller）和巴隆（H. Baron）成了人文主义研究的领袖，库特纳（S. Kuttner）复兴了教会法研究，潘诺夫斯基（E. Panofsky）传播了源于瓦尔堡学院的一种艺术史方法论，施特劳斯（L. Strauss）在芝加哥大学的讲席任上对历史主义做了深刻的批判，旨在复兴自然法思想（《自然权利与历史》[Natural Right and History]，1953年），康托洛维茨帮助确立了拜占庭思想和中世纪西方思想的新联系，最后是施皮策（L. Spitzer）、奥尔施基（L. Olschki）和奥尔巴赫（E. Auerbach），他们延续了文学和语言史中的"精神史"（Geistesgeschichte）传统。

　　在英国，这些德国思想代表人物的影响范围是有限的：明显的例外是瓦尔堡学院，现在是伦敦大学不可分割的一部分。但即使在那里，我们也必须区分它引发的对形象艺术研究的一般兴趣，以及参与者更为有限的对古典传统及其象征之历史的具体研究项目。美国的历史研究如此宏大和多样化，笔者当然无法给出一个全面印象。对于我有过直接体验的美国机构和著作，我认为德国思想的代表（特别是梅尼克学派所制造的和两位韦伯）很容易与美国的史学和社会学产生接触这种现象在某些方面具有欺骗性。拉夫乔伊（A. O. Lovejoy）和博阿斯（G. Boas）能够对观念史提供的指点事实上很容易同德国人的类似兴趣达成一致，形成典型的德美合作产物：《观念史杂志》（Journal of the History of Ideas）。从中世纪研究期刊《镜子》（Speculum），以及各类社会学期刊中也能看到德国人的强烈影响。但在真正发生融合的地方，可以清楚地看到美国社会学和史学方法的盛行，它们常常把史学研究中更严格的认识论问题置于比研究方法及其目标的关联问题次要的位置。在美国，更有特色的德国史学运动没有得到延续（比如第三次人文主义运动，以及施台方·格奥尔格的圈子里对英雄-领袖的崇拜）：以耶格尔和康托洛维茨为例，他们走进了美国文化，而非按照自己原有的理想改造了它。

在这点上出现了一个问题（英美两国在细节上有所差异，但基本上是相同的）：是什么让英美历史文化能够如此有力地抵制由德国历史－社会学思想的最优秀代表带着如此权威引进的观念？提出这个问题意味着要简单分析一下目前英美历史研究的状况。用英美传统主义进行一般性解释完全是个错误，因为从英美文化研究的相关领域中可以看到，它很愿意接受源于奥地利－瑞士－德国的观念——我们只需考虑维特根斯坦（L. Wittgenstein）在英国哲学中和卡尔纳普（R. Carnap）在美国逻辑学家中的广泛影响，以及弗洛伊德和荣格的心理分析在那两个国家取得的更普遍成功。此外，从1830年到1870年，英语史学（无论是英国还是美国的）吸收了当时所谓的德国学派的批判方法；因此可以矛盾地认为，在英国和美国，20世纪的德国历史主义遭遇了19世纪的德国历史主义的反对，这种说法并不完全错误（尽管就像我们将要看到的，它带有微妙的欺骗性）。

在英国，党派政治史学一直延续至今，从英国的政治冲突扩大到希腊、罗马、法国大革命和意大利复兴运动等。费舍尔（H. A. L. Fisher）的《欧洲史》（*History of Europe*）便属于这个传统，并且不无理由地在马克思主义者克里斯托弗·希尔（Christopher Hill）的程式化批判中受到攻击。但这种传统曾经遭到过巴特菲尔德（H. Butterfield）犀利的内部批评（《辉格党对历史的解读》[*The Whig Interpretation of History*，1931年]和《英国人及其历史》[*The Englishman and His History*，1944年]），至今在专业学者中仍然声誉不佳，尽管得益于特里维廉（G. M. Trevelyan）和温斯顿·丘吉尔本人等作家的声誉，它在受过教育的公众中仍有拥趸。当代英国史学的领军人物是（几乎无需我多说）波兰裔犹太人刘易斯·伯恩斯坦·纳米尔（Lewis Bernstein Namier）。他在牛津贝利奥尔学院接受教育，但作为一个斗志昂扬的犹太复国主义者，他一直游离于英国思想界之外，直到他的《乔治三世登基时的英国政治结构》（*The Structure of English Politics at the Accession of George III*，1929年）一书出版让他几乎一下子拥有了独一无二的权威位置，把他变成了年轻一代英国历史学家的模板，这可能让他始料不及。纳米尔实质上把欧洲大陆考察统治阶层的社会学方法用到了英国式中，并加入了关于现代和近代中欧情况的特别了解——他在后来的论文和研究中会更加清楚地显示这点。但凭借他作为细致和严格的研究者的超凡能力，以及他的指导原则的简单明了，纳米尔满足了他那些浸淫于在第一波德国历史主义的影响下形成的史学传统的英国读者。他发起了当代英国历史学家最复杂的集体任务：英国议会史；他的榜样影响了像尼尔（J. A. Neale）——他早年写过伊丽莎白女王的传记，后来转向她统治时代的议会史——和研究奥地利哈布斯堡王朝的泰勒（A. J. P. Taylor）这样不同的历史学家。我们不可能把纳米尔的工作同塞姆的罗马史研究分开（《罗马革命》[*The Roman Revolution*，1939年]），尽管需要指出的是，塞姆更新的作品中（《塔西佗》[1958年]和《殖民地精英》[*Colonial Élites*，1958年]）开始关注不同的问题，即研究大帝国的行省（殖民地）与本土的关系。纳米尔重新确立一种源于循道宗的宗教观点的尝试（《基督教与历史》[*Christianity and History*，1949年等]）遭到了巴特菲尔德的批评；但如果说巴特菲尔德重新唤醒了对史学史的兴趣，他对纳米尔著作的具体批评并没有得到支持。在纳米尔－巴特菲尔德的争论中，我们可以清楚地看到今日英国史学的两种趋势——倾向于对政治－社会力量的分析，或者倾向于对历史的宗教解读。天主教徒对第二种趋势做出了重要贡献，即通过强调欧洲文化的基督教特点（克里斯托弗·道森），也通过描绘英国中世纪修道院教团的模板历史（本笃会修士、剑桥钦定史学讲座教授大卫·诺尔斯 [David Knowles]）。另一方面，英国历史作品肯定或继续发展了对某种叙事的强烈偏好，它不再以教条为重，而是专注于描绘"不同寻常"的人物和事件的特征——它体现在数量众多的传记中，在朗西曼（S. Runciman）的《十字军史》（*History of the Crusades*）中上升为规模宏大的研究。对外交史（韦伯斯特 [C. Webster]）的兴趣也没有减弱。相比上述运动，在国际圈子里引发最多讨论的两个名字——汤因比和柯林伍德在英国史学中暂时处于边缘地位。对于文明的更迭，汤因比选择了实用主义解读和宗教观点之间的中间道路，受到来自本国的专业历史学家几乎一致的敌意。柯林伍德在克罗齐式的理想化新历史主义和源自狄尔泰的形而上学前提的理论之间摇摆，他引发的讨论更多是哲学家（沃尔什 [W. H. Walsh]，加德纳 [P. Gardiner] 和德雷 [W. Dray]）中间而非历史学家中间——只有一个例外，尽管是有重要意义的。除了是个哲学家，柯林伍德还是个出色的考古学家和碑铭学家，他让自己的英国考古学家同行们意识到发掘的目的是解决具体的历史问题，从而为本国考古学研究中的一种独特趋势做出了贡献（伍利 [L. Woolley]，维勒 [M. Wheeler]）。不过，汤因比和柯林伍德在本国历史文化中的边缘地位降低了他们的重要性。英国史学的现状中有两个难题。在 19 世纪，英国人习惯于从德国史学的主题中衍生出他们的研究课题，给出那些基于对文献的"公正"考察和德国人总是很难达成的简单常识之上的答案。即使是近年来，在古代史和中世纪史研究中仍能看到这种主题的由来（比如，在舍尔文－怀特 [A. N. Sherwin-White] 关于罗马公民权的著作，琼斯 [A. H. M. Jones] 关于从亚历山大到查士丁尼的希腊城市的著作），更别提陶尼（R. H. Tawney）的《宗教与资本主义的兴起》(*Religion and the Rise of Capitalism*) 这样明显源自韦伯的经典作品。随着德国历史主义同英国史学的关系变得不那么紧密，后者不得不从自身或自身之外寻找其他的灵感来源，既为了单个的研究课题，也为了研究本身的方法。柯林伍德和汤因比的作品显然代表了对课题和方法自主的尝试，在国外也是被这么看待的（如果在英国本土不是）。背景中的柯林伍德和汤因比以及前景中的纳米尔和巴特菲尔德解释了为何英国史学没能从那些像纳米尔一样提供广泛的文献证据，像汤因比和巴特菲尔德一样提供对宗教需求的蛮族，或者像柯林伍德一样熟悉英国哲学语言的方法中得到任何激励。

美国的情况是又一个笔者在谈论时远没有那么自信的主题。当代美国史学的醒目特征是它的成熟和自信：对此似乎可以至少给出两个理由。一个理由是，对于帮助美国居民弄清他们本民族的问题，以及为一个相信进步的民族的未来进步提供路标，史学起到了不可或缺的功能，既有容易沦为宣传工具的各种缺点（特别是在恐慌时期），又有作为讨论的优点，让任何歪曲事实的人最终都失去参与资格（这一系列历史学家领袖中最近的一位是布

尔斯廷 [D. Boorstin]，《美国政治的特质》[The Genius of American Politics，1953 年]，《美国人》[The Americans，1959 年]）。另一个理由是在缔造社会与历史科学的纽带时与哲学家（特别是杜威）的合作，这让美国在利用社会学来刻画历史状况和以现代语言提出务实举措方面首屈一指，至今仍未失去这种地位。对史学方法与社会和自然科学之关系的分析已经变得非常严格。存在承认历史知识的特别性质的倾向，不过是在与其他所有学科积极的相互交流的框架中（关于这点，见社会科学研究理事会的两部报告集：《历史研究中的理论与实践》[Theory and Practice in Historical Study，1946 年] 和《历史研究中的社会科学》[The Social Sciences in Historical Study，1954 年]；以及小兰达尔 [J. H. Randall Jr.] 的新著《自然与历史经验》[Nature and Historical Experience，1958 年]）。此外，美国史学还有另一个特点，即把本民族的历史作为其自身的方法论研究的试验田。用范·维克·布鲁克斯（Van Wyck Brooks）非常贴切的表述来说，"美国的成年"不仅表现在某种始终贴近美国人生活的文学中，也表现在某种史学中，自从特纳（F. J. Turner）提出边疆问题（1893 年），比尔德（C. Beard）提出对美国宪法的经济学解读（1913 年）和卡尔·贝克（Karl Becker）分析了《独立宣言》（1922 年）以来，它就展现了美国历史问题方面的新研究方法（这无疑在从帕灵顿 [V. L. Parrington] 到霍夫施塔特 [R. Hofstadter] 的更晚近作品中得到了延续）。美国史学以本土为重点，至今可能都不太习惯与其他国家的政治史打交道——除了南美和英国史上某些与它自己的历史直接相关的阶段。在这方面，美国史学非常依靠第一代移民。

但在文化和社会史上，特别是对中世纪和文艺复兴，美国正在取得独立的进步，并开拓了新的方向（索恩戴克 [L. Thorndike] 的科学史，巴伦 [S. Baron] 的犹太人社会史）。美国人在欢迎引进新的知识和观念的外国历史学家（古代史的罗斯托夫采夫和诺克 [A. D. Nock]）时所带有的信赖无法掩盖的事实是，在美国，任何类型的历史理论的有效性的最终试验场都是美国史。甚至研究神学启示的历史学家（目前只是没有多大声望的少数）的成功之处也是在于对美国史的重新解读（尼布尔 [R. Niebuhr]，《美国的上帝之国》[The Kingdom of God in America，1937年]，以及浸信会教士拉图雷特 [K. S. Latourette] 重要的《基督教扩张史》[History of the Expansion of Christianity，1937—1945年] 一书中较为原创的部分）。

对于英美状况的上述简要分析可能展现了为何德国历史主义今天是一个"问题"的某些原因，特别是在法国和意大利。在目前的法国和意大利，马克思主义在国家的政治和文化结构中占据中心地位，而在英美则是边缘的。对这两个国家来说，这自然会以更尖锐的方式提出（对所有国家都存在的）本地马克思主义和俄国马克思主义之关系的问题。对这方面状况的清晰表达需要对俄国史学有比笔者更准确的了解——特别是因为大部分意大利和法国马克思主义者似乎对在俄国正被书写的东西没有任何第一手的了解这个事实让情况更加复杂。几个在背景和兴趣上基本是前革命式的名字——塔尔列（E. V. Tarlé）和科斯明斯基（E. A. Kosminskij）——对于描绘当代俄国史学没有什么用处。在古代史领域，俄国马克思主义者的优势显然在于某几类考古学研究（乌拉尔图 [Urartu] 草原文明），更在于他们非常广泛的一般性兴趣涵盖了整个东方。不过，俄国人在方法上很少教给我们什么，因为对于解读文本这样基本的东西，以及分析复杂的社会结构这样不那么基本的东西，他们还有很多要学。近来对苏联史学的限制放松显示，俄国人自己并非没有意识到他们在古代史研究上倒退和教条的状态，从《古代史通报》（*Vestnik Drevney Istorii*）上关于奴隶社会解体的长篇辩论无果而终，多瓦图尔（A. I. Dovatur）关于希罗多德的著作（1957年）等作品中大体上用资产阶级语言表达的谨慎态度，以及施泰尔曼（E. M. Štaerman）对罗马帝国西部行省中的奴隶社会危机的研究（1957年）可见一斑。

暂时把西方历史主义和东方马克思主义的关系放在一边，辩证法问题今天显然不可避免地会出现在法国和意大利对历史方法的争论中，但在法国比在意大利更加如此（梅洛－庞蒂 [M. Merleau-Ponty]，戈德曼 [L. Goldmann]），因为意大利人在唯心主义的时代已经对辩证法做过许多讨论，当现在历史唯物主义明显卷土重来的时代，他们不那么想讨论它。

在法国，阿隆（R. Aron）无论如何都可以获誉传播了关于更新的德国历史主义的知识，并且在《历史哲学导论》（*Introduction à la philosophie de l'histoire*，1938年）中试图将马克斯·韦伯和狄尔泰的思想结合起来。后来，一位见解非凡的天主教徒马鲁（H.-I. Marrou）也在对历史知识的分析中用到了狄尔泰（1954年）。存在主义的发展自然意味着接手海德格尔关于存在与历史之关系的问题，这方面不乏著作（达德尔 [E. Dardel]，1946年）。但也许可以说，作为唯一在历史学家中获得权威的理论作品，马鲁的著作的成功首先要归功于将具体的历史经验（大体上说，就是《年鉴》中的）嫁接到狄尔泰这条枝干上。因为在法国，历史学家更关心的同样不是历史知识的理论，而是阐述能够刻画事件的活的现实的方法。大部分法国历史学家今天仍然被马克·布洛赫（Marc Bloch）——这位历史学家为法国殉难——以及比他年长的朋友和战友费弗尔（L. Febvre）的方法论学说和道德榜样所主导。在阅读这些历史学家的作品，以及观察他们始终本能地或分析地试图公正对待研究对象时，我们不可能不想起柏格森（H. Bergson）。不过，我很难说清最新的法国史学同柏格森主义间无疑存在的一般关系究竟是什么性质（即便我们把像古伊尔 [H. Gouhier] 这样的柏格森主义者提出的具体历史理论放在一边）。只需指出，柏格森对于像吉尔松（E. Gilson）这样的中世纪思想的伟大研究者非常重要。《年鉴》给了法国一个社会学与史学相互交流的模板，它虽然远比美国的例子更为精细和多样，但可能还不具备像美国的历史－社会学研究那样的自信和丰富结果，特别是政治上的重要性。不过，主要得益于布罗代尔（F. Braudel），法国高等研究院（École des Hautes Études）从《年鉴》的开拓性工作中发展出了一个历史研究的系统化组织。这个组织正在欧洲逐渐取代德国历史学派成为未来史学家的核心锻造厂，并展现了法国史学和德国历史主义的差异程度。它的成就之一是对法国社会史非常详细的重建，考虑了人口因素、宗教和"选举社会学"。在今天法国史学的灵活框架内，从莫拉泽（C. Morazé）到勒布拉（G. Le Bras）这样最风格各异的人物都能找到活动空间。对观点和问题多样性的认识催生了一系列新型指南，旨在强调问题而非答案（《克里奥》[Clio]，《玛纳》[Mana]，《我知道什么？》[Que-sais-je?]）。另一些系列则反映了研究的典型方向，诸如那些关于日常生活和国际关系历史的。对方法的相对意见一致（且不说研究集中在巴黎）有利于成系列的作品和集体性的工作；而宗教教团（特别是多明我会和耶稣会）有力和称职的参与也推动了研究的集体性质。现在流行的方法要求研究最细微的方面，但最终必须做出大体的归纳。寻找究竟从哪里着手归纳特定的结论是每个时代都会重现的经典难题。我们并不意外地看到，在今天的法国，这种两难状况甚至出现在法国大革命研究的领域，那里成了新的史学方法最好的试验场。因此，我们更加不意外地在文献数量和基础工作做得更少的其他领域看到明显的缺陷和过度的公式化。比如，在宗教史研究中，伊利亚德（M. Eliade）——一个在文化上成为法国人的罗马尼亚人（但他不久前成了芝加哥大学的教授）——和杜梅齐尔（G. Dumézil）等人凭着不充足和有时难以驾驭的材料做出了精彩的归纳。但另一方面，从布雷蒙神父（Abbé Brémond）开始，法国对思想状态、传说范式和集体宗教现象做出了其他地方难以匹敌的探索（比如费斯蒂吉埃尔 [A. J. Festugière] 对希腊－罗马宗教的研究，富尔茨 [R. Folz] 对查理曼传说的研究）。

简而言之，引人瞩目之处在于当代法国史学相比二次大战之间的德国史学的鲜明特征。只需对照阅读关于同一主题的两部作品就够了，比如耶格尔的《教化》和马鲁的《古代教育史》(*Histoire de l'éducation dans l'Antiquité*)。

我们非常清楚意大利的状况，在这里不方便详加讨论。但显而易见，意大利和德国历史主义的分离在过去二十年间变得更加明显。基本的事实是，与德国不同，历史研究在意大利的集权政府倒台后并没有迷失方向。得益于贝内代托·克罗齐、盖塔诺·德桑蒂斯、阿多尔弗·奥莫德奥（Adolfo Omodeo）、流亡的盖塔诺·萨尔维米尼（Gaetano Salvemini）和以他们为模板的历史学家们，意大利史学在法西斯时期大体上站在反对者一边，并提出了可以被传给年轻一代的问题和方法，无论是反对抑或认同。我们要感谢贝内代托·克罗齐在那不勒斯他的家中成立了战后意大利最重要的历史研究中心，由沙博（F. Chabod）负责，这同样并非巧合。这个研究中心影响了包括古代史在内的所有分支，但与众不同的是，它能够与其他学派和谐合作。1939 年之前和 1945 年之后的历史研究当然存在差异。年轻一代显然更偏爱社会史问题：伴随着所有技术上的难题，一种博学而精确的研究——不无论战特征——在那些对它的使用一度减少的领域里重新流行起来，比如文学和文化史。布洛赫和勒费弗尔在意大利的读者与在法国一样多；像乔万尼·梅尔卡蒂枢机（Cardinal Giovanni Mercati）这样的博学大师在其生命的最后岁月里成了受人尊敬的榜样。语言学研究比美学批评更受重视：出现了最早的两部关于意大利语言史的著作（德沃托 [G. Devoto] 和米利奥里尼 [B. Migliorini]）。海外旅行和文化交流推动了对非意大利历史的研究，而意大利的政治-社会状况一直是调查主题——由此催生了城市史的新一波繁荣（米兰和威尼斯等）。有清楚的证据表明人们重新燃起了对社会学的兴趣，随之而来的是要求弄清社会学研究和历史研究之间的关系。不过，意大利史学经验的中心暂时仍是对克罗齐历史思想的含蓄和直白的讨论。就连盖塔诺·德桑蒂斯这样独立的历史学家（他还是个天主教徒）也把克罗齐的《欧洲史》（*Storia d'Europa*）

作为自己的《希腊史》(Storia dei Greci)的模板,这个事实证明了克罗齐在法西斯统治最后15年间的权威。战争前夕,卡洛·安东尼在他的研究文集《从历史主义到社会学》(Dallo storicismo alla sociologia,1940年)中就已经指出,克罗齐的历史主义同形形色色的德国历史主义之间存在巨大的分歧——克罗齐和梅尼克的友好讨论证实了这种分歧的存在。在另一种语境下,即已经刊印的克罗齐和弗斯勒(K. Vossler)通信中也可以找到它的痕迹。不过,在克罗齐历史主义的最核心处,人文主义和天命论的冲突正变得日益明显。沙博在他所有的学说中毫无疑问地表现出自己对第一种趋势的偏爱。可能是战后最可观的意大利历史著作《从1870年到1896年的意大利对外政治史:卷一,导言》(Storia della politica estera italiana dal 1870 al 1896, I, Le premesse,1951年)中从史学角度表达了这种偏好,同一作者后来还在对作为历史学家的沙博的研究中证实了这点。因此,从实验的类型上,更具体地说从经济和社会兴趣上,沙博和他的学派可能倾向于布洛赫和费弗尔的法国学派。这两个学派的互动近年来变得更加紧密,而那不勒斯学派的影响也扩大到了国外的圈子里。带着不无相似的目标,安东尼致力于(因为他在1959年英年早逝而终断)消除克罗齐哲学中的辩证法元素,重新确立个体人物的价值。出于值得更准确分析的原因,沙博和安东尼的目标没有真正交汇。目前,他们看上去更像代表了不同的答案,一个致力于从克罗齐史学的人文主义兴趣中消除任何刻板的哲学理论,另一个倾向于给克罗齐不太考虑真实历史研究的"区别"(distinction)哲学赋予新的生机。将《年鉴》嫁接到《批评》(Critica)上似乎是目前意大利史学的主流现象。如果我对现状的解读无误，似乎还没有出现一种与克罗齐的史学完全可以区分开的马克思主义史学。意大利的马克思主义史学家的工作环境无疑不利于对阶级斗争进行任何严格的理论化，以及对结构和上层结构做出任何泾渭分明的区分。这解释了为何葛兰西（A. Gramsci）死后出版的作品中提出的如此丰富的建议不仅在共产党内，也在党外被接受：在党外，作为最深刻的意大利文化史学家之一，加林（E. Garin）承认他受惠于葛兰西。这还解释了为何对研究俄国与中欧国家的政治和社会运动这一紧要任务做出最大贡献的是对共产主义怀有敌意的左翼史学家（文图里 [F. Venturi]）。

另一方面，同样独特的是相比法国，在意大利挑选出一种天主教史学要困难得多。从老一辈的历史学家中可以找到几个具有鲜明宗教气质的天主教历史学家——我们想到了费拉比诺（A. Ferrabino）和耶莫洛（A. C. Jemolo）。但对于我有机会读过的大部分天主教历史学家，天主教体现在他们对主题的选择和对事件的最终判断，而非体现在特别的解读方式。众所周知，特别是在宗教史领域，还有一些历史学家乐于诉诸存在主义或荣格主义解读。有时，我觉得桑托·马扎里诺——这位历史学家既提出了丰富的建议，又很难把握他的指导思想——接近于这类存在主义解读。不过，无论是存在主义、荣格和阿尔特海姆，还是汤因比和泰亚尔·德·夏尔丹（Teilhard de Chardin），他们目前似乎都没有在意大利深深扎根。如果要求我指出意大利的历史主义在逐渐远离克罗齐的立场时所选择的方向，那么至少对非天主教的历史学家，我想称其为"新启蒙主义"（neo-illuministic）趋势，它体现在

18世纪和法国大革命在研究中特别的重要性上，与从戈贝蒂（P. Gobetti）到萨尔瓦托雷利（L. Salvatorelli）和德·鲁杰罗（G. De Ruggiero）的反法西斯传统有许多联系。

安东尼试图对克罗齐的历史主义和各种形式的德国历史主义所做的区分很可能为后者发挥更大的影响铺平了道路。不过，虽然我在皮埃特罗·罗西等人的哲学作品中看到了关于这点的清晰标志，但我不认为在具体的历史研究中同样如此。许多年轻人对社会学感兴趣这个事实也许更多是因为他们读了法国和美国的书籍，而非研究了齐美尔和韦伯。我认识的唯一一个接受了韦伯概念的意大利历史学家是保守派法学家德·弗朗奇希（P. De Francisci）。①

这场越来越模糊的讨论可能会扩展到总体上对我来说更加陌生，只知道个别名字的文化中。比如，亚美利科·卡斯特罗（Americo Castro）用一部受狄尔泰思想滋养的作品让我们感到吃惊。但狄尔泰是卡斯特罗的真正向导吗？与德里奥·坎蒂莫里（Delio Cantimori）一样，我认为很难将卡斯特罗的工作归类。我觉得他的著作本质上是以存在三种信仰的中世纪晚期西班牙的名义对反宗教改革时期的西班牙展开的一种反抗。他从源于浪漫民族主义（民族特质的观念）、狄尔泰和存在主义者的概念中寻求的理论辩护也许是肤浅的。最后，当我阅读海尔（P. Geyl）、罗麦因（J. Romein）和登·波尔（W. Den Boer，《码头与船只之间》[Tussen Kade en Schip]，Daamen，1957年）等荷兰历史学家的作品时——

---

① Cf. N. Valeri, 'Su alcune tendenze della storiografia contemporanea in Italia', in *La Filosofia Contemporanea in Italia* II (Rome 1958), pp. 305-323.

他们都生活在伟大的赫伊津哈（Huizinga）的阴影下——我发现他们都在寻求绝对价值（罗麦因的自由马克思主义，登·波尔的加尔文主义，海尔非常个人化的理性主义和民族主义的混合）。因此，我再次回到了一开始的问题："对于正在如此形形色色的前提下发展的历史工作，狄尔泰和韦伯以何种方式和目标仍能为其提供指导？"

第 13 章　古代法律史中的新趋势的影响①

致耶莫洛（A. C. Jemolo）

我觉得，我们在这里庆祝的是一个颇为重要的历史事件，即法律史不再作为历史研究的一个独立分支。很少有哪个部分的历史能像法律史那样以自己的古老和权威为荣；很少能自夸拥有如此丰富的成果。但我相信，现在几乎每个人都明白，我们无法继续区分历史学家的历史和法学家的历史。几百年来——至少从文艺复兴时代"有修养的"法学家开始——这种区别一直被保持着，因为法学家用政治史来解读立法措施的理由和意义，而历史学家用立法措施来阐释政治事件。② 18 世纪的文明史观之所以没有消除这种区别，正是因为历史学家对法律文本的态度仍然不同于法律史学家的。对法律史学家来说，重要的是看清不同的文明如何以不同的立法形式来表达自身；对历史学家来说，重要的是把立

---

① *Rivista Storica Italiana*, LXXVI (1964), 133-149. 本文完整和未修订的版本是 1963 年 12 月 18 日在罗马山猫学院举行的意大利法律史学会第一次国际大会上宣读的。我只添加了几个不可或缺的参考书目。关于希腊和罗马法的更多信息，见 J. Ellul, *Histoire des institutions de l'Antiquité* (1961 ed.) 和 E. Meyer, *Römischer Staat und Staatsgedanke* (1961 ed.)。*Revue Internationale des Droits de l'Antiquité* 对了解东方法律研究的新进展特别有用。在有关罗马法的新作中，B. Biondoi 的新研究 *Il diritto romano* (Bologna 1957) 是面向非专业读者的。

② Cf. V. Piano Moratari, *Diritto romano e diritto nazionale in Francia nel secolo XVI* (Milano 1962); J. H. Franklin, *Jean Bodin and the Sixteenth-Century Revolution in the Methodology of Law and History*, (New York) 1963.

法文献当作不同文明的表达来使用。① 风格、文本传统的差异和被设为不同的大学院系共同维持了这种区别。法律史学家说的语言——律师的术语——并不总是能被外行所听懂；他们的出发点是自己的文本形式，比如评注和系统性的论述；他们的学说并非为历史学家，而是为专业法学家设计的。

现在，"纯粹的"历史学家和法律史学家唯一剩下的区别就是我最后提到的那个：它们的教学被分到了不同的院系。这种分离显得越来越荒谬。本质上说，至少在我有所了解的领域——古代法——区别已经不复存在。在我的想象中，我面前摆着一堆古代法书籍。我需要提一下其中几本的名字吗？它们是：阿朗吉奥－鲁伊兹（V. Arangio-Ruiz）的《纸草法律中的契约制度概述》（*Lineamenti del sistema contrattuale nel diritto dei papiri*）；科利（U. Coli）的《翁布里亚人的公法》（*Il diritto pubblico degli Umbri*）；德·弗朗奇希（P. De Francisci）的《公民权的起源》（*Primordia Civitatis*）；德·马尔蒂诺（F. De Martino）的《罗马政制史》（*Storia della Costituzione Romana*）；诺阿伊（P. Noailles）的《神法与人法》（*Fas et Ius*）；冯·吕布托夫（U. von Lübtow）的《罗马民族》（*Das Römische Volk*）；孔克尔（W. Kunkel）的《罗马刑事程序发展研究》（*Untersuchungen zur Entwicklung des römischen Kriminalverfahrens*）；高德麦

---

① 对这种区别必须持保留态度。关于 18 世纪，我不知道有什么作品能与 G. Solari 的著作相比（不幸的是，它并未完成），*Storicismo e diritto privato*（写于 1915 年左右，1940 年由都灵的 Giappichelli 出版社出版）。参见 E. Weis, Geschichtsschreibung und Staatsauffassung in der französischen Enzyklopädie (Wiesbaden 1956)，特别是 F. Venturi 对 *Illuministi Italiani*, Vols. III and V (Milan-Naples 1958 and 1962) 的介绍性注释，不只关系到意大利。一般性介绍，见 F. Wieacker, *Privatrechtsgeschichte der Neuzeit*, (Göttingen 1967)，当然还有 P. Koschaker (1947) 这部经典之作和向他致敬的研究 *L'Europa e il diritto romano* (Milan 1954)。

（J. Gaudemet）的《9 世纪和 10 世纪的世俗法和教会法的形成》（*La formation du droit séculaire et du droit de l'église aux IVe et Ve siècles*）……这些是法学家的书籍，但我觉得它们与普通的历史书没有本质的区别。我最多只会因它们有点奇特，口气几乎是另一个时代的措辞而注意到那些现在仅仅是形式上的区别。如果想要表现得自相矛盾，我们可以说今天的历史学家本身对法学形式主义的兴趣过了头，而法律史学家则致力于发现他们的制度背后的社会现实。没有人比出身语文学的三位伟大的历史学家热尔奈（L. Gernet）、拉特（K. Latte）和比克尔曼（E. Bickerman）对形式上的细节有更准确的了解。而写了《法学家的由来和社会地位》（*Herkunft und soziale Stellung der Juristen*）一书的是孔克尔这位法学家，写了第一部（可能也是最后一部）盖乌斯传的则是另一位法学家。[①] 今天的法律社会学派最杰出的大师之一亨利·列维-布吕尔（Henri Lévy-Bruhl）的一句表述描绘了这种矛盾。他表示，为了维持"纯粹的"历史学家和法学家之间最后一点区别的样子，历史学家想要知道发生了什么，因而倾向于把伪造的文献和成功的伪作视作没有价值的，而另一方面，法学家知道传说比历史更加真实。[②] 不过，我确信列维-布吕尔将会第一个承认，作为一个时代的代表，对伪作的兴趣是"纯粹的"历史学家传给法学家的一种典型的历史兴趣。[③]

---

① A. M. Honoré, *Gaius* (Oxford 1962).

② *Aspects sociologiques du droit* (Paris 1955), p.42, 另参见同一卷中的 *Le fait historique* 一文。列维-布吕尔的作品书目见 Droits de l'antiquité et sociologie juridique, *Mélanges H. L.-B.* (Paris 1959).

③ 不过，据我所知，还没有关于造伪研究历史的著作问世，J. G. Droysen,（转下页）

事实上，在我看来，法律史不再作为独立的历史现在已经尘埃落定。加布里尔·勒布拉（Gabriel Le Bras）的《绪论》（Prolégomènes，1955年）中关于西方教会的法律和制度史的计划暗示了这点。在这点上，讨论促成这一结果的是马克斯·韦伯、法国社会学派、马克思和恩格斯的学说，或者是马克·布洛赫的影响并不重要。人们在普遍认识中固有地认为，法律是对某个水平上的社会关系的系统化，理解它离不开对刻画了特定社会在某一时刻状况的性取向、道德和宗教信仰、经济生产和军事力量的分析，并且它表现在个体的关联和冲突中。今天，可以想象文学史、艺术史、科学史和宗教史保持某种自治，只要它们各自关注人类的一项具体活动。但无法再想象法律史还是自治的；因为性质决定了它是对植根于多种人类活动的社会关系的表达。如果在某些文明中存在遵循特别的行为和思考准则的法学家阶层，那么这同样是一个需要解读的社会现象。

法律史性质的改变是清楚的，这与其说是通过理论思考发现的，不如说是因为人们在看到法律史的普通问题被以传统的方式来处理时感到了不安。很难看出这样一个论断的错误：它从氏族（*gentes*）是由贵族组成的这个前提出发，由此推断出库利亚（*curiae*）仅限贵族，因此只有贵族能在卡拉塔人民大会（*comitia calata*）上立遗嘱。但我们马上会发觉这并非问题所在。真正的问题是，对于创造了《十二铜表法》的公元前5世纪的罗马社会，在"氏族"

（接上页）*Historik* (ed. R. Hübner, Munich and Berlin 1937), pp. 99ff 做过概述。参见 A. von Brandt, *Werkzeug des Historikers* (Stuttgart 1958), p.125 和 G. Tessier 关于特许状的那章, *L'histoire et ses méthodes* (Encyclopédie de la Pléiade 1961), pp. 633-676。

和"遗嘱"的问题上是否可能存在这种贵族和平民的区别;对于《十二铜表法》之前的时期,是否有足够的信息让我们可以提出关于氏族性质的任何假设——且不提"遗嘱"。①

因此,值得讨论的并非"纯粹的"历史和法律史之间对立的消除。相反,我们必须考虑的是消除的后果。其中一些是实践的。另一些(最困难的)则是理论的。

先谈实践后果,显然历史研究的现状要求所有的历史学家都能懂得法律和经济学、宗教和政治学。这个要求已经足够难以达到:未来的历史学家缺乏合格的教育让它变得更加令人生畏。我在这里只能根据我在意大利、英国和美国大学的经历来谈。我不知道在法国和德国会发生什么——虽然我们中的许多人对法国高等研究院教学的种类和深度感到嫉妒。在意大利,在艺术系接受教育的古代史学生从不学习罗马法,也几乎从不学习希腊法。相反,在法律系接受教育的罗马法学生对政治史所知寥寥,而且没有语文学研究的直接经历:难怪对篡改的批评有时会使用让我们莞尔的方法。显而易见,我们必须对大学的历史教学进行彻底的改革。一旦"纯粹的"历史和法律史之间的区别被从我们的教学中消除,那么我们也将出于各种使用目的消除社会学和历史之间十分之九的二元对立。在这里,我不想就社会学与历史学之间的关系,或者用现代语言来说,就通则式(nomothetic)和个案式(idiographic)学科之间的关系展开理论讨论。所谓的古代世界的社

---

① 关于另一种观点,见 P. Voci, Diritto ereditario romano I (Milan 1960) 和同一作者古谚语邦方特(Bonfante)的重要批判性论文,*Studi Arangio-Ruiz* I (1952) pp. 101-146 (*cf. Studia Doc. Hist. Iuris* 19 [1953] pp. 307-315)。

会学的很大一部分事实上是制度和法律，通过共时性而非历时性编排来考察。至少对古代世界来说，当历史和法律的区别被遗忘后，历史和社会学的区别也会被遗忘。

在理论方面，罗马法律史是否应该被变成古代法律史，或者罗马公法（*Staatsrecht*）是否应该让位于政制史（*Verfassungsgeschichte*）这些老问题正在失去价值。此类观念在当时被用来说明罗马法与其他古代法之间的联系，或者揭示对公法制度的纯粹静态描绘的缺陷。但今天有谁还对塞尔维乌斯·图利乌斯（Servius Tullius）的政制究竟是罗马公法还是政制史的一部分，究竟是罗马法律史还是古代法感兴趣呢？

即使在比这些更复杂的主题中，明确认定社会史和法律史也有助于消除旧有的模糊之处和问题。我只提两点。在《罗马政制和历史研究》（*Untersuchungen über römische Verfassung und Geschichte*，1839年）中，卢比诺提出了用来对付尼布尔传播的对早期罗马史之怀疑的最幸运标准之一。个体国王可能从未存在过，被尼布尔寄予最后希望的宴歌可能是骗人的；但罗马政制传统确定无疑地表明存在过君主制，使得可以对其进行分类和刻画。蒙森乃至爱德华·迈耶尔都认为这一标准是有效的。不过，像盖塔诺·德桑蒂斯这样的谨慎评判者用其最有特色的惯用表述之一否定了它："罗马的内部历史的传统远不如它的对外战争史传统可信。"① 德桑蒂斯指的显然是，法学家的构想和政治家的造假是罗马的内部历史被歪曲的原因。卢比诺和德桑蒂斯似乎完全

---

① *Storia dei Romani* I (1907) p.397.

是对立的。然而，如果我们开始分析公元前最后几个世纪里罗马的主要社会群体——他们热衷于维系古老的公共生活形式，重新解读和歪曲了前 5 世纪的公民冲突——这种对立就会几乎消失。事实上，卢比诺和德桑蒂斯说的是两回事：一方说的是确定的制度，另一方是平贵冲突。

我要提到的第二个问题正是近来像沃尔夫（E. Wolf）的《希腊法律思想》(*Griechisches Rechtsdenken*)和哈夫洛克（E. A. Havelock）的《希腊政治中的自由性情》(*The Liberal Temper in Greek Politics*)等著作中所研究的，即希腊民主思想的性质。只要我们把自己局限于政治理论家，研究结果就不仅乏善可陈，而且带有明显的矛盾。德谟克利特是哈夫洛克心目中最杰出的民主派，却被沃尔夫认为不具备政治思想。事实上，希腊民主派从不撰写理论，即便写过也没能留存至今；但他们的确提出过政制方案，要求进行激进而有条理的改革，就像雅典的克里斯提尼。只有通过把政制史、政治思想和社会冲突结合起来考虑，我们才能理解谁是雅典和其他地方的民主派。任何想要寻找民主派的柏拉图的人都注定徒劳无功。①

不过，显然更令我们感兴趣的不是能够被轻易解决的难题，而是那些因为水密舱被破坏而变得更加让人头疼的。如果把宗教、经济、政治和法律结合起来考虑，错误成倍增加的可能性将会上升。对经济或宗教事实的错误解读很容易造成对法律事实的错误解读，反之亦然。我们只需看看自己周围就明白了。原始公

---

① 参见 *Riv. Stor. Ital.* 72 (1960) pp. 534-541，另见 M. I. Finley, *Athenian Demagogues*, Past and Present 21 (1962). pp. 3-24。

社制度的观念是解读早期希腊和罗马法律结构的出发点。我几乎不必指出,关于这种原始公社制度,引用现代作者要比引用古代文献更加方便。这类文献可能存在,但很难证明它存在,因为当时的家庭财产是完全不同的东西。我手头有勃列茨基(B. Borecky)关于"希腊平等概念的原始起源"的新研究,① 探讨了"份额"(μοῖρα)、"分得"(λαγχάνω)和"分配"(δαίομαι)等词的意思随着部落公社的集体财产变成私有财产而发生的改变。但在关键之处,证据来自"乔治·汤姆森(George Thomson)指出……"这类惯用表述,而乔治·汤姆森并非古代文献。

在不久前一项短小但极其有趣的研究中,让-皮埃尔·韦尔南(Jean-Pierre Vernant)宣称,关于神明和提坦战争的希腊神话代表了迈锡尼人的君主概念 anax 的遗存,这一遗存被前6世纪和5世纪新的理性和民主思想所掩埋。但我们可以反对说,我们不知道迈锡尼的国王们是否知道这些神明和提坦的战争,或者说关于王权的神话,但我们非常清楚,它们在前6世纪和前5世纪的民主时期很受希腊人欢迎,出现在民主派埃斯库罗斯的诗剧中,而与提坦之战相关的故事在伯里克利的帕特农神庙中享有荣耀的位置。② 更一般地来说,当下的神圣君权风尚正在对希腊史和罗马史造成伤害,因为迄今为止——虽然我们对最热情的迈锡尼主义者和罗马主义者表示尊敬——我们无从知道迈锡尼城堡和帕拉丁山上小屋里的居民是如何看待他们的国王的。对罗马史而

---

① 见文集 *Geras. Studies presented to Geroge Thomson* (Charles University, Prague 1963), pp. 41-60。关于另一种马克思主义的新观点,参见 M. Mora, *Acta Antiqua* 11 (Budapest 1963), pp. 103-120。

② J.–P. Vernant, *Les origines de la pensée grecque* (Paris 1962).

言，后果之一就是用想象力丰富，但不符合我们对共和国最后几个世纪里的库利亚法（lex curiata）仅有的了解的方式重新解读库利亚法。天真地接受关于罗马人的原始思维、巫术先于宗教、前神明等理论将导致做出对罗马法律的象征主义以及 fas 和 ius 之区别的先验解释，因为它们并不基于文本。[1]我们对公元前6世纪和前5世纪罗马的崇拜有所了解，但对两位塔克文的臣民中或霍拉提乌斯·普尔维鲁斯（M. Horatius Pulvillus）的同时代人中所流行的宗教观念几乎一无所知。相信自己知道前4世纪时的 ius 或 fas 意味着什么的人一定很勇敢，更别提前6世纪的了。如果我们继续接受来自加图——这个著名的农村人淳朴、朴素而迷信，是个严厉的一家之长——《论农业》（De agricultura）中的早期罗马画面，那么就更加如此了。这些画面可能适用于加图写作时的前2世纪，但无法被不武断地转移到前6世纪。**我们**毕竟是克劳德·列维－斯特劳斯（Claude Lévi-Strauss）的同时代人，因此应该从他对伪古代文化的分析中学到些什么。[2]马西莫·帕洛蒂诺（Massimo Pallottino）是把我们从对早期罗马的先入之见中解放出来贡献最大的学者之一，他还注意到，对于理解早期罗马，西蒙尼德斯（Simonides）和伊布科斯（Ibycus）也许要比加图和李维更

---

[1] 参见 P. Voci, *Diritto sacro romano in eta arcaica*, Studia Doc. Hist. Iuris 19 (1953) pp. 38-103; G. Gioffredi, *Religione e diritto nella piu antica esperienza romana*, ibid. 20 (1954) pp. 259-302. 关于一种充满魅力的罗马君主制理论，见 E. Meyer, *Römischer Staat und Staatsgedanke*, pp. 470-471。关于近年来在意大利所进行讨论的例子，我想引用 G. Grosso 本人提到的 *Studi Arangio-Ruiz* (1952) pp. 33-46；以及 E. Betti 的作品，比如 *Wesen des altrömischen Familienverbands*, Zeitsch. Savigny-Stifung, Rom. Abt. 71 (1954) pp. 1-24; Guarino, *L'ordinamento giuridico romano* (3rd ed. Naples 1959). 关于 fas 和 ius 的最新讨论，见 H. Fugier, *Recherches sur l'expression du sacré dans la langue latine* (Paris 1963), pp. 127-152——它无法让我信服。

[2] *Anthropologie structurale* (Paris 1958), pp. 113-132.

有用。① 当有人把罗马法学家的理性思维同以努马为代表的"原始"神秘或神话思维进行对比时，我想要提醒他注意一位生活在公元16世纪的明亮光照下的学者：被迫迁居东方的葡萄牙犹太人约瑟夫·卡洛（Joseph Karo）。众所周知，他是犹太法律最著名的近代解读者和整理者。卡洛是一个机智的诡辩者，作为犹太神秘主义哲学家的他坚称自己在夜间会与一个名叫米示拿（Mishnah）的马吉德交流，后者向他揭示了真理——就像宁芙艾格利亚（Egeria）启发了贤明的努马。②

一旦对任何历史事实的解读变成了多层次的，甚至对比较方法的使用也不得不让自己适应这种多层次性。今天，我们不能再按照单维度原则来进行比较，就像语言学和法律史在一段时间前仍然认为是正确的那样。比较孤立的制度——比如婚姻或买卖——就像比较单个的字词一样没有用处。另一方面，这种改变消除了表面上的相似性。对于弗拉门（flamen）和婆罗门（brahman）的比较，这两个词可能有共同起源的事实在今天并不够，就像同样的成员数量（12个）不足以在爱奥尼亚联盟和埃特鲁里亚联盟之间确立某种重要的关系。另一方面，多层次比较的特点本身可能导致巨大的错误：几个错误的认定足以颠覆对整个文明的解读。在比较迈锡尼王国与赫梯王国的经济时，对几个地产相关术语的解读决定了我们如何描绘前者。③ 我们对罗马库利亚的本质的

---

① *Studi Romani* 5 (1957), p.261 (*La Prima Roma*).

② R. J. Z. Werblowsky, *Joseph Karo, Lawyer and Mystic* (Oxford 1962).

③ 参见 F. R. Adrados, in *Emerita* 29 (1961) pp. 53-116; L. R. Palmer, *The Interpretation of Mycenaean Greek Texts* (Oxford 1963); P. E. Pecorella, in *Mem. Accad. Colombaria* 27 (1963) pp. 1-50, 以及上述作品中的参考书目。

解读取决于对罗马和某些希腊民族的部落结构的比较是否合法。比较者越是受到不同民族有一致的发展规律的错觉影响，造假的危险就越大。集体财产、图腾主义、部落结构、巫术思维本身已经是足够模糊的概念，很容易被以截然不同的方式解读。① 如果再加上人类社会一致从集体财产向私有财产，从泛灵论向图腾主义发展的错觉，那么幻想就完全压倒了现实。显而易见（目前的情况下重申这点并不多余），比较必须有助于理解现有的文献，而不是以所谓的发展一致性的名义填补记录中的空白。但比较可能更加危险，如果它预设的不是发展的一致性，而是某种现在已经消失，而当初存在过的结构统一性，后来的不同发展都被认为是在其基础上开始的。在这里无法详细讨论重构印欧和闪米特文明的各种尝试，或者仅仅是重构那些比我们从考古和书面记录中了解的文化单元更早的地中海文明。不过，我们不应忘记当代最著名和最有影响的那次重构史前思维的尝试的影响：乔治·杜梅齐尔的。他认为，罗马文明的某些方面——包括罗慕路斯国家的真实结构——只能被解读为某种印欧人观念的遗存，即所谓的三种功能的分工，而对这种三重分工的重构是基于对在罗马遗存的和在其他印欧人活动地区遗存的同样的三重分工观念所做的比较。先不考虑其他反对意见——比如布拉夫（J. Brough）表示，② 出于些许好心，在印欧人的世界之外也能看到这种三重分工，比如在《圣经》中——我们注意到，这个解释性的事实（印欧人的观念）来

---

① 关于图腾主义，参见 Lévi-Strauss, *Le totémisme aujourd'hui* (Paris 1962)。

② *Bull. School Orient, and African Studies* 22 (1959), pp. 69-85. 我希望对这个问题再进行详细的讨论。杜梅齐尔最新的综合性作品是 *L'idéologie tripartie des Indo-Européens* (Brussels 1958)。

自需要解释的事实（现存文明的早期方面）。对一个假想文明的特点的描述建立在对现存文明的假想解读之上。

就像我已经指出的，作为此类多维比较所造成的局面的一部分，学者会发现自己面对的是用现在已经死亡的语言所写的文本，而且它们常常是尚未被充分了解的语言，或者就像印欧语一样是用间接方法重构的。这种发展方向的第一步始于当蒙森发现，为了理解罗马史，必须完全掌握各种意大利方言。今天，像弗朗茨·阿尔特海姆（Franz Altheim）这样不惧犯错的历史学家要和几十种语言打交道；按照他自己的假定，如果因为他犯错而指责他，那将是不厚道的。但不应忽视的事实是，整个社会正在对文本的可疑解读的基础上被重构。在这里，我不想指出那些显而易见，而且经常出现的方法错误：比如，根据词源来解读一种制度的性质，仿佛词源学的基础会让 ius 的性质或 rex 的权力变得更加清晰。如果"祭司"（pontifices）最初是造桥者，那么这种词源将无法帮助解释那个历史时期的 pontifices。即便当程序正确时，在语法结构和词汇上了解不够的语言中还是会存在固有的费解之处。近来，迈锡尼语的"流行病"和埃特鲁里亚语的"地方病"都是需要接受的教训。我们带着怀旧之情想到了保罗·马斯（Paul Mass），每当拿到一段我们在学校里学过的古典希腊语文本，他开始分析它时总是会说"我什么都不懂"（Ich verstehe nichts）。

在某种意义上，有一种可以解决这一切的简单办法："无知的艺术"（ars nesciendi），在信息不确定时不要下判断。但虽说"无知的艺术"是书评者给过于大胆的作者的好建议，但对于按照定义试图成为一种"知的艺术"（ars sciendi）的学科来说，这当然不是通用的答案。所有已经认定他们无法知道的学者面临的问题是设法脱身。没有如何从无知，甚至是有学问的无知中逃脱的定则。不过，虽说我所描绘的状况一方面强调了知的困难，从而显示了承认自己无知的必要，但它也先指明了某些出路。我们都知道，历史学家的编年主义态度和法学家的系统性描绘之间存在着一种传统的二元对立。这种分歧可以追溯到古代，有其充分的理由。在战争史或政治冲突史中，要点是事件的时间序列；而在制度研究中，要点是不同制度间的结构联系，它让每个政治有机体拥有了自身的具体面貌。① 然而，这两种思想传统都有自己特有的缺陷和局限。对纯粹的历史学家来说，他们引以为豪的对年代顺序的尊重常常变成忽视半永久的力量和长期的运动，特别是忽视似乎不属于通常所理解的历史的自然现象。另一方面，法学家根深蒂固地偏爱系统性的构建，即便在没有文献时仍然会这样做，因为他相信自己假设的内在条理性。说实话，皮埃特罗·邦方特（Pietro Bonfante）提出的所谓罗马国家部落理论遭到的真正异议在于，这种理论是建立在历史空缺之上的：他描绘了一个我们没有理由认为存在过的时期的制度。正是在这里，在编年史学家和制度史学家这两种不同思维的交汇处，才有可能在首先承认无知之后有新的发现。在我这些简短的观察中，我想要提出的论点是，恰当地利用历史－编年传统和法律传统的混合所造成的局面最终能足够成功地克服现实状况在方法上所固有的困难。

---

① 关于这点，见我的文章 *Storiografia su tradizione scritta e storiografia su tradizione orale*, Atti Accad. Scienze Torino 96 (1961-1962), pp. 186-197 [本书 211 页]。参见 V. Frosini, *La struttura del diritto* (Milan 1962)。

一边是根据编年方法一步步地追踪历史过程,一边是将事实放进明确的制度框架,我们时代最有说服力的学者恰好是——无论是出于本能还是有意——将这两者融合起来的那些,这并非巧合。当我还是学生的时候,让我觉得几乎不可思议的是,菲利克斯·雅各比没有按照年代顺序,而是按照文学**体裁**来编排他所编集的希腊史学家残篇。一个研究史学的历史学家在编排他的材料时怎么会无视编年原则?今天,菲利克斯无疑被认为是正确,而他作为语文学家的伟大——这种伟大让人想起了斯卡利杰——无疑恰恰在于他坚决不在不把某一段残篇归入其所属的**体裁**的情况下来评判它。无独有偶,碑铭学家路易·罗贝尔(Louis Robert)的优点在于他从不孤立地看待某一段铭文,而是把它放在其来源地的地理环境中,以及它所属的程式传统中来考察:他的原则是"碑铭学家不应被对空缺的恐惧影响"①,也就是说,碑铭学家永远不应武断地填补原本空缺的东西。埃里亚斯·比克尔曼的做法同样如此,他阐述某个具体问题的敏锐方式总是服从于这样一种意识,即证据的价值取决于它所属的文献和史学传统:通过对程式的研究,他解读了希腊化和罗马世界的犹太人、异教徒和基督徒的政治和宗教意识。尼尔森(M. Nilsson)、拉特和诺克这三位宗教史学家将继续作为典范。作为历史学家,他们截然不同,但把他们联系起来的不仅是友谊,还有他们的意图,是不做多余的推断和空洞的猜想,是对具体的宗教表现形式采用不变的参考框架。尼尔森主要是人类学家和宗教组织的研究者。拉特融合了蒙

---

① *L'histoire et ses méthodes*, p.487.

森的法学传统、乌泽纳的比较主义、舒尔茨的语言学分析。① 对于过早离我们而去的诺克，乍看之下他的首要目标似乎是为习俗打压宗教信仰的势力范围：他本人曾经微笑着对我说，他希望自己去世时留下的宗教要比他出生时的少。但更仔细地看就会发现，诺克把对一切宗教体验中的新东西的准确理解同一种信念结合起来，即宗教是通过程式传递的，这种程式常常会变成没有明确情感和理性价值的习俗。上述历史学家——我可以提到另一些更接近严格意义上的法律研究的人，比如研究希腊邦联制度的历史学家拉尔森（J. A. O. Larsen）——都反映了我们时代的特点，因为他们把对制度的感受同个体意识结合起来，并且避免做出武断的推测。与之截然相反的是另一些我无需给出名字的著名历史学家，在研究制度、语言用法和史学惯例时，他们无法控制自己丰富的——常常富有创意——想象力，不停地流于武断。但如果说对结构的了解（其中，语言学和法学结构是最重要的）有助于约束对个体文献的解读，那么尊重特定的事实对于避免因为被界定为"优美"而遭到指责的系统化也同样有必要。制度主义者的思维和编年主义的历史学家的思维必须从外部相互监督。

有人会反对说——无疑应该如此——对当下状况的这种解读在两个方面与事实不符：一方面，过去几年间出现的一些关于古代法律的重要作品完全没有从社会史方面进行解读；另一方面，关于古代政治和文化史的许多新作无视甚至贬低法律。这两点都值得注意。

---

① 撰写此文时，拉特仍然在世。

过去的十年里，以系统性和描述性的方式来展现东方的某些法律制度、希腊法和罗马法——或者它们的某些基本方面——的出版物无疑再度流行起来。我指的是诸如亚隆（R. Yaron）的《阿拉米语纸草上的法律》（*The Law of the Aramaic Papyri*）；普林斯海姆（F. Pringsheim）的《希腊的买卖法》（*The Greek Law of Sale*）；赛德尔（E. Seidl）的《托勒密时代的法律史》（*Ptolemätische Rechtsgeschichte*），以及让我们更清楚地了解古典罗马法，以及查士丁尼之前的后古典时代法律的新作，诸如弗里茨·舒尔茨的《古典罗马法》（*Classical Roman Law*）和马克斯·卡泽（Max Kaser）的《罗马私法》（*Das Römische Privatrecht*）。在我看来，这些是妥协之作。与所有的妥协一样，它们只在更好的作品出现之前——这当然并不容易——令人满意。至少在某些例子中，作者们自己承认或感受到了妥协。卡泽早在序言中就宣称，他致力于描绘帮助缔造了不同发展阶段的罗马法律秩序的各种力量，包括道德、宗教、文化、政治、经济和社会的。但他始终只是泛泛而谈，而且我不确定他的这些概述是否正确。弗里茨·普林斯海姆等另一些人则不愿承认存在妥协。不过，对于这个例子，芬利（M. I. Finley）指出普林斯海姆在其假定的希腊法律中结合了不同国家和地区的法律体系。[①] 我想补充说，普林斯海姆的分析中特别丰富的细节甚至更清楚地揭示了他的前辈和老师约瑟夫·帕尔奇（Joseph Partsch）也有的同样缺点：很少关注贸易的真实状况和决定了希腊买卖方式的社会压力。

[①] *Seminar* 9 (1951), pp. 72-91.

舒尔茨的例子值得更加详细的分析，因为据我所知，他代表了近年来为了将所谓的外生因素对法律思想和法律制度发展的干预降至最低所做的最有条理的努力。同在牛津的那些年里，我有幸和弗里茨·舒尔茨成为了朋友。如果有人对他引用施特鲁克斯（J. Stroux）的《法之极，恶之极》（Summum ius summa iniuria），他就会失去平日的温和。古代修辞可能污染了法学思想的纯洁性的想法会让他产生肉体上的反感。他比任何人更加了解和推崇古典罗马法，认为那不是一个社会，而是一群法学家精英的产物：他试图理解这些法学家的思想方针，准确地把他们同像盖乌斯这样的教师区分开。法学家的思维是他的出发点。他为古典法律所写的三部著作也遵循了逻辑顺序，意味深长地从《罗马法原理》（Principles of Roman Law，1934 年）开始①——这是他流亡前在柏林面对着纳粹洪流的扩散所进行的讲座——流亡对他来说特别艰难。然后是关于司法史（1946 年）和古典法（1951 年）的作品，不考虑第一本书就无法读懂它们。在读《原理》时，我们不可避免地会惊讶于被当作罗马法基础的奇特的概念大杂烩：简单、抽象、传统、民族、人性、自由和真诚。并不总是能在事实中找到这些原理。民族性原则并非罗马法的基础，除非我们混淆了民族性与公民权。"人性"（humaitas）可能作为原则存在，但矛盾的是，舒尔茨等人认为出现"人性"一词的所有古典法学家的作品段落都是篡改的。②在《古典罗马法》中，舒尔茨本人不得不多次承认，法律相对于经济学是功能主义的，比如对于抵押。但这样做并非

---

① Oxford 1936。V. Arangio Ruiz 将其译成意大利语（Florence 1946）。

② 关于这个问题，参见 C. A. Maschi, *Annali Triestini* 18 (1948), p.263 等。

他的本意，简而言之，舒尔茨的工作证明了不可能把罗马社会从罗马法律史中排除。

与对自成一体的法律史的上述极端尝试相对应的是当代人低估所有政制和文化问题的制度和法律方面的倾向。为了避免语焉不详，应该马上指出的是，我不认为政治和文化史中的所谓群体传记学派要对系统性地忽视法律负责。诚然，该学派的杰出领袖之一塞姆反对他接受教育和现在任教的牛津的气氛，他很少给政制问题留下空间，还不失时机地表达了他对同事们关于奥古斯都政制的讨论的厌恶。但塞姆的态度在群体传记学派中绝非典型。意味深长的是，塞姆最出色的弟子巴迪安（E. Badian）试图通过引入庇护制（*clientela*）的概念来解释共和国最后几个世纪里罗马的对外政策。另一位英国历史学家琼斯把计划中的晚期罗马帝国群体传记的方向同对法律材料的专注研究结合起来。这种结合在法国司空见惯，就像普夫劳姆（H. G. Pflaum）、珀蒂（P. Petit）和夏斯塔尼奥尔的作品所表明的；而恩斯林的精彩研究和鲁基尼（L. Ruggini）的名作《实行粮食供应制度的意大利的经济与社会》（*Economia e Società nell'Italia annonaria*）显然是德国和意大利在这方面的代表。如果有什么地方能够看到群体传记方法和法律材料之间存在——或者曾经存在——某种冲突，那就是在俄国，群体传记学在那里被指过于关注统治阶级而非下层阶级，但在这个例子中，最终胜出的无疑是对法学材料和制度的兴趣。无论如何，古代法律材料在俄国仍有人研究，即便通常仅限于几个主题，主要是奴隶制。

对制度问题和法律材料的真正忽视及其全部后果在1920年后

在德国流行起来的文化和政治史中更加明显。古代法学潮流（我认为它产生了长期影响）的代表作包括：希腊史方面有耶格尔的《教化》，以及马克斯·波伦茨（Max Pohlenz）在较低层面上的《希腊人》（*Der hellenische Mensch*），后者刚刚被译成意大利语；罗马史方面可能从理查德·海因茨（Richard Heinze）的《伟大罗马的发端》（*Von den Ursachen der Grösse Roms*，1921年）开始，然后是一系列的研究，其中一部分刚刚被收入了汉斯·奥珀曼（Hans Oppermann）编集的《罗马风貌》（*Römertum*，1962年）。在上述作品中，具体的形势、经济和法律的关系、制度都被撇到一边。耶格尔谈的是"教化"（Paideia），但撰写古代教育史的是一位截然不同的历史学家，法国人马鲁。波伦茨关于希腊人的著作的意大利语译本多达869页，却没有告诉我们所谓的希腊人吃什么、他们如何买卖、如何受教育、在政治大会上干些什么、以何种特定的方式（祭祀、祈祷、游行和神谕）表达与他们所信仰的神明的关系。在埃里希·布尔克（Erich Burck）的论文《古罗马家族》（*Die altrömische Familie*）中，我们将无法找到任何关于"继承"（*heredium*）和"继承者群体"（*consortium*）、"遗嘱"的起源、"收养"（*adrogatio*）和"脱离家族"（*detestatio sacrorum*）、家族内部法庭的存在与否的信息。我们看到的只是对奴隶在这种制度下的幸福生活的描绘，虽然加图对奴隶提出的一些建议有点残忍，但那被认为是"罗马旧有生活秩序"（*alte römosche lebensordnung*）瓦解的标志。据我所见，文中没有关于"债奴"（*addictus*）命运的记录，也许是因为他们还没来得及成为家族的一部分（"在第三个市场日进行分割；如果有人分得太多或太少，不得造成伤害"[*tertiis mundinis partis secanto; si plus minusve secuerunt, se fraude esto*])。①

把这种史学视作纳粹主义的产物是错误的：这不仅不符合时间顺序，而且有违像耶格尔这样的杰出学者本身也是纳粹受害者的事实。我们也不应忘记耶格尔、海因茨和他们的一些弟子对理解希腊和罗马的伦理所做的显著贡献。但这种几乎与现实脱节的史学带有一个政治瓦解时代的标志：在自由的美国度过的多产岁月里，耶格尔本人回归了他早年最重要的工作，刊印和阐释了尼萨的格里高利（Gregory of Nyssa）的作品。这种史学有沦为纳粹主义的危险，就像耶格尔一些留在德国的学生所证明的。《斯巴达：北方统治阶层的生存斗争》（*Sparta, Der Lebenskampf einer nordischen Herrenschicht*，1940 年）、《古代的新画面》（*Das neue Bild der Antike*，1942 年）和《罗马与迦太基》（*Rom und Karthago*，1943 年）等集体作品是这种联系的清晰证据，且不提单一作者的著作。撰写 1920 年到 1945 年间的德国史学史也许还为时尚早，而且我们更希望由德国人自己来写。但现在已经可以承认，这种意识形态史学曾经是，而且——鉴于它的巨大影响——仍然是理解古代法律和政治制度的绊脚石。

我们的面前是这样一种史学理想，相比个体的创造行为以及他对科学发展和经济与政治生活的改善做出的贡献，长期现象——自然状况、生物和心理前提、语言中的固定元素、经济学和制度——在其中也受到同样的重视。从史学方法的角度来看，

---

① 参见 F. Hampl 在 *Historische Zeitschrift* 188 (1959) pp. 497-525 (*Römische Politik in republikanischer Zeit und das Problem des Sittenverfalls*) 提出的非常恰当的观点。

254 诉诸长期现象的好处在于能够把控在语言使用、法律传统或自然环境方面没有充分记录的假说。由此，我们在对历史事实的解读中营造出一种新的安全环境，即便要面临研究变得日益广泛和复杂的危险。① 在这种研究氛围中，古代法律研究显然注定将会作为普通古代史的一部分繁荣发展，而不再是孤立的。没有什么比近来关于古代东方的历史作品更清楚地表明了这点。正因为东方的法律体系从未在大学院系中（更一般地，在学术圈子里）获得稳定的位置——在这点上，它们甚至比希腊法更加不幸，后者在古典系找到了栖身之所——它们今天得以最清楚地向我们展现了当研究从拘泥形式转向社会、宗教和经济前提时的好处。当然，我会把东方的法律留给东方历史的专家来谈。但最后，请允许我带着些许"家乡情感"（*Lokalpatriotismus*）指出，近年来一些最深刻的研究出自一位皮埃蒙特学者，比如关于古代两河流域的法律中涉及财产买卖的标记——事实上，她来自我的"城市"库内奥（Cuneo）——埃雷娜·卡辛（Elena Cassin），她现在巴黎工作。②

---

① 我本人可以提供一个例子。在 *Maia N.S.* 15 (1963) pp. 47-48 的一个注释中（Ambarvales Hostiae），我在考察执事保罗为费斯图斯所做摘要的一个段落时（Lindsay 版第 5 页："它们被称为绕田节的牺牲，由两兄弟向田地献祭。"[ambarvales hostiae appellabantur, quae pro arvis a duobus fratribus sacrificabantur]）默认 sacrificabantur 是费斯图斯的文本。这种可能性没有被排除。但 E. Fraenkel 正确地对我指出，保罗经常用未完成时代替费斯图斯的现在时。因此，任何推断都无法确定费斯图斯究竟用了现在时还是未完成时。幸运的是，我不需要在这点上做出什么推断。

② *L'Année Sociologique*, 1952 (1955) pp. 107-161. 卡辛的第一部作品是 *L'Adoption à Nuzi* (Paris 1938). 关于 E. Volterra 的许多有关东方法律的著名作品，在这里只需提两部最新的就够了，好让他的名字不被遗漏：*Rend. Acc. Lincei* 18 (1963), pp. 131-173; *iura* 14 (1963), pp. 29-70.

如果我们的这次大会能够帮助我们区分有用的研究方向和死胡同，以及那些只会让人原地打转的，那将是对组织者的辛劳的真正回报，特别是我的朋友帕拉迪西（B. Paradisi）[①]：多亏了他，我们今天才在这里相聚。

[①] 关于帕拉迪西的工作，我在这里要提别提到两项研究：*I nuovi orizzonti della storia giuridica*, Riv. Ital. per le Scienze Giuridiche 3, 6 (1952-1953), pp. 134-207 和 *Due aspetti fondamentali nella formazione del diritto internazionale antico*, Annali di Storia del Diritto I (1957), pp. 169-259。

I. 主题索引 ①

Ancient history and antiquarians, 古代史与古物学家 1ff, 130ff

Antiquarianism：古物研究

in antiquity, 在古代 216-217

origin of concept, 概念的起源, 3ff

Antiquarians and historians, 古物学家与历史学家 42ff, 130, 217ff

Archaeology：origin of concept, 考古学概念的起源 3ff

Ars nesciendi, 无知的艺术 247ff

Bellum iustum, 正义的战争 121

Bourgeoisie: use of the term in Greek and Roman history, 资产阶级一词在希腊和罗马史中的使用 97ff

Comparative method, 比较方法 245ff

Etruscology, 埃特鲁里亚学 19ff

Forgery of ancient texts, 古代文本的伪造 143ff

Greek historiography, origin of studies of, 希腊史学研究的起源 75ff

Greek religion study of, 希腊宗教研究 22ff

Hisioria, "历史"/"研究" 212ff

Historiography：历史学

in German, 在德国 16, 222ff, 252-253

in America, 在美国 226-231

in England, 在英国, 225-230

in France, 在法国 231-234

in Holland, 在荷兰 238

in Italy, 在意大利 231-237

in Russia, 在俄国 91ff, 232

Oriental, 东方的 115ff

另见 Greek historiography

History of ideas, 观念史 105

Law, history of and historians, 法律史和法律史学家 239ff

Marxism, 马克思主义 223, 231ff

Philosophy of history and antiquarians, 历史哲学与古物学家 9ff

Political history (Thucydides), 政治史（修昔底德）214ff

Pre-Roman Italy study of, 前罗马时代的意大利研究 19ff

Prosopography, 群体传记学 103, 251-252

---

① 条目后的页码为原书页码，即本书边码。下同。——译者注

Prussianism and Macedonia, 普鲁士文化与马其顿 58

Pyrrhonism 皮浪主义 10ff

Sociology：社会学
and antiquarians, 与古物学家 26
and history, 与历史学 227 242ff

Source-criticism, 材料批评 1ff, 105ff, 128ff, 211ff, 243ff

II. 专名索引

Ablabius, 阿布拉比俄斯 197
Academies in eighteenth century, 18 世纪的学院 18-19
Acta Sanctorum, 《圣徒传》 44
Acton, Lord, 阿克顿勋爵 53
Acusilaus, 阿库希拉俄斯 131
Addison, J., 艾迪生 1ff
Agnellus (Bishop of Ravenna), 阿涅鲁斯（拉文纳主教） 184
Agostino Antonio (Augustinus), 阿格斯蒂诺·安东尼奥（奥古斯提努斯） 6ff
Albinus, 阿尔比努斯 187
Alembert, J. d', 达朗贝尔 42ff
Alföldi, A., 阿尔弗尔迪 96, 177ff
Altheim, F., 阿尔特海姆 96, 237, 247
Ammianus Marcellinus, 阿米安 122
Ammonius, 阿莫尼乌斯 186
Anderle, O. F., 安德勒 225
Anicia Jultana, 阿尼基娅·尤利安娜 186
Anicii, 阿尼基乌斯家族 189ff
Annius of Viterbo, 维特波的阿尼乌斯 165
Anselme, Abbé, 安瑟尔姆 12
Antistius Labeo, 安提斯提乌斯·拉贝奥 5

Antoni, C., 卡洛·安东尼 221ff
Apollonius of Tyana, 提亚纳的阿波罗尼乌斯 13, 164
Appian, 阿庇安 121-122
Arator, 阿拉托尔 188
Aristarchus, 阿里斯塔科斯 134, 213
Aristotle, 亚里士多德 120, 133ff
Aron, R., 雷蒙·阿隆 232
Arrian, 阿里安 134
Ateius Capito, 阿特伊乌斯·卡皮托 5
Athanasius, 阿塔那希俄斯 144ff
Auerbach, E., 奥尔巴赫 226
Augustine, St., 圣奥古斯丁 5ff, 123, 184ff
Augustinus, 奥古斯提努斯, 见 Agostino, Antonio
Aurelius Victor, 奥雷利乌斯·维克托尔 153ff
Austin, C., 查尔斯·奥斯丁 61
Austin, J., 约翰·奥斯丁 63
Avitus (Emperor), 阿维图斯（皇帝） 189
Avitus of Vienne, 维埃纳主教阿维图斯 185ff
Bachofen, J., 巴霍芬 75, 105
Bacon, Francis, 弗朗西斯·培根 7
Badian, E., 巴迪安 252

II. 专名索引   333

Bagehot, W., 白芝浩 63

Baldelli, O., 巴尔德利 18-19

Banier, A., 巴尼埃 23

Barbieri, G., 巴尔比埃里 146

Baron, H., 巴隆 226

Bayle, Pierre, 皮埃尔·贝勒 10ff, 142ff

Baynes, N. H., 贝恩斯 56, 100, 149ff

Beard, C., 比尔德 231

Becker, C. 贝克尔 231

Beloch, K. J., 贝罗赫 65ff, 91

Benedict, St. 圣本笃 54, 182ff

Bergson, H., 柏格森 233

Bianchini, F., 比安奇尼 14

Bianchini, G., 比安奇尼 14-15

Bickerman. E., 比克尔曼 94, 248

Bieler, L,. 比勒 159

Bierlingius, F. W., 比尔林基乌斯 15

Biondo, F., 比翁多 5ff, 49

Bloch, M., 布洛赫 99, 233ff, 240

Blount, C., 布朗特 13

Boas, G., 布洛赫 226

Bochart, S., 博沙尔 22

Bodin, J., 博丹 139

Boeckh, A., 博克 26, 59ff, 84, 105ff

Boethius, 波伊提乌斯 181ff

Bonfante, P., 邦方特 248

Boorstin, D., 布尔斯廷 230

Borecky, B., 勃列茨基 244

Borst, A., 博斯特 224

Brandi, K., 布兰迪 223

Braudel, F., 布罗代尔 233

Brentano, B., 布兰塔诺 75

Brough, J., 布拉夫 246

Bultmann, R., 布尔特曼 224

Buonarroti, F., 博纳罗蒂 18

Burck, E., 布尔克 252

Burckhardt, J., 布克哈特 220

Bury, J. B., 伯里 65

Butterfield, H., 巴特菲尔德 71, 227ff

Byron, Lord, 拜伦勋爵 60

Cadmus of Miletus, 米利都的卡德摩斯 129ff

Caesarius of Arles, 阿尔勒的该撒利乌斯 185

Cambridge, chair of history, 剑桥历史学讲席教授 7

Camden, W., 卡姆登 6-7

Camerarius, I., 卡梅拉里乌斯 139

Capitolinus, Julius, 尤里乌斯·卡皮托利努斯 146ff

Cappuyns, M., 卡普因斯 193ff

Carlyle, T., 卡莱尔 63

Carnap, R., 卡尔纳普 227

Carson, R. A. G., 卡森 154

Cassaubon, J., 卡索邦 143ff

Cassin, E., 卡辛 254ff

Cassiodorus, 卡西奥多鲁斯 54, 182ff

Cassirer, E., 卡西尔 10

Castro, A., 卡斯特罗 238

Catrou, F., 卡特鲁 9

Cessi, R., 切西 197

Cethegus, Flavius Rufius Petronius

Nicomachus, 弗拉维乌斯·鲁非乌斯·佩特罗尼乌斯·尼科马库斯·科特古斯 189ff

Chabod, F., 沙博 235ff

Chalcocondyles, D., 德米特里俄斯·喀尔科孔杜勒斯 138

Chalcocondyles, L., 拉奥尼科斯·喀尔科孔杜勒斯 138

Charon of Lampsacus, 兰普萨科斯的喀戎 4, 129ff

Chastagnol, A., 夏斯塔尼奥尔 171, 252

Chifflet, C., 希弗莱 16

Christians (in *Historia Augusta*), 基督徒（在《罗马皇帝传》中）163-164

Chvostov, M., 赫沃斯托夫 97

Chytraeus, D., 克里特莱乌斯 140

Ciccotti, E., 奇科蒂 124

Cicero, 西塞罗 5ff, 127ff

Cipolla, C., 齐波拉 197

Cinaco d'Ancona, 安科纳的奇利亚科 16

Claudianus Mamertus, 克劳狄阿努斯·马梅尔图斯 184

Clausewitz, C., 克劳塞维茨 123

Coke, Thomas., 托马斯·科克 18

Collingwood, R. G., 柯林伍德 229ff

Comte, A., 孔德 63ff

Constant, B., 贡斯当 70, 123

Cornford, F., 康福德 118

Corsini, O., 科尔西尼 20

Costa, G., 科斯特 172ff

Courcelle, P., 库赛尔 186ff

Creuzer, F., 克罗伊策 75ff

Critias, 克里提阿斯 216

Croce, B., 克罗齐 20, 70, 221ff

Crous, J. W. 克鲁斯 146

Crousaz, J. P. de 克鲁萨茨 10

Ctesias, 克泰西亚斯 132ff, 213

Cumont, F., 居蒙 17 102

Curtius, E. R. 库尔提乌斯 224

Cyprianus (referendarius), 居普里阿努斯（咨询官）198

Dahlmann, F. C. 达尔曼 84-85

Damastes, 达玛斯忒斯 4

Dante, 但丁 16, 182

Dawson, C., 道森 41ff, 228

De Beaufort, L., 博弗尔 12

De Francisci, P., 弗朗奇希 237, 240

De La Chausse, M., 德·拉·肖斯 23

Delehaye, P., 德拉耶 182

Dempster, T., 邓普斯特 18ff

Den Boer, W., 登·波尔 238

De Sanctis, G., 德桑蒂斯 66ff, 91ff, 151ff, 235 243

Dessau, H., 德绍 145ff

Dewey, 杜威 3, 230

D'Hancarville, P. F., 当卡尔维勒 24

Dilthey, W., 狄尔泰 110, 221ff

Dio Cassius, 狄奥·卡西乌斯 216

Dio Chrysostom, 金口狄奥 197

Diodorus, 狄奥多罗斯 13, 118, 139

Diogenes Laertius, 第欧根尼·拉尔修 217

Dionysius Exiguus, 狄俄尼修斯·埃克希

古斯 187ff

Dionysius of Halicarnassus, 哈利卡纳苏斯的狄俄尼修斯 4ff, 127ff, 213ff

Dionysius of Miletus, 米利都的狄俄尼修斯 129ff

Domaszewski, A. von, 多玛泽夫斯基 150ff

Dovatur, A. I., 多瓦图尔 232

Droysen, J. G., 德罗伊森 26, 59, 65, 84, 105ff

Duchesne, L. M. O., 迪歇纳 144

Dumézil, G., 杜梅齐尔 234, 246

Duncker, M., 敦克尔 65

Dura-Europos, 杜拉－欧罗波斯 101ff

Duruy, V., 杜鲁伊 65

Echard, L., 埃查德 8-9

Ehrenberg, V., 埃伦贝格 68

Eisenhart, J., 埃森哈特 34-35

Eliade, M., 伊利亚德 234

Elmer, G., 埃尔默 154

Ennius, 恩尼乌斯 127

Ennodius, 恩诺迪乌斯 184ff

Ensslin, W., 恩斯林 151, 252

Ephorus, 欧弗洛斯 118, 131, 215

Etruria, 埃特鲁里亚 19ff

Eugippius, 欧吉皮乌斯 185ff

Eusebius, 优西比乌 144ff, 217

Eutropius, 欧特罗皮乌斯 153ff

Fabius Pictor, 法比乌斯·皮克托尔 216

Faustus, 福斯图斯 187

Febvre, L., 费弗尔 233

Feliciano, F., 菲利奇亚诺 6

Fernández de Oviedo, G., 费尔南德斯·德·奥维耶多 137

Fichte, J. G., 费希特 78ff

Finley, M. I., 芬利 250

Fisher, H. A. L., 费舍尔 227

Florus, 弗洛鲁斯 6

Freeman, E. A., 弗里曼 65

Froude, H., 弗洛德 61

Fulgentius of Ruspe, 鲁斯佩的弗尔根提乌斯 185

Fustel de Coulanges, 福斯特尔·德·库朗日 69, 97

Gallicanus, Vulcacius, 乌尔卡奇乌斯·加里卡努斯 146ff

Garin, E., 加林 237

Geffcken, J., 格夫肯 162

George, S., 格奥尔格 223ff

Germon, P., 热尔蒙 17

Gervinus, G. G., 格维努斯 26, 84

Geyl, P., 海尔 238

Giannone, P., 吉安诺内 52-3

Gibbon, E., 吉本 1ff, 40ff, 82, 136, 219

Gillies, J., 吉列斯 22, 57ff

Gilson, E., 吉尔松 233

Gioberti, V., 吉奥贝蒂 20

Giri, U., 吉里 172ff

Goldsmith, O., 戈尔德史密斯 58

Gomperz, T., 贡佩茨 66

Göttingon, 哥廷根 16

Gramsci, A., 葛兰西 236-237

Gregory of Tours, 都尔的格里高利 198
Gregory the Great, 大格里高利 181
Grevs, I. M., 格雷乌斯 97
Grote, G., 格罗特 56ff, 99, 106
Guarino Veronese, 维罗纳的瓜里诺 138
Guicciardini, 圭恰迪尼 123, 219
Guizot, F., 吉佐 99 106
Gundolf, F., 贡多尔夫 223
Hardouin Père J., 阿尔杜安神父 16
Hare, J. C., 海尔 61-62
Harnack, A. von, 哈纳克 144
Hartke, W., 哈特克 151ff
Havelock, E. A., 哈夫洛克 243
Hecataeus, 赫卡泰俄斯 129ff, 211ff
Hederich, B., 赫德里希 23
Hegel, G. F., 黑格尔 82, 105, 221
Heidegger, M., 海德格尔 223ff
Heinsius, D., 海因修斯 22
Heinze, R., 海因茨 252ff
Hellanicus, 赫拉尼科斯 4, 216
Hellenica Oxyrhynchia, 《奥克西林科斯希腊志》118ff, 215
Herculaneum, discovery of, 发现赫库兰尼姆 19
Herder, J. G., 赫尔德 77ff
Herodotus, 希罗多德 30, 51, 77ff, 113ff, 127ff, 211ff
Heuss, A., 豪斯 224
Heyne, C. G., 海纳 16ff, 78ff
Higuera, R. de la, 德·拉伊盖拉 165
Hill, C., 希尔 227ff

Hippias, 希庇阿斯 3ff, 216
Hirschfeld, O., 希尔施菲尔德 94 155
Historia Augusta,《罗马皇帝传》16, 40, 145ff, 185-186
Hobbes, T., 霍布斯 218
Hofstadter, R., 霍夫施塔特 231
Hohl, E., 霍尔 151ff
Holm, A., 霍尔姆 65ff
Homer, 荷马 77ff, 113ff, 212
Horace, 贺拉斯 16
Huet, D., 于埃 10-11
Huizinga, J., 赫伊津哈 238
Humboldt, W. von, 洪堡 83ff, 105ff
Italy pre-Roman, 前罗马时代的意大利 19ff
Jablonski, P. E., 亚布隆斯基 24
Jacoby, F., 菲利克斯·雅各比 71, 132, 225, 248
Jacoby, J., 约翰·雅各比 66
Jaeger, W., 耶格尔 70, 223ff, 252ff
Jaspers, K., 雅斯贝尔斯 224
Jemolo, C. A. 耶莫洛 237
Jews (in *Historia Augusta*), 犹太人(在《罗马皇帝传》中), 163-164
Jones, A. H. M., 琼斯 230, 252
Jordanes, 约达内斯 183ff
Josephus, Flavius, 弗拉维乌斯·约瑟夫斯 4, 188
Julian the Apostate, "叛教者"尤里安 152ff
Justinian, 查士丁尼 187ff

Kamlah, W., 卡姆拉 224

Kant, I., 康德 81ff

Kantorowicz, E., 康托洛维茨 223ff

Karo, J., 卡洛 245

Kaser, M., 卡泽 250

Kees, H., 基斯 225

Kircher, A., 基歇尔 22ff

Klebs, E., 克莱布斯 150

Knight, R. Payne, 佩恩·奈特 24

Knowles, D., 诺尔斯 228

Kondakov, N. P., 孔达科夫 95

Kristeller, P. O., 克里斯特勒 226

Kuttner, S., 库特纳 226

Lactantius, 拉克坦提乌斯 145ff

Lafitau, J. F., 拉菲托 141

La Mothe Le Vayer, 拉莫特·勒·瓦耶 10ff

Lampridius, Aelius, 埃里乌斯·兰普利狄乌斯 146ff

Larsen, J. A. O., 拉尔森 68, 249

Latourette, K. S., 拉图雷特 231

Latte, K., 拉特 249

Le Bras, G., 勒布拉 234, 240

Lecky, W., 莱基 53

Le Clerc, J., 勒克莱尔 11, 42ff

Lécrivain, C., 雷克里文 151

Lefebvre, G., 勒费弗尔 233ff

Le Gendre, G. C., 勒让德尔 15

Lehrs, K., 勒尔斯 66

Leland, J., 约翰·勒兰德 8, 27-28

Leland T., 托马斯·勒兰德 58

Leo, F., 莱奥 153ff

Le Roy, L., 勒鲁瓦 140

Leslie, C., 莱斯利 13

Lessing, G. E., 莱辛 80ff

Lévi-Strauss, C., 列维-施特劳斯 245

Lévy-Bruhl, H., 列维-布吕尔 240

Lewis, G. C., 刘易斯 60ff, 107

Libanius, 利巴尼乌斯 133

Lipsius, Justus, 尤斯图斯·李普西乌斯 6

Livy, 李维 6ff, 121, 130ff, 218ff

López de Gómara, F., 洛佩兹·德·戈马拉 137

Lovejoy, A. O., 拉夫乔伊 226

Löwith, K., 洛维特 222ff

Lucian, 琉善 134ff, 216

Lukács, G., 卢卡奇 223ff

Maas, P., 马斯 247

Mabillon, J., 马比永 17ff, 42ff

Mably, Abbé de, 马布利神父 45, 58

Macaulay, T. B., 麦考雷 60

Machiavelli, N., 马基雅维利 82

Macrobius, 马克罗比乌斯 181ff

Maffei, S., 马菲 17, 136

Maimonides, 迈蒙尼德斯 22

Malfalti, B., 马尔法蒂 53

Mallet, P. H., 马莱 46

Manetho, 马内托 133ff

Mannheim, K., 曼海姆 222ff

Marliani, B., 马里亚尼 146

Marrou, H.-I., 马鲁 233ff, 252

Martinus of Bracara, 布拉卡拉的马尔提

努斯 184

Martire, Pietro, 皮埃特罗·马尔蒂雷 137

Mattingly, H., 马丁利 162

Mazzanno, S., 马扎里诺 151ff, 237

Meibomius, H., 麦波米乌斯 15

Meinecke, F., 梅尼克 222ff

Mercati, G., 梅尔卡蒂 235

Mérimée, P., 梅里美 64

Meyer, E., 迈耶尔 65ff, 86, 91, 219, 242

Meyranesio, G. F., 梅伊拉内西奥 165

Michaelis, J. D., 米凯利斯 13

Mill, J. S., 密尔 60ff

Milman, H., 米尔曼 53

Mitford, W., 米特福德 57ff

Mommsen, T., 蒙森 26, 57, 94, 136, 150ff, 190ff, 220, 224ff, 242ff

Montesquieu, C. -L., 孟德斯鸠 21, 42ff

Montfaucon, B. de, 蒙佛孔 17ff, 42

Müller, J., 约翰尼斯·穆勒 80ff

Müller, K. O., 卡尔·奥特弗利德·穆勒 26, 63ff

Müller-Strubing, H., 穆勒-施特鲁宾 66

Muratori, L. A., 穆拉托里 11, 42ff, 66

Namier, L. B., 纳米尔 227ff

Neale, J. A., 尼尔 228

Newton, I., 牛顿 141

Nicomachus Flavianus junior, 小尼科马库斯·弗拉维阿努斯 151, 185

Niebuhr, G. B., 格奥尔格·巴托尔特·尼布尔 59ff, 105ff, 219, 242

Niebuhr, R., 莱茵霍尔德·尼布尔 231

Nilsson, M., 尼尔森 249

Nock, A. D., 诺克 17, 231, 249

Norden, E., 诺登 3ff

Norman, G. W., 诺曼 60

Olivier, C. M., 奥利维耶 58

Olschki, L., 奥尔施基 226

Omodeo, A., 奥莫德奥 235

Orosius, 奥罗西乌斯 123, 197

Oxford chair of ancient history, 牛津历史学讲席教授 6-7

Paciaudi, P. M., 帕奇奥迪 20, 42

Pallottino, M., 帕洛蒂诺 245

Palmieri Pisano, Mattia 138

Panofsky, E., 潘诺夫斯基 226

Paradisi, B., 帕拉迪西 254

Parrington, V. L., 帕灵顿 231

Partsch, J., 帕尔奇 250

Perizonius, J., 佩里佐尼乌斯 13

Peter, H., 彼得 150

Peter the Patrician, "贵族"彼得 187

Petrarch, 彼得拉克 5, 127ff

Pherekydes of Athens, 雅典的菲莱库德斯 131-132

Planitz, H., 普拉尼茨 224

Platner, E., 普拉特纳 26

Plato, 柏拉图 3ff, 120ff, 243

Pliny the Elder, 老普林尼 16

Plutarch, 普鲁塔克 9, 50, 133ff

Pohlenz, M., 波伦茨 252

Pöhlmann, R. von, 冯·普尔曼 66

Polio, Trebellius, 特雷贝利乌斯·波里奥

146ff

Polybius, 波吕比乌斯 9, 77ff, 118ff, 130ff, 215ff

Pontano, G., 庞塔诺 139

Popper, K., 波普 225

Posidonius, 波希多尼乌斯 213

Pringsheim, F., 普林斯海姆 240

Priscian, 普利西安 186ff

Proba, 普罗芭 185ff

Probus (emperor and family), 普罗布斯（皇帝和家族）156-157

Pufendorf, S., von 冯·普芬多夫 58

Quintilian, 昆体良 14

Randall, J. H. Jr, 小兰达尔 231

Ranke, L., 兰克 84-85, 105ff, 196, 216ff

Rapin, Father, 拉潘神父 11, 218

Ravenna, 拉文纳 181ff

Regenbogen, O., 雷根伯根 76-77

Reinhardt, K., 莱因哈特 113

Renatus, 雷纳图斯 203

Resende, 雷桑德 165

Richard of Bury, 伯里的理查德 112

Ritschl, F., 里彻尔 26

Ritter, G., 里特尔 224

Robertson, W., 罗伯特森 46-47

Roebuck, J. A., 罗巴克 60

Romem, J., 罗麦因 238

Roscher, W., 罗舍 85, 219

Rossfield, J. (Rosinus), 罗斯菲尔德（罗西努斯）5ff

Rossi, P., 罗西 221ff

Rostovtzeff, M. I., 罗斯托夫采夫, 61, 91ff, 136, 231

Rouillé, P. J., 鲁耶 9

Rubin, B., 鲁宾 125

Rubino, J., 卢比诺 242

Runciman, S., 朗西曼 229

Ruskin, J., 罗斯金 67

Salisbury, John of, 索尔兹伯里的约翰 182

Sallust, 撒鲁斯特 121, 131

Salvemini, G., 萨尔维米尼 235

Sarpi, 萨尔丕 52-53

Saxl, F., 萨克斯尔 122ff

Scaliger, J. J., 斯卡利杰 63, 141, 248

Schachermeyr, F., 沙赫迈耶尔 222

Schelling, F. W. J. von, 谢林 78ff

Schirren, C., 希伦 196

Schlegel, A. W., 奥古斯特·威廉·冯·施莱格尔 80ff

Schlegef, F., 弗里德里希·冯·施莱格尔 77ff

Schleiermacher, F., 施莱尔马赫 61ff, 83ff

Schoeps, H. J., 舍普斯 225

Schömann, G. F., 舍曼 66

Schön, H. T. von, 冯·舍恩 66

Schramm, P., 施拉姆 224

Schulz, F., 舒尔茨 250ff

Secck, O., 泽克 144ff

Selden, J., 塞尔登 21

Senarius, 塞纳里乌斯 186

Seneca, 塞涅卡 144ff

Severus Archontius, 塞维鲁斯·阿尔孔提

乌斯 16
Sherlock, Bishop, 夏洛克主教 13
Sherwin-White, A. N., 舍尔文－怀特 230
Shilleto, R., 希莱托 64
Sidonius Apollinaris, 西多尼乌斯·阿波利纳里斯 184ff
Sigonio, C., 西格尼奥 6ff
Simmel, G., 齐美尔 222ff
Simon, R., 西蒙 10
Social Science Research Council (US), 社会科学研究理事会（美国）231
Sozomen, 索卓门 217
Spanheim, E., 施庞海姆 13ff, 42, 136
Spartianus, Aelius, 埃里乌斯·斯巴提雅努斯 146ff
Spengler, O., 斯宾格勒 223
Spitzer, L., 施皮策 226
Spon, J., 斯彭 14ff
Srbik, H. von, 冯·斯尔比克 223
Štaerman, E. M., 施泰尔曼 232
Stanyan, Temple, 坦普尔·斯坦尼安 57
Stephanus, H., 斯蒂法努斯 139ff
Stern, H., 斯特恩 151ff
Strabo, 斯特拉博 133ff
Straub, J., 施特劳布 151ff
Strauss, L., 施特劳斯 226
Stroux, J., 施特鲁克斯 250
Suetonius, 苏维托尼乌斯 6, 217
Sybel, H. von, 聚贝尔 123, 196
Syme, R., 塞姆 110, 228, 251
Symmachus Eusebius, Q. Aurelius 昆图斯·奥雷利乌斯·叙马库斯·优西比乌 158ff, 185
Symmachus, Q. Aurelius Memmius, 昆图斯·奥雷利乌斯·门米乌斯·叙马库斯 181ff
Tacitus, 塔西佗 6ff, 82ff, 113ff, 131, 217ff
Tawney, R. H., 陶尼 230
Taylor, A. J. P., 泰勒 228
Theodoric, 狄奥多里克 184ff
Theopompus, 忒奥庞波斯 127ff, 213ff
Thierry, A., 梯叶里 123
Thirlwall, C., 瑟尔沃尔 61ff
Thomasius, C., 克里斯蒂安·托马西乌斯 12
Thomson, G., 汤姆森 229 244
Thucydides, 修昔底德 4, 77ff, 116ff, 130ff, 214ff
Tiedemann, D., 蒂德曼 77
Tillemont, Le Nain de, 蒂列蒙 8, 43ff
Timaeus, 蒂迈欧 213ff
Toynbee, A. J., 汤因比 225ff
Trevelyan, G. M., 特里维廉 227
Turner, E., 特纳 3, 231
Ulrici, H., 乌尔里奇 76ff
Usener, H., 乌泽纳 189ff, 249
Vaillant, C., 维扬 8ff
Valla, L., 瓦拉 138-139
Van Sickle, C. E., 范·西克尔 170
Varro, 瓦罗 4ff
Vernant, J.-P., 韦尔南 244
Vertot, R-A., 维尔托 8ff, 45ff

Viator, Flavius, 弗拉维乌斯·维亚托尔 182

Vico, G., 维科 19, 106

Villari, P., 维拉里 66

Vinogradoff, P., 维诺格拉多夫 96

Virgil, 维吉尔 16

Vivarium, 维瓦里乌姆 183ff

Vives, L., 维维斯 139

Voltaire, 伏尔泰 21, 42ff, 219

Vopiscus, Flavius, 弗拉维乌斯·沃皮斯库斯 146ff

Vossius, J. G., 沃西乌斯 7ff, 77ff

Vossler, K., 弗斯勒 236

Wachler, L., 瓦赫勒 83

Wachsmuth, W., 瓦克斯穆特 76

Walpole, H., 沃波尔 21

Warburg, A., 瓦尔堡 223

Warburg Institute, 瓦尔堡学院 223ff

Weber, A., 阿尔弗雷德·韦伯 223ff

Weber, M., 马克斯·韦伯 94ff, 220, 221ff, 240

Wilamowitz-Moellendorff, U. von, 冯·维拉莫维茨－默伦多夫 20, 66ff, 76

Wilcken, U., 维尔肯 67, 94-95

Winckelmann, 温克尔曼 17ff, 47-48, 219

Witsius, H., 维特西乌斯 22-23

Wittgenstein, L., 维特根斯坦 227

Wolf, E., 埃里克·沃尔夫 243

Wolf, F. A., 弗里德里希·奥古斯特·沃尔夫 25-26, 78ff

Wölfflin, E., 沃尔夫林 150

Woolston, T., 伍尔斯通 13

Xanthus of Sardes, 萨迪斯的克桑托斯 129ff

Xenophanes, 色诺芬尼 211ff

Xenophon, 色诺芬 78, 118ff, 131, 215